أهلاً وسهلاً

أهلاً وسهلاً

العربية الوظيفية الحديثة
للمستوى المتوسط
الطبعة الثالثة

مهدي العش   ألن كلارك

دار جامعة ييل للنشر
نيو هيفن ولندن

Ahlan wa Sahlan

Functional Modern Standard Arabic
for Intermediate Learners
Third Edition

Mahdi Alosh Allen Clark

Yale UNIVERSITY PRESS
New Haven and London

Project Editor:	Ashley Lago
Development Editor:	Karen Hohner
Production Editor:	Ann-Marie Imbornoni
Production Controller:	Katie Golden
Designer:	Mary Valencia
Typesetter:	Allen Clark

Printed in China.

Library of Congress Control Number 2020941588

ISBN 978-0-300-23372-8 (hardcover : alk. paper)

A catalogue record for this book is available from the British Library.

This paper meets the requirements of ANSI/NISO Z39.48-1992 (Permanence of Paper).

10 9 8 7 6 5 4 3 2 1

To my wife

Ibtissam

and to the memory of my parents

Falak and Abulfaraj

To my son

Noah Burkette

To access the video, audio, and interactive exercises programs, go to yalebooks.com/ahlan

المحتويات

Introduction

Purpose and Approach

Picking up where ***Ahlan wa Sahlan*** *for Beginners* left off, ***Ahlan wa Sahlan*** *for Intermediate Learners* continues the development of overall proficiency in Modern Standard Arabic (MSA) through a functional approach to language learning. The authors remain dedicated to the idea that performing language functions and using them in contexts that simulate reality offers language learners the most direct route possible to achieve their goals. This third edition embodies these concepts by offering no less than two communicative activities per lesson for dyad/triad and group work. Language is socially constructed and to improve our language skills we must, as learners, activate all four skills (e.g., speaking, reading, writing, and listening). To that end, we present engaging themes that are in the service of language use, ranging from Middle Eastern history to cuisine to poetry and award-winning literature.

Ahlan wa Sahlan *for Intermediate Learners* is specifically designed to take learners from Intermediate to Advanced language proficiency. In terms of university-level instruction, this textbook is appropriate for the second year of language instruction providing approximately 150 contact hours, the equivalent of two semesters or three quarters of instruction.

The Learner

Research tells us that the human mind, regardless of how it acquires knowledge, assimilates, modifies, and reconstructs this knowledge and then applies it in ways specific for its use. But, because each one of us is different, we learn differently: there are those of us who benefit primarily from a functional presentation and practice while others find structural information useful. The aim of this book, therefore, is to synthesize learning styles into a comprehensive, holistic approach in an attempt to accommodate the needs and learning styles of most learners.

Lesson Format

Lessons in this book follow a similar structure. For instance, each lesson begins by stating objectives to familiarize the learner with the content, topics, and grammatical points discussed. Objectives are followed by a short vocabulary list that includes those words and phrases that unlock the overall meaning of the main reading text. Matching and odd-word-out activities precede the main reading passage in order to engage the learner in actively using new key vocabulary words. The main reading passage is usually introduced by general discussion questions about the topic of the lesson to stimulate all related background knowledge in our minds. The main reading passage is followed by content questions that measure reading comprehension. Important grammatical features that occurred in the passage are brought to light in the grammar section. Listening passages grace the end of every lesson followed by a glossary of new vocabulary terms specific to the reading and listening passages of that lesson.

Learning Activities

Two major types of activities are included in each lesson: classroom and out-of-class. We designed the *classroom activities* to engage learners with one another in social interactions driven by communicative activities based on the theme of each lesson. As with the content of the lessons, the communicative activities progressively become more difficult and complex. We hope that learners do not simply try to complete these activities, but rather be creative with them while incorporating new vocabulary items so that learning becomes permanent.

Out-of-class activities involve reading passages, audio passages, and written exercises. Research shows us that learners who reach the advanced-superior level of language learning tend to apply a listening technique that has come to be known as "shadowing." This involves repeating what is heard immediately following the speaker's voice, emulating intonation, pronunciation, and rhythm ***while*** listening to the reading/listening passage. The authors hope that the learner applies this technique to train those muscles associated with oral communication to facilitate production.

Exercises: There are two types of exercises, those on the word level and those at discourse level. *Exercises on the word level* appear directly after the introduction of key vocabulary. These exercises are intended to reinforce the learning of new words through matching, and odd-word-out. *Reading comprehension and writing exercises* follow each reading passage to encourage review and recall of the content covered in the main reading passage.

Reading passages: The reading material presented in this textbook is primarily expository prose, including personal journals written by the two main characters, Michael Brown and Adnan Martini, as well as authentic excerpts written by famous authors, poets, and historians. The reading passages are accompanied by illustrations, graphics, and maps designed to provide the necessary contexts for language functions represented by the objectives. Continuing with the approach that we used in ***Ahlan wa Sahlan*** *for Beginners*, we use pictures (not words) to present vocabulary items whose meanings can be illustrated through graphic means. It is in this manner that the learner internalizes the word naturally without being encumbered with using another language.

Reading passages provide glimpses of the Middle Eastern culture, promoting general knowledge through reading Arabic. This is the first step in a learner's journey toward content-based instruction, paving the way for discipline-based materials. It is at this stage that the learner becomes prepared to deal with source texts within a particular field of study.

Because this textbook is designed to help learners make the transition from reading controlled language to reading and understanding authentic texts, two types of passages are used, controlled (modified) and authentic. These two types of texts are intermixed in what we hope is a nonintrusive, seamless manner. We understand the debate that swirls around using modified texts and offer our interpretation of "authenticity." Authentic language is pragmatically used discourse, that is to say the language used by teacher and learner is considered authentic if it serves genuine functional or communicative purpose regardless of whether or not native speakers use the same forms orally to accomplish the same purpose. The selected passages can be considered both authentic in function and sociolinguistically appropriate, since they represent written communication (messages, postcards, letters), personal diaries, articles from the print media, and excerpts from modern Arabic literature and poetry—discourse that places them in the realm of Modern Standard Arabic.

In order to make the reading passages more closely resemble what the learner might encounter in the print media, passages are not voweled. That being said, diacritical markers are provided on new vocabulary as well as any words that may be misconstrued as other words due to a lack of vowel markers. Also note that all grammatical examples as well as the vocabulary items in the glossaries are fully voweled.

Modern Standard Arabic vs. Colloquial

We would like to take this opportunity to address the debate concerning the teaching of MSA vs. Colloquial Arabic in the American classroom environment. It is a given that no speaker of Arabic has MSA as their mother tongue; meaning that all native speakers of Arabic speak some local variety of Arabic. Advocates for teaching a variety of Arabic first followed by setting a foundation in MSA argue that this method of teaching more closely parallels the natural acquisition of language as experienced by native speakers of Arabic. The question then becomes more convoluted for authors of textbooks that have national and international markets. What variety of Arabic should be introduced in their approach? The native speaker of Arabic does not have a choice; they simply grow up using their local language. Yet, authors of textbooks do have a choice, which in turn leads to posing the quesion: do we introduce the most commonly understood and used varieties of Arabic? If we do, then every author would introduce Egyptian (i.e., Cairene specifically) and Syrian (i.e., Damascene) regardless of the author's mother tongue. As well, a textbook that is based on a variety of Arabic would necessitate that every teacher that uses it in their curriculum teach the variety introduced in the textbook, regardless of their local variety—a notion that is not very palatable to a number of instructors since language is part and parcel of identity.

Those of us who assert that MSA be taught first point to its universality and flexibility. If a learner is exposed to MSA first, the learner is then better prepared to acquire a local variety because الفُصحى acts as the foundation and base for all other Arabic varieties. Additionally, all of the phonemes in MSA are represented in its orthography, whereas not all of the phonemes in Arabic varieties find an equivalent graphic representation of their sound. This means that the words introduced in a textbook of an Arabic variety would have to be written using the Latin-based alphabet or the International Phonetic Alphabet. Moreover, MSA acts as a bridge between and among all Arabs, it is used in all major media outlets, it is the language of Qur'an, the language of liturgy, the language of scholarship, the language of literature and poetry—the language of prestige. We also point out that a learner with a solid base in MSA will be able to choose their local variety at a later point along their language journey that will, in all probability, involve residing in a city in the Arab world where they will naturally acquire its local variety. For these reasons, we present this textbook in which MSA sets the linguistic foundation for the learner's future development and growth.

Writing exercises: The authors encourage learners to share their written work with their classmates to promote friendly competition (always try to outdo what the best student in class has just done). We would also like to encourage those listening to take notes (in Arabic, of course) and ask questions about their peers' written work after it is read aloud. Writing exercises promote practice proceeding from highly controlled exercises (e.g., filling in the blanks) to free composition (e.g., journal, narrative, description). At the paragraph level and beyond, learners should attempt to make correct use of connectors and idioms whenever possible in order to enhance the quality of their writing and make it more cohesive.

Listening exercises: These audio exercises provide practice in recognition of speech delivered by a native speaker at natural speed. We encourage learners to read the content questions before listening to the passage in order to guide their ear to key information found in the passage. It is through this type of listening that we can train ourselves to listen attentively, intensively, and closely both inside and outside of class. We do ask learners to go beyond just labeling true and false questions with the word *true* or *false* and to push themselves to correct the false statements in order to reflect their understanding of the text.

Arab culture: The content of the reading passages offers insights into Middle Eastern culture. The authors hope that students of Arabic will be able to identify with the adventures and exploits of Michael Brown, the main character of ***Ahlan wa Sahlan*** *for Beginners*. It is through his eyes that we witness Arab cultures—pluralized because we believe is important to realize that the Arab World is comprised of a multiplicity of cultures. Diversity, rather than homogeneity characterizes the cultures of the Arab world, and it is in this vein that we attempt to illustrate cultural variety through culture boxes that we titled تذوّق الثقافة العربية.

Grammatical explanations and exercises: The grammatical notes in this textbook are by no means comprehensive in nature, nor do they constitute a reference grammar for the student of Arabic. They do, however, provide the learner with a solid grammatical foundation, through a process of gradual (re)introduction. Like a blurry photograph upon which we place layers of clarification of each concept, with each visitation the grammatical aspect becomes clearer in the mind of the learner.

Grammar acquisition is not the goal of instruction, but rather a facilitating element to achieve the goal of linguistic proficiency. These grammatical explanations and clarifications provide the necessary knowledge about structures that occur in the reading passages and the practice needed to internalize this knowledge. The exercises, in turn, develop the ability to use MSA as native speakers would in formal and semiformal situations. The importance of the grammar section lies in its facilitating function. The ultimate test of its success is the learners' ability to perform functional tasks emulating the style and language usage of a native.

We strongly suggest that grammatical explanations and exercises be read and reviewed outside the classroom, preserving valuable class time for interactive activities between and among the classroom community of learners and their instructor. Instructors can, of course, provide brief feedback on their student's work on grammar exercises in class, but we must bear in mind that grammatical explanations are information about the language that do not require social interaction.

Grammatical exercises are structured to proceed from simple to complex dealing with specific points. In the grammar section, example numbers restart with the beginning of each new section.

Glossaries: The authors have also included frequently occurring words and phrases in short vocabulary lists that precede the main reading passage. We hope that learners practice these vocabulary items in context (alone or with their teacher's guidance) prior to embarking on the lesson. Each lesson ends with an Arabic-English glossary of the new words presented in that particular lesson. At the end of this textbook the learner will find a cumulative glossary in which appears all the words compiled from the lesson glossaries marked with the lesson number of that lesson.

Idiomatic expressions: Most lessons include a section titled الأمثلة المتداولة على الألسن in which we introduce sayings and expressions that are frequently used by native speakers of Arabic in social situations. These expressions are accompanied by explanations about how and when to use the expressions in social contexts. The learner will find a cumulative list of these expressions that occurs after the main glossary section of this textbook.

Verb Charts: An appendix presents a representative sample of verb conjugation paradigms showing tense, mood, verbal nouns, and active and passive participles.

Answer Key: The answer key is available for download (to instructors, TAs, and independent learners only) at yalebooks.com/ahlan and includes answers to all the reading, writing, and listening exercises in this book.

Images: The images found in ***Ahlan wa Sahlan,*** in particular those images depicting Palmyra, Aleppo, and other Syrian cities and towns, were taken and chosen before the war and are to be considered historical images of places that may have been destroyed during the conflict.

Audio Material

The audio program that accompanies ***Ahlan wa Sahlan*** *for Intermediate Learners Third Edition* contains listening comprehension passages (signaled by an icon) recorded by a team of native speakers reading and interacting at a normal, natural speed. Three of these five speakers hail from Egypt while the other two come from Syria. The listening exercises aim at developing listening comprehension skills within the learner by gradually offering more extended passages of greater complexity. Thematically related to the main reading passages, the content of these audio exercises range from advertisements to the poetry of Adonis, from the kitchen of Om Walid to the singing of Fairuz—offering the learner a wide variety of audio samples from the Arab World. To access the audio material, go to yalebooks.com/ahlan.

Online Material

Our companion website houses video clips, exercises, and external links to learning resources that support ***Ahlan wa Sahlan*** *for Intermediate Learners Third Edition.* The video has been cut into manageable three to five minute segments and is accompanied by content questions about the video excerpts. Similar to the audio material, those materials online share themes with the main reading passages in the textbook. All of the video clips found on the ***Ahlan wa Sahlan*** *for Intermediate Learners* website were created by Arabs for an Arab listening audience—meaning that their speech flows at a natural speed. The online materials are offered as a supplement to the reading and listening passages in the textbook while adding a video dimension to the fold. To access the online material, go to yalebooks.com/ahlan.

Proficiency Levels

The authors hope that ***Ahlan wa Sahlan*** *for Intermediate Learners Third Edition* provides an enticing learning environment conducive to effective acquisition of the four language skills. Upon completing this course and performing the associated activities, the average learner should expect to achieve a proficiency level within the Intermediate High to Advanced range according to the scale used by the American Council on the Teaching of Foreign languages (ACTFL). Naturally, some learners may achieve a higher or lower level.

Mahdi Alosh
Visiting Professor of Arabic and Applied Linguistics
San Diego State University and Damascus University
mahdi.alosh@gmail.com

Allen Clark
Associate Professor of Arabic
Co-Director of the Arabic Flagship Language Program
The University of Mississippi; University, MS 38677

Acknowledgments

I am indebted to so many individuals whose contributions improved the quality of this work, including students of Arabic at various institutions inside and outside the United States as well as colleagues who used the first two editions and took time out of their busy schedules to provide me with feedback. I am especially indebted to my wife, Ibtissam, for putting up with the endless hours I spent on developing the material and for designing and programming the computer-assisted program that accompanied the first edition. I would like to acknowledge the opportunity to work initially on the project and the administrative support provided by Professor Frederick Cadora, Chair of the Department of Near Eastern Languages and Cultures at The Ohio State University. I am indebted to the extraordinary assistance and input by Allen Clark, who serves as a co-author of the third edition. He brings with him extensive experience in teaching the first two editions as well as the perspectives of learner and the specialist. I also appreciate the expert assistance of Fayez Al-Ghalayini, whose meticulous editing of the Arabic portion of this textbook and assiduous input and profuse comments on the grammatical aspect improved the quality of this work and made it more accurate. I thank Lalainya Goldsberry, Hiba Abdallah, and Nevine Demian for providing factual and cultural information about Egypt. The peripheral materials associated with the textbook have received much assistance from several individuals. The Online Interactive Exercise Program has gone through several phases to which Abdulkafi Albirini, Allen Clark, Hanan Kashou, Rick Trinkle, Farah Combs, and J. C. Raymond contributed, each one in his or her area of expertise. I am also indebted to Khaled Huthaily, whose meticulous work on the program has made it more user friendly and effective. I thank Nonie Williams and Lana Khodary for the many hours they devoted to the recording of the audio material.

Finally, I thank the outside reviewers, whose comments on the manuscript and suggestions for improvements are gratefully appreciated:

Shukri Abed, Middle East Institute
Carl Sharif El-Tobgui, Brandeis University
Ghazi Abu-Hakema, Middlebury College
Abdulkafi Albirini, University of Illinois, Urbana-Champaign
Roger Allen, University of Pennsylvania
Muhammad Aziz, Yale University
Elizabeth Bergman, Georgetown University
Mirena Christoff, Brown University
Liljana Elverskog, University of North Texas
Fadia Hamid, Chagrin Falls Schools, Ohio
Eric Lewis
Summer Loomis, University of Washington, Seattle
Oraib Mango, Arizona State University
Ellen McLarney, Stanford University
David J. Mehall, University of Maryland
Harry Neale, University of California, Berkeley
The late Waheed Samy, University of Michigan

أهلاً وسهلاً

الدَّرْسُ الأَوَّلُ

الحصار
EL HSAR
سيدي فرج
SIDI FREJ
المنطقة السياحية
ZONE TOURISTIQUE
نزل النخلة
HOTEL ENNAKHLA

أفريقيا
AFRIQUIA
محطات أفريقيا المقبلة
Prochaines stations Afriquia
اتجاه
Vers
الدار البيضاء
CASABLANCA
باحة الإستراحة
Aire de repos
159
Km
برشيد
BERRECHID
اتجاه
Vers
الرباط
Rabat
باحة الإستراحة
Aire de repos
245
Km
بوزنيقة
BOUZNIKA
طريق السلامة
Bonne Route

أهداف الدرس

- وَصف اللافتات والإعلانات والدعايات
- فهم معاني لافتات الطريق ودعاياته
- شرح أدوات الشَرط غير الجازمة مثل إذا
- تعريف الاسم المنقوص واسم الفعل
- **مراجعة القواعد:** نهي فِعل الأمر والمصدر واسم الفاعل واسم المفعول والإضافة المركبة والفعل المبني للمجهول

رُكن المُفْرَدات الجَديدة

اِتَّجَهَ / يَتَّجِهُ / اِتِّجاه	*to head toward*
اِسْتَفاد / يَسْتَفيد / اِسْتِفادة (مِن)	*to benefit (from)*
إشارة ج إشارات	*sign; signal*
اِعْتِباراً مِن	*as of; effective from*
أعْلَن / يُعْلِن / إعْلان	*to announce*
أغْلَق / يُغْلِق / إغْلاق	*to close*
بَسيط	*simple; no problem*
تَحَكَّم / يَتَحَكَّمُ / تَحَكُّم (في)	*to control*
جُمْهور ج جَماهير	*public; a crowd*
خِدْمة ج خَدَمات	*service, pl. services*
خَصَّص / يُخَصِّصُ / تَخْصيص	*to allocate; designate*
دَفَع / يَدْفَعُ / دَفْع	*to pay; to push*

المُفردات الجَديدة في صُوَرٍ عَديدة

مُغْلَق

مَفْتوح

عِطْر ج عُطور

لافِتة ج لافِتات

مُكالَمة ج مُكالمات

مُشَجِّع ج مُشَجِّعون

دَخَّن / يُدَخِّن / تَدْخين

وَقَف / يَقِف / وُقوف

تمرين ١

وافِق بين كُلِّ كَلِمة واكتُب الكَلِمَتين في الوسط:

١-	مُرور		نَقّال
٢-	سيلان		مُغْلَق
٣-	ماء		صَحيفة
٤-	اِسْحَب		فَرْع
٥-	مَفْتوح		حافِلة
٦-	أحمر شفاه		اِدْفَع
٧-	جَوّال		شاي
٨-	مَصْرِف		شُرْب
			مَسحوق تَجْميل

تمرين ٢

اِختَر الكَلِمةَ الّتي لا تُناسِب باقي الكَلِماتِ في كُلِّ مَجْموعة وبَيِّن السَبَب:

١-	أسبوع	بضاعة	ملابس	أحذية
٢-	دخول	خروج	ادفع	شاشة
٣-	لافِتة	جامع	دعاية	إعلان
٤-	استمتع	استخدم	مسحوق	استفد
٥-	إعلان	جَمال	مجلة	دعاية
٦-	مشجع	ملابس	مباراة	منتخب

تمرين ٣

أعد ترتيب الكلمات في كل مجموعة لتشكّل جملاً مُفيدة:

١-	في	عنوان	دُبي	التجاري	المحل		
٢-	الأبواب	كلمة	على	اِسحب	تُكتَب		
٣-	إلى	الهاتف	مكان	مكان	الجوّال	يُحمل	مِن
٤-	قبل	المسجد	إلى	المصلّون	الدخول	يخلع	أحذيتَهُم

لافِتات وإعلانات ودِعايات

توجَد اللافِتات والدِعايات والإعلانات في كلّ مكان. إذا مشيتَ في الشارع فإنكَ تَرى لافِتات في الطريق وعلى المحلات التِجارية وعلى الحافِلات. وإذا جلستَ تشاهد التلفاز تَرى إعلانات ودَعايات مُختلفة. وإذا نظرتَ إلى الصحيفة أو المجلّة تقرأ دِعايات وإعلانات.

تشمَل اللافِتات إشارات المُرور مثل إشارة الوقوف وإشارة الاتَّجاه الواحِد وغيرها:

وكذلك اللافِتات الجِدارية مثل «ممنوع التدخين» ولافِتات الدُخول والخُروج وغيرها كما في اللافِتات الآتية:

الكلمات أعلاه قد تراها مكتوبة على الأبواب العامة وأبواب المحلات التجارية.

في بعض المساجِد هناك لافتات تطلُب من المصلّين عادةً أن يخلعوا أحذيتَهُم قبل الدُخول إلى المسجد، لأن المسلمين لا يدخُلون المساجِد بأحذيتِهم.

تُعلِن اللافتة إلى اليسار أنّ الماء صالِح للشرب، واللافِتة الأخرى إلى الأسفل دِعاية لِشُرب الشاي السيلاني، وهو الشاي المُستورد من سيلان، الاسم القديم لسري لانكة.

إليك بعض الدِعايات المأخوذة من الصُحف العربيّة. هذه واحِدة عن عِطر نسائي يسمّى «عطر سيدتي». والدِعاية الأخرى عن أحمر الشفاه ومساحيق التجميل.

مسحوق تجميل

أحمر شِفاه

عطر نسائي

في ما يلي بعض الدِعايات والإعلانات كما ظهرَت في جرائد ومجلات عربية.

جديد في الأسواق

الهاتف الرقميّ الجوّال يَحمي من التنصّت على المكالمات.

تصميم أنيق. استفد من أكبر شاشة عرض لهاتف نقّال* واستمتع بسهولة الاستخدام التحكُّم البسيط في الوظائف العديدة.

* (يسمّى الهاتف النقّال الهاتف الجوّال أو الهاتف الخَلَويّ أيضاً.)

وقت سيتيزن

ها قد حان وقت التجديد، وقت الجَمال، وقت الأناقة، وقت سيتيزن. صمّمت ساعات سيتيزن للسيّدات لتلائم شخصياتهن وتميزهن وجمالهن.

تمرين ٤

١- ما مناسبة التنزيلات بالأسعار؟ ______________________

٢- ما اسم هذا المحل التجاري؟ ______________________

٣- ما عنوانه وما رَقْم هاتفه؟ ______________________

إعلان في صحيفة «الخليج»

أربعون حافلة خصصتها «مؤسسة الإمارات» لنقل المشجعين إلى مدينة زايد

خصصت «مؤسسة الإمارات» العامة للنقل والخدمات أربعين حافلة لنقل جماهير مشجعي منتخبنا الوطني التي ستؤازر الفريق في مباراته اليوم أمام السعودية في نهاية أمم آسيا

إليك أيضاً إعلاناً في جريدة لبنانية لفرع مصرف جديد في لبنان

مصرفكم أينما كنتم
فرنسبَنك يستقبلكم اعتباراً
من ١ تشرين الأول ٢٠١٨ في فرعه الـ٤٠

عين المريسة--بناية النورس--مقابل جامع عين المريسة

هاتف: ٧٤٠٤١٥ - ٧٤٠٤١٤ (٠٣)

تمرين ٥

أجب عن الأسئلة الآتية وفق نص القراءة:

١- ما اسم المصرِف في الإعلان؟ ________________

٢- ما عنوان الفرع الجديد لهذا المصرِف؟ ________________

٣- هل هناك مبنى هام قريب منه؟ ________________

٤- كَم خطاً هاتفياً لفرع المصرِف؟ ________________

٥- متى بدأ هذا الفرع أعماله؟ ________________

تمرين ٦

أكمل الجمل الآتية من نص القراءة:

١- تقول إحدى اللافتات في المكتبة ________________

٢- تقول إحدى إشارات المرور ________________

٣- قد تقول لافتة في المسجد ________________

٤- الهاتف الرقْمي الجوّال له ________________

٥- لمصرِف «فرنسبنك» فَرْع في ________________

٦- يبيع محل «نيفين» ________________

تمرين ٧

نشاط المحادثة في الصف: الإعلانات الأمريكية والشرقية:

١- ما الفرق بين الإعلانات التي ظهرت على التلفاز في طفولتك والتي تُعرَض في التلفاز الآن؟

٢- ما الفرق بين الإعلانات الأمريكية والعربية في رأيك؟

٣- ما أفضل إعلان شاهدته في حياتك ولماذا؟

٤- ما الإعلانات التي ظهرت على التلفاز أثناء بطولة كرة القدم الأمريكية النهائية التي أعجبتك أكثر؟ ولماذا؟

٥- هل أنت من النوع الذي يشاهد الإعلانات حتى نهايتها أم تغيّر القناة عند عَرْضها؟ ولماذا؟

القَواعِد

تذكّر: يعامل جمع المؤنث السالم (أي، الكلمات التي تنتهي بعلامة التأنيث ات مثل لافِتات ومَجلّـات) معاملة الممنوع من الصرف. وما معنى الممنوع من الصرف؟ إنّه الكلمة الّتي تُرفع بالضمّة وتنصب وتجرّ بالكسرة. إلَيك مثالَين:

		الممنوع من الصرف	
١	قرأتُ كتاباً	قرأتُ مَجلاّتٍ	حالة النصب
٢	قرأتُ في كتابٍ	قرأتُ في مَجَلّاتٍ	حالة الجرّ

هل لاحظتَ كلمات ممنوعة من الصرف في النصّ الرئيس؟ ما هي؟

١ – أداة الشرط إذا في الجُملة الشَرطية

نجِد مقابل إذا . . . فَـ باللغة الإنكليزية في التعبير (if . . . then). وتساعدنا معرفتنا بهذا المقابل في وضع الفاء في محلها الصحيح لأنه يأتي في محل الفاصلة (comma) الإنكليزية. تأمّل الأمثلة الآتية:

١	إذا سافَرْنا إلى بَيْروت فَقَدْ نَسْبَحُ في البَحْر.	*If we go to Beirut, then we might swim in the sea.*
٢	إذا وَصَلتَ إلى المَطارِ لَيْلاً فَلَنْ أستَطيعَ أنْ أستَقبِلَك.	*If you arrive at the airport at night, then I will not be able to meet you.*
٣	إذا استَمَعْتُ إلى أخبارِ الساعةِ السادِسةِ فَلا أستَمِع إلى أخبارِ التاسعة.	*If I listen to the six o'clock news, then I don't listen to the nine o'clock news.*
٤	إذا نَسيتِ اسمي فَلَسْتُ صَديقَكِ.	*If you forget my name, then I'm not your friend.*
٥	إذا فاتَتْكَ مُشاهَدةُ الأهراماتِ فَما زُرْتَ مَصر.	*If you miss seeing the pyramids, then you haven't seen Egypt.*
٦	إذا كُنْتِ تَسكُنينَ بَعيداً عَنِ الجامِعةِ فَستَركَبينَ الحافلة.	*If you live far from the university, then you will ride the bus.*
٧	إذا اشتَرَيْتَ مِن هذا المَحَلِّ مَرَّةً فَسَوْفَ تَشتَري مِنهُ كُلَّ مَرَّة.	*If you shop at this store once, then you will shop there every time.*

جدير بالذكر أنّ الفعل الّذي يلي إذا يَكون غالباً في الماضي كما ترى في الأمثلة السابقة على الصفحة السابقة.

الخُلاصة

- يأتي فعل ماضٍ بعد أداة الشرط إذا.
- يوجد مقابل إذا . . . فـ بالإنكليزية (if . . . then).
- نضع الفاء في نفس محل الفاصلة الإنكليزيّة في الجملة الشرطية.
- لا تلحق الفاء بفعل في الجملة الشرطية.

يلحق الفاء حرفٌ مثل قد أو لِـ أو سَـ أو غيرها أو في بعض الحالات لا نستخدم الفاء نهائياً كما ترى في المثالين الآتيين:

٨	إذا كَتَبْتَ لي أكتُبُ لَك.	*If you write to me, I will/would write to you.*
٩	إذا كَتَبْتَ لي كَتَبْتُ لَك.	*If you wrote to me, I would write to you.*

تمرين ٨

على ورقة مُنفصِلة تَرجِم هذه الجُمَل:

1. If I see the pyramids, then I will be happy.
2. If you study a lot, then you will succeed.
3. Hey Mom, if you buy me this book, then I will read it.

٤- إذا تخرجتَ من هذه الجامعة فستجد عملاً.

٥- إذا أخذتِ هذه المادة نجحتِ في برنامجكِ.

٦- إذا كانَ جو الصف مناسباً للتعلم والتعليم فستتعلّم الكثير.

تمرين ٩

للمُحادثة: في مَجموعات من اثنين، اسأل زَميلك إذا:

١- سافر إلى بلدٍ عربيّ.

٢- لَعِب الرياضة اليوم صباحاً.

٣- ظنّ أن كرة القدم الأمريكية عنيفة ولماذا.

٤- اِعتقد أن الأمريكيين يتفرّجون على التِلفاز أكثر من اللازم ولماذا.

٥- اِعتقد أن شُرْبَ فِنجان قهوة يومياً مفيد ولماذا.

٢ - الاسم المنقوص Defective Nouns

يُسمّى الاسم الّذي ينتهي بحرف الياء الاسم المنقوص. وفي حالة النكرة، تَسقُط الياء لكنها تَتبقّى كما هي في حالة المعرفة. انظر إلى الأمثلة الآتية:

	نكرة	معرفة
١	رامٍ	الرامي
٢	قاضٍ	القاضي
٣	راضٍ	الراضي
٤	داعٍ	الداعي

أمثلة	نكرة	وصل قاضٍ إلى المحكمة.
	معرفة	وصل القاضي إلى المحكمة.
	نكرة	الرجل راضٍ بما عنده من المال.
	معرفة	الراضي بحاله في الحياة أسعدُ عائلته.

تمرين ١٠

للكتابة: وفقاً لشرح الاسم المنقوص على الصفحة السابقة، اكتب جملتين قصيرتين (واحدة معرفة وواحدة نكرة) لكلّ من الأفعال الآتية. حوّل الأفعال إلى وزنها وشكلها الصحيح كما ترى في المثال:

مِثال: تحدّثتُ مع قاضٍ **(نكرة) / تحدّثتُ مع** القاضي **(معرفة)**

١- صلّى ________________________________

____

٢- مضى ________________________________

____

٣- رعى ________________________________

____

٤- بقي ________________________________

____

٣ – اسم الفعل Nouns with a Verbal Force

تخيّل اسماً دَلالته دلالة الفعل. هناك نوعان من الأسماء كهذا: الأوّل المرتجل وهو الّذي يأتي بمعنى الفعل والثاني المنقول الّذي ينقل عن جار ومجرور أو عن ظرف في الجملة العربية. تأمل الأمثلة الآتية:

آ – اسم الفعل المنقول

١	إلَيْكَ الكِتابَ.	*Take the book!*
٢	سيِّداتي وسادَتي إلَيْكُم أخبارَ الساعةِ السادِسة.	*Ladies and gentlemen, I present to you the six o'clock news.*
٣	عَلَيْكِ بِالرِياضَة.	*Exercise! (I advise you to exercise.)*

كما ترى، في أوّل مثالَين في الصفحة السابقة، المفعولان به (أي الكتابَ والأخبارَ) في حالة النصب، أسوةً بالفعل المتعدي (transitive verb)، لكن يختلف عنهما المثال الثالث، لأنه يدلّ على النصيحة لِذا يدخل حرف الجر بـ على الجملة ويجرّ الرياضة وهذا النوع من النصيحة فعّال جداً سواء أكان بالحديث أو الكتابة.

تمرين ١١

حوِّل الجُمَل الآتية من العربيّة إلي الإنكليزيّة:

١- عليكَ بالأكل الأقَلّ. ____________________

٢- شتان ما بين اللغة العربية والإنكليزية! ____________________

٣- عليَّ الذهابَ إلى السوق. ____________________

٤- هل عليكِ كِتابةَ الواجبات البيتية؟ ____________________

٥- إليكِ الدفترَ يا أستاذة. ____________________

ب – اسم الفعل المُتَرَجَل

نركّز على كلمتين من هذا النوع ألا وهما: شَتّانَ وأُفٍّ. أمّا شَتّانَ فَيدُلّ على بُعْد وعِظَم الفرق بين شيئين، مثلاً «شَتّانَ ما بين هذا وذاك» أو «شَتّانَ ما بين الواقع والخيال» أو«شَتّانَ ما بين الحاضر والماضي». أمّا الكلمة الأخرى في هذا الباب فهي: أُفٍّ الّتي تدُلّ على التضجّر (to be fed up) + من (with).

٤	شَتّانَ ما بَينَ المدينتين!	*What a difference* **between the two cities!**
٥	أفٍّ مِن هذا الحَرّ!	*Ugh,* **this heat!**

تمرين ١٢

حوِّل الجُمَل الآتية من الإنكليزيّة إلى العربية:

1. You should drink water.
2. What a difference between **هالة** and her sister!
3. Here's your pen!
4. Ugh, this weather!
5. Ladies and gentlemen, I give you Mr. **ناجي الحلبي**.
6. All the students must write a page on their favorite sport.

تمرين ١٣

المُحادَثة: اِسأل زُملاءك: مَن في الصَفّ:

1. has a much older brother or sister (**شَتّانَ**) ______________________
2. has lived in a foreign country (**شَتّانَ**) ______________________
3. thinks it is hot today (**أفّ**) ______________________
4. thinks Arabic is really difficult (**أفّ**) ______________________
5. has a lot of homework to do this week (**على**) ______________________

وحين تَمّ التَمرين، أخْبِر الزُملاء بِما حصلت عليه مِن المَعلومات.

٤ – مراجعة القواعد

آ –نَهي فِعل الأمر Negating the Imperative

إذا أردتَ أن تقول لشخص (لا تفعلْ هذا)، فعليك أن تتعلّم النَهي، ولحسن الحظّ، أنه سهل الاكتساب والاستعمال. فقط، عليك أن تقول: لا + المضارع المجزوم. تأمّل الجدول الآتي:

الضمير	الأمر	النَهي والمضارع المجزوم
أنْتَ	أُكْتُبْ	لا تَكْتُبْ
أنْتِ	أُكْتُبي	لا تَكْتُبي
أنْتُما	أُكْتُبا	لا تَكْتُبا
أنْتُم	أُكْتُبوا	لا تَكْتُبوا
أنْتُنَّ	أُكْتُبْنَ	لا تَكْتُبْنَ

ب -مراجعة اسمِ الفاعِل

كَما تَعلم، أنّ اسم الفاعِل في الوَزن الأوّل هو على الشكل التالي: فاعِل مثل: كاتِب أو خادِم أو دافِع أو شارِب أو آكِل. أما بالنسبة إلى الأوزان الأخرى من الثاني إلى العاشر فأنّه مَبني على الوَزن الآتي:

مُـ + _ + _ِ + _

إنْ إردتَ أن تقول الـ(doer) بالعربية (أي، runner, walker) فعليك أن تزيد مُـ على أوّل حَرف الفِعل المُضارع وكذلك تزيد كسرةً قبل الحرف الأخير، كما ترى في الجدول الآتي:

المعنى	اسمُ الفاعِل	التحويل	الفعل
designator	مُـخَصِّص	مُـ + خَصِّص	يُخَصِّص
announcer	مُعْلِن	مُـ + عْلِن	يُعْلِن
benefiter	مُسْتَفيد	مُـ + سْتَفيد	يَسْتَفيد

ج -مراجعة اسمِ المَفعول

إنْ أردتَ أن تقول ("that which is done to")، مثل ("that which was [verb here] like 'written' or 'read')، فيُمكِنك أن تستخدم اسمَ المَفعول. يأتي الاسم على وزن مَفْعول في الوَزن الأوّل، أمّا الأوزان الأخرى من الثاني إلى العاشر فتأتي على وزن:

مُـ + _ + _َ + _

إليك بعض الأمثلة: مَكتوب ومَعروف ومَسكون ومَربوط. قد تتساءل، ما الفرق بين اسم المَفعول هذا واسم الفاعِل أعلاه؟ إنّ الفرق الوحيد هو الفتحة التي تأتي قبل الحرف الأخير بدلاً من الكسرة التي تأتي في اسم الفاعِل. فليس عليك إلاّ أن تَتَّبع التعليمات أعلاه لاسم الفاعِل لكن تضع فتحةً في محل الكسرة.

المعنى	اسمُ المَفعول	التحويل	الفعل
designated	مُـخَصَّص	مُـ + خَصَّص	يُخَصِّص
announced	مُعْلَن	مُـ + عْلَن	يُعْلِن
benefited	مُسْتَفاد	مُـ + سْتَفاد	يَسْتَفيد

راجع الدرس السادس عشر صفحة ٣٤٥ والدرس السابع عشر صفحة ٣٧٠-٣٧١ لمزيد من المعلومات.
هيّا نطبّق ما تعلّمناه في هذا الباب.

تمرين ١٤

اِستخدم المعلومات أعلاه كي تعبّر عن معاني خَمس كلمات من الستة الآتية:

1. nominator / nominated ______________ / ______________
2. smoker / smoked ______________ / ______________
3. supporter / supported ______________ / ______________
4. designer / designed ______________ / ______________
5. founder / founded ______________ / ______________
6. user / used ______________ / ______________

التذكّر

- تلتزم اللغة العربية بالأوزان، لذا تستطيع أن تطبّق هذه الأحكام على كل فعل مضارع على وزن غير ثلاثي.
- يتحوّل حرف العِلّة في الفعل إلى ألفٍ في صيغة اسم المفعول

د- الفِعل المَبني لِلمَجهول

نستخدِم الفِعل المَبني للمَجهول حينما لا نودّ أن نُحدِّد الفاعِل. على سبيل المِثال، افرض الأم تسأل ابنها «مَن كسر الشُبّاك؟!؟» ولا يريد الابن أن يخبرها بمَن كسره، فيقول: «انكسر» = (it broke). وفي حالات كهذه، الفعل المَبني للمَجهول فعّال جدّاً. وليس عليك إلاّ أن تعدّل حركات الفِعل كي تعبّر عمّا تريد. انظُر الأمثلة في الصفحة الآتية.

٥- في الفعل الماضي

ضم الفاء وكسر العين على صيغة فُعِل. إليك أمثلة:

١	كَتَبَ	كُتِبَ	*(was written)*	
٢	قال	قِيلَ	*(was said)*	When the middle letter is ا it changes to ي
٣	سَمَّى	سُمِّيَ	*(was named)*	When the last letter is ى it changes to ي

٦- في الفعل المضارع

ضم أوّل حرف الفِعل وكسر الحرف قبل الأخير مِثال: يُكتَب. إليك أمثلة:

٤	يَكْتُب	يُكْتَب	*(is written)*	
٥	يَقولُ	يُقال	*(it is said)*	When the middle letter is و it changes to ا
٦	يُسَمِّي	يُسَمَّى	*(is named)*	When the last letter is ي it changes to ى

تمرين ١٥

على ورقة منفصِلة، عبّر عن الجُمَل الآتية بالعربيّة:

1. Arabic is written from right to left.
2. It is said that Damascus is the oldest continually inhabited city in the world.
3. Aleppo is famous for its great food.
4. The pyramids were built thousands of years ago.
5. Gamal Abdel Nasser was born near Alexandria, Egypt.

تمرين ١٦

من نُصوص القِراءة الرئيسة والإعلانات، اكتُب أربعة أمثلة على الأقلّ لِكُل من الأصناف القواعديّة الآتية:

مَصدَر	فِعْل أمْر	اسم مَفعول	اسم فاعِل	إضافة وإضافة مركبة

تمرين ١٧

١ - اذكُر ثلاث مزايا تجعل الهاتف الخلويّ جذّاباً في الإعلان.
آ - كم مرادف للهاتف الخلوي وما هي؟

٢- ما هي الكلمات المستخدمة تجعل الساعة جذّابةً للنساء؟

٣- لخّص المقالة من صحيفة الخليج.

تمرين ١٨

آ- **أجب عن الأسئلة الآتية وَفق نَصّ الاستماع:**

١ - في أي عام فتحت المدرسةُ فَرْعَها الجديد؟
٢- هل المدرسة للبنين أو للبنات؟
٣- ما اسمُ المدرسة؟
٤- في أي شارع تقع المدرسة؟

ب- **أكمل الجمل الآتية وفق نص الاستماع:**

١ - مخبر المدرسة مجهّز لـ______________.
٢- في المدرسة مسبح ______________.
٣- تقع المدرسة في حي ______________.
٤- هناك ملاعب لـ ______________.

ج- **أكمِل الجمل الآتية بالاختيار المناسب وَفق نصّ الاستماع:**

١- هذه المدرسة ________________ .

□ ابتدائية   □ متوسطة   □ ثانوية   □ كل ما سبق

٢- يبدأ التسجيل في ________________ .

□ الساعة الرابعة   □ شهر آب   □ المخبر   □ الألف الثالثة

٣- رقم هاتف المدرسة ________________ .

□ ٧٧٢-٤٥٦١   □ ٢٧٧-٦١٥٤

□ ٢٩٧ -٥٤٦١   □ ٧٧٢-٥٤١٦

د- **اكتب «خطأ» أو «صواب» بجانب كل جملة وصحِّح الجمل الخطأ:**

١- لهذه المدرسة أكثر من فرع.

٢- لا يمكن للطلاب أن يسبحوا في المدرسة.

٣- لا يوجد في المكتبة عدد كبير من الكتب.

٤- مدرسوا ومدرسات المدرسة مُتَخَصِّصون في موادهم.

المـُفْرَدات

استمِع إلى المُفْرَدة بالعَرَبيّة ثم أعِد نُطْقَها مرّتين.

to head toward	(v.)	اتّجاه	(يَتَّجِه)	اِتَّجَهَ
to support; to cheer	(v.)	مؤازَرة	(يُؤازِر)	آزَرَ
to benefit, make use of	(v.)	اِسْتِفادة (مِن)	(يَسْتَفيد)	اِسْتَفادَ
sign, signal	(n., f.)	إشارات	ج	إشارة
beginning, as of, effective from	(adv.)			اِعتِباراً (مِن)
to announce	(v.)	إعْلان	(يُعْلِن)	أعْلَنَ
to close	(v.)	إغلاق	(يُغْلِق)	أغْلَقَ
take! here you go	(prep.)			إلَيْكَ
nation	(n., f.)	أمَم	ج	أمّة
wherever	(adv.)			أيْنَما
simple, easy, plain, modest	(adj.)			بَسيط
championship	(n., f.)	بُطولات	ج	بُطولة
to control	(v.)	تَحَكُّم (في)	(يَتَحَكَّم)	تَحَكَّمَ
to eavesdrop, listen secretly	(v.)	تَنَصُّت	(يَتَنَصَّت)	تَنَصَّتَ
to beautify	(v.)	تَجْميل	(يُجَمِّل)	جَمَّلَ
public	(n., m.)	جَماهير	ج	جُمْهور
mobile	(n., m.)			جوّال

(for time) to come, approach, draw near	(v.)	حَين	(يَحين)	حانَ
to protect	(v.)	حِماية	(يَحْمي)	حَمى
cellular	(adj.)			خَلَويّ
service	(n., f.)	خَدَمات	ج	خِدمة
to specify, allocate, designate	(v.)	تَخْصيص	(يُخَصِّص)	خَصَّصَ
penmanship, calligraphy, handwriting, line	(n., m.)	خُطوط	ج	خَطّ
to smoke	(v.)	تَدْخين	(يُدَخِّن)	دَخَّن
advertisement	(n., f.)	دِعايات	ج	دِعاية
to push	(v.)	دَفْع	(يَدْفَع)	دَفَعَ
clothing, apparel, uniform	(n., m.)	أزْياء	ج	زِيّ
to pull	(v.)	سَحْب	(يَسْحَب)	سَحَبَ
price	(n., m.)	أسْعار	ج	سِعْر
easy, plain	(n., m.)			سَهْل
easiness, facility	(n., f.)			سُهولة
old name for Sri Lanka	(name)			سيلان
screen	(n., f.)	شاشات	ج	شاشَة
to support, cheer	(v.)	تَشْجيع	(يُشَجِّع)	شَجَّعَ
lip	(n., f.)	شِفاه	ج	شَفَة
to contain, comprise	(v.)	شَمْل	(يَشْمَل)	شَمِلَ
to contain, comprise	(v.)	شُمول	(يَشْمُل)	شَمَلَ

suitable, fit, appropriate	(act. p.)			صالِح
newspaper	(n., f.)	صُحُف	ج	صَحيفة
to design, decide, be determined	(v.)	تَصْميم	(يُصَمِّم)	صَمَّمَ
to read, browse	(v.)	مُطالَعة	(يُطالِع)	طالَعَ
way, road	(n., m.)	طُرُق أو طُرُقات	ج	طَريق
period, era	(n., m.)	عُصور	ج	عَصْر
modern	(adj.)			عَصْريّ
perfume, fragrance	(n., m.)	عُطور	ج	عِطْر
spring (of water); eye; important, notable	(n., m.)	عُيون	ج	عَيْن
to open	(v.)	فَتْح	(يَفْتَح)	فَتَحَ
large room, hall	(n., f.)	قاعات	ج	قاعة
sign, billboard	(n., f.)	لافِتات	ج	لافِتة
to be suitable, appropriate	(v.)	مُلاءَمة	(يُلائِم)	لاءَمَ
to pass through/by, go, run	(v.)	مُرور	(يَمُرُّ)	مَرَّ
powder	(pass. p.)	مَساحيق	ج	مَسْحوق
fan	(act. p.)	مُشَجِّعون	ج	مُشَجِّع
worshiper	(act. p.)	مُصَلّون	ج	مُصَلٍّ
closed	(pass. p.)			مُغْلَق
open	(pass. p.)			مَفتوح
(telephone) call, conversation, talk	(n., f.)	مُكالَمات	ج	مُكالَمة

team	(pass. p.)	مُنْتَخَبات	ج	مُنْتَخَب
to prohibit, prevent	(v.)	مَنْع – مَمْنوع	(يَمْنَع)	مَنَعَ
to lower; to download	(v.)	تَنْزيل	(يُنَزِّل)	نَزَّلَ
to look at, regard, see, observe	(v.)	نَظَر	(يَنْظُر)	نَظَرَ
final	(adj.)			نِهائيّ
function, task, duty	(n., f.)	وَظائِف	ج	وَظيفة
to stop, halt	(v.)	وُقوف	(يَقِف)	وَقَفَ
there it is, there you are, here!	(voc. part.)			ها
to be quiet, to be calm	(v.)	هُدوء	(يَهْدَأ)	هَدَأَ

لوحة الحارة العمانية

تَدخين الشيشة في مقهى

الدَرْسُ الثاني

أهداف الدرس

- تعريف وَصْف نفسك والآخرين
- تعريف التعبير عن الهِواية والتسلية وما تحبّه ولا تحبّه
- شرح أسلوب كتابة الرسالة بالعربية
- **القواعد**: التعبير عن الرغبات مستخدماً أداة الشرط لو ووصف الهوايات والمِهن واستخدام المصدر ومطابقة الفعل للفاعل واستخدام لدى، واستخدام ما الزائدة، وكان وأخواتها.
- **الثقافة**: تعريف الآلات الموسيقيّة العربيّة وآثارها على الموسيقا الغربيّة

رُكنُ المُفْرَداتِ الجَديدة

اِحْتاجَ (يَحْتاجُ) اِحْتياج (إلى)	*to need (to)*
اِسْتَلَمَ (يَسْتَلِمُ) اِسْتِلام	*to receive*
مُساعَدة ج مُساعَدات	*help; aid*
اِنْتَشَرَ (يَنْتَشِرُ) اِنْتِشار	*to spread*
مُشْكِلة ج مَشاكِل	*a problem; trouble*
تَحَمَّلَ (يَتَحَمَّلُ) تَحَمُّل	*to endure; to bear*
تَخَصَّصَ (يَتَخَصَّصُ) تخَصُّص (في)	*to specialize (in)*
تَمَنّى (يَتَمَنّى) تَمَنّي	*to wish*
حَقَّقَ (يُحَقِّقُ) تَحْقيق	*to realize (a hope or dream)*
رَغْبة ج رَغَبات (في)	*desire (to)*
سّلى (يُسلّي) تَسْلية	*to entertain s.o. or s.th.*
عَزَفَ (يَعْزِفُ) عَزْف (على)	*to play (an instrument)*

باب التعارف

التخصُّصات والهِوايات والتَسْلية

في بعض المجلات العربيّة هناك ما يُسَمَّى «باب التعارف». تُنشَر في ذلك الباب معلومات يَبعَثُها القُرّاء إلى المُحَرِّر عن أنفسهم مع صورهم. تَشمل هذه المعلومات الاسم والعنوان والدراسة والرياضة المُفضَّلة والهِوايات وغير ذلك يُعلِن القُرّاء عن أنفسهم بهذه الطريقة لأنهم يرغبون بالتَراسُل مع القُرّاء الآخرين.

اسمي: جُمانة الدّجاني
سني: ٢١ سنة
دراستي: اللغة الإنكليزية
عنواني: القُدس، فلسطين
هواياتي: المطالَعة ونظم الشِعر العربيّ
آمالي: الحصول على شَهادة الماجستير باللغة الإنكليزية
لَوْني المُفضَّل: الأزرق

اسمي: زياد نِعمة
سني: عشرون عاماً
دراستي: علم الأحياء
عنواني: عمّان، الأردن
هِواياتي: المُراسَلة والرَحَلات وكرة القدم
آمالي: مُتابَعة دراستي بالوِلايات المُتَّحِدة الأمريكية
لَوْني المُفَضَّل: البُنّي

اسمي: لانا خُضَري.

سني: ٢٠ عاما.

دراستي: أنظمة الحاسوب وبرمجته.

عنواني: دمشق، سوريا.

آمالي: تأسيس شركة لتعليم الفتيات استعمال الحاسوب.

هِواياتي: العَزف على العود والاستماع لأغاني فيروز ولعب الورق.

لوني المُفضَّل: الأحمر والبَنَفْسَجي

اسمي: فادي عبد الله.

سني: ٢٢ عاماً.

دراستي: العلاج الطبيعي.

عنواني: بيروت، لبنان

هِواياتي: النِجارة والإصلاحات المَنزلية ومشاهدة الأفلام.

آمالي: أن يكون لي عائلة من عشرة أطفال على الأقلّ.

لوني المُفضَّل: الأبيض

استلم فادي هذه الرسالة من اليمن:

أخي فادي،

سلام عليك من الله وأطيب التحية من اليمن.

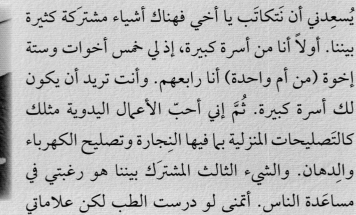

يُسعِدني أن نَتكاتَب يا أخي فهناك أشياء مشترَكة كثيرة بيننا. أولاً أنا من أسرة كبيرة، إذ لي خمس أخوات وستة إخوة (من أم واحدة) أنا رابعهم. وأنت تريد أن يكون لك أسرة كبيرة. ثُمَّ إني أحبّ الأعمال اليدوية مثلك كالتَصليحات المنزلية بما فيها النِجارة وتصليح الكهرباء والدِهان. والشيء الثالث المشترَك بيننا هو رغبتي في مساعَدة الناس. أتمنى لو درست الطب لكن علاماتي في امتحان المدرسة الثانوية لم تساعدني.

أدرس علم الأحياء في جامعة اليمن وأريد أن أتخصّص بالتحاليل الطبية. ولو تمكّنت من دراسة الطب وأصبحت طبيباً لخصّصت يوماً من كل أسبوع لعلاج الفقراء مجّاناً.

أنا من قرية في شمال اليمن وليس عندنا دار سينما أو مسرح أو أي شيء من هذا. حين لا يكون لديَّ دراسة أو عمل أخرج إلى الجِبال وأقرأ الشعر العربي القديم. لدينا كلب لحراسة الأغنام يحبّ أن يمشي معي حين أمشي في الجبال.

أرجو أن نتراسل ونصبح صديقين وأتمنى أن نلتقي يوماً في مكان ما من هذا الوطن العربي.

أخوك عبد الله الصَرّاف

يستلم الذين يعلنون أسماءهم في «باب التعارف» عادة رسائل من قراء المجلة. إليك نص الرسالة التي استلمتها جمانة من تونس.

بسم الله الرحمن الرحيم

عزيزتي جُمانة — تونِس في ٢٥ تشرين الأوّل ٢٠٢٠

تحية طيبة من مدينة تونس. أنا مثلك أتخصّص باللغة الإنكليزية وأدبها في جامعة تونس، وأتمنى مثلك أيضاً لو أتابع دراستي في بريطانيا أو أمريكا. لكن مشكلتي أنّ أسرتي كبيرة ووالدي لا يستطيع أن يتحمّل تكاليف الدراسة في الخارج. لذلك أنوي أن أعمل إما في التدريس أو في وزارة الخارجية. كِلا العملين يعجباني.

في أية سنة دراسية أنت؟ أنا الآن في السنة الثالثة وأستمتع بقراءة الروايات والمسرحيات الإنكليزية. لقد قرأت مسرحية «مدرسة الفضائح» لشريدن ورواية «مرتفعات وذرينغ» لإميلي برونتي وأعجبتاني جداً. هل قرأتهما؟

لديَّ قطّة سمّيتها شامة. هي زيتونية اللون وأحبّها من كلّ قلبي. حين أكون في الدار لا تتركني أبداً. هل تحبّين الحيوانات الأليفة؟ إليك صورتها، تجدينها مع هذه الرسالة. أرجو يا جُمانة أن نتراسل دائماً. أتمنى لك النجاح في دراستك وأن تحقّقي آمالك. إلى اللقاء في رسالة مقبلة.

صورة شامة قطة زينب

أختك المُخلِصة

زينب عَزّوز

تمرين ١

اسأل زميلك في غرفة الصف هذه الأسئلة واكتب الأجوبة في الفراغات:

الاسم والشُهرة: ________________

العُمر: ________________

الجِنسية: ________________

العمل أو الدراسة: ________________

الحالة الاجتماعية: ________________

هِوايتك المُفضَّلة: ________________

أجمل مرحلة في حياتك: ________________

أفضل أيام الأسبوع عندك: ________________

أفضل شهور السنة: ________________

أفضل فصول السنة: ________________

ماذا تتمنى في حياتك: ________________

هل حققت هدفك أم لا: ________________

موقف مُضحِك أو طريف حصل معك: ________________

من هو مُطرِبك المُفضَّل: ________________

ما هي الأغنِية المُفضَّلة لديك: ________________

والآن اكتب قصة قصيرة عنه مستخدماً المعلومات أعلاه:

____

____

____

____

____

الموسيقا العربيّة وآلاتها

الموسيقا العربيّة قديمة جداً وقد أخذها عرب الجزيرة العربية عن إخوتهم في بِلاد ما بين النَهرين (العراق) وحافظوا عليها. بعد ظهور الإسلام انتشرت الموسيقا العربيّة في جميعِ بِلاد البَحر المتوِّسط.

من أهم الآلات الموسيقية العربية العود (أُخِذَت الكلمة الإنكليزية lute من كلمة «العود»). العود مصنوع من خَشَب الورد وله عشرة أوتار أو إثنا عشر وتراً ويُعزَف على الأوتار بالريشة.

من الآلات الأخرى الناي الذي يعود تاريخه إلى مصر القديمة، وهو أُنبوب مصنوع من قَصَب السكّر له ستة أو سبعة ثقوب يضع العازف أصابعه عليها حين ينفُخ فيه. ويُسمّى الناي أيضاً «الشبّابة».

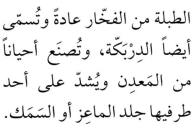

والدَفّ من الخشب وجلد الماعِز وله صُنوج نحاسية.

الطبلة من الفخّار عادةً وتُسمّى أيضاً الدِرْبَكّة، وتُصنَع أحياناً من المَعدِن ويُشدّ على أحد طرفيها جلد الماعِز أو السَمَك.

والمِجْوِز (أي المُزْدَوج) يُشبِه الناي، وهو مستعمل في بِلاد الشام.

النِجارة وأدواتها

النِجارة هي العمل بالخشب ونحتاج من أجل ذلك إلى أدوات كالمِطرَقة والمِنْشار والكَمّاشة والمِفَكّ. والنِجارة مِهْنة لكنها هِواية أيضاً.

مِنشار

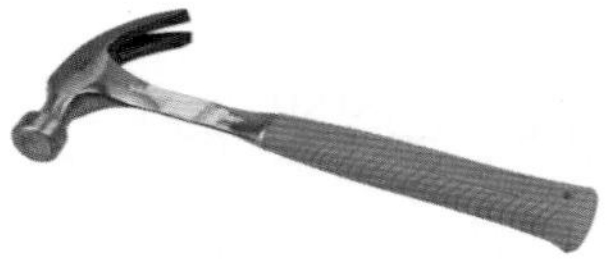

مِطْرَقة (شاكوش)

كَمّاشة

مَسامير

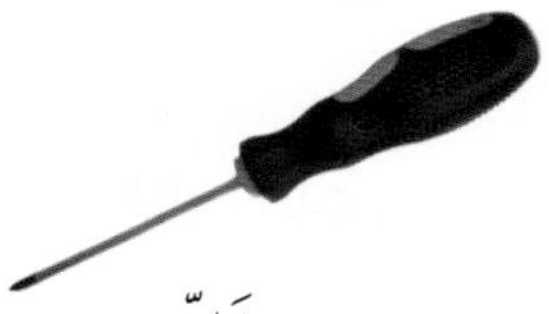

مِفَكّ

التَسلية

من أجل التَسلية يذهب الناس إلى دار السينما أو المَسرَح أو يذهبون إلى الحدائق أو يلعبون الوَرَق. ولِعبُ الوَرَق هِواية لبعض الناس، مثل مُشاهدة الأفلام أو المُراسَلة وغير ذلك. يُمكن أن نلعب الوَرَق في كلِّ مكان تقريباً.

يُسَمّى وَرَق اللعب «الشَدّة» في بِلاد الشام و«كوتْشينة» في مصر. هناك ألعاب عديدة مثل «الكونكان» و«أبو الفول» و«البريبة» و«الباصرة» وغيرها كثير.

تمرين ٢

وافِق بين كُلِّ كَلِمة واكتُب الكَلِمَتين في الوسط:

١-	جريدة		شِعر
٢-	تَخَصُّص		بَنَفسَجي
٣-	رياضة		مِنشار
٤-	ناي		صَحيفة
٥-	اِستَلَم		بَرمَجة
٦-	حاسوب		آلة موسيقية
٧-	نَظَم		رِسالة
٨-	خَشَب		كرة القدم
			طب

تمرين ٣

اِختَر الكَلِمةَ الّتي لا تُناسِب باقي الكَلِماتِ في كُلِّ مَجْموعةٍ وبَيِّن السَبَب:

١-	مِسمار	كمّاشة	طَبلة	مِطرقة
٢-	تَكْلِفة	تَسْلية	مَسرح	سينما
٣-	كونكان	بَريبة	باصِرة	وَتَر
٤-	عِلم الأحياء	أعمال يدوية	بَرمَجة الحاسوب	العِلاج الطبيعي
٥-	مَسرَحيّة	رِواية	شِعر	لون
٦-	قِطّة	شَركة	كَلْب	غَنَمة

تمرين ٤

أعد ترتيب الكلمات في كلّ مجموعة لتشكّل جملاً مُفيدةً:

١- مِن طالبٍ أوستراليا مع تَراسَلتُ
٢- الخارِج سامِر في الطبّ دراسة سيتابِع
٣- هل؟ رِوايَةَ قرأتَ لنَجيب محفوظ «اللص والكِلاب»
٤- حَصَلَتْ في رشا الامتِحان جيّدةٍ على علامةٍ

تمرين ٥

اكتب بِجانب كلّ صورة جملة فيها الكلمة التي تدلّ عليها. جميع الكلمات من هذا الدرس:

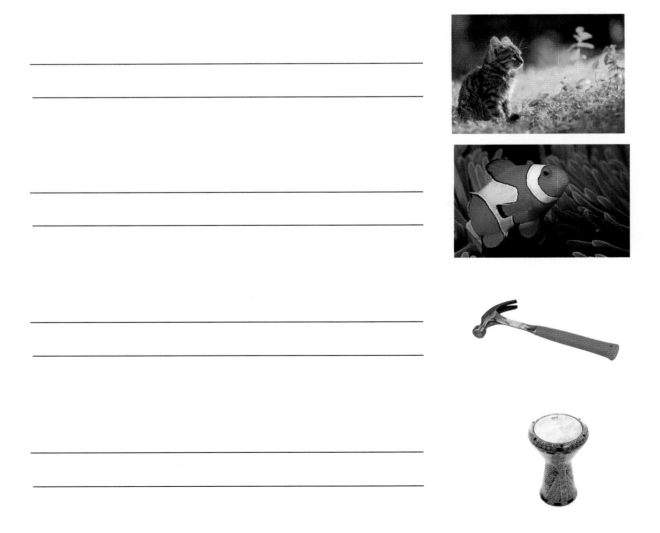

____
____

____
____

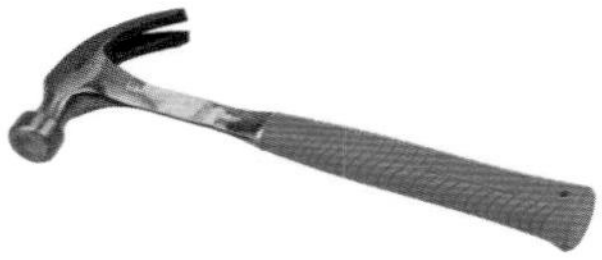

____
____

____
____

تمرين ٦

اكتب رقم الصورة في الفراغ إلى جانب الوصف المناسب لها:

____ يحمل الرجل لوحاً طويلاً من الخشب.

____ يصنع الرجل أوانيَ فخّارية تُستعمَل لِزراعة النَباتات.

____ يُحاوِل الطَبيب البَيطريّ أن يُعالَج الكلب المَريض.
و يسمع نَبَضات قلبه.

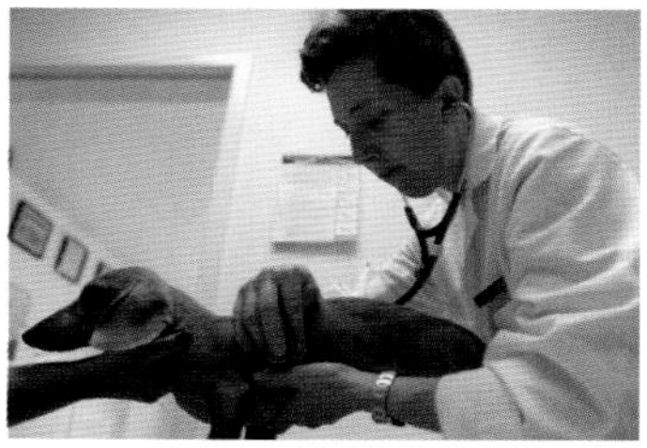

____ يَدُقّ الرجل المِسمارَ بالمِطرقة.

تمرين ٧

الكِتابة: استخدم رسالتي زينب وعبد الله نموذجَين لكتابة رسالة على ورقة منفصلة إمّا إلى زياد نعمة أو إلى لانا خُضَري.

تمرين ٨

أكمِل الجمل الآتية من نصّ القراءة:

١- يكتُب القرّاء في باب التَعارُف مَعلومات عن أنْفُسِهم تَشمَل ________________.

٢- مِن هِوايات زياد نِعمة ________________.

٣- لن تَدرس زَيْنب في الخارج ________________.

٤- لو صار عَبد الله الصَرّاف طَبيباً ________________.

٥- وُلِدَت الموسيقا العربية في ________________.

٦- يَستَعمِل النَجّار ________________.

تمرين ٩

أجِب عن الأسئلة الآتية وفق نصّ القِراءة:

١- لماذا يُقَدِّم بعض القرّاء للمَجلّة معلومات عن أنْفُسِهِم؟

٢- مَن مِنَ القُرّاء يُحب العَزف على العود؟

٣- ماذا ستعمل زينب ولماذا؟

٤- اذكر بعض الأعمال اليدوية.

٥- صِف العود.

٦- ماذا تُسَمّى أوراق اللعب في بِلاد الشام وما اسم بعض الألعاب؟

تمرين ١٠

أعِد ترتيب الجمل لتُشكِّل فقرة كاملة. الجملة الأولى في مكانها المُناسِب:

١- درس حازم الهندسة في جامعة القاهرة.

بعد سبع سنوات عاد إلى مصر حيث قابل زوجته.

عمل بعد تخرّجه في شركة لإنشاء الطرقات في شيكاغو.

حيث حصل على شهادة الماجستير في الهندسة.

عادا معاً إلى الولايات المتحدة ليعملا ويسكنا هناك.

ثم تابع دراسته في ولاية أيوا في الولايات المتحدة.

القواعد

١ – أداة الشرط لَوْ في سياقات مُختلفة

كيف تختلف أداة الشرط لَوْ عن نظيرتها إذا؟ إليكم السياقات الّتي نستخدم فيها لَوْ: أ– للدلالة على امتناع الجواب لامتناع الشرط، وب– للتمنّي، وج – للدعوة ود – للمعاتبة. صحيح أنّ مقابلهما بالإنكليزية *if*، غير أنّنا نستخدمهما في سياقات مختلفة مثلاً نستخدم إذا في حالات الشرط الممكنة والمحتملة بينما نستخدم لَوْ في سياقات قلة احتمال تحقيق الشرط. إليكم أمثلة على ذلك:

آ– حرف لَوْ للامتناع

تأمّل المثالين ١ و٢ أدناه وتقارن بينهما في سياقاتهما المختلفة:

١	إذا ذَهَبْتَ إلى المكتبةِ اليومَ حَصلتَ على كِتابٍ مَجّاناً.	*If you go to the bookstore today, you will get a book for free.*
٢	لَوْ كُنتُ الرَئيس لَقَدَّمتُ العِلاجَ مَجّاناً لِكُلِّ الناسِ.	*If I were President, I would provide free [medical] care to all people.*

نستطيع أن ننفي الفعل الأوّل في جملة الشرط كما هو الحال في المثال ٣ أو ننفي الفعل الثاني في جواب الشرط كما هو الحال في المثال ٤ أو نستطيع أن ننفي الفعلين كما ترى في المثال ٥.

٣	لَوْ لَمْ تَتَّصِلْ بي لَنَسيتُ مَوعِدَنا.	*If you had not called me, I would have forgotten our appointment.*
٤	لَوْ حَضَرْتَ بالسيّارةِ لَما تأخَّرت.	*If you had come by car, you would not have been late.*
٥	لَوْ لَمْ أسكُنْ في القاهِرةِ لَما شاهَدْتُ الأهراماتِ.	*If I had not lived in Cairo, I would not have seen the pyramids.*

كما تعلّمنا في باب إداة الشرط إذا في الدرس الأوّل، هناك جزءان في الجملة الشرطية ألا وهما: الشرط وجواب الشرط. وكما ترى في الأمثلة ٢–٦ أعلاه، نعبّر عن (would) بالعربية مستخدمين الرابط لجواب الشرط لَـ الّذي يسبق فعلاً ماضياً. لاحظ أنّ كِلا الفعلين في الشرط وجواب الشرط في الماضي.

جدير بالذكر أنّه ليس علينا أن نستخدم فعلاً على الإطلاق بعد أداة الشرط لَوْ:

٦	لَوْ أنَّ الرجُلَ أمريكيٌّ لَتَكَلَّمَ الإنكليزيّة.	If the man were an American, he would have spoken English.

يجوز أن تَدخُل لا النافية على أداة الشرط لَوْ وهذا يؤدّي إلى الكلمة المركبة لَوْلا:

٧	لَولا المَطَرُ لَماتَ الزَرْعُ.	*Had it not been for the rain, the plants would have died.*
٨	لَولاهُم لَنَسينا تَذاكِرَنا.	*Had it not been for them, we would have forgotten our tickets.*

ب- حرف لَوْ للتمنّي

يجوز أن يدخل على هذا النوع من لَوْ فعل ماضٍ (المثال ٩) أو مضارع (المثال ١٠) :

٩	لَوْ أخَّرْتِ سَفَرَكِ.	*If only you had delayed your trip.*
١٠	لَوْ تكتُبينَ لي أكثر.	*If only you would write me more.*

ج- حرف لَوْ للدعوة

غالباً ما نستخدم فعلاً مضارعاً بعد لَوْ لِلدعوة:

١١	لَوْ تنزِلُ عِندَنا تُسَرُّ كَثيراً.	*If you stay with us, you will be immensely pleased.*

د- حرف لَوْ للتقليل

لاحظ أنّ حرف لَوْ للتقليل يجد مقابله بالإنكليزية even if. يجوز أن يلي أداة الشرط لَوْ فِعلٌ (المثال ١٢) أو ظرفٌ (مثال ١٣) أو جارٌ ومجرورٌ (مثال ١٤). انظر الصفحة الآتية للأمثلة:

١٢	لن يَكونَ سَعيداً هُنا وَلَوْ حَصَلَ على مالٍ كثير.	*He won't be happy here even if he gets a great deal of money.*
١٣	سألعَبُ الرياضَةَ كُلَّ يَومٍ وَلَوْ ليلاً.	*I'll exercise every day even at night.*
١٤	يَقولُ الحَقَّ وَلَوْ على نَفْسِهِ.	*He tells the truth even about himself.*

ي- حرف لَوْ للمُعاتَبة

نستخدم حرف لَوْ للمُعاتَبة حين نودّ التعبير بشكل غير مباشر عن تصرّف لا يعجبنا أو نجده غير مقبول:

١٥	لَوْ غيرُكِ تأخَّرَ يا سَلمى.	*If someone else was late, Salma [it would be understandable].*
١٦	لَوْ طِفْلٌ فَعَلَ ذلِكَ.	*If a child did that [it would be acceptable].*

الخُلاصة

- يماثل لَوْ . . . لَـ (if . . . would) بالإنكليزيّة
- غالباً ما يلي لَوْ فعل ماضٍ
- نستخدم لَوْ في السياقات الآتية: ١- امتناع الجواب لامتناع الشرط، و٢- للدعوة ٣- للتقليل مثل (even if)، و٤- للمعاتبة.

تمرين ١١

للمحادثة: اطرح الأسئلة الآتية على زملائك مستخدماً لَوْ:

ماذا تفعل لَوْ . . .

١- كان لديك ثلاث أمنيات؟

٢- كنت رئيس الولايات المتحدة الأمريكية؟

٣- كنت مَشهوراً؟

٤- كنت غنياً جداً؟

تمرين ١٢

استخدم لَوْ للتعبير عن معاني الجمل الآتية بالعربية

1. If I were rich, I would buy a new house.
2. If not for the rain, I would have gone to the party.
3. I wish my sister would call me more often.
4. If I had traveled by plane, I would not have seen those nice towns.
5. Had it not been for water, there would have been no life on Earth.
6. If only I had more time!

٢- وَصف الهِوايات والمِهَن مستخدماً المَصدر

حين تتحدّث عن الهِوايات، تستطيع أن تستخدم المَصدر، لكن تأكّد من أنّ المَصدر معرفة، على سبيل المثال: الفِعل رَسَم = to draw مصدره رَسْم = drawing, painting. لذا، تستطيع أن تقول: هِوايتي الرَسْم (معرفة). تأمّل قائمة الأفعال أدناه والهِوايات والمِهَم المشتقة منها وتحفظ الكلمات التي تُهمك أو تتعلّق بحياتك.

الفِعل	المَصدَر	الترجمة
جَرى	جَرْي	*running, jogging*
رَكِبَ	رُكوب (الدَرّاجات، الخَيل)	*riding (bicycles, horses)*
رَقَصَ	رَقْص	*dancing*
ساقَ	سِياقة (السيارات السريعة)	*driving (fast cars)*
سَبَحَ	سِباحَة	*swimming*
شاهَدَ	مُشاهَدة (الأفلام)	*watching (movies)*
صَنَعَ	صُنْع/ صِناعة (الحَلوى)	*manufacturing (candies)*
صَوَّرَ	تَصْوير	*photography*
قَرَأ	قِراءَة	*reading*
لَعِبَ	لَعِبُ/ لُعْبُ (الوَرَق)	*playing (cards)*
مَشى	مَشْي	*walking*
نَحَتَ	نَحْت	*sculpture*
صَلَّحَ	تَصْليح (الأثاث القَديم)	*repairing (old furniture)*

٣- مُطابقة الفِعل لِلفاعِل Verb-Agent Agreement.

حين يسبق الفعل فاعِله، يطابقه في التأنيث والتذكير فقط وليس في العدد. إنّ هذا الحُكم مُهمّ جدّاً ونودّ أن نطبّقه قدر الإمكان لأنه يسهّل علينا تَصريف الفعل العربي. إليك أمثلة:

١	يُعلِنُ القارئُ عَن نَفسِهِ.	**المفرد**
٢	يُعلِنُ القارِئانِ عَن نَفسَيهِما.	**المثنى**
٣	يُعلِنُ القُرّاءُ عَن أنفُسِهِم.	**الجمع**

لاحظ أنّ الفعل الّذي سبق الفاعِل في جميع الأمثلة أعلاه مُفرَد لا مُثنّى ولا جمع. هيّا نُلقي نظرةً على نفس الجمل مع فاعِل مؤنَّث.

٤	تُعلِنُ القارئةُ عَن نَفسِها.	**المفرد**
٥	تُعلِنُ القارِئتانِ عَن نَفسَيهِما.	**المثنى**
٦	تُعلِنُ القارئاتُ عَن أنفُسِهِن.	**الجمع**

كما ترى أن الحُكم صواب--حين يسبق الفعل الفاعِل، يطابقه في التأنيث والتذكير وليس في العدد. هيّا ننظر بعض الأمثلة الّتي يسبق الفاعِل الفِعل:

٧	القارئُ يُعلِنُ عَن نَفسِهِ.	**المفرد**	**المُذَكَّر**
٨	القارِئانِ يُعلِنانِ عَن نَفسَيهِما.	**المثنى**	
٩	القُرّاءُ يُعلِنونَ عَن أنفُسِهِم.	**الجمع**	
١٠	القارئةُ تُعلِنُ عَن نَفسِها.	**المفرد**	**المُؤَنَّث**
١١	القارِئتانِ تُعلِنانِ عَن نَفسَيهِما.	**المثنى**	
١٢	القارئاتُ يُعلِنَّ عَن أنفُسِهِن.	**الجمع**	

إنّ تَصريف الفعل في المثالين ٧ و١٠ يَبقى مُفرَداً كما كان لأنّ الفاعِل مُفرَد، بينما يطابق الفعل فاعِله في التذكير والتأنيث والعدد في الأمثلة الأخرى لأن الفاعِل يسبق الفعل.

لِلحِفظ

- حين يسبق الفِعل الفاعل يطابقه في التذكير والتأنيث وليس في العدد.
- حين يلي الفِعل الفاعِل يطابقه في التذكير والتأنيث والعدد.

تمرين ١٣

اكتب الشَكل الصَحيح للفِعل كما في المِثال:

مِثال: الأولادُ (قَدَّمَ) قَدَّموا الطَعام للكَلبِ.

١- في درس أمس (قَرَأ) ______________ الطُلاّبُ الشِعرَ و(استَمَعَ) ______________ إلى الأغنية.

٢- الصَديقان (تَراسَلَ) ______________ لِمُدّةِ عام.

٣- (ظَهَرَ) ______________ المُغَنيَّةُ على شاشَةِ التلفاز سعيدة في الليلة الماضية.

٤- (يَكتُبُ) ______________ أخَواتي القِصَّةَ و(يَنظِمُ) ______________ الشِعر.

٤ – ما الزائدة (Redundant ما)

نزيد ما الزائدة على بعض الحروف مثل عند + ما = عندما أو أوّل + ما = أوّل ما أو لـَ + ما = لمّا وغيرها كثير. يُفيدك إدماج هذه الأداة البلاغية كثيراً في حديثك اليوميّ. إليك بعض الأمثلة لـِما الزائدة في جمل فيها أفعال ماضية.

١	أينَ + ما	= أيْنَما	*whenever*	أيْنَما ذَهَبتَ في إندونسيا تَرى الأزهارَ.
٢	كُلَّ + ما	= كُلَّما	*whenever*	قَدَّمَت لَنا الشايَ كُلَّما زُرناها.
٣	حينَ + ما	= حينَما	*when/whenever*	كُنّا في المَطارِ حينَما وَصَلَتِ الطائرة.

عندما يلي ما الزائدة فعل مضارع، يجزم المضارع كما ترى في المثالين أدناه:

٤	أينَما تَسكُنوا في المَدينةِ تجدوا ناساً كثيرين.	*Wherever you live in the city, you will find a multitude of people.*
٥	كُلَّما تكتُبي لَهُ أُنقُلي تَحِيّاتي.	*Whenever you write to him, convey my greetings.*

يُعرف النوع الثاني من أنواع الما بـما الإبهاميّة وحين تتمكّن من استخدام ما الإبهامية في حديثك الشخصي، أنّك بالتالي تتمكّن من أن تعمّم القول، الأمر الّذي يُشبِه (some) بالإنكليزيّة مثلاً: شخص ما (someone) أو مكان ما (somewhere) أو وقت ما (sometime) وما إلى ذلك.

٦	أرجو أنْ نَلتَقِيَ يوماً ما في مَكانٍ ما.	*I hope we meet someday somewhere.*
٧	تَكَلَّمتُ مع شَخْصٍ ما عن شيءٍ ما.	*I spoke with someone about something.*

٥- التَعبير عن المُلكية ووَصف المَكان والزَمان مع الحَرف لَدى

يساوي الحرف لدى الحرف عِندَ مساواة تامّة إنّما وظيفته الرئيسة هي أن تُبيّن المُلكيّة مثلاً:

١	لَدى أحمَدَ سيّارةٌ من طِراز سَنةِ ١٩٣٤.	*Ahmed has a 1934 car.*
٢	لَديَّ مَوعِدٌ مَعَ أستاذي في الساعةِ العاشِرة.	*I have an appointment.*

تذَكَّروا

حينما تزيد ياءً على الضمير المنفصل أنا فأنّه يؤدي إلى ياء مشدّدة كما رأينا في المثال ٢ أعلاه

لدى + أنا = لَديَّ

نستطيع استخدام هذا الحرف كي نصف وقت الحدث أو الفِعل بمثابة وظيفة عِندَ:

٣	سَوْفَ أُقابِلُ سَلمى لَدى عَودَتِها مِن لُبنان.	*I'll meet Salma upon her return from Lebanon.*
٤	سَأراكَ لَدى ظُهورِ الشَمس.	*I'll see you at sunrise.*

نتمكّن من استخدام هذا الحرف كي نصف مكان الحدث:

٥	الكِتاب لدى خالِد.	*The book is in Khalid's possession.*

تمرين ١٤

حوّل الجُمَل الآتية من الإنكليزيّة إلى العربية مستخدماً لدى:

1. We met them as they were going to the movies.
2. هِشام has two sisters.
3. The keys are with the manager.
4. Do you have a pen?
5. I have a new address now.

٦– مُراجَعة كان وأخواتها

هذه مجموعة من الكلمات تعني (to become) بالعربيّة، وهي أصلاً مشتقّة من أوقات اليوم وتدلّ على التحويل لدى مراحل مختلفة من عملية ما:

to become . . .		كان وأخواتها	
early in the process	أصْبَحَ	*morning*	صَباح
a little later	أضْحى	*mid-morning*	ضُحى
in the twilight of the process	أمْسى	*evening*	مَساء
late in the process	بات	*spending the night*	مَبيت

إنّما الكلمة الوحيدة الّتي لا تلاءم مفهوم (مرحلة العمليّة) هي صار، الّتي تدلّ على عمليّة التحويل دون ما تدلّ على النقطة الزمنية الّتي يحدث فيها التحويل.

جدير بالذكر أنّ جَميع هذه الكلمات تتبدّل باللغة العربية المعاصرة.

١	أصبَحَ أخوه طبيباً.	*His brother became a doctor.*
٢	صار أخوه طبيباً.	

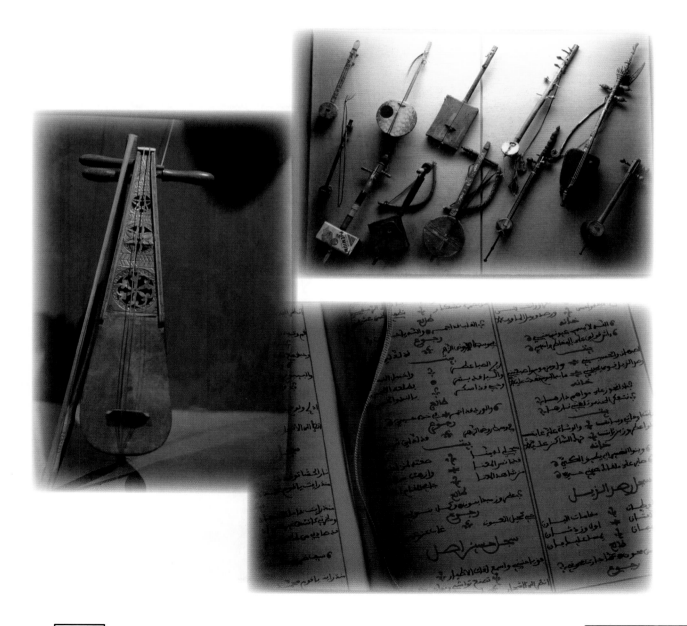

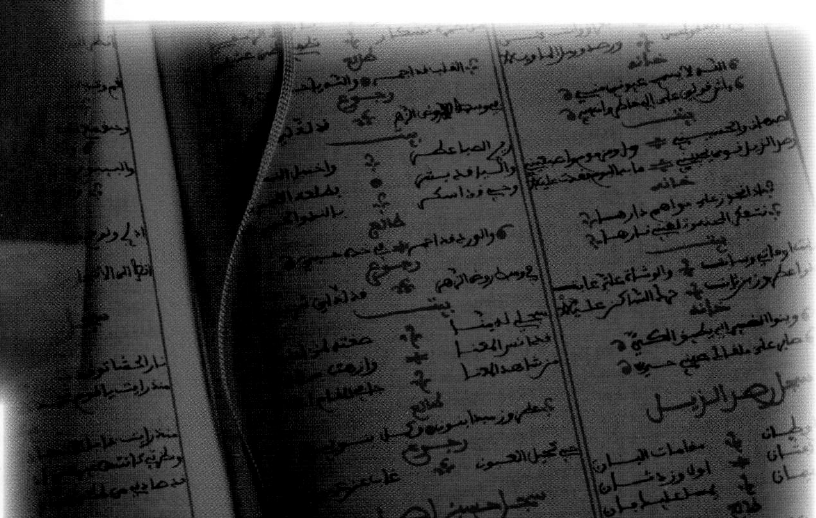

تمرين ١٥

آ- حدِّد الفِكرة الرئيسة في النص.

ب- اذكر بعض الأفكار الثانوية.

ج- اكتب وصفاً للشخصية المذكورة في النص السماعي يُشبِه نصوص القراءة الرئيسة في هذا الدرس.

د- اكتب «خطأ» أو «صواب» بجانب كل جملة وصحِّح الجمل الخطأ:

١- تدرسُ سَلمى الأدَبَ العَرَبيّ.

٢- تحِبُّ سَلمى السَفَر والطعامَ العَرَبيّ.

٣- لَدَيها آلَةُ تَصويرٍ جديدةٌ.

هـ- أكمِل الجمل الآتية بالاختيار المناسب وَفْق نصّ الاستماع:

١- تُصوِّر سَلمى ________________.

☐ أسرتها وأصدقاءها ☐ جامعتها ☐ البلاد العربية

٢- تُحِبّ سَلمى ________________.

☐ آلة تَصويرِها ☐ السَفَر ☐ اللون الأزرَق

٣- يُذكِّرها لونُها المُفَضَّل بـ________________.

☐ بَلَدِها ☐ الأشجار ☐ قِطَّتِها

المُفْرَدات

اِحْتاجَ	(يَحْتاج)	اِحْتِياج إلى	(v.)	to need, to have to
أداة	ج	أدَوات	(n., f.)	tool, implement, instrument
إذْ			(part.)	since, because
اِسْتَلَمَ	(يَسْتَلِم)	اِسْتِلام	(v.)	to receive
أسْعَدَ	(يُسْعِد)	إسْعاد	(v.)	to please, to make happy
أشْقر / شَقراء	ج	شُقْر	(color)	blond
إصْبَع (أو أصْبُع)	ج	أصابِع	(n., f.)	finger
أصْبَحَ	(يُصْبِح)		(v.)	to become
أليف			(adj.)	tame, domesticated, friendly
اِمْتَحَنَ	(يَمْتَحِنُ)	اِمْتِحان	(v.)	to examine, to test
أمَل	ج	آمال	(n., m.)	hope
اِنْتَشَرَ	(يَنْتَشِر)	اِنْتِشار	(v.)	to spread
باب	ج	أبواب	(n., m.)	chapter, column (in a newspaper)
بَرْمَجَ	(يُبَرْمِج)	بَرْمَجة	(v.)	to program
بُنّيّ			(adj.)	brown
تابَعَ	(يُتابِع)	مُتابَعة	(v.)	to pursue
تَحَمَّلَ	(يَتحَمَّل)	تَحَمُّل	(v.)	to bear, to endure, to assume responsibility
تَحِيَّة	ج	تَحِيّات	(n., f.)	greeting—to say greetings from s.o.

to specialize	(v.)	تَخَصُّص	(يَتَخَصَّص)	تَخَصَّص
to correspond (with)	(v.)	تَراسُل (مع)	(يَتَراسَل)	تَراسَلَ
to leave, to abandon	(v.)	تَرْك	(يَتْرُك)	تَرَكَ
entertainment	(n., f.)	تَسالٍ	ج تَسْلِيات/	تَسْلِيَة
to be acquainted	(v.)	تَعارُف	(يَتعارَف)	تَعارَفَ
cost, expense	(n., f.)	تَكْلِفات	ج	تَكْلِفة
to wish, to desire	(v.)	تَمَنٍّ	(يَتَمَنّى)	تَمَنَّى
hole, perforation	(n., m.)	ثُقوب	ج	ثُقْب
skin	(n., m.)	جُلود	ج	جِلْد
to preserve, to protect	(v.)	مُحافَظة	(يُحافِظ)	حافَظَ
guarding, watching	(n., f.)			حِراسة
to realize, to fulfill, to make something come true	(v.)	تَحْقيق	(يُحَقِّق)	حَقَّق
wood	(n., m.)	أَخْشاب	ج	خَشَب
to teach	(v.)	تَدْريس	(يُدَرِّس)	دَرَّس
tambourine	(n., m.)	دُفوف	ج	دَفّ
paint	(n., m.)			دِهان
to correspond	(v.)	مُراسَلة	(يُراسِل)	راسَل
desire	(n,, f.)	رَغَبات	ج	رَغْبة
Novel	(n., f.)	رِوايات	ج	رِوايّة

playing cards (Syria)	(n., f.)	شَدّات	ج	شَدَّة
poetry	(n., m.)	أشْعار	ج	شِعْر
to repair	(v.)	تَصْليح	(يُصَلِّح)	صَلَّح
brass disc, cymbals	(n., f.)	صُنوج	ج	صَنْج
to play an instrument	(v.)	عَزْف (على)	(يَعْزِف)	عَزَف
treatment, therapy	(n., m.)	عِلاجات	ج	عِلاج
grade, mark	(n,, f.)	عَلامات	ج	عَلامة
lute	(n., m.)	أعْواد	ج	عود
earthenware, clay	(n., m.)			فَخّار
scandal	(n., f.)	فَضائح	ج	فَضيحَة
film, movie	(n., m.)	أفْلام	ج	فِلم
reader	(act. p.)	قُرّاء	ج	قارِئ
cat	(n., f.)	قِطَط	ج	قِطّة
heart	(n., m.)	قُلوب	ج	قَلْب
to correspond with	(v.)	مُكاتَبة	(يُكاتِب)	كاتَب
dog	(n., m.)	كِلاب	ج	كَلْب
pliers	(n., f.)	كَمّاشات	ج	كَمّاشة
card game in Egypt	(n., f.)			كوتشينة
at, by (= عِندَ)	(prep.)			لَدى

master's degree	(n., m.)			ماجِسْتير
goat	(act. p.)	مَواعِز	ج	ماعِز
height (e.g., the Golan Heights), hill	(pass. p.)	مُرْتَفَعات	ج	مُرْتَفَع
double, dual	(act. p.)			مُزْدَوِج
help, assistance, aid	(n., f.)	مُساعَدات	ج	مُساعَدَة
a play (theatrical)	(n., f.)	مَسْرَحِيّات	ج	مَسْرَحِيَّة
common, mutual	(pass. p.)			مُشْتَرَك
problem	(act. p.)	مُشْكِلات / مَشاكِل	ج	مُشْكِلة
hammer	(n., f.)	مَطارِق	ج	مِطْرَقة
bit of information	(pass. p.)	مَعْلومات	ج	مَعْلومة
screwdriver	(n., m.)	مِفَكّات	ج	مِفَكّ
saw	(n., m.)	مَناشير	ج	مِنْشار
music	(n., f.)			موسيقا
flute	(n., m.)	نايات	ج	ناي
carpentry	(n., f.)			نِجارة
brass	(n., m.)			نُحاس
passage, text	(n., m.)	نُصوص	ج	نَصّ
to write or compose poetry	(v.)	نَظْم	(يَنْظِم)	نَظَم
to blow, to inflate	(v.)	نَفْخ	(يَنْفُخ)	نَفَخ

to intend, to determine	(v.)	نِيَّة		(يَنْوي)	نَوى
string	(n., m.)	أوْتار	ج		وَتَر
playing cards	(n.)				وَرَق اللَعِب
(foreign) ministry; state department (US)	(n., f.)	وِزارات	ج	(الخارجية)	وِزارة
hobby	(n., f.)	هِوايات	ج		هِواية
manual, done by hand	(adj.)				يَدَويّ

صانع آلات موسيقية

الدَرْسُ الثالث

أهداف الدرس

- التعرّف على طريقة تَحضير الطعام والتحدُّث عنها
- تعريف اتّباع التعليمات وإعطاءها
- **القواعد**: التعبير عن الضرورة باستخدام يَجِب، وتعريف حرف الجرّ بِـ ، وفهم استخدام الأعداد الترتيبية
- **مُراجَعة القَواعِد**: الأمر والإضافة غير الحقيقة (اللفظية) والحرف ها

رُكن المُفْرَدات الجَديدة

أثْناء	*during*
أضافَ (يُضيفُ) إضافة	*to add*
خَلَطَ (يَخْلِطُ) خَلْط	*to mix*
سأل (يسألُ) سؤال	*to ask*
سُرْعة ج سُرْعات	*speed; velocity*
صَبَّ (يَصُبُّ) صَبٌّ	*to pour*
صُعوبة ج صُعوبات	*difficulty*
طَبَخَ (يَطْبُخُ) طَبْخ	*to cook*
طَريقة ج طَرائق	*method, way, manner*
كَفَى (يَكْفي) كِفاية	*to be sufficient, enough*
مُناسِب	*suitable; appropriate*
مُوَظَّف ج مُوَظَّفون	*employee, civil servant*

مع أمّ وليد

برنامج تلفزيوني عن المطبخ الشامي

أم وليد

هريسة اللوز

تُقدّم أمُّ وليد برنامجاً تلفزيونياً في الساعة الثامنة من مساء كل ثُلاثاء تَشرح فيه طريقة طبخ أطباق شامية مختلفة. ها هي اليوم تشرح طريقة صُنع حلوى هريسة اللوز. أمّ وليد ربّةُ بيت وأمٌّ لثلاثة أطفال. كثيرات من ربّات البيوت والموظّفات ينتظرن هذا البرنامج.

أم وليد

سيداتي العزيزات، أسعد الله مساءكن. سأقدّم لَكُنَّ اليوم طريقةَ صُنع حلوى لَذيذةٍ يمكن تحضيرها بسرعة وسهولة، لذلك هي مُناسِبة للسيّدات اللاتي يعملن. أولاً: يجِب أن تُحضِرن ورقةً وقلماً لكتابة الموادّ والمقادير، وهي تكفي لصينيّة دائريّة متوسّطة الحجم. نحتاج إلى كأسين من السميد وكأس من جَوْز الهند المطحون وكأس سكّر وكأس لَبَن ونِصف مِلعَقة شاي من الخميرة ونِصف مِلعَقة من قِشر الليمون.

زُبْدة

صينية دائرية

سميد

والآن إليك الطريقةَ يا سيّدتي. **أولاً**: اخلطي السميد وجَوْز الهند والسكّر. في وعاء آخر اخلطي اللَّبَن مع الخميرة إلى أن تفور الخَلْطة، ثمّ أضيفي قِشر اللّيمون إلى خَلْطة اللَّبَن والخميرة. أضيفي هذه الخَلْطة إلى السميد والسكّر وجوز الهند.

شجرة جوز الهند

ثانياً: ادهُني صينيّة دائريّة متوسطّة الحجم بالزُبدة وصبّي فيها الخَلطة.

ثالثاً: قطِّعي الهريسة وهي في الصينيّة بالسكّين على شكل مُعَيَّنات، ثمّ ضَعي على وَجه كلّ مُعَيَّن لَوْزة. انتظري ساعة. بعد ساعة ضَعي الصينيّة في المَوقِد (الفُرن) لمدّة عشرين دقيقةً على حرارة ٤٠٠ إلى ٤٥٠ فرنهايت، أو إلى أن يَحْمَرَّ وجه الخَلطة.

كأس ماء

أثناء وجود الصينيّة في المَوقِد حضِّري القَطْر وهذا تحضيره سهل، ليس فيه أية صعوبة. أحضِري وعاء عميقاً وصُبّي فيه كأس ماء ثمّ ضَعيه على نار قويّة إلى أن يغليَ الماء. أضيفي كأسين من السكّر على الماء مع مِلعَقتين من عصير الليمون. حرّكي السكّر والماء إلى أن يخثُر.

وعاء عميق

في هذا الوقت تكون الهريسة قد نَضِجت. أخرجي الصينيّة من المَوقِد وصُبّي القَطر عليها. قدِّمي الهريسة حين تبرد. بالهَناء والشِفاء. إذا كان عندكن أسئلة فاسألوني بالهاتف.

أدوات المائدة

أشْكال هَندَسيّة

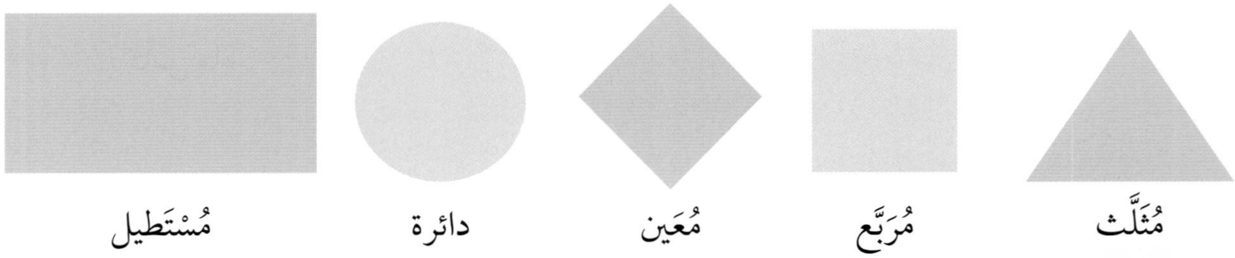

تمرين ١

أجِب عن الأسئلة الآتية وَفْق نَصّ القِراءة:

١- ما الفكرة الرئيسة في نصّ القراءة؟
٢- حدِّد بعض الأفكار الثانويّة.
٣- اكتب عنواناً آخر لهذا الدرس.

تمرين ٢

أكمِل الجمل الآتية من نَصّ القراءة:

١- يُبَثّ برنامج أمّ وليد في الساعة ________________.
٢- أمّ وليد لدَيْها ________________.
٣- مُشاهِدات بَرنامج أمّ وليد من ________________.
٤- طَبَق اليوم هو ________________.
٥- يُصنع هذا الطَبَق من ________________.
٦- يَبقى الطَبَق في الفُرن مُدّة ________________.
٧- نَحتاج إلى عَصير الليمون في تَحضير ________________.

تمرين ٣

للمُحادَثة: في مجموعات من اثنين، اسأل زميلك:

الطعام المفضَّل، مُكَوّنات هذا الطبق، محليّ أم عالميّ، الأدوات اللازمة لتحضيره، الوقت من اليوم الذي يؤكل فيه عادةً، أين يأكله، مع مَن، متى كانت آخر مرة تناوله، مَن كان معه، في أي مناسبة، لماذا يفضِّل هذا الطبق، بعض الأطباق الشائعة في بلدة الطالب، الطبق الذي تحضِّره والدة الطالب بنجاح، وغير ذلك.

تمرين ٤

وافِق بين كُلِّ كَلِمة واكتُب الكَلِمَتين في الوسط:

١	نار		دِمَشقيّ
٢	زُبدة		ساعة
٣	موادّ		مُوَظَّفة
٤	دَقيقة		سَهل
٥	شاميّ		مَوقِد
٦	طِفْل		مَقادير
٧	صَعْب		أمّ
			لَبَن

تمرين ٥

اختَر الكَلِمةَ الّتي لا تُناسِب باقي الكَلِماتِ في كُلِّ مَجْموعةٍ وبَيِّن السَبَب:

١- سُكّر	حلوى	ثلاثاء	هريسة
٢- موَظَّفة	رَبّة بيت	مُذيعة	شَجَرة
٣- لَيمون	خَلَطَ	فارَ	دَهَنَ
٤- صينيّة	مِلْعَقة	شَوكة	سِكّين
٥- دائرة	لَوْزة	مُثَلَّث	مُرَبَّع

تمرين ٦

أعِد ترتيب الكلمات في كلّ مجموعة لتشكّل جملاً مُفيدةً:

١- على	ضَعي	الطاولة	الصينيّة			
٢- باب	اِنتظرنا	المَسرَح	أمام			
٣- الماء	عند	مئة	يغلي	حرارة	دَرَجة	
٤- العربية	الطلاّب	صُعوبة	بعض	تكلّم	يَجِد	في
٥- الجِدار	الدِهان	جَيّداً	حَرِّك	ثُمَّ	بالفُرشاة	ادهن

تمرين ٧

أعِد ترتيب الجُمَل لتُشكِّل فقرة كاملة. الجملة الأولى في مكانها المُناسِب:

ضَع الحاسوب الجديد على الطاولة

ابْدأ بكتابة رسالتك.

ثُمَّ صِلِ الحاسوبَ بالكَهرباء.

أولاً صِل لوحة المفاتيح بالحاسوب.

انتظر دقيقة أو دقيقتين ليُحمِّلَ الحاسوب برامجه.

تمرين ٨

للكتابة: صِفْ طِريقة تَحضير طَبَق يُعجِبك واذْكر الموادّ والأوانيَ الّتي يجِب استعمالها.

القَواعِد

١ - اِستِخدام الفِعل وَجَب (يَجِبُ)

بما أنّ الفِعل يَجِبُ (to be necessary, must) يسبُق فاعِله في جملة فِعليّة، فأنّه يطابق فاعِله تأنيثاً وتذكيراً لكنه لا يطابقه في العدد، بماثبة جميع الأفعال الأخرى باللغة العربيّة.

١	يَجِبُ التَحْضيرُ لِلامتِحان مِنَ الآنَ.	*It is necessary to prepare for the test tomorrow.*

يبيّن المِثال ١ أعلاه أنّ الفِعل وَجَبَ في المُضارِع وتُزاد ياءٌ عليه لأنّ فاعِل الجُملة (أي التحضير) مذكّر. نستطيع اِستِخدام هذا الفِعل في الماضي (المِثال ٢) والمُضارِع (المِثال ٣) أدناه.

٢	وَجَبَتِ المُراسَلةُ مَعَهُم.	*It was necessary to correspond with them.*
٣	تَجِبُ المُراسَلةُ مَعَهُم.	*It is necessary to correspond with them.*

غالباً ما نتسخدِم الفِعل يَجِبُ مع أنْ (أي يَجِبُ أنْ) ويليه فِعل مُضارِع كما تَرى في الأمثِلة أدناه:

٤	يَجِبُ أنْ أُحَضِّرَ لِلامتِحانِ مِنَ الآنَ.	*I must prepare for the test now.*
٥	يَجِبُ أنْ تُحَضِّرَ لِلامتِحانِ مِنَ الآنَ.	*You (m.) must prepare for the test now.*
٦	يَجِبُ أن تُحَضِّري لِلامتِحانِ مِنَ الآنَ.	*You (f.) must prepare for the test now.*

تَذَكَّروا

حين نستخدم يَجِبُ أنْ، لا يُصرَّف الفِعل يَجِب أبداً كما رأينا في الأمثلة ٤ و٥ و٦ أعلاه.

يُعزّز التعبير يَجِبُ أنْ بإضافة حَرف الجرّ على بعدَه مباشرةً:

٧	يَجِبُ عَلَيْكَ أن تُحَضِّر لِلامتِحان مِنَ الآنَ.	You have to prepare for the test now.
٨	يَجِبُ عَلَيْه أنْ يُحَضِّر لِلامتِحان مِنَ الآنَ.	He has to prepare for the test now.

مُلاحَظة

كيف نقول: (shouldn't) بالعربيّة؟ من أهمّ مزايا يَجِبُ أنْ هو قدرته على التعبير عن (should not) بمجرّد أن نزيد حرف النفي لا على أنْ المَصدريّة أنْ مِثل:

يَجِبُ أنْ + لا = يَجِبُ ألاّ

لاحظ أن النون في أنْ تسقط ليصير ألاّ.

	أنا	يَجِبُ ألاّ أتأخّرَ.	I should not be late.
	أنتَ	يَجِبُ ألاّ تتأخّرَ.	You (m.s.) should not be late.
٩	أنتِ	يَجِبُ ألاّ تتأخّري.	You (f.s.) should not be late.
	أنتُم	يَجِبُ ألاّ تتأخّروا.	You (m. pl.) should not be late.
	نَحنُ	يَجِبُ ألاّ نتأخّرَ.	We should not be late.

كما ترى في المِثال ٩ أعلاه، الفِعل الّذي يلي ألاّ في حالة النَصب.

أحياناً، يُعزّز التعبير (should not) بإضافة حرف الجَرّ على مع ضَمير متصلّ كما ترى في المِثال ١٠ أدناه:

١٠	يَجِبُ عَلَيكَ ألاّ تتأخّرَ.	You (really) should not be late.
	يَجِبُ عَلَيها ألاّ تتأخّرَ.	She (really) should not be late.

تمرين ٩

على ورقة مُنْفصلة، حوّل هذه الجُمَل إلى العربيّة:

1. I must bring this book with me to school tomorrow.
2. We should not forget our friends.
3. You must write your name on this paper.
4. She had to ride the bus to work.
5. You shouldn't write on the walls.
6. It is necessary to stir the mixture.

٢- استخدام حَرف الجَرّ بِـ

إنّ حَرف الجَرّ بِـ في مُنتَهى الفائدة إذ أنّه مستخدم في سياقات متعدّدة بما فيها الظَرف. واستخدامه سهل جدّاً ليس عليك إلاّ أن تزيده على بعض الأسماء والمصادر كي تجعلها ظرفاً كما ترى في الأمثلة أدناه:

١	بِسُرعة	حَلوى يُمكِنُ تَحْضيرُها بِسُرعةٍ.	*A dessert that can be prepared quickly.*
٢	بِسُهولة	يَتَحَدَّثُ عادل اللُغة العَرَبيّة الفُصحى بِسُهولة.	*Adil speaks Arabic with ease.*
٣	بِبُطء	تَتَقَدَّمُ المُفاوضات ولكن بِبُطء.	*The negotiations are proceeding, although slowly.*

لقد استُخدِم حَرف الجَرّ بِـ في نهاية نَصّ القِراءة الرئيس في هذا الدرس في تعبير شائع بمعنى (bon appetite).

٤	بِالهَناء والشِفاء	*With happiness and health*

نستطيع كذلك استخدام حَرف الجَرّ بِـ هذا مع أداة كي نعبّر عن (with a) أو (in a) أو (by a).

	قَطِّعي الهَريسَةَ بِالسِكّين.	*Cut up the harissa with a knife.*
٥	حَضَّرتْ أمّي الحَلوى بِالفُرنِ.	*My mother prepared the dessert in the oven.*
	وَصَلَ بِالسيّارةِ.	*He arrived by car.*

تمرين ١٠

على ورقة مُنْفصلة، حوّل هذه الجُمَل إلى العربيّة:

1. We came by car.
2. She made this dish herself.
3. I clean my teeth with a toothbrush.
4. I did this exercise with difficulty.
5. They carried the refrigerator easily.

٣- الإضافة اللَفظيّة (غير الحقيقيّة)

لعلّ الإضافة أعقَد معالم قواعد اللغة العربية وبين مزاياها، قدرتها على وصف اسم وكأنّها صِفة. ومع أنّ مُقابلها بالإنكليزيّة يبدو رسمياً أو قديماً جدّاً، فأنّها بالعربيّة جميلة فصيحة.

إذا أردت اِستِخدام الإضافة اللَفظيّة، فليس عليك إلاّ أن تضع الصفة قبل الموصوف:

١	صينيّةٌ مُتَوَسِّطَةُ الحَجم.	*A tray of medium size.*

تطابِق الصفة فاعِل الجُملة تأنيثاً وتذكيراً ولا تطابِق الموصوف كَما تَرى في المِثال ١ أعلاه، أنّ الصِفة (أي مُتَوَسِّط) تُطابِق الموصوف (أي صينيّة) ولا تُطابِق فاعِل الجُملة (أي الحَجم). يختلف هذا الأسلوب عمّا قد استخدمناه في السابق حين وصفنا شيئاً مثل الصينيّة:

٢	صينيّةٌ حَجمُها مُتَوَسِّطٌ	*A tray its size (is) medium.*

هيّا نُقارن بين الصفة والموصوف والإضافة اللَفظية:

	الصفة والموصوف		الإضافة اللَفظيّة	
٣	وَلَدٌ شَعَرُه قَصيرٌ.	⇐	وَلَدٌ قَصيرُ الشَعَرِ.	*A boy whose hair is short.*
٤	هذا البَيْتُ ثَمَنُهُ غالٍ.	⇐	هذا البَيْتُ غالي الثَمَنِ.	*This house's price is expensive.*

تمرين ١١

على ورقة مُنْفصلة، حوّل هذه الجمل إلى العربيّة:

1. Her sister has a beautiful face.
2. My brother has many children.
3. Some languages are easy to learn.
4. أحْمَد has large feet.
5. This is a high-priced car.

٤ - الظَرف التعداديّ المشتقّ من الأعداد التَرتيبيّة

تُسمّى الأعداد الترتيبيّة هذه التسمية لأنها تدلّ على ترتيب الأشياء أسوةً بكلمة (ordinal) المشتقة من كلمة (order). نستطيع استخدام الأعداد الترتيبيّة (الأوّل والثاني والثالث) بالعربيّة مِثل الإنكليزيّة (i.e., firstly, secondly, thirdly, etc.). يُصنّف الجَدول أدناه بالأصناف الآتية: العَدَد الأصليّ (cardinal numbers) ثُمّ العَدَد التَرتيبيّ (ordinal numbers) ثُمّ الظَرف التعداديّ (numerical adverbs).

عَدَدٌ أصليّ	عَدَدٌ تَرتيبيّ	ظَرْف تعداديّ
واحِد / واحِدة	أوّل / أولى	أوّلاً
اِثنانِ	ثانٍ / ثانية	ثانياً
ثَلاثة	ثالِث	ثالِثاً
أربَعة	رابِع	رابِعاً
خَمسة	خامِس	خامِساً

تمرين ١٢

القواعد: استخدم الظرف التعداديّ (أوّلاً وثانياً وثالثاً) كي تُرتّب خَطوات العمليّة الآتية وبعد أن تُنهي التمرين، اكتب عنواناً للقصّة.

أغْلِق الحقيبة واقفلها بالمفتاح.
انْزَلْ إلى الشارع لِتنتظرَ سيارة الأجرة.
أَحْضِرْ حقيبة كبيرة.
أحْضِرْ ملابسك وأمتعتك وضعها في الحقيبة.
اتّصِلْ بسيارة الأجرة لتأخذَك إلى المطار.
افْتَحِ الحقيبة ونظّفْها من الداخل.

تمرين ١٣

للمُحادَثة: اشرحِ لزميلك في غرفة الصف عمليّة ما من البداية حتّى النهاية مستخدماً الظَرف التعداديّ (أوّلاً، ثانياً، ثالِثاً). بعض المواضيع قد تكون:

١- طريقة طبخ أكلتك المفضّلة
٢- عمليّة شراء سيّارة
٣- عمليّة شراء حاسوب جديد
٤- عمليّة تعلّم لغة ثانية
٥- عمليّة قيادة سيّارة

٥- اسم فِعل الأمر ها

نستخدم الأداة ها حين نودّ أن نجتذب انتباه أحد، وهي معروفة لنا في اسم الإشارة هذا المركّب من حَرفَي ها و ذا كما تَرى أدناه:

ها	+	ذا	=	هذا
ها	+	ذِه	=	هذِه

نستطيع استخدامه مُفرَداً منفصِلاً أيضاً للتنبيه بِمُثابة (here) أو (there) بالإنكليزيّة:

١ ها هِيَ تَشرَحُ . . . — *Here she is explaining . . .*

جدير بِالذِكر أنّ استخدامه للإشارة إلى اسم، يتطلب ضميراً منفصِلاً:

٢ ها هُوَ الأستاذُ يَكتُبُ على السَبّورة. — *Here's the professor writing on the board.*

تمرين ١٤

على ورقة مُنفصلة، حوّل هذه الجُمَل إلى العربيّة مستخدماً «ها»:

1. Here I am, writing to you from Tunis.
2. There he is, driving his new car.
3. Here's my mother, preparing a dessert.
4. There they are, playing basketball.

٦- مُراجعة الأمْر

كَما ذكرنا في كتاب ***أهلاً وسهلاً*** الجزء الأوّل، أنّنا نستخدم الأمْر في صيغة المخاطَب فقط لا غير ونشتقّه من المُضارِع المَجْزوم. تأمّل الجَدوَل الآتي:

الضَمير	المُضارِع المَرفوع	المُضارِع المَجْزوم	الأمر
أنتَ	تَسألُ	تَسألْ	اِسألْ
أنتِ	تَسألينَ	تَسألي	اِسألي
أنتُما	تَسألانِ	تَسألا	اِسألا
أنتُم	تَسألونَ	تَسألوا	اِسألوا
أنتُنَّ	تَسألْنَ	تَسألْنَ	اِسألْنَ

تمرين ١٥

القَواعد: استعمِل فِعل الأمْر كي تعبِّر عن الأفكار الآتية كتابةً كما ترى في المِثال:

مِثال: ضَعِ التِلفازَ على الأرض.

Example: Ask a man to put the TV on the floor.

1. Ask a woman to wait for you in front of the bus stop (use ني for the direct object).
2. Ask a few men not to forget to write their names on a sheet of paper.
3. Ask your female students to bring their books tomorrow.
4. Ask your male chauffeur to bring the car to the front of the house.
5. Ask your sister to give you the newspaper.

تمرين ١٦

آ أَجِب عن الأسئلة وَفْق نَصّ الاستماع:

١- ماذا تبيع هذه الدِعاية؟
٢- لماذا يشتري الناس شيئاً مثل هذا؟
٣- ما الرياضة الّتي يقوم بها الرجل؟
٤- ما الرياضة الّتي تقوم بها أنت؟

ب- اكتب «خطأ» أو «صواب» بجانب كل جملة وصحِّح الجمل الخطأ:

١- المشي إحدى الرياضات.
٢- تريد المرأة أن تبيع للرجل درّاجة ثابِتة.
٣- تعرف المرأة قليلاً عن الرياضة.
٤- الرجل لديه درّاجة ثابِتة.

ج- أكمِل الجُمَل الآتية بالاخيار المناسِب وَفْق نَصّ الاستماع:

١- رياضة الرجل المفضّلة ________ .
☐ رُكوبُ الدرّاجة ☐ كرةُ السلّة ☐ الجَرْيُ ☐ المَشْيُ

٢- لا يركب الرجل درّاجة لأنّ ________ .
☐ الدرّاجةَ غالية ☐ ركوبَ السيارة أحسن.
☐ الشوارعَ فيها سيّارات كثيرة. ☐ الرجلَ لا يحتاج إلى الرياضة.

٣- ركوبَ الدرّاجة جيّد خصوصاً ________ .
☐ للرِجلَينِ ☐ لليَدَينِ ☐ للقَدَمينِ ☐ للقَلْب

٤- يَجب أن يتمرّن الرجل ________ .
☐ كلَّ يوم ☐ ثَلاثين دقيقة ☐ ٣ مرّات أسبوعياً ☐ ٥ مرّات أسبوعاً

المُفْرَدات

أثناء			(adv.)	during
اِحْمَرَّ	(يَحْمَرُّ)	اِحْمِرار	(v.)	to become red in color; to blush
أضافَ	(يُضيفُ)	إضافَة	(v.)	to add
إلى أنْ				until
بَرَدَ	(يَبْرُدُ)	بَرْد	(v.)	to become cold
جَوْزُ الهِنْد			(n., m.)	coconut
حَجْم	ج	حُجوم / أحْجام	(n., m.)	size, volume
خَثَرَ	(يَخْثُرُ)	خُثور	(v.)	to thicken; to coagulate
خَلَطَ	(يَخْلِطُ)	خَلْط	(v.)	to mix, to confuse
خَلْطة	ج	خَلطات	(n., f.)	mixture
خَميرة	ج	خَمائِر	(n., f.)	yeast, leaven
دائِرة	ج	دَوائِر	(n., f.)	circle
دَهَنَ	(يَدْهُنُ)	دَهْن	(v.)	to daub, to butter, to paint
سألَ	(يَسألُ)	سُؤال	(v.)	to ask

سُرْعة	ج سُرْعات/ سُرُعات		(n., f.)	speed; velocity
سَريع			(adj.)	fast, quick
سِكّين	ج	سَكاكين	(n., f.)	knife
سَميد			(n., m.)	semolina
شِفاء			(n., m.)	cure, healing, recovery
صَبَّ	(يَصُبُّ)	صَبّ	(v.)	to pour, to fill
صَحْن	ج	صُحون	(n., m.)	plate
صَعْب			(adj.)	difficult, hard
صُعوبة	ج	صُعوبات	(n., f.)	difficulty
طَبَخَ	(يَطْبُخُ)	طَبْخ	(v.)	to cook
طَبَق	ج	أطْباق	(n., m.)	dish, plate
طَحَنَ	(يَطْحَنُ)	طَحْن	(v.)	to grind, to pulverize
طَريقة	ج	طرائق	(n., f.)	method, way, manner
عَميق			(adj.)	deep
غَلى	(يَغلي)	غَلْيٌ / غَلَيان	(v.)	to boil

to boil, simmer, bubble	(v.)	فَوَران	(يَفورُ)	فارَ
oven	(n., m.)	أفْران	ج	فُرْن
peel, rind, skin, shuck, crust	(n., m.)	قُشور	ج	قِشْر
syrup	(n., m.)			قَطْر
to cut up, cut into pieces	(v.)	تَقْطيع	(يُقَطِّعُ)	قَطَّعَ
to be sufficient, to be enough	(v.)	كِفاية	(يَكْفي)	كَفى
almond	(n., m.)			لَوْز
lemon	(n., m.)			لَيْمون
material, substance, ingredient	(n., f.)	مَوادّ	ج	مادّة
diamond (shape)	(pass. p.)	مُعَيَّنات	ج	مُعَيَّن
measure, quantity, amount	(n., m.)	مَقادير	ج	مِقْدار
suitable, appropriate	(act. p.)			مُناسِب
employee, civil servant	(pass. p.)	مُوَظَّفون	ج	مُوَظَّف
fire, heat	(n., f.)	نيران	ج	نار
to become ripe, mature, well-cooked	(v.)	نَضْج / نُضْج	(يَنْضَجُ)	نَضِجَ

dessert made from semolina	(n., f.)			هَريسة
happiness, good health, well being	(n., m.)			هَناء
vessel, container	(n., m.)	أوْعِية	ج	وِعاء

الدَرْسُ الرابع

أهداف الدرس

- تعريف الطريق من مكان إلى آخر
- دَمج بعض التعبيرات المستخدمة في كتابة الرسالة
- تعريف العِبارة: بِفارِغ الصَبر
- **القواعِد**: استخدام المفعول المُطلَق لِتَعزيز الفِكرة وحَرف الشَرط إنْ واستخدام حَتّى وتعرّف على العِبارة أَلَيسَ كَذلِكَ؟
- **الثقافة**: أهميّة أسم الشارِع والتعرّف على استخدام التهنئة

رُكن المُفْرَدات الجَديدة

اِجْتاز (يَجْتازُ) اِجْتياز	*to cross; to pass*
اِسْتَمَرَّ (يَسْتَمِرُّ) اِسْتِمْرار	*to continue; resume*
اِنْعَطَفَ (يَنْعَطِفُ) اِنْعِطاف	*to turn*
بَلَغ (يَبْلُغُ) بُلوغ	*to reach*
تأكيد (بالتأكيد)	*emphasis, assurance (certainly with certainty)*
تَقاطَعَ (يَتَقاطَعُ) تَقاطُع (مَعَ)	*to intersect with*
رَحَّب (يُرَحِّبُ) تَرْحيب (بِـ)	*to welcome*
عاشَ (يَعيشُ) عَيْش	*to live*
عَبَرَ (يَعْبُرُ) عُبور	*to cross*
مَبروك!	*congratulations!*
مَسافة ج مَسافات	*distance*

عُنوان ميساء الجديد

مَيساء سيّدة في الثانية والعشرين من عمرها، مُتَزوِّجة ولها طفلان. الطفل الأكبر اسمُه يوسُف والأصغر رامِز. كانت تسكن في شقّة صغيرة بعيدة عن مكان عمل زوجها فَيْصل وعن منزل أهلها في دِمشَق. في الشهر الماضي وَجَدَ فيصل شقّة جديدة قريبة من عملِه ومن دار أهل ميساء.

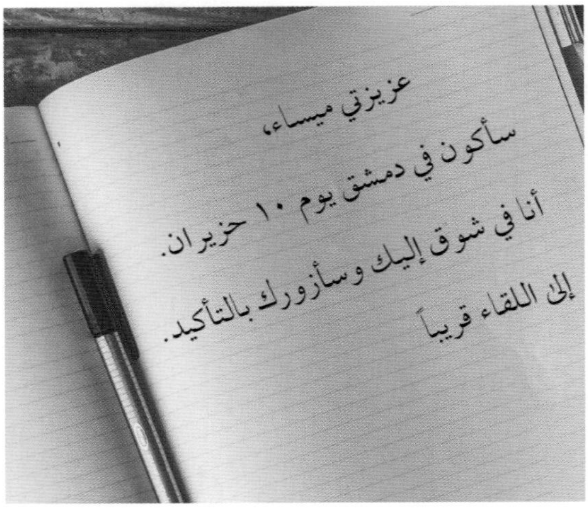

في الأسبوع الماضي اِستلمَت ميساء بِطاقة بريديّة من صديقتِها هالة الّتي تعيش في مدينة حَلَب، وقد تكلّمت هالة معها بالهاتف في اليوم نفسِه تُخبِرها أنّها ستَحضُر إلى دِمشَق بعد أُسبوعَيْن وتُحِبّ أن تزورها.

فَرِحَت ميساء بهذا الخَبَر فَرَحاً عظيماً إذ إنّها لم ترَ هالة مُنذُ أكثر من سنتين.

تمرين ١

وافِق بين كُلِّ كَلِمة واكتُب الكَلِمَتين في الوسط:

١-	عاشَ		وَصَلَ
٢-	ألو		رِسالة
٣-	أهل		ساحة
٤-	مشى		مَوقِف
٥-	بِطاقة		مَرحباً
٦-	طَريق		سَكَنَ
٧-	بَلَغَ		شارِع
٨-	حافلة		سارَ
			أسرة

كتبَت ميساء هذه الرسالة لهالة تُرحِّب بها وتدُلها على الطريق إلى شقّتها الجديدة.

دِمشَق في ٢٥ أيار ٢٠٢١

بسم الله الرحمن الرحيم

عزيزتي هالة،

أطيب التحية لك من دِمشَق وأحرّ الأشواق. أنتظر زيارتك بفارغ الصبر وأن أراك قريباً كما وعدت. رُبّما لا تعلمين أني انتقلت في الشهر الماضي إلى شقّة جديدة. هي أوسع وأجمل من شقّتي القديمة.

قولي «مبروك» فأنا سعيدة بها جدّاً لأنها قريبة من دار أهلي. إليك عنواني الجديد. الخريطة قد تساعدك على الاهتداء إلى بيتي بسهولة.

أنت تعرفين شارع الفَيْحاء حيث تقع مدرسة خَوْلة الثانوية الّتي درسنا فيها معاً. إن كنت تقفين عند تقاطُع شارعَيْ النهر والفَيْحاء خُذي شارع الفَيْحاء باتجاه الشمال حتّى تبلُغي شارع الحُريّة وهو شارع عريض. انعطفي إلى اليسار على شارع الحُريّة وسيري فيه مَسافة مئتَيْ مِتر تقريباً حيث تصِلين إلى شارع الفارابي. انعطفي إلى اليمين وامشي في شارع الفارابي نحوَ الشمال أيضاً. اجتازي شارع جرير واستمري في المشي حتّى تبلُغي شارع ابن خَلدون. هنا انعطفي يميناً وسيري في شارع ابن خَلدون إلى أن تصِلي إلى شارع الرازي حيث تنعطفين يساراً وتمشين فيه نحو ٣٠٠ مِتر. أُعبُري الشارع إلى الجانب الأيسر وادخُلي البناية رقم ١٦٨. اِصعَدي إلى الطابق الرابِع إما على الدَرَج أو بالمِصعَد. رقم شقّتي ١٧. عُنواني سهل أليس كذلك؟ سلامي إلى زوجك وإلى لقاء قريب.

المشتاقة ميساء

ملاحظة: إذا كنتِ عند مَوقِف الحافلات في ساحة الشُهداء فاتجهي شرقاً نحوَ شارع الفارابي وانعطفي فيه يميناً نحوَ الجنوب. امشي فيه قليلاً حتّى يتقاطع مع شارع ابن خَلدون. من هنا تعرِفين الطريق حسب التعليمات أعلاه.

أي شارع هذا؟

ألو ميساء،
مبروك الشقة الجديدة!

تمرين ٢

اِختَر الكَلِمةَ الّتي لا تُناسِب باقي الكَلِماتِ في كُلِّ مَجْموعةٍ وبَيِّن السَبَب:

١- طَريق	اِهتداء	تقاطُع	ساحة
٢- مِتر	قَدَم	كيلومتر	مِصعَد
٣- صَديق	عائلة	أهل	أب
٤- اِستَمَرَّ	اِتّجَهَ	اِنعطَفَ	رَحَّبَ
٥- عَمَلٌ	بِناية	شَقّة	مِصعَد
٦- حافِلة	مَوقِف	خَريطة	راكِب
٧- شَوق	ضَيِّق	واسِع	عَريض

تمرين ٣

أجِب عن هذه الأسئلة العامّة:

١- هل تستعمل المِصعَد إذا كنت تريد الصُعود إلى الطابق الثاني؟ لماذا؟

٢- صِفْ مكان سكنك (شَقّة أو بيت) والطريق التي تصل منها إلى الجامعة.

٣- هل أنت سعيد في حياتك؟ لماذا؟

٤- ماذا تقول لصديقك حين يشتري سيّارة جديدة؟

٥- ما المدينة التي تفضّل أن تعيش فيها؟ ما سبب ذلك؟

٦- إذا كان لديك حيوان أليف كقطّة أو كلب هل تستطيع استئجار أي شقّة تريد؟ ماذا تفعل في هذه الحال؟

تمرين ٤

أجب عن الأسئلة الآتية وفق نصّ القراءة:

١- ما الفكرة الرئيسة في هذا الدرس؟

٢- لماذا كتبَت ميساء رسالة إلى صديقتها؟

٣- ما الأفكار الثانوية في رسالة ميساء؟

٤- مَن هؤلاء الأشخاص: هالة، يوسف، فيصل؟

٥- متى انتقلَت ميساء إلى شقّتها الجديدة؟

٦- لماذا انتقلَت ميساء إلى شقّتها الجديدة؟

٧- ما عنوان ميساء الجديد؟

٨- في أي طابَق توجد شقة ميساء؟

٩- أين مَوقِف الحافلات؟

١٠- لماذا ميساء سعيدة؟ أعطِ السبب أو الأسباب لذلك.

تمرين ٥

آ- أعِد ترتيب الكلمات في كلّ مجموعة لتشكّل جملاً مُفيدة:

١-	مِن	طوابِق	بِنايتُنا	سِتّة	مؤلَّفة		
٢-	أمام	مِن	المَصرِف	الحافِلة	نَزلتُ		
٣-	شارعَيْ	سامي	والنيل	مَحلّ	عِند	السَلام	تقاطُع
٤-	إلى	شمالاً	أوّل	واتّجه	اليمين	شارِع	خُذْ

ب- أعِد ترتيب الجمل لتُشكِّل فِقرة كامِلة. الجُملة الأولى في مكانها المُناسِب:

١ - ابن خالي لديه عائلة مؤلّفة من زوجته ووَلَد وبنتَيْن.

أوّلاً: لأن ذلك الحي مزدحِم

شقّتُه في الطابَق الرابِع لكنَّه لا يستعمِل المِصعَد.

تريد زوجته الانتقال إلى شقّة أكبر في حي قريب من عَمَلِها.

يسكُن وأسرته في بِناية من سبعة طوابِق

ثانياً: لأن الشقُق هناك أغلى بكثير من شقّتهم.

يقول إن صُعود الدَرَج رياضة له.

لكنَّه لا يريد الانتِقال لسَبَبَيْن.

١ - وَصف الطَريق إلى مَكان: فِعل الأمر

عِندما نَدُلّ أحداً على الطَريق إلى مكان، نستخدم فِعل الأمر. إليك بعض أفعال الأمر المُهمّة لتسهيل اِستِخدامها في هذا السياق:

المُذَكَّر	المُؤَنَّث	المَعنى
اِجْتَزْ	اِجتازي	*pass*
اِسْتَمِرّ	اِسْتَمِرّي	*continue*
اِنْعَطِفْ	اِنْعَطِفي	*turn*
اِتّجِهْ	اِتّجَهي	*head (toward)*
اِمشِ	اِمشي	*walk; go*
اُعْبُرْ	اُعْبُري	*cross*
اِصْعَدْ	اِصْعَدي	*go up*
اُدْخُلْ	اُدْخُلي	*enter*
خُذْ	خُذي	*take*
سِرْ	سيري	*go*

تذكَّروا

حين نتحدّث مع امرأة ونود استعمال فِعل الأمر، تدخل ياء (ي) على آخر حَرفِه كَما تَدخُل (وا) على آخر حَرفِه حين نتحدّث مع جماعة.

يا ريما اكتبي / يا جماعة اكتبوا

٢- وَصف الطَريق إلى مَكان: الظَرف والجارّ والمَجرور

نتمكّن من استخدام ظَرف المَكان والجارّ والمَجرور كي نَدُلّ أحداً على الطَريق إلى مَكان:

ظَرف المَكان	الجار والمَجرور	
شَمالاً	إلى / نَحْوَ الشَمال	*to the north*
جَنوباً	إلى / نَحْوَ الجَنوب	*to the south*
شَرْقاً	إلى / نَحْوَ الشَرْق	*to the east*
غَرْباً	إلى / نَحْوَ الغَرْب	*to the west*
يَميناً	إلى اليَمين	*to the right*
يَساراً	إلى اليَسار	*to the left*

تمرين ٦

للمحادثة: صِف لأحد الزملاء الطريق من مطار المدينة التي تعيش فيها إلى المكان الذي تسكن فيه. إذا لم يكن هناك مطار في بلدتك، صِف الطريق من غرفة الصف إلى بيتك.

٣- كِتابة الرِسالة: بَعض التَعبيرات المُهِمّة

نَلتزِم بأسلوب مُعيَّن حين نكتب الرِسالة. يبدأ كثير من الناس رِسالتهم بالعِبارة الآتية:

١ بِسمِ اللهِ الرَحمنِ الرَحيم. — *In the name of God the Beneficent the Merciful*

جدير بالذِكر أن مُعظم المُسلِمين يقولون هذه العِبارة قبل القيام بأي فِعل مثل تَناول الطَعام أو الدِراسة أو اللِبس أو التحضير للعَمل إلخ. تُقال بغض النَظر عن الرسميات، إذ إنّها مستخدمة في مواقف رسميّة وغير رسميّة.

> **مُلاحَظة**
>
> لا تقتصر العِبارات الّتي فيها كَلمة «الله» على المُسلمين فقط، بل كثير من المسيحيين يقولون هذه العِبارات أيضاً، على الأقلّ في سوريا.

آ- التحيّات غير الرَسميّة

إنّ اختيار التحيّات المُناسبة في كتابة الرِسالة معقَّد إلى حدٍّ ما، لأنّه يعتمِد على العلاقة الاجتماعيّة بين المُرسِل والمُرسَل إليه، كذلك علينا أن نأخذ بالحُسبان إنْ كان المُرسَل إليه ذكر أم أنثى.

إليك بَعض التحيّات الشائعة بين الأقارِب والأصدِقاء:

٢	عَزيزي / عَزيزَتي	dear (when used casually in speech it's more like "buddy")
	حَبيبي / حَبيبتي	my darling, sweetheart

هناك تَحيّة أخرى مُستخدمة في الكِتابة والمُحادثة اليوميّة على حدٍ سواء ألا وهي أخي وأُختي. تُستخدَم هذه التَحيّة بين الأشِقّاء (الإخوة من نفس العائلة) وكذلك الغُرباء (الناس من قوم آخر). ومع أنّها تدُلّ على القُرابة، فأنّها تُستخدَم في مواقف رَسميّة أيضاً. إذا أردنا التأكيد على قُرابة هذا الشَخص لَنا، نَزيد عليها كلمة حَبيب أو عَزيز:

٣	أَخي العَزيز / أُخْتي العَزيزة	my dear sister/brother
	أَخي الحَبيب / أُخْتي الحَبيبة	my beloved sister/brother

ب- التحيّات الرَسميّة

حين نكتب التحيّة الرَسميّة لشخص مُهِمّ مِثل أستاذ جامِعي أو شخص ذي عِلم، نستخدم تحيّات طويلة مُستفيضة:

٤	الأستاذ الفاضِل الدكتور فُلان المُحتَرَم،	*The eminent professor, Doctor so-and-so, Esq.,*
	السَيِّد فُلان المُحتَرَم أدامَه الله،	*Mr. so-and-so, Esq., may God preserve him,*

مع أنّنا نترجم كَلمة حَضْرَة (presence)، فأنّها تُستخدَم بَدَلاً من أنتَ وأنتِ كتابةً ومُحادثةً وكذلك تُستخدَم لقباً لاحترام وتشريف يعبّر عن مكانة الشخص:

٥	حَضْرَتُك	*High form of* أنتَ أو أنتِ *(in speech)*
	حَضرَةُ السَيِّدة إلهام الطَرابيشي المُحتَرَمة.	*Feminine form (in writing)*
	حَضرَة السَيِّد سَعيد الطَرابيشي المُحتَرَم.	*Masculine form (in writing)*

ج- نِهاية الرِسالة

إليك بَعض العِباراة المُستخدمة في نِهاية الرِسالة،

٦	المُخلِص / المُخلِصة	*sincerely*
	المُحِبّ / المُحِبّة	*cordially*
	المُشتاق / المُشتاقة	*in longing*

القَواعِد

٤ – المَفْعول المُطلَق

كَما تَعلم، ليس في اللُغة العربيّة (adverbs)، لِذا نعبّر عن هذِه الفِكرة باستخدام المَفْعول المُطلَق. إنّ الغَرض هُنا، أن نستخدم مَصدر فِعل الجُملة كالمَوصوف الّذي نستطيع أن نصِفه بصِفّة.

١ فَرِحَتْ مَيساءُ فَرَحاً عَظيماً.	*Maysa rejoiced a great joy (greatly) = Maysa was very happy.*

أوّلاً، نَبحث عن فِعل الجُملة وفي المِثال ١ أعلاه، هو فَرِحَت. ثانياً، نشتقّ منه مَصدره = فَرَح وهو اسم نستطيع أن نصِفه.
هيّا ننظُر استخدام هذه العِبارة كَي نُدمِجه في حَديثنا اليوميّ. إليك بَعض الأمثِلة:

كَتَبَ كِتابةً جَيِّدةً.	*He wrote very well.*
٢ مَشَينا مَشياً طويلاً.	*We walked for a long time.*
اِستَعمَلنا السَيّارة اِستِعمالاً قليلاً.	*We used the car very little.*

نتمكّن من استخدام المَفعول المُطلَق في إضافة في صيغة التشبيه (a simile).

٣ فَرِحَت فَرَحَ الأطفالِ.	*She rejoiced like a child (the rejoicing of children).*

لاحظ أنّ المَفعول المُطلق في المِثال ٣، ليس لَه تَنوين لأنّه مُضاف في صيغة إضافة معرفة.

تمرين ٧

الكتابة: على ورقة منفصِلة، حَوِّل الجُمَل الآتية من الإنكليزيّة إلى العَربيّة مستخدماً المَفعول المُطلَق:

1. She welcomed us warmly.
2. We headed in the wrong direction.
3. We crossed the road correctly.
4. He writes beautifully.
5. The car took a sharp حادّ turn.
6. He repaired the refrigerator well.

٥- أداة الشَرط إنْ

تُشبِه أداة الشَرط إنْ أداة شَرطيّة أخرى نعرِفها إذا. رُبّما لا تُدرِك أنّنا قد تعلّمنا هذه الأداة الشَرطيّة منذ فَترة، لأنها مستخدمة في عِبارة شائعة جدّاً باللُغة العربيّة:

إنْ شاء الله.	*God willing; if God wills.*

لَعلك تتسائل: ما الفَرق بين إن وإذا لأنهما تدُلات على الشرط. تُستعمَل أداة الشَرط إذا في حالات حتميّة الوقوع أكثر من أداة الشَرط إنْ الّتي تدُلّ على احتمال وقوع الفِعل، مثلاً نستطيع القَول:

إذا أتى الصَباحُ أراكَ.	*If (when) morning comes, I will see you.*

لكنّنا لا نستطيع القَول:

~~إنْ~~ أتى الصَباحُ أراكَ.	*If (maybe) morning comes, I will see you.*

وسَبَب هذا الفَرق واضح، إذ ليس هناك ذرة من الشّك بأنّ الشَمس ستُشرِق.

لقد تعلّمنا في الماضي أنّ أداة الشَرط إذا يليها فِعل ماض وقد يكون الفِعل في جواب شَرطها ماضياً أو مُضارِعاً بينما تُوجَد أربعة احتمالات حين نستخدم أداة الشَرط إنْ:

١	إنْ كَتبتَ لي كَتبتُ لَكَ.	If you write me, I would write you (past/past).
٢	إنْ كَتبتَ لي أكتُبُ لَكَ.	If you write me, I would write you (past/present).
٣	إنْ تكتُبْ لي أكتُبْ لَكَ.	If you write, I will write you (present/present).
٤	إن تكتُبْ لي كَتبتُ لَكَ.	If you write me, I would write you (present/past).

كما ترى في الأمثلة الأربعة أعلاه، تتغيّر معانيها قليلاً وَفقاً لاستعمال فِعل ماضٍ أو مُضارِع.

جَدير بالذِكر أنّ الحَرف فاء المُلحَق بأوّل كَلمة في جواب الشَرط أسوةً بحَرف الشَرط إذا. فإذا بدأ جواب الشَرط بحَرف من الحُروف الآتية: سَوْفَ أو قَدْ أو إنَّ أو لَنْ أو لا أو غيرها من الحُروف، فلابُدّ من أن تلحق الفاء به. هيّا نتأمّل بَعض الحالات الّتي فيها حَرف من هذه الحُروف:

آ- الحَرف سَـ / سَوْفَ + فِعل مُضارِع

٥	إنْ كَتبتَ لي فَسوفَ أكتُبُ لَكَ.	If you write me, I will write you.

ب- الحَرف قَدْ + فعل ماضٍ أو مُضارِع

٦	إنْ تكتُبْ لي فَقَدْ أكتُبُ لَكَ.	If you write me, I might write you.
٧	إنْ حَضرَ مُتأخِّراً فَقَدْ تأخَّرَ مِن قبل.	If he is late, (it's no wonder) he's been late before.

ج- الحَرف إنَّ + جملة اسميّة

٨	إنْ كُنتُ طَويلاً فإنّ أخي أطول.	If (you think) I am tall, my brother is taller.

د- الحُروف لَنْ ولَيْسَ ولا وما وغير في جُملة النَفي

٩	إنْ تَذهبي فَلَنْ أذهَبَ.	If you go, I won't go.
١٠	إنْ نَسيتِ اسمي فَلَستِ صَديقتي.	If you forget my name, you are not my friend.
١١	إنْ تَخرُجي مساءً فَلا تَنْسَيْ مِفتاحَ البَيْت.	If you go out this evening, don't forget your house key.
١٢	إنْ أرَدتُ شِراءَ سيّارةٍ جَديدةٍ فَغيرَ هذا النوعِ أريد.	If I were to buy a new car, I would want a make other than this one.

ي- فِعل الأمر في جواب الشَرط

١٣	إنْ ذَهَبَت فَاذهَبْ مَعَها.	If she goes, go with her.

هـ- جواب الشَرط كَجمُلة اسميّة

١٤	إنْ تأخّروا فَلَهُم أسبابُهُم.	If they are late, they have their reasons.

و- تَتقدّم رُبَّما على جواب الشَرط

١٥	إنْ تأكلوا الخُضَرَ والفَواكِهَ فَرُبَّما كانَ أحسَنَ لَكُم.	If you eat fruits and vegetables, perhaps it is better for you.

الخُلاصة

- يعبِّر حَرف الشَرط إنْ على احتمال وقوع الفِعل.
- من المُمكن أن يلي إنْ فِعل ماضٍ أو مُضارع دون أن يؤثِّر على المعنى الزمني للجملة.
- يلي حَرف الشَرط إنْ فِعل مُضارِعٍ مجزوم

الخُلاصة

في جُملة إذا، يسبق الحَرف فاء الكَلمة الأولى في جواب الشَرط في الظُروف الآتية:

- سَـ / سَوفَ + المُضارِع، قَدْ + الماضي، قَدْ + المُضارِع، فِعل الأمر
- إنَّ + جُملة اسميّة
- لا، لَنْ، لَيْسَ، ما، غَيْر
- رُبَّما

تمرين ٨

استخدِم أداة الشَرط إنْ كَي تعبِّر عن معاني الجُمَل الآتية

1. If you arrive late, you won't find me.
2. If you exercise, I will exercise with you.
3. If he went to bed early, he may be ill.
4. If you go to Paris, perhaps I will go with you.
5. If he drops out of school (stops studying), a job (his work) is available for him.
6. If you go to London, visit the zoo.

٦- استخدام الحَرف حَتّى

لقد رأينا الحَرف حَتّى في سياقات مختلفة وهو حَرف مُفيد ومُهمّ ولَه أربعة معاني رئيسة:

آ- حَتّى + اسم = *until*

١ اِنتَظَرتُها حَتّى الظُهر.	*I waited for her until noon.*

ب- حَتّى + فِعل ماضٍ = *until*

٢ اِنتَظَرتُ الطائرةَ حَتّى أقلَعَت.	*I awaited the plane until it took off.*

ج- حَتّى + فِعل مُضارِع = *in order to*

٣ ذَهَبَ إلى المَكتَبةِ حَتّى يَدرُسَ.	*He went to the library in order to study.*

د- حَتّى بِمَعنى *even*

٤ حَضَرَ الطُلاّبُ حَتّى خالِدٌ.	*The students came, even/including Khaled.*

تمرين ٩

استخدِم الحَرف حَتّى كَي تعبِّر عن معاني الجُمَل الآتية:

1. هالة had several courses for dinner, even dessert.
2. My father did not drive a car until he reached fifty.
3. She invited me to lunch in order to talk to me.
4. I stayed at school until five o'clock.
5. They went to the train station to see the president.

٧- استخدام نَفْس

كَما تَعلم، نَفْس بِمَعنى (*self*) و أحياناً يدخُل عليه حَرف الجَرّ بِـ الأمر الّذي يؤدّي إلى الكَلمة المُركَّبة:

بِنفس + ضَمير متصل	=	**بِنَفْسِه / بِنَفْسِها**

نُعزِّز وَقع فاعِل الجُملة باستخدام نَفْس:

١ غَسَلَ أحمَدُ السيّارةَ بِنَفسِه.	*Ahmad washed the car himself.*
٢ غَسَلَ أحمَدُ نَفسُه السيّارةَ.	*Ahmad himself washed the car.*
٣ غَسَلَ أحمَدُ السيّارةَ نَفسَها.	*Ahmad washed the car itself.*

تمرين ١٠

عبِّر عن معاني الجُمَل الآتية مستخدماً الكَلمة نَفْس في كُلّها:

1. فَريد himself told me that the stores were closed.
2. Where do you see yourself in ten years?
3. سامية typed the letter by herself.
4. The taxicab driver himself carried my suitcase to my apartment.

٨- الأسئلة الذَيليّة Tag Questions

إذا وددنا أن نحوّل قَولاً إلى سؤالاً، فإنّنا نستخدم سؤالاً ذَيليّاً يأتي بعد القَول الأصليّ ونَرى نظيره (المُظلَّل بالأزرق) بالإنكليزيّة في المِثالين أدناه:

a. He goes to school, doesn't he?

b. They can speak Arabic, can't they?

لكن خلافاً للإنكليزيّة، لا يتنوّع السؤال الذَيليّ بالعربيّة بل يقتصر على التَعبير أَلَيْسَ كَذلِكَ الّذي نستطيع تَرجمته إلى الإنكليزيّة (isn't that right؟).

١	زارَت سَلمى مَدينةَ حَلَب، أَلَيْسَ كَذلِكَ؟	*Salma has been to Aleppo, hasn't she?*
٢	سَنَدرُسُ الرياضيّاتِ، أَلَيْسَ كَذلِكَ؟	*We're going to study math, aren't we?*

مُلاحَظة

هذه الأداة مُفيدة جدّاً وتستحقّ حِفظها واستعمالها في حديثك اليومي خاصّةً وأنها أسهل من نَظيرتها الإنكليزيّة حيثُ إنها لا تتغيّر.

تمرين ١١

للمُحادثة: في مجموعات من طالبين أو ثلاثة، اسأل زميلك الأسئلة الآتية وعلى الطالب الذي يجيب عن السؤال أن يحاول استخدام «**حَتّى**» و «**أَلَيْسَ كَذلِكَ**» في الإجابة.

مِثال: أ- لماذا سُمّيت هذه المدينة بهذا الاسم؟
ب - حَتّى يجذب أكبر عدد من الناس إليها، فكرة جميلة أليس كذلك؟

١- لماذا يريد المرء أن يدرس لغة أجنبيّة؟
٢- لماذا يريد المرء السفر إلى باريس / القاهرة / واشنطن؟
٣- لماذا تشاهد الأخبار؟

٩- المُصطَلَحات Idioms

في رِسالتها، استعملَت ميساء التَعبير بِفارِغ الصَبر. إذا حاولت ترجمَتَهُ حَرفيّاً إلى الإنكليزية فأنّه يفقُد كلّ معناه أي (patience) + (empty). لكن حين تأتي الكَلمتان مع بَعضها بَعضاً فتدُلان على عَدم الصَبر والتعجُّل وانتظار شيء في شوق. عندما تودّ القول: (I can't wait for such-and-such)، بإمكانك استعمال هذه العِبارة:

أنتظِرُ شيئاً بِفارِغ الصَبر

تَذَوَّق الثَقافَة العَرَبيَّة

مَبروك!

هذه العِبارة شائعة جدّاً في كافة أنحاء الوطن العربيّ وتُستخدَم في سياقات شتّى بما فيها: شراء سيّارة أو الحصول على حِذاء جديد أو على قميص جديد أو ربح اليانصيب، أو النجاح في امتحان أو الخُطبة أو الزواج أو الحصول على عمل جديد أو غيرها الكَثير.

الله يُبارِك فيكَ

استعمل هذه العِبارة رداً على القول مَبروك، ونقصد بها (may God bless you).

تَذَوّق الثَقافَة العَرَبيَّة

اسم الشارع

في معظم المُدن العربية، كما في المناطق الأخرى في العالم، يَدُلّ اسم الشارع على شخصيّات أو أماكن أو أحداث مهمة في المجتمع. في الخريطة الّتي أرسلتها ميساء إلى صديقتها، نَرى أسماء شخصيات تاريخية ومعاصرة وأدباء ومؤرخين وفلاسفة وزعماء سياسيين ودينيين وغيرهم كثير. توجَد تَسمية الشارع مُشتقّة من مُثُل شائعة أيضاً مِثل الحُريّة (liberty) والوَحدة (unity).

نتذكّر بعض أحداث التاريخ عن طريق تسيمة الشارع، وعلى سبيل المِثال: شارع ١٧ نيسان (Syria's Independence Day). جدير بالذكر أنّ الشخصيّات التاريخية مذكورة إلى نفس درجة الشخصيّات المعاصرة ربّما أكثر، مثلاً، في الخريطة في هذا الدرس، نَرى الاسم نجيب محفوظ وهو الشخصيّة المعاصرة الوحيدة المذكورة، والأسماء الباقية أقدم منه بكثير نحو: ابن خلدون (القرن الخامس عشر) والرازي (القرن التاسع) والفارابي (القرن العاشر) وجرير (القرن الثامن).

تمرين ١٢

أ- **املأ الفراغات الآتية حسب نصّ الاستماع:**

عزيزي رياض،

أرجو أن تكون وأسرتك بخير وأن يكون الطقس في عمان جميلاً كما هو في الشام سأكون سعيداً جداً إذا زرتني في دكّاني الجديدة حين تأتي إلى دمشق في الشهر المُقبِل. عنوان دكاني ليس ____________ أنت تعرف ذلك الجزء من المدينة خصوصاً وأنك ستنزل في دار ابن عمك هيثم ____________ من شارع العابد.

تستطيع أن تأتي إلى دكّاني مشياً من موقف الحافلات. إذا كنت عند ____________ في شارع العابد مع شارع ستة وعشرين أيار ____________ نحو الغرب و____________ ____________ الصالحية و____________ في المشي في طريق شارع العابد إلى أن ____________ إلى شارع الحرية هنا ____________ إلى اليسار و____________ في

هذا الشارع إلى الجنوب بعد قليل __________ فندق أمية إلى يسارك __________ في المشي وسترى ثانوية ابن خلدون إلى يسارك.

هنا تكون قد __________ إلى شارع ابن رشد __________ إلى اليمين وسر __________ الغرب مسافة خمسين متراً ثم __________ يميناً مرة أخرى في شارع ضيق __________. دكّاني في أول هذا الشارع وهي ثاني دكّان إلى اليسار.

أرجو أن يكون عنواني سهلاً __________ زيارتك يا أخي بفارغ الصبر وإلى اللقاء سلامي إلى هاني وصفوان.

أخوك المشتاق

ماهر

ب- **رسم الطريق**: وفقاً للمعلومات المذكورة في الملف السّماعيّ، على الخارطة أدناه، ارسُم الطَريق الّذي مشاها صديق المتكلّم من نقطة الانطلاق (starting point) حتّى يصل إلى الهدف. ضع علامة x حيثُ يُوجَد مَحَلّ المتكلّم.

المُفْرَدات

اِجتازَ	(يَجتازُ) اِجْتِياز	(v.)	to cross, pass
اِستَمَرَّ	(يَستَمِرُّ) اِستِمرار	(v.)	to continue, resume, go on
ألو		(int.)	hello
إنْ		(part.)	if
اِنعَطَفَ	(يَنعَطِفُ) اِنعِطاف	(v.)	to turn, swerve, swing
اِهتَدى	(يَهتَدي) اِهتِداء	(v.)	to find the right way
أهل	ج أهالٍ	(n., m.)	family, one's folks
بَلَغَ	(يَبلُغُ) بُلوغ	(v.)	to reach, get to a place
تأكيد	(بالتأكيد)	(n., m.)	assurance (most certainly)
تَقَاطَعَ	(يَتَقاطَعُ) تَقاطُع	(v.)	to cross, intersect with

respectful term of address used with both men and women	(n., f.)	حَضَرات	ج	حَضْرة
to welcome	(v.)	تَرحيب	(يُرَحِّبُ)	رَحَّبَ
longing, yearning, desire	(n., m.)	أشواق	ج	شَوق
to be patient, forbearing	(v.)	صَبر	(يَصبِرُ)	صَبَرَ
to climb up	(v.)	صُعود	(يَصعَدُ)	صَعِدَ
to live	(v.)	عَيش	يَعيشُ	عاشَ
to cross, carry across, traverse	(v.)	عُبور	(يَعبُرُ)	عَبَرَ
wide	(adj.)			عَريض
empty	(act. p.)			فارِغ
to be happy, rejoice	(v.)	فَرَح	(يَفرَحُ)	فَرِحَ
congratulations	(pass. p.)			مَبروك

meter (measurement of length)	(n., m.)	أمتار	ج	مِتر
distance	(n., f.)	مَسافات	ج	مَسافة
about, approximately, toward	(adv.)			نَحوَ
to promise	(v.)	وَعْد	(يَعِدُ)	وَعَدَ

الدَرْسُ الخامِس

أهداف الدرس

- التعرف على إجراء مقابلة وأسلوب طرح الأسئلة والأجوبة
- كيف تطلب أشياء وتقبلها، والقيام بدخول محادثة والخروج منها
- **مستوى اللغة**: اِستخدام بعض العِبارات العاميّة والتسكين
- **الثقافة**: اسم العائلة وأصله
- **القواعِد**: التَعبير عن الضُرورة دون استخدام يَجِب، وطرح السؤال باستخدام همزة الاستفهام أ، ولا النافية للجنس، واستخدام كَم.
- **مُراجعة القَواعد**: الاستثناء، والفِعل المَبني للمَجهول، وظَرف الزَمان

رُكن المُفْرَدات الجَديدة

أجْرى (يُجْري) إجْراء	*to conduct*
أشار (يُشيرُ) إشارة (إلى)	*to point (to)*
تَحَدَّث (يَتَحَدَّثُ) تَحَدُّث (مع)	تكَلَّم (مع)
تعال (للمُذَكَّر) تعالي (لِلمؤنَّث)	*come! (imperative)*
جَناح ج أجْنِحة	*wing; pavilion*
حاوَلَ (يُحاوِلُ) مُحاوَلة (إلى)	*to try; to attempt*
دَرْدَش (يُدَرْدِشُ) دَرْدَشة	*to chat (colloquial)*
شارَكَ (يُشارِك) مُشارَكة	*to participate*
قابَل (يُقابِل) مُقابَلة	*to interview*
مَعْرِض ج مَعارِض	*exhibition; fair*
مُمْكِن أن (+ فِعل مُضارِع منصوب)	*(is it) possible to (+ subjunctive)*

تمرين ١

وافِق بين كُلِّ كَلِمة واكتُب الكَلِمَتين في الوسط:

١-	لَحظة		حياة
٢-	اِرتَدى		فارِغ
٣-	وَفاة		مُراسِل
٤-	داخِل		ثانية
٥-	مَملوء		اِلتَقى
٦-	مُثَلَّجات		وَلَد
٧-	قابَل		طَقس
٨-	صَبيّ		لَبِسَ
٩-	جَوّ		بُوظة
			خارِج

تمرين ٢

اِختَر الكَلِمة الّتي لا تُناسِب باقي الكَلِمات في كُلّ مَجْموعة وبَيِّن السَبَب:

١- مَعرِض	كَريم	جَناح	بِضاعة
٢- وَطَن	فُندُق	زائر	نَوم
٣- عِرْقسوس	شَراب	فِضّة	ثلج
٤- مَوت	اِبتَسَم	ضَحِكَ	سُرور
٥- ظَهْر	يَد	وَجه	طَبَق
٦- دَولة	مَعهَد	بَلَد	قُطر
٧- سائح	مُسَلسَل	بَرنامَج	حَلْقة

برنامَج «مع الناس»

أسرة من زَحلة

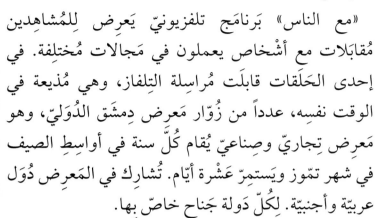

«مع الناس» بَرنامَج تلفزيونيّ يَعرِض لِلمُشاهِدين مُقابَلات مع أشْخاص يعملون في مَجالات مُختلِفة. في إحدى الحَلَقات قابلَت مُراسِلة التِلفاز، وهي مُذيعة في الوقت نفسه، عدداً من زُوّار مَعرض دِمشَق الدُوَليّ، وهو مَعرِض تِجاريّ وصِناعيّ يُقام كُلَّ سنة في أواسِطِ الصيف في شهر تمّوز ويَستمِرّ عَشْرة أيّام. تُشارِك في المَعرِض دُوَل عربيّة وأجنبيّة. لِكُلّ دَولة جَناح خاصّ بِها.

يَزور مَعرِض دِمشَق الدُوَليّ مئات الآلاف من الناس من سوريا ومُدُن البِلاد العربيّة المُجاوِرة وكَذلِكَ من الدُوَل الأجنبيّة.

أمام دُكّان بائع المُثلَّجات (أو البُوظة) أجرَت المُراسِلة مُقابَلة مع أسرة تَزور المَعرِض.

المُراسِلة: مرحباً يا أخ.

الرَجُل: أهلاً.

المُراسِلة: هل عندك مانِع أن (نُدَردِش) قَليلاً؟

الرَجُل: لا أبداً. تَفضّلي.

المُراسِلة: الاسم الكَريم؟

الرَجُل: نَبيل خوري.

المُراسِلة: أهلاً بِك. من أين أنتَ؟

الرَجُل: من زَحلة.

المثراسِلة: أنتَ وَحدك هنا؟

الرَجُل: لا، حَضَرتُ صباح اليوم بالسيّارة مع زوجتي وأولادي.

المُراسِلة: أين هُم؟

الرَجُل: هَناك. (يَلتَفِت ويُنادي زوجتَه). ليلى . . . ليلى . . . تَعالي لَحْظة.

تَتَقَدَّم نَحوَ المُراسِلة والرَجُل سَيِّدة شابة جَميلة تَرتَدي مَلابِس أنيقة ومَعَها بنت وصَبيّ.

نَبيل خوري وزوجته ليلى وابنه غسّان وابنته فَرَح

المُراسِلة: مُمكِن أن نَتَعَرَّف عليك؟

السَيِّدة: بِكُلِّ سُرور. اسمي ليلى وهذه ابنَتي فَرَح وهذا ابني غَسّان.

المُراسِلة: أهلاً بِكُم. (تَقتَرِب من الفَتاة الصَغيرة). كَم عُمرُكِ؟

البِنت: سبع سَنين.

المُراسِلة: (تُخاطِب الصَبيّ) وأنت؟

الصَبيّ: تسع سَنين، وبعد شَهرَين بَصير عَشر سَنين.

المُراسِلة: (تَلتَفِت إلى الأب) ما نَوع عَمَلِك يا سَيِّد نَبيل؟

الرَجُل: عِندي مَطعَم في زَحلة.

المُراسِلة: هل تُقَدِّم الطعام العربيّ أم الغربيّ؟

الرَجُل: في الواقِع نُقَدِّم النوعَين. عِندَنا أطباق لُبنانيّة وأطباق غَربيّة، لأنَّ عَدَداً كَبيراً من السُيّاح الأجانب يَزورون المَطعَم.

المُراسِلة

المُراسِلة: هل تُساعِدك زوجتُكَ في العَمَل؟

الرَجُل: (يَبتَسِم ويَلتَفِت إلى زوجتِه) . . . قليلاً.

السَيِّدة: (تَبتَسِم أيضاً) في الواقِع لا. أنا رَبة بيت.

المُراسِلة: وهل أنتِ سعيدة في حياتِك هكَذا؟

السَيِّدة: نعم أنا سعيدة جِدّاً مع زوجي وأولادي. أُحاوِل دائماً أن أجعَل جَوّ البيت مُريحاً لَهُم، وكَذلِكَ أُساعِد غَسّان وفَرَح بالدِراسة.

عَلَمُ لُبنان

المُراسِلة: هل تَستَمتِعون بزيارة المعَرِض؟

الرَجُل: حَتّى الآن نعم. لكِنَّنا لَمْ نَزُر إلاّ جَناحَين فقط.

المُراسِلة: أرجو لَكُم زيارة سعيدة وأُرَحِّب بِكُم مرّة أخرى بِوَطَنِكُم الثاني سوريّا.

ثلاث فَتيات

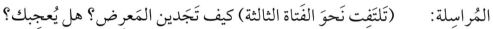

تَنتقِل المُراسِلة إلى مَكان آخر من المَعرِض وتُقابِل ثلاثَ فَتيات إحداهُنّ تَرتَدي اللِباس الإسلاميّ.

الفَتاة ١

المُراسِلة: مَساء الخير.

الفَتيات: مَساء النور.

المُراسِلة: مُمكِن أن نَتَحَدَّث معاً على شاشة التلفاز؟

الفَتاة ١: لا مانِع. تَفَضَّلي.

المُراسِلة: أولاً، مُمكِن أن أعرِف من أين الآنِسات؟

الفَتاة ٢: نَحنُ من هنا، من الشام.

المُراسِلة: أهلاً. أهذه أول مرّة تَزُرنَ فيها المَعرِض؟

الفَتاة ٢: زُرناه عِدّة مرّات في سَنوات سابقة. (تُشير إلى الفَتاة الثالثة) لكِن هذه هي المرّة الأولى بالنسبة لَها.

الفَتاة ٢

المُراسِلة: (تَلتَفِت نَحوَ الفَتاة الثالثة) كيف تَجِدين المَعرِض؟ هل يُعجِبك؟

الفَتاة ٣: مُعظَم الأجنِحة أعجبَتني، خُصوصاً الجَناح المَغربيّ والجَناح السوريّ من الأجنِحة العَربيّة، والفَرنسيّ من الأجنبيّة.

المُراسِلة: هل تعملْنَ أم تَدرُسنَ؟

الفَتاة ١: أنا في السنة الثانية في المَعهَد المُتوَسِّط الهَندَسيّ.

الفَتاة ٢: أنا في السنة الأولى أدرُس الصَيدلة في جامعة دِمَشق.

المُراسِلة: (لِلفَتاة الثالثة) وهل تَدرُسين أنتِ أيضاً؟

الفَتاة ٣: لا. أنا أعمَل في مَصنَع مَلابِس داخِليّة.

الفَتاة ٣

المُراسِلة: يبدو أنّكِ تُفَضِّلين العمل على الدِراسة.

الفَتاة ٣: لا. كنتُ أدرُس المُحاسَبة في كُلّيّة التِجارة، لَكِنّي تَركت الدِراسة بِسَبَب وَفاة والدي. كان مَوَظَّفاً بَسيطاً ولَم يَترُك لَنا راتِباً كافياً فكان عليَّ أن أعمَل. لكِن حين يَكبُر إخوتي سأعود للدِراسة إن شاء الله.

المُراسِلة: أرجو أن تَتَحَقَّق رَغبَتُكِ، وأَتَمَنّى لكُنّ زيارة مُمتِعة.

بائع العِرْقسوس

كان بائع العِرْقسوس يَحمِل على ظَهره وِعاءً مَعدِنيّاً كَبيراً فِضيّ اللون مَملوءاً بشَراب العِرْقسوس وحول وَسَطِه حِزام خاصّ يَضع فيه كؤوساً فِضيّة ويَحمِل بِيدِه اليُسرى إبريقاً فِضيّاً مَملوءاً بِالماء لِيَغسِل به الكؤوس بعد أن يَشرَب بِها الناس.

بائع العِرْقسوس

المُراسِلة: مَرحباً يا أخ.

بائع العِرِقْسوس: أهلاً يا أختي.

المُراسِلة: مُمكِن أن أسألَك بعض الأسئلة؟

بائع العِرِقْسوس: تَفَضَّلي اسألي. لكن اسمحي لي أولاً أن أُقَدِّم هذه الكأس لِلزَبون.

المُراسِلة: طَبعاً. تَفَضَّل.

بائع العِرْقسوس: (يُقَدِّم الكأس لِلزَبون ثُمَّ يَلتَفِت إلى المُذيعة) أنا الآن تَحتَ أمرِك.

المُراسِلة: العَفو. في المَعرِض ناس كثيرون، عرب وأجانب. مَن مِنهُم يَشتَري العِرْقسوس؟

بائع العِرْقسوس: غالِباً أبناء العرب، وأحياناً بعض السُيّاح الأجانب.

المُراسِلة: وهذا الخَزّان الذي تَحمِلُه على ظَهرِك، أهو ثَقيل؟

بائع العِرْقسوس: نعم. ثَقيل جِدّاً. يَتَّسِع وهو مَملوء لأكثر من ثمانين كأساً مع الثلج.

المُراسِلة: كَم تَضع فيه من الثلج؟

بائع العِرْقسوس: أكثر من رُبع الخَزّان لأن العِرْقسوس لا يكون لَذيذاً إلا إذا كان مُثَلَّجاً. (يُعيد الزَبون لَهُ الكأس فارغة يَتَناوَلها منه ويُخاطِبه) صَحَّتين (ينطقُها «صَحْتين»).

سائحة

المُراسِلة: لا أريد أن آخذ من وقتِك أكثر. شُكراً على هذه المَعلومات.

بائع العِرْقسوس: العفو يا أختي. الله مَعِك.

تمرين ٣

اكتُب «خطأ» أو «صواب» إلى جانِب كلّ جملة ثُمَّ صَحِّح الجُمَل الخطأ:

١- ليلى خوري ربة بيت وتُساعِد ابنها وابنتها بالدراسة.

٢- الفتَيات الثلاث حضرنَ إلى المَعرِض من لُبنان.

٣- تَرتدي المُراسِلة اللِباس الإسلامي.

٤- وفاة والد إحدى الفتَيات جعلَتها تَعود للدراسة.

٥- يبيع بائع العِرْقسوس شَرابَه من دُكّانه.

تمرين ٤

أكمِل الجُمل الآتية بالاختيار المُناسب وَفق نَصّ القِراءة:

١- أجرَت المُراسِلة المُقابلات في ______________ .

☐ الجَناح المَغربيّ ☐ الجَناح السوري ☐ لُبنان ☐ المَعرِض

٢- تعمل المُراسِلة في ______________ .

☐ المَعرِض ☐ التلفاز ☐ الإذاعة ☐ الجريدة

٣- حضرَت عائلة الخوري من لُبنان ______________ .

☐ بالسيّارة ☐ بالطائرة ☐ بالحافلة ☐ بالقِطار

٤- تُشارِك في مَعرِض دِمشَق ______________ .

☐ دُوَل عربيّة ☐ دُوَل أجنبيّة ☐ دُوَل أوروبيّة ☐ دُوَل عَربيّة وأجنبيّة

٥- تَرتَدي ليلى خوري مَلابِس ______________ .

☐ إسلاميّة ☐ لُبنانيّة ☐ أنيقة ☐ رَخيصة

٦- الفَتاة الثالثة أعجبها الجَناح ______________ .

☐ المَغربيّ ☐ اللُبناني ☐ الأجنبيّ ☐ الأوروبيّ

٧- تعمَل إحدى الفتَيات في مَصنَع لِلمَلابِس ______________ .

☐ الإسلاميّة ☐ الداخِليّة ☐ الأنيقة ☐ العَربيّة

٨- يَحمَل بائع العِرْقسوس على ظَهْره ______________ .

☐ ثلجاً ☐ إبريقاً ☐ خَزّاناً ☐ زَبوناً

تمرين ٥

أجِب عن الأسئلة الآتية وفق نصّ القراءة:

١- ما الفكرة الرئيسة في نص القراءة؟
٢- حَدِّد بعض الأفكار الثانوية.
٣- اكتُبْ عنواناً آخر لهذا الدرس.
٤- متى يُقام مَعرِض دِمشَق الدَوليّ؟
٥- كَم شخصاً قابَلَت المُراسِلة أمام دُكّان بائع المُثَلَّجات؟
٦- ما عَمَل نَبيل خوري؟
٧- لِماذا لَم يَترُك والد الفَتاة لأسرتِه راتِباً جيِّداً؟
٨- ماذا يَحمِل بائع العِرْقسوس بيدِه؟ لِماذا يَحمِله؟

تمرين ٦

أعِد ترتيب الكلمات في كلّ مجموعة لتشكّل جملاً مُفيدةً:

١	لِلدِراسة	مُريح	المَكتبة	جَوّ			
٢	الإسلاميّ	هَنادي	اللِباس	تَرتَدي	فَتاة		
٣	بِكُلِّ	قامَت	سُرور	بِعملِها	الفَتاة		
٤	الماء	مُثَلَّجاً	أشرَب	إلا	لا		
٥	إلى	ابنِه	الأب	نادى	البيت	لِلدُخول	
٦	فَرَنسيّ	المُذيعةُ	مع	أجرَت	سائح	مُقابَلةً	
٧	مِن	وأجنبيَة	يَزور	عَربيّة	بِلادَ	المَعرِض	سُيّاح

تمرين ٧

المُحادثة: في مجموعات من اثنين، صِف مَعرِضاً قُمت بزيارته أو رحلةً قُمت بها إلى مدينة ملاهٍ. احكِ عمّا فعلت هُناك بالتَفصيل، مثلا: ماذا رأيت هناك، ومن رافقك وماذا أعجبك ولم يُعجِبك وكيف كان الطَقس إلخ. لا تنسَ أن تَكتُب ما قال لك زميلك في الصفّ.

للواجِب: اكتُب قِصّة زميلك في الصفّ بِما لا يقلّ عن مئتي كلمة.

تمرين ٨

هذه المُقابَلة أجراها مُراسِل صَحَفيّ مع فَتاة جامعيّة. تَصوَّر (imagine) **أنّك تِلكَ الفَتاة واكتُب إجابات الفَتاة عن أسئلة المُراسِل:**

المُراسِل: مَرحباً يا آنِسة.

الفَتاة: ________________________.

المُراسِل: أنا صَحَفيّ أُجري اليوم مُقابَلات مع طُلّاب وطالِبات من الجامعة. مُمكِن أن أتحدّث معكِ؟

الفَتاة: ________________________.

المُراسِل: ماذا تدرُسين في الجامعة؟

الفَتاة: ________________________.

المُراسِل: لماذا اِختَرتِ هذا التَخَصُّص؟

الفَتاة: ________________________.

المُراسِل: ماذا تُريدين أن تَفعلي بعد التَخَرُّج؟

الفَتاة: ________________________.

المُراسِل: أتعجبك هذه الجامعة؟

الفَتاة: ________________________.

المُراسِل: لماذا؟

الفَتاة: ________________________.

المُراسِل: شكراً على سماحك بالمُقابَلة.

الفَتاة: ________________________.

تمرين ٩

أعِد ترتيب الجُمل لتُشكِّل فِقرة كامِلة. الجُملة الأولى في مَكانها المُناسِب:

١ - أخبَرَني صَديقي أن هناك مَعرِضاً لصوَر من البحرين.
بعض الصوَر كانت عن قَرية أثريّة يَبلُغ عُمرُها أكثر من ألفَي (٢٠٠٠) سنة.
أعجبتنا الصوَر كثيراً وتمنّينا لو نذهب إلى البحرين لرؤية تِلكَ القَرية.
وسيُقام هذا المَعرِض في المتحف الوطنيّ بِحَلَب ويبدأ في ١ أيلول.
كما يظهَر في الصوَر أيضاً المكان الذي كان يُخزّن فيه البَلَح (dates).
في الأول من أيلول ذهبت إلى المَعرِض مع صَديقَيّ حسام وهِشام.
يظهَر في تِلكَ الصوَر هندسة البيوت في القَرية.
وكان في المَعرِض أكثر من ١٥٠ صورة من تاريخ البحرين القَديم.

تمرين ١٠

للكتابة: تَصوَّر أنك صَحَفيّ تعمل في جريدة أو مَجلّة، أو أنك مُذيع تُقابِل شَخصيّات مَشهورة في بَرنامَجك الإذاعيّ أو التلفزيونيّ. أجْرِ مُقابَلة مع شَخصيّة عَربيّة أو أمريكيّة (رَجُل أو امرأة) حقيقيّة (real) أو غير حقيقيّة واحصل على مَعلومات عن حياة ذلِكَ الشَخص والمَكان الذي يعيش فيه وماذا يعمل وما يُحِبّ ولا يُحِبّ من الطعام والشراب وهِواياتِه وأشيائه المُفَضَّلة وإن كان مُتَزوِّجاً وإلى أين سافَر من البِلاد، وغير ذلِكَ من المَعلومات.

عِبارات تواصُليّة مُفيدة

آ- لَقَب الشَخص أو الكُنية

رُبّما لاحظت أنّ الكَلمتين أخ وأخت الّتين دَرسناهما في الدرس الرابع في هذا الكِتاب قَد استُخدِمَتا في الحِوار بين المُراسِلة وبائع العِرقسوس. حقيقةً، إنّ هاتَين الكَلمتَين مُستخدمتَين كَثيراً بين الأشخاص الّذين يعرفون بَعضَهم بَعضاً جيِّداً وكذلِك بين الغُرباء في الكِتابة والمُحادثة على السواء.

ب- السُّؤال عن اسم الشَّخص

حينَما يَتعرّف شَخص على آخر، غالباً يَفعل هذا عن طَريق غَير مُباشِر، بِمَثابة ما فَعلته المُراسِلة أثناء إجراء مُقابَلاتِها مع النَّاس، أي لم تستخدم السُّؤال «ما اسمك؟» أبداً. بل سألتْهُم:

Your name? (lit. Your honorable name?)	الاسم الكَريم؟	١
Could we make your acquaintance?	مُمكِن أنْ نَتَعَرَّفَ عَليك؟	٢

ج- فِعل الأمر بِمَعنى أقبِل

نستخدم فِعل الأمر تَعالَ لِنَطلُب حُضور الشَّخص لِعندِنا. وهذا الفِعل لَيس لَه وُجود خارِج سِياق الأمر:

	(m.s.)	تعالَ	
Come here!	(f.s.)	تعالي	٣
	(dual)	تعالا	
	(m.,pl.)	تعالوا	

د- الآداب الاجتِماعيّة

تندرج العِبارات الّتي تعبِّر عن التَّقدير والامتِنان والقُبول والمُوافَقة في صَنف الآداب الاجتِماعيّة ونقدّم بَعضها في الجَدول أدناه:

Do you have any objection . . . not at all.	هَل عِندَكَ مانِع . . . لا أبداً.	
With pleasure.	بِكُلِّ سُرور.	
I would like to welcome you to **your second home.**	أُرَحِّبُ بِكُم بِوَطَنِكُم الثَّاني.	
No objection. Go ahead.	لا مانِع. تَفَضَّلي.	٤
I hope that **your desire is fulfilled.**	أرجو أنْ تَتَحَقَّقَ رَغبَتِك.	
I hope that you **have a wonderful visit.**	أتَمَنَّى لَكُنَّ زيارةً مُمتِعةً.	
At your command; at your service.	تَحتَ أمرِكَ.	

ي- الطَلب والرَد بلُطف

حين نودّ أن نَطلُب الإذن من شخص، نَستعمِل الأسلوب الأدبيّ الآتي:

٥	اِسْمَحْ لي . . .	May I . . .; Allow me to . . .
٦	مُمكِن . . .؟	Is it possible . . .?

نَشتقّ كَلمة مُمكِن من العِبارة مِن المُمكِن، (it is possible) وفي المُحادَثة، نستطيع أن نستخدِم كَلمة مُمكِن بِنفسها بِشَرط أنّ المَعنى واضح. على سَبيل المِثال، إذا أراد شَخص استعارة قلم موجود على مَكتَب، فهو يُشير إليه بِيدّه قائلاً (مُمكِن؟) مع نَبرة السؤال الّتي تَرتفِع قليلاً في النِهاية. في هذا السياق، كلمة مُمكِن مناسبة.

في الكِتابة، يلي كَلمة مُمكِن الحَرف أنْ (مُمكِن أنْ)، بينما في المُحادَثة العاديّة، يَسقُط الحَرف أنْ.

٧	مُمكِن أنْ أستَعمِلَ القَلَم؟	*May I use the pen? (formal)*
٨	مُمكِن أستعمِل القَلَم؟	*May I use the pen? (informal)*

إنّ الرَدّ الإيجابيّ للطَلب كَهذا، هو كالآتي:

٩	تَفضَّل.	*Go ahead! (Take it).*
١٠	بِكُلِّ سُرور.	*With pleasure.*
١١	طَبْعاً.	*Certainly; of course; naturally*
١٢	لا مانِع.	*No objection (no problem).*

الفِعل المَعروف لَنا تَفضَّل في صيغة الأمر في المِثال ٩ أعلاه. وجَدير بالذِكر أنّ له مَعاني شتّى وكُلّها تَعتمِد على السياق، مَثلاً: (go ahead; please; by your leave; after you).

أمّا المِثال ١٠، فكَلمة طَبْعاً مُشتقّة من الكَلمة طَبْع الّتي نشتقّ منها طَبيعة (nature)، لِذا طَبْعاً بِمَعنى (naturally) حَرفيّاً لكنّها تَدُلّ على (sure) و(of course) أيضاً.

بِالنسبة إلى المِثال ١٢، فهو يَشمَل لا النافية لِلجِنْس وهي أداة النَفي لا + اسم مَنصوب بالفتح الّتي تَدُلّ على عدم وُجود خَبَرها (أي الكَلمة بعدها) إطلاقاً، وتُستخدَم كثيراً جدّاً يوميّاً لأنّها في الشَهادة:

١٣	لا إلهَ إلاّ الله	There is no deity except God.

مُلاحَظة

لا تُستخدَم لا النافية لِلجِنْس مع العدَد أو الاسم لأنّ هذه الأشياء تدُلّ على أفراد صَنَف وليس على الجِنْس كُلّه.

تمرين ١١

اِختَر أفضَل إجابة:

١- مُمكِن أن أستعملَ الهاتف؟

☐ العَفو ☐ طَبْعاً ☐ شكراً

٢- إنَّ عَمَلَك هذا مُمتاز!

☐ شكراً ☐ عَفواً ☐ طَبْعاً

٣- أنا تَحتَ أمرِك الآن.

☐ العَفو ☐ إن شاء الله ☐ تَفَضَّل

٤- أعِندك مانِع أن نَتَحَدَّث قليلاً؟

☐ لا أبداً ☐ الحَمدُ لله ☐ الله مَعَك

٥- أسَعيدة أنتِ في حياتِك؟

☐ الحَمْدُ لله ☐ العَفو ☐ شكراً

٦- هل ستأتين غداً إلى العَمَل؟

☐ لا مانِع ☐ لا أبداً ☐ إن شاء الله

تمرين ١٢

للمُحادثة: تَصوَّر أنّك مُمثِّل أو مغنٍ مَشهور (أمريكيّ أو عَرَبيّ) ويجب على زميلِك أن يُخمّنَ (guess) اسمَكَ دونما يسألَ السؤالين التاليين: ما اسمك؟ ومَن أنت؟ قد تساعدك الأسئلة الآتية:

١- هل هو حيّ الآن؟

٢- كم مَدينة سكن فيها في حياته، وأين؟

٣- ماذا عَمِلَ / يعمل وأين؟

٤- كَمْ عُمُرُه؟

٥- كَمْ أخاً لَه؟

٦- ماذا فعل في حياته؟

القَواعِد

١ - أداة الاستِفهام كَم لِلعَدَد والقَدر

يَدُلّ كَم على (many) و(much) في القَول بينما يدُلّ على (how many) أو (how much) في السؤال. يلي كَمْ مُفرد مَنصوب في السؤال--خلافاً لِلإنكليزيّة بحَيث يوجَد الجَمع بعد الاستِفهام (how many).

لِلحِفظ

كَمْ + مُفرَد + اً

	كَمْ أخاً لَكَ؟	*How many siblings do you have?*
١	كَمْ وَلَداً لَدَيْكِ؟	*How many children do you have?*
	كَمْ كِتاباً تُريد؟	*How many books do you want?*

أحياناً يجد الطلاّب الأمريكيون صُعوبةً في استخدام المُفرَد بعد كَمْ لأنه مُتأثّر بما يليه بالإنكليزيّة أي الجَمع. من المُمكِن أن تستغرِب من طَرح السؤال (How many student are in the room?) لكنّ هذا الأسلوب فصيح بِالعربيّة.

آ- كَم في الإضافة

نَستطيع استِخدام أداة الاستِفهام كَمْ قَبل الإضافة بِحيثُ المُضاف في حالة الرَفع بالضَمّة (المُظلَّلة بالأحمر في المِثال ٢):

٢	كَمْ عُمُرُكِ؟	How old are you?
	كَمْ عُمُرُ ابنِكَ؟	How old is your son?

ب- كَم المَجرور

يدخُل حَرف الجَرّ بِـ على كَمْ حين نسأل عن سِعر بِضاعة:

٣	بِكَمْ هذا؟	How much is this?

ج- استِخدام كَم مع العدَد الكُلّيّ

هناك بَعض الأسماء في اللُغة لا نستطيع أن نعدّها مِثل الهواء أو السائل أو الوقت إلخ. وإذا أردت أن تسأل عن كَمية الشاي الّتي شربها صَديقك، فعليك أن تزيد حَرف الجر مِن بَعد كَم (أي كَمْ من الشاي شربت يا أخي؟). لاحظ أنّ الاسم الّذي يلي مِن مُعرَّف.

كَمْ مِنَ الـ + العَدَد الكُلّيّ

٤	كَمْ مِن القَهوةِ شَربتِ؟	How much coffee did you drink?
	كَمْ مِن الوَقْتِ بَقيتِ هُنا؟	How long have you been here?

تمرين ١٣

للمُحادثة: اِسأل زملاءك في غرفة الصف الأسئلة الآتية مُستخدماً «كَمْ» في السؤال. سَجِّل أجوبة الطُلاب الآخرين لتُخبرَ الأستاذ بِما عَلِمت.

1. How old they are.
2. How many brothers and sisters they have.
3. How much they paid for something.
4. How long they have been in this city.
5. How old their car is.
6. How much sugar they put in their coffee.

٢– التَعبير عن الضَرورة باستِخدام على

حين نودّ التَعبير عن الحاجة لِفِعل شيء نَستخدم التَركيب: «على + أنْ + المُضارِع» أو «على + المَصدَر»

على + (ضمير مُتّصل / اسم) + أنْ + المُضارِعِ المَنْصوب
أو
على + (ضمير مُتّصل / اسم) + المَصْدَر

١	عَليَّ أنْ أتَكَلَّمَ مَعَكِ.	*I have to speak with you.*
	عَلَيكَ أنْ تعمَل.	*You have to work.*
٢	عَلَيها كِتابةُ رِسالةٍ.	*She has to write a letter.*
	عَلَيهِ غَسْلُ سَيّارتِه.	*He has to wash his car.*

كيف نُعبِّر عن (*had to*)؟ ليس عليك إلاّ أن تستخدم كانَ قبل على:

٣	كانَ عَليَّ أنْ أتَكَلَّمَ مَعَكِ.	*I had to speak with you.*
	كانَ عَلَيكَ أنْ تعمَل.	*You had to work.*

تمرين ١٤

حوّل الجُمَل الآتية من الإنكليزيّة إلى العربيّة مستخدماً على:

1. I have to go to the bathroom.
2. Cleaning the apartment is on you.
3. I have to do my homework.
4. We had to wait for them for an hour.

٣- طَرح السؤال باستِخدام أ

آ- هَمزة الاستِفهام المتصِلة بالاسم والضَمير والفِعل والحَرف

غالباً ما نستخدِم همزة الاستِفهام حين يُراد الجواب «نَعم» أو «لا». ولا تؤثر همزة الاستِفهام على باقي الكَلمات في الجُملة إطلاقاً. تأمّل الأمثِلة الآتية:

١	أسَيّارتُكَ يابانيّةٌ؟	*Is your car Japanese? (noun)*
٢	أهِيَ صَديقتُكِ؟	*Is she your friend? (pronoun)*
٣	أترَيْنَ تِلكَ الشَجَرة؟	*Do you see that tree? (verb)*
٤	ألم أقُلْ لَكِ إنَّه ليسَ في مَكتَبِه؟	*Didn't I tell you that he isn't in his office? (particle)*

الفَرق بين هَلْ و أ

- نستخدِم هَل في جُملة الإثبات (affirmative statement) (المِثال ٥)
- نستخدِم أ في جُملة النَفي أو النَهي (المِثال ٦)

٥	هَلْ تكتُبُ بِيَديكَ اليُمنى أم اليُسرى؟	*Do you write with your right or left hand? (affirmative question)*
٦	ألا تكتُبُ بيدِكَ اليُمنى؟	*Don't you write with your right hand? (negative question)*

ب- هَمزة الاستِفهام في المُعاتبة والتأمُّل والاستهزاء

٧	أتَخرُجُ مَعَ تِلكَ الفَتاةِ وأنتَ مُتزَوِّج؟	*You're going out with that young lady while you are married?*
٨	ألا تَرى وَجهَه؟	*Don't you see his face? (i.e., he's not handsome)*
٩	أيَمشي إلى عَمَلِه وعندَهُ سيّارة؟	*He walks to work when he has a car?*

ج- الفَرق بين استِخدام أوْ وأمْ

> **الاختِيار بين أوْ و أمْ**
>
> - نستخدِم أوْ في جُملة الإثبات وحين تتعدّد الخيارات
> - نستخدِم أم في السؤال والتخيير بين شيئَين

I write with my right or left hand.	أكتُبُ بِيدي اليُمنى أوْ باليُسرى.	١٠
Do you write with your right or left hand?	أبِيدِكِ اليُمنى تكتُبينَ أمْ بِاليُسرى؟	١١

تمرين ١٥

حوّل الجُمَل الآتية من الإنكليزيّة إلى العربيّة مستخدماً همزة الاستِفهام أ:

1. Do you walk to school?
2. You're late for your own graduation party حَفلة?
3. Is that your teacher?
4. Didn't he say that we should be there at three o'clock?
5. Did she study political science or international studies?
6. Do you watch TV during finals week?

مُراجَعة القَواعِد

١ – استِخدام إلاّ الاستِثنائية

في جُملة الإثبات، الاسم الّذي يلي إلاّ في حالة النَصب

I saw all of the pavilions except two.	شاهَدتُ كُلَّ الأجْنِحةِ إلاّ جَناحَيْنِ.	١
Hala read the book, save one page.	قرأَتْ هالة الكِتابَ إلاّ صَفحةً.	

في جُملة النَفي أو في السؤال، يعتمِد إعراب الاسم الّذي يلي إلاّ على السياق، وهذا يتّبع قواعد النَحو تماماً.
إليك بَعض الأمثِلة من الأسماء الّتي إعرابها يعتمد على السياق:

آ- إلاّ في حالة النَصب: المَفعول به

٢	لا أشرَبُ إلاّ الماءَ مَعَ الطَعامِ.	*I drink nothing but water with food.*
	لَنْ أنامَ إلاّ ساعةً.	*I will only sleep an hour.*

ب- إلاّ في حالة الرَفع: فاعِل الجُملة

٣	ما عَلَيكَ إلاّ كِتابةُ هذه الرِسالةِ.	*You have only this letter to write.*

ج- إلاّ في حالة النَصب: الحال

٤	لَمْ أرَها إلاّ ماشيةً.	*I haven't seen her, except walking. = I have always seen her walking.*

د- إلاّ في حالة الرَفع: في السؤال

٥	هَلْ اِسمُهُ إلاّ مِثلُ اِسمِ أبيه؟	*Isn't his name the same as his father's?*

جَدير بالذِكر أنّ الكَلمة الّتي تلي إلاّ ليس بالضَرورة أن تكون اسماً بل قد تكون فِعلاً أو حَرفاً:

٦	ما تَكلّمتُ مَعَهُ مَرّةً إلاّ قالَ "إنّي مَشغول".	*I never spoke with him one time without him stating, "I'm busy."*
٧	ما مِن طالِبٍ هُنا إلاّ لَدَيهِ حاسوب.	*There is no student here who does not have a computer.*

تمرين ١٦

حوّل الجُمل الآتية إلى العَربيّة مُستخدماً إلاّ الاستثنائية:

1. I don't go to the movies except with my friends.
2. All the students have arrived except for one.
3. Your wife is nothing but your friend.
4. Every time we stayed by the sea, we went swimming.
5. All the ladies in this photo have dogs with them except one.
6. Every time I call her, her son answers the telephone.

٢ - الفِعل المَبني لِلمَجهول

بِدايةً، نودّ استرجاع بَعض المَعلومات بالنسبة إلى الفِعل المَبني لِلمَجهول، لِذا أوّلاً نُلقي نظرةً على الفِعل المَبني لِلمَعلوم الّذي نَنوي تَحويله إلى المَجهول كي نَفهم العَمليّة:

١	تُقيمُ الدَولةُ المَعرِضَ كُلَّ صَيفٍ.	The state *holds* the fair every summer.

في المِثال ١، كَلمة الدَولةُ فاعِل الجُملة لأنّه العامِل الّذي يقوم بالفِعل. وكَما تَرى، أنّ الدَولة في حالة الرَفع، لأنّه فاعِل الفِعل. والمَفعول بِه هو المَعرِض الّذي يَتعدّى إليه فِعل الجُملة. هيّا نُحوّل الفِعل تُقيمُ إلى فِعل مَبني لِلمَجهول:

٢	يُقامُ المَعرِضُ كُلَّ صَيفٍ.	The fair *is held* every summer.

تحوَّل المَفعول بِه المَعرِضَ في المِثال ١ إلى فاعِل الجُملة المَعرِضُ في المِثال ٢، لِذا صار مَرفوعاً بالضَمّة (مظلّلاً بالأحمر) بينما كان منصوباً بالفتحة في المِثال ١. بالإضافة إلى ذلك، تغيّر الفِعل تُقيمُ في المِثال ١ إلى يُقامُ في المِثال ٢. كي نَفهم كيف نُصرّف الفِعل بالطريقة الصحيحة ونحوِّله إلى فِعل مَبني لِلمَجهول، فعلينا أن ننظُر هذه العمليّة بدقّة.

لابُد من أن نقوم ببعض التغييرات في الفِعل (راجع الكِتاب أهلاً وسهلاً الجزء الأوّل الدرس الخامس عشر لمزيد من المعلومات). إليك جَدول إلى الأسفل يوضِح لك كيفية بِناء الفِعل المَبني لِلمجهول في كافة أوزان الفِعل المَزيد. إنّما النموذج هنا يُبيِّن الوَزن الأوّل، إلاّ أنّنا نستطيع تطبيق هذه المَعلومات على الأوزان الأخرى.

الماضي				المُضارِع			
مَعلوم		مَجهول		مَعلوم		مَجهول	
كَتَب	(ـَ + ـَ)	كُتِب	(ـُ + ـِ)	يَكتُب	(ـَ + ـُ)	يُكتَب	(ـُ + ـَ)
شَرِب	(ـَ + ـِ)	شُرِب	(ـُ + ـِ)	يَشرَب	(ـَ + ـَ)	يُشرَب	(ـُ + ـَ)
قال	(ا)	قيل	(ي)	يَقول	(ـَ + و)	يُقال	(ـُ + ا)
سَمّى	(ـَ + ى)	سُمِّيَ	(ـُ + ـِ + يَ)	يُسَمّي	(ـُ + ي)	يُسَمّى	(+ ى)

تمرين ١٧

اجعلْ هذه الأفعال مبينة لِلمَجهول مَعَ الشكْل كما في المثِال:

مِثال قَطَّعَتْ ⇐ قُطِّعَتْ

١- قابَلَت ________________

٢- أقامَ ________________

٣- رَأى ________________

٤- أحضَروا ________________

٥- اِستَعْمَلَ ________________

٣- ظَرف الزَمان

تُعرَّفَ كَلمة ظَرف وعاءً بالعربيّة و(container) أو (vessel) بالإنكليزيّة لأنّها--مَجازيّاً--تَحوي الزَمان. يُعتبَر ظَرفا الزَمان والمَكان مَفعولَين به، لذلك هما في حالة النَصب. إنّ الظَرف هو اسم يدُل على زمان الحَدَث أو مَكانه. في المِثال ١، نَرى أنّ الفِعل حَضر حدث في الصَباح ذلِك اليَوم، فَكَلمة صَباحَ في حالة النَصب.

١ حَضرتُ صَباحَ اليَومِ.	*I came this morning.*

لكن، إذا لم يَدُلّ زَمانُ النَهار على الحَدث، فأنّه يُعرَب مِثل كُل الأسماء كَما تَرى في المِثال ٢ أدناه:

٢ أتى الصَباحُ.	*The morning came.*

بَعض أنواع ظَرف الزَمان

بَعض ظُروف الزَمان مَبني، أي لا يُعرَب مثل (حينَ، وَقْتَ، الآنَ، اليومَ، غداً، صَباحاً) بينما بَعضها مُعرَب ويعتمد إعرابه على السياق كَما رأينا في المِثال ٢.

٤ – بَعض بدائل ظَرف الزَمان

آ– اسم الإشارة Demonstratives

تقوم هذه الحُروف بِدور «الإشارة إلى شيء» وتُعتبَر ظَرفاً عندما يليها ظَرف الزَمان.

٣	وَصَلَت سَلمى هذا اليَومَ.	*Salma arrived today.*

ب– المَصدَر

يَجب على المَصدَر من هذا النوع أن يَدُلّ على زَمان الحَدث أو وقته وعليه أن يَكون مُضافاً وأن يكون ظَرف الزَمان المُضاف إليه. غالباً ما لا نقول الظَرف (وَقتَ) في الجُملة لأنّه مَفهوم.

٤	وَصَلنا المَدينةَ وقتَ طُلوعِ الشَمسِ.	*We arrived in town at the time of sunrise.*

بَل نَحذفه ونقول:

٥	وَصَلنا المَدينةَ طُلوعَ الشَمسِ.	*We arrived in town at sunrise.* (lit.)

ج– بَعض الكَلمات الّتي تَدُلّ على « أجزاء من الكُلّ»

توجَد باللُغة العربيّة مَجموعة من الكَلمات الّتي تَدُلّ على أجزاء الكُل. إليك بَعضها:

كُلّ جَميع بعض بِضع رُبع ثُلث نِصْف

تكون الكَلمات في هذه المَجموعة مُضافاً والظَرف الّذي يليه مُضاف إليه:

٦	مَشَيتُ كُلَّ النَهارِ.	*I walked for the entire day.*

د– العَدَد

حَسَب المَجموعة السابقة، يَجب على العَدَد أن يَكون مُضافاً وظَرف الزَمان في نَفس الوَقت.

٧	يَستَمِرُّ المَعرِضُ ثلاثةَ أسابيعَ.	*The fair will go on for three weeks.*

تمرين ١٨

استعمل ظَرف الزّمان كي تُعبِّر عن المعاني الآتية بالعربيّة. اشكُلْ كُلَّ كَلمة:

1. Do you walk to school?
2. You're late for your own graduation party حَفلة!
3. Is that your teacher?
4. Didn't he say that we should be there at three o'clock?
5. Did she study political science or international studies?
6. Do you watch TV during finals week?

٥ – المُستوى اللُغويّ Register

نُعرِّف المُستوى اللُغوي بِأنّه خَليط بين لَهجتَين أو طَريقتين من طُرق الأداء في اللُغة. يستعمِل مُتكلّمو العَربيّة العاميّة للتواصُل اليومي، بينما يستعمِلون الفُصحى أو الفَصيحة (العربيّة المُعاصرة) في سياقات رسميّة وشبه رسميّة مثل التَعليم وعربية وسائل الإعلام وخطبة الجُمعة وغيرها كثير. أنّما قليل من هؤلاء المتكلّمون يستطيعون أن يسترسلوا بالفُصحى بل معظمهم يتواصلون في خليط بين العاميّة (لغتهم الأمّ) والفُصحى الّتي تعلّموها في المدرسة.

تتسّم المُقابلات الإذاعية والتليفزيونية (كما المُقابَلات في هذا الدرس) بكَميّة عالية من عناصر اللُغة العربيّة المُعاصرة من حَيثُ النُطق والمصطلحات والتَركيب. يستطيع بعض المتكلّمين أن يتحدّثوا باللُغة العربيّة المُعاصرة لمدّة طويلة من الوقت، ويحاول معظمهم استِخدام أكبر قدر من الكَلام الفَصيح في مواقف رَسميّة غير أنّهم قد يلجأون إلى العاميّة في الكَلام أو النُطق أو النحو أو الصرف أو تَجنُّب الإعراب.

آ– مَتى تُستخدَم العاميّة

في النَصّ الرئيس، تستخدِم المُراسِلة الكَلمة العاميّة دَردَش بَدَل مَقابلها الفَصيح تحدّث. من المُمكِن أن نَعتبِر هذا الاستِخدام مَقبولاً لأن التواصُل تمّ محكياً في سياق غير رسميّ. إن الكلمة العاميّة دَردَش شائعة في مِثل هذا الموقف. يستعمِل الوَلد الصَرف العاميّ حين يزيد الباء على الفِعل المُضارع يَصير (المِثال ١)

١ بَعد شَهرَين بْصير عشر سنين.	*In two months, I will be ten.*

الفِعل بصير مُستخدَم بَدلاً من الكَلمة الفَصيحة أصيرُ. ودُخول الباء على أوّل حَرف الفِعل ظاهرة شائعة في العديد من اللهجات العربية وهو يبدأ الفِعل المُضارع المَرفوع. إليك بَعض الأمثلة في المُضارع في صيغة المُتكلِّم:

مَشى ⟸ بِمشي | راح ⟸ بْروح | شَرِبَ ⟸ بِشْرَب

ب- مَتى لا يُستخدَم الإعراب

من تحديات التواصُل باللُغة العربيّة المُعاصرة هو استِخدام الإعراب الصَحيح. تدُلّ حَركات التَشكيل (أي الفَتحة والضمّة والكِسرة) على دور الكَلمة في الجُملة العربيّة نَحوياً. لا يُجيد استخدامه الصَحيح إلاّ المثقّفين ربّما لأنها فقدت معانيها ولا يدُلّ استِخدامها إلاّ على دقّة اللغة وسلامتها.

لِذلك، كثير من الناطقين المثقّفين لا يلفظون هذه الحركات في حديثهم غير الرسميّ، مثل المقابلات. قارن بين المِثالَين ٢ و ٣ أدناه وهما بالأصل نفس الكَلام. ركِّز على الإعراب.

٢	أنا في السَنَةِ الثانِيَةِ في المَعهَدِ المُتَوسِّطِ الهَندَسيِّ.	الفُصحى
٣	أنا في السَنَة الثانية في المَعهَد المُتَوسِّط الهَندَسي.	لُغة المثقّفين

يُعتبَر المِثال ٢ صَحيحاً نحوياً لأنّ فيها ضَبط الحركات في التَشكيل، بينما يمثّل المِثال ٣، مع سقوط الحركات من أخر الحُروف، الطريقة الّتي يَتكلّم بها غالبية الأشخاص في موقف يتطلب استِخدام اللغة العربية المُعاصرة غير أنّه ليس رسميّاً إلى دَرجة ضَبط كُلّ حَركة من حَركات التَشكيل. ربّما لاحظت أنّ الحركات الداخليّة تَظلّ كَما هي في حين سقطت الحركات من أواخر الحُروف في ظاهرة نُسمّيها «سَكّن تَسلَم» أي استخدِم السكون فتعيش بسلام (أي لا تخطئ في القَواعد).

جَدير بالذِكر أنّ الحَركات الداخليّة تَتغيّر في عِبارات مُعيَّنة كَما ورَدَت في النَصّ الرئيس في هذا الدرس:

الفُصحى		العاميّة
اللهُ مَعَكِ.	⇐	الله مَعِك.

لاحظ أن الكَسرة تحت الكاف قد تَغيّر مَكانها وأصبح تحت العين. وهكذا ندُلّ على التَذكير والتأنيث في اللهجات العربيّة .

كيف نودّع رجُلاً بالعاميّة الشاميّة؟

الفُصحى		العاميّة
اللهُ مَعَكَ.	⇐	الله مَعَك.

لاحظ أنّ الفَتحة قد تغيّر مَكانها من فوق الكاف بالفُصحى إلى فوق العين بالعاميّة.

حين يتمنّى بائع العِرقسوس لزبونه صَحة، فيقول:

الفُصحة	العاميّة
صَحَّتَيْنِ	صَحْتين

على اتِّبع المَثَل العربيّ في هذا الشأن:

٦ سَكِّنْ تَسلَمْ. *Use a سكون and you will be safe (grammatically).*

على الرغم من ذلك، فأنّ هؤلاء الأشخاص الّذين يقدرون على استخدام الإعراب بصورة سليمة، يعتز بِهم الناس الآخرين. وأحياناً، يستعرض بَعض الناس عِلمهم عن طريق ضبط الإعراب في حديثهم اليوميّ وخاصةً حين يتطلب منهم ذلك موقف رسمي مثل الظهور أمام عدسة آلة التَصوير أو على الإذاعة.

تَذَوَّق الثَقافَة العَرَبيَّة

ملاحظات في المُفردات والكنية

نشتقّ كَلمة أواسِط من أصلها وَسَط بِمَعنى (middle). هيّا نُلقي نظرةً على جُملة مأخوذة من النَصّ الرئيس من هذا الدَرس:

«وهو مَعرض تِجاريّ وصِناعيّ يُقام كُلّ سنة في أواسِطِ الصيف.»

في هذا السِياق، يدُلّ الجَمع على بِضعة أيّام أو أسابيع في مُنتصف فَصل الصَيف. يوجَد هناك بعض الكَلِمات المتشابهة مثل: أوائل (من أوّل) وأواخِر (من آخِر).

في المُقابلة مع بائع العِرقسوس، أنّه يستخدِم التَعبير «أبناء العَرب» وحَرفياً هذا يَعني «أولاد العَرب» بَل يَقصِد العَرَب أي الشَعب العَربيّ وظيفيّاً. هُناك بَعض العَرب، خاصةً الّذين يعيشون في الغُربة خارِج الوَطن العَربيّ، قد يَكْنَون إمرأة بـ «بنت عَرَب» أو رجلاً بـ «ابن عَرَب»، والمقصود من هذا الكَلام أنّه عَربيّ (أو من أصل عَربيّ).

ينتشر اسم العائلة خوري في بلاد الشام بين المسيحيين، إذ أنّه يَعني قِس أو قِسّيس وهذه رُتبة دينيّة. من المُمكِن ألاّ تتمتّع العائلات بهذا الاسم بصلة القُربى أي أنهم من نفس الأسرة. من أشهر الأشخاص بهذا الاسم رجُل اسمه فارِس الخوري الّذي كان كاتباً وسياسياً ومُحامياً ورئيس وزراء سوريا. حاول أن تستنتج معاني الكلمات الّتي تحتها خَط في سيرته الذاتيّة في الصَفحة التاليّة:

فارس الخوري سياسي وأديب سوري. وُلِدَ في بلدة الكفير سنةَ ١٨٧٧ وتُوفّي في دمشق عامَ ١٩٦٢. عُضوُ المَجمَع العِلميّ بدمشق. صار رئيساً لمجلس النوّاب السوريّ ورئيساً للوزارة عدّة مرّات. شاركَ في وضع الدُستور السوريّ ومثّلَ سوريّة في هيئة الأمم المُتّحِدة عامَ ١٩٤٥ كعُضو مؤسِّس.

تمرين ١٩

آ املأ الفراغات الآتية حسب نص الاستماع:

- ممكن أن تقدّمي نفسك؟
- اسمي زينا نِعمة أنا من عَمّان في الأردن لي ثلاثة إخوة لكن ليس لي أخت.
- ماذا تفعلين هنا في الولايات المتحدة؟
- أدرس المواردَ البشرية.
- لماذا اخترتِ هذا ______؟
- أحب أن أتعامل مع الناس بشكل عام و______هم.
- ماذا ستفعلين بعد تخرُّجِك؟
- أحب أن أعملَ في ______ أجنبية في عمّان.
- أأنت وحدك هنا؟
- أخي معي وهو يدرس المحاسبة.
- أتعجبك ______ في أمريكا بصورة عامة؟
- نعم، كل شيء يبدو سهلاً وأناس يحبون أن يساعدوك.
- ما الشيء الذي ______ أكثر من سواه؟
- النظامُ واحترامُ الإنسانِ وحقوقِه.
- وما الشيء الذي لا ______؟
- عدم الاهتمام بما يجري في العالم والاهتمام فقط بالأمور العادية كالرياضة مثلاً.
- ماذا ______ في الشهور القليلة المقبلة؟
- ______ أن أتخرّج في الوقت المحدَّد وأن أبدأ العمل مباشرةً. وأتمنّى أيضاً أن ____ وأنجب أولاداً كثيرين وأن أتابع دراستي للحصول على شهادة الدكتوراه وأن أزور عدة بلاد.

- كيف ___________ الناس إلى المرأة العربية في الغرب؟
- يظن كثيرون إنها غير متعلِّمة وخادمة للزوج ولا تخرُج من بيتها. هذه صورة غير صحيحة أبداً هناك ___________ و___________ و___________ والأستاذات الجامعيات والقاضيات والسياسيات وهناك نساء في الأعمال التجارية بل إن هناك وزيرات في الحكومة كما في سوريا وبعض البلاد العربية الأخرى.
- وما هي ___________؟
- القراءة والرياضات ومشاهدة الأفلام السينمائية.
- ما لونك ___________؟
- البنفسجي.
- ما مدينتك ___________؟
- روما.
- هل زرتها ولماذا تفضّلينها؟
- نعم، زرتها منذ عامين وأحبها لأنها جميلة ومليئة بالتاريخ وكأنها مُتحفٌ كبير.
- وما طعامك المفضَّل؟
- ___________ وأحبّها كثيراً.
- شكراً على ___________ وأتمنّى لك حياة ناجحة سعيدة.

ب- أكمل الجمل الآتية بالاخيار المناسب وفق نص الاستماع:

١- يُعجب زينا في الوِلايات المُتّحِدة ___________ .

☐ النِظام ☐ الطعام ☐ الرياضة ☐ الدِراسة

٢- تَدرُس زينا في الوِلايات المُتحِدة ___________ .

☐ عِلم الاجتماع ☐ عِلم الحاسوب ☐ المَوارِد البَشَريّة ☐ التِجارة والمُحاسبة

٣- يَنظُر الغَرْب إلى المرأة العربيّة على أنّها ___________ .

☐ سياسيّة ☐ وزيرة ☐ طَبيبة ☐ ربّة بيت

٤- مِن هِوايات زينا ___________ .

☐ القِراءة ☐ الدِراسة ☐ السِباحة ☐ المُراسَلة

ج- لَخِّص المُقابَلة مع زينا بحوالى خمسين كَلمة.

المُفْرَدات

أ

هَلْ

to smile	(v.)	اِبْتِسام	(يَبْتَسِمُ)	اِبْتَسَمَ
to perform, to conduct, to do	(v.)	إجْراء	(يُجْري)	أجرى
to wear	(v.)	اِرْتِداء	(يَرْتَدي)	اِرْتَدى
to point, to indicate, to allude	(v.)	إشارة	(يُشيرُ)	أشارَ
to set up, to found, to convene	(v.)	إقامة	(يُقيمُ)	أقامَ
to approach, to come close, to draw near	(v.)	اِقْتِراب	(يَقْتَرِبُ)	اِقْتَرَبَ
to turn, to pay attention	(v.)	اِلْتِفات	(يَلْتَفِتُ)	اِلْتَفَتَ
a command, an order	(n., m.)	أوامِر	ج	أمْر
neat, elegant	(adj.)			أنيق
left (in terms of direction)	(adj., f.)	يُسْرى	(adj., m.)	أيْسر
to talk to, to speak	(v.)	تَحَدُّث	(يَتَحَدَّثُ)	تَحَدَّثَ
Come here!	(imp.)			تَعالَ
heavy, burdensome, unpleasant	(adj.)	ثُقلاء	ج	ثَقيل
pavilion, wing	(n., m.)	أجْنِحة	ج	جَناح
to make	(v.)	جَعْل	(يَجْعَلُ)	جَعَلَ

جَوّ	ج	أجْواء	(n., m.)	atmosphere, weather, ambience
حاوَلَ	(يُحاوِلُ)	مُحاوَلة	(v.)	to try, to attempt
حِزام	ج	أحْزِمة	(n., m.)	belt
حَلْقة	ج	حَلَقات	(n., f.)	episode (of a series), link
خاطَبَ	(يُخاطِبُ)	مُخاطَبة	(v.)	to address, to deliver a sermon
داخِل			(act. p.)	inner, inside, interior
دَرْدَشَ	(يُدَرْدِشُ)	دَرْدَشة	(v.)	to chat (colloquial)
دَوْلة	ج	دُوَل	(n., f.)	country, state
راتِب	ج	رَواتِب	(n., m.)	salary
زائر	ج	زُوّار	(act. p.)	visitor
زَبون	ج	زَبائن	(n., m.)	customer, client
سابِق			(act. p.)	former, previous
سائح	ج	سُيّاح / سائحون	(act. p.)	tourist
سَمَحَ	(يَسْمَحُ)	سَماح	(v.)	to allow, to permit
شارَكَ	(يُشارِكُ)	مُشارَكة	(v.)	to participate
صَبيّ	ج	صِبْية / صِبْيان	(n., m.)	boy
ظَهْر	ج	ظُهور	(n., m.)	back
عَرَضَ	(يَعْرِضُ)	عَرْض	(v.)	to show, to display

licorice root	(n., m.)	(عِرْق سوس)		عِرْقسوس
to interview, to meet	(v.)	مُقابَلة	(يُقابِلُ)	قابَلَ
generous, honorable	(adj.)	كُرماء / كِرام	ج	كَريم
moment, instant	(n., f.)	لَحَظات	ج	لَحْظة
objection, obstacle, obstruction	(act. p.)	مَوانِع	ج	مانِع
chilled food products; ice cream	(act. p.)	مُثَلَّجات	ج	مُثَلَّج
field, area of specialization	(n., m.)	مَجالات	ج	مَجال
adjacent, neighboring	(act. p.)			مُجاوِر
correspondent, reporter	(act. p.)	مُراسِلون	ج	مُراسِل
comfortable (to give comfort)	(act. p.)			مُريح
exhibition, fair, show	(n., m.)	مَعارِض	ج	مَعْرِض
institution, institute, academy	(n., m.)	مَعاهِد	ج	مَعْهَد
enjoyable, pleasant, interesting	(adj.)			مُمْتِع
full	(adj.)			مَمْلوء
possible	(adj.)			مُمْكِن
to call, to cry out, to shout	(v.)	مُناداة	(يُنادي)	نادى
relationship	(n., f.)	نِسَب	ج	نِسبة

concerning, with regard to				بالنِسبة لِـ
like this, so, thus	(dem.)			هكَذا (هاكَذا)
waist, middle, surroundings	(n., m.)	أوْساط	ج	وَسَط
death	(n., f.)	وَفَيات	ج	وَفاة

الدَرْسُ السادِس

أهداف الدرس

- التعرف على وَصف المِهنة والمَكان
- تَعزيز سَلامة استِخدام الفِعل الصَحيح في كُلّ الأزمنة
- **القواعد**: مُراجعة الحال
- **مُراجعة القَواعد**: الجُملة الاسميّة وكان وأخواتها وحالة النَصب وظَرف الزَمان والمَمنوع من الصَرف والفِعل المَبني لِلمَجهول والإضافة المُركّبة

رُكن المُفْرَدات الجَديدة

اِسْتَغْرَقَ (يَسْتَغْرِقُ) اِسْتِغْراق	*to take (time)*
اِشْتَغَلَ (يَشْتَغِلُ) اِشْتِغال	عَمِلَ
اِمْتَدَّ (يَمْتَدُّ) اِمْتِداد	*to stretch, to extend*
اِنْتَهى (يَنْتَهي) اِنْتِهاء (مِن)	*to end*
تَجَوَّلَ (يَتَجَوَّلُ) تَجَوُّل	*to wander about, to tour*
تَوَقَّفَ (يَتَوَقَّفُ) تَوَقُّف	*to stop*
زَمَن ج أزْمان / أزمِنة	*time, duration of time*
لاجِئ ج لاجِئون	*refugee*
مَبْني (على)	*built; based (on)*
مُخَيَّم ج مُخَيَّمات	*camp*
واقِع (الواقِع)	*located (reality)*

المُفرداتُ الجَديدةُ في صُوَرٍ عَديدة

تَزَلَّجَ (يَتَزَلَّجُ) تَزَلُّج

قاد (يَقود) قِيادة

غاص (يَغوصُ) غَوص

تَسَلَّقَ (يَتَسَلَّقُ) تَسَلُّق

قَصْر (ج) قُصور

قِمَّة (ج) قِمَم

تمرين ١

اِختَر الكَلِمةَ الّتي لا تُناسِب باقي الكَلِماتِ في كُلِّ مَجْموعةٍ وبَيِّن السَبَب:

١-	اِمتِداد	تَزَلَّج على الماء	تَسَلَّق جِبال	غَوص في البحر
٢-	حَفلة	هَدوء	رَقْص	غِناء
٣-	آثار	تاريخ	قَديم	حَديث
٤-	قيادة	سَفينة	سَيّارة	شاحِنة
٥-	عَمَل	وَظيفة	شُغل	اِستِراحة

رامي مارتيني في عمّان

رامي مارتيني

رامي مارتيني أخو عَدنان مارتيني، وهو طالب يدرس التِجارة في جامعة حَلَب، ويَشتَغِل أيضاً سائقاً على شاحنة لشَرِكة تَصنَع البَرّادات والغَسّالات في حَلَب، ثاني أكبر المُدُن السوريّة. يَسوق رامي شاحنَتَهُ عادةً مرّةً في الأسبوع إلى دمشق ليَنقُل أجهزة كَهرَبائية. حينَ يكون في دمشق لا يَنام في الفُندُق عادةً بَلْ في شَقّة أخيه أيمن الّذي يدرس الطِبَّ في جامعة دمشق. أيمن في سنتِه الدِراسيّة الأخيرة، وسيُصبِح طَبيباً بعد بِضعة أشْهُر.

مُنذُ شَهرَين سافر رامي بالشاحنة إلى عمّانَ عاصمةِ المَملكة الأردنيّة الهاشميّة الواقعة جَنوب سوريا، ونَقَلَ بَرّادات إلى هناك. استغرقَت الطَريق إلى عمّانَ بالشاحِنة تسع ساعات تقريباً. مرَّ في طريقه إلى عمّانَ بمَدينة حماةَ الواقِعة جَنوب حَلَب، ثُمَّ مَرَّ بِمَدينة حِمص، ثُمَّ بدمشقَ وأخيراً بدَرعا آخر بَلدة سوريا قَبلَ الحُدود السوريّة الأردنيّة. تَوَقَّف هناك قليلاً ثُمَّ ساقَ شاحنتَهُ إلى عمّان.

شاحنة

بَقيَ رامي ثلاثةَ أيّام في عمّان، زارَ خِلالَها صَديقَهُ أحمد نحّاس الّذي يدرس اللغة الإنكليزيّة في الجامعة الأردنيّة. زارَ مع صَديقِه حَرَم الجامِعة الأردنيّة. زارَ معَهُ كَذلكَ المَسرَح الرومانيّ القديم في وَسَط مدينة عمّان والمُسَمّى «فيلادلفيا» وهو اسم عمّانَ القديم. يقع هذا المَسرَح على سَفح جَبَل الجَوْفة أوّل جَبَل سُكِن في عمّان.

المَسرَح الروماني «فيلادلفيا»

تَجَوَّل رامي وصديقُه في جبال عمّان السبعة الّتي صارَت كلُّها مَسكونة الآن. بدأ العُمران يَمتَدُّ خارج جَبَل الجَوْفة بعد سنةِ ١٩٤٩ حينَ صارَت عمّان عاصِمة الأردنّ عامَ ١٩٤٦. بجانب قِمّة جَبَل الجَوْفة يُوجَد جَبَل التاج وقد سُمِّيَ كَذلكَ لأنَّهُ أعلى منطقة بعمّان. امتَدَّ العُمران إلى جَبَل القَلْعة أوّلاً، ثُمَّ بدأ يَمتَدُّ إلى جَبَل عمّان حَيْثُ يُوجَد مَجلِس الأمّة وعدد كبير من السِفارات الأجنبيّة وبعض الوزارات وقَصْر زَهران، قَصر والدة المَلِك حُسَين حين كانت حية.

جَبَل عمّان

ثُمَّ ذهبا إلى جَبَل اللَوْيبدة الَّذي يقع في وَسَط الجبال الأخرى، وهو ثاني منطقة سكنيّة بعد الجَوْفة، وقد بدأ العُمران فيه عامَ ١٩٤٩. تَجَوَّلا أيضاً في جَبَل الحُسَيْن، ومَرّا بمُخيَّم اللاجئين الفلسطينيين الّذي أصبحَ منطقة سَكنيّة اليوم. امتَدَّ العُمران كَذلكَ إلى جَبَلَيْ النُزْهة والقُصور. وعَلِمَ رامي من أحمد أن العُمران امتَدَّ إلى خارج عمّان ووصل إلى جَبَل الهاشميّ، حَيْثُ تُوجَد القُصور المَلكيّة على اِمتِداده.

عمّان عاصمة الأردنّ

بعد ذلك تَوَجَّه الصديقان إلى حي عَبْدون، حَيْثُ تُوجَد الدُور الفَخمة، وقال أحمد: إنَّ هذا الحي واحد من ثلاثة أحياء حديثة راقيّة بالإضافة إلى أمّ أُذَيْنة ودَيْر غُبار. وجد رامي أنَّ مُعظَم البُيوت مَبنيّة بناء جَميلاً من الحَجَر الأبيض كَما في حَلَب. كان رامي سَعيداً بِنِهاية الزيارة هذه. في صباح اليوم الثالث قادَ شاحنَتَهُ راجِعاً إلى حَلَب ولَمْ يَتَوَقَّف في دمشق.

جسر عَبْدون الأردنّ

تمرين ٢

أوّلاً: اقرأ المعلومات في شهادة قيادة رامي مارتيني ثُمَّ اكتُبْ فِقرة تَصِف فيها رامي حَسَب هذه المَعلومات:

الجمهورية العربية السورية

إدارة المرور العامة

الاسم: رامي

الشهرة: مارتيني

تاريخ الميلاد: ١٧ آذار ١٩٧٨

مكان الميلاد: حلب

العنوان: شارع المتنبي، رقم ١٥

شهادة قيادة خاصة

المهنة: طالب

رقم الهاتف: ٧٦٥١٦١٣

رقم الشهادة: ٦٧٥٨٧٣٦٤ ب

تاريخ الإصدار: ٢٥/٨/١٩٩٦

تاريخ الانتهاء: ٢٤/٨/ ٢٠٠٠

ثانياً: إملاء شهادة القيادة الآتية بمَعلومات عن نفسك:

الجمهورية العربية السورية

إدارة المرور العامة

الاسم:

الشهرة:

تاريخ الميلاد:

مكان الميلاد:

العنوان:

شهادة قيادة خاصة

صورتك

المهنة:

رقم الهاتف:

رقم الشهادة:

تاريخ الإصدار:

تاريخ الانتهاء:

تمرين ٣

أكمِل الجُمَل الآتية حَسَب نصّ القراءة:

١ - ينام رامي في ______________ حينَ يكون في دمشق.

٢ - تقع ______________ بين حماة ودمشق.

٣ - درعا بَلدة صغيرة تقع على ______________.

٤ - لِرامي صديق اسمه ______________.

٥ - يقع المَسرَح الرومانيّ على ______________.

٦ - كُلّ جِبال عمّان ______________ الآن.

٧ - يُوجَد قَصْر زَهران في جَبَل ______________.

٨ - صارت عمّان عاصِمة الأردنّ عامَ ______________.

تمرين ٤

اكتُب «خطأ» أو «صواب» إلى جانب كُلّ جملة ثُمّ صَحّح الجُمَل الخطأ:

١ - مِهنة رامي سائق.

٢ - يدرس رامي التِجارة في جامعة حَلَب.

٣ - يَنقُل رامي أجهِزة كَهربائيّة من عمّان إلى حَلَب.

٤ - تقع عمّان على عِدّة جِبال.

٥ - كان اسم عمّان القديم «المَسرَح».

٦ - قِمة جَبَل الجَوْفة أعلى مِنطقة في عمّان.

٧ - أمّ أذَيْنة أحد الأحياء الراقيّة في عمّان.

تمرين ٥

آ- وافِق بين كَلِمتين واكتُب الأزواج السبعة في الوسط:

١- اِشتَغَلَ		سينما
٢- الأوَّل		شارع
٣- جِهاز كَهرَبائيّ		سَعيد
٤- طَريق		عَمِلَ
٥- تجوّل		برّاد
٦- مَسرَح		سيّارة
٧- شاحِنة		مَشى
		الثاني

ب- وافِق بين كَلِمتين لِتُشَكِل إضافة واكتُب العبارات الأربع في الوسط:

١- حَرَمُ		الأمّة
٢- سَفحُ		العربيّة
٣- شَهادةُ		الجامعة
٤- مَجلِسُ		الجَبَل
		القيادة

ج- وافِق بين كُلِّ كَلِمة في العمود الأيمن ومرادفها في العمود الأيسر واكتبها في الوسط:

١- أصبَحَ		عَمِلَ
٢- ساقَ		دار
٣- رَجَعَ		عام
٤- سَنة		صارَ
٥- بَيْت		عادَ
		قادَ

تمرين ٦

الكِتابة: صِف العلاقة بين الأشخاص الثلاثة المَذكورين في النَصّ الرئيس في هذا الدَرس وصِف ما يفعلون في حياتهم وبَعض تَفاصيل خَلفيّتهم. إليك أسماءهم:

رامي مارتيني، أيمن مارتيني، أحمَد نحّاس

تمرين ٧

١- **للكِتابة**: صِف الأماكن والمُدن (الحقيقية أو الخيالية) الّتي زرتها حين قُمت بزيارة لها واذكُر بَعض الأشياء الّتي رأيتها والّتي أعجبتك ولماذا أعجبتك. حاول أن تصف مَوقع بعض المزارات والطريق الّتي سلكتَها من مَكان إلى آخر.

٢- اكتُب عن تاريخها وعدد سُكانها وأحيائها ومزاراتها.

أماكن هامّة في الأردنّ

خريطة الأردنّ

جَرَش

مَسرَح جَرَش الرومانيّ

تقع في شمال الأردنّ وفيها آثار رومانيّة في حال حَسَنة، كالمَسرَح الرومانيّ الّذي تُقام فيه حَفَلات موسيقيّة وحَفَلات رَقْص شَعبيّ.

مادَبا

من فُسَيفُساء مادَبا

تقع مادَبا على بُعد ٣٠ كيلومتراً إلى الجَنوب الغَربيّ من عمّان. فيها كَنيسة قديمة وآثار وفُسَيفُساء تعود إلى زَمَن الرومان.

البَتراء

مدينة قديمة مبانيها محفورة في الصَخَر الوَرديّ اللون. تقع على بُعد ٢٠٠ كم تقريباً إلى الجَنوب من عمّان. سَكَنَها الأنباط قَبلَ الإسلام، وكانت مَركَزاً مُهِمّاً لِلتِجارة والقَوافِل.

العَقَبة

العَقَبة ميناء الأردنّ الوَحيد ويقع على البحر الأحمر. لِلعَقَبة شاطئ رمليّ جميل، وفيها عدد من الفنادق والمطاعِم. يأتيها الأردنيّون والسُيّاح لِلسِباحة وتسلّق الجبال والتزلّج على الماء والغَوص في البحر الأحمر. تبعُد عن عمّان حوالي ٣٠٠ كيلومترٍ إلى الجنوب.

ميناء العَقَبة

تمرين ٨

أجِب عن هذه الأسئلة:

١- أين تُوجَد آثار بالفُسَيفُساء؟

٢- من أي شيء بُنيت البَتراء وماذا كانت في التاريخ؟

٣- كيف تُستخدَم آثار جَرَش اليوم؟

٤- ما أهمية العَقَبة؟

٥- لو كنت سائحاً ولدَيك الوقت لِزيارة إحدى تِلكَ الأماكِن في الأردنّ، إلى أي مكان تذهب ولِماذا تفضّله؟

تمرين ٩

للمُحادَثة: اطلُب من زَميلك أن يسألَك الأسئلة السِت أدناه حَول ما فعلته في إحدى الإجازات. استخدم في إجاباتك الكلمات الموجودة في حصيلة المفردات:

تجَوَّلَ (يَتجَوَّلُ) تجَوُّل	اِنْتَهى (يَنْتَهي) اِنْتِهاء	اِسْتَغْرَقَ (يَسْتَغرِقُ) اِسْتِغْراق
أعْجَبَ (يُعْجِبُ) إعْجاب	تَسَلَّقَ (يَتَسَلَّقُ) تَسَلُّق	تَزَلَّجَ (يَتَزَلَّجُ) تَزَلُّج

1. Where did you go and with whom?
2. How long did you stay and where?
3. Did you enjoy your vacation?
4. How did you get there?
5. What did you do while you were there?
6. When did you return and how?

القواعد

١ - الحال Circumstantial Adverb

يُستخدَم الحال لوَصف فِعل الجُملة وهو يُجيب عن السؤال (كَيف؟).

١	جاءَ الطالِبُ (كيف جاء؟) ماشياً .	*The student arrived (how?) walking.*
	وَصَلَتِ الطائرةُ (كيف؟) قادِمةً مِن بَيروت.	*The plane arrived (how?) coming from Beirut.*
	اِنْطَلَقَتْ سَيّارةُ الإسْعافِ (كيف؟) مُسْرِعةً.	*The ambulance took off (how?) quickly.*

كَما لاحظت أن الحال يُماثِل دَور الـ(adverb of manner) بالإنكليزيّة (أي quickly, slowly, ____ly). غالباً ما يأتي الحال مُفرداً مَنصوباً:

اسم + اً (مثال: كَتَبَ رِسالةً قائلاً فيها)

عُموماً الحال هو اسم الفاعِل في الجُملة، لكن قد يأتي بشكْل غير ذلك كَما تَرى في الأمثِلة أدناه.

آ- أنواع الحال

تَذكّر أنّ شَكل اسم الفاعِل يتغيّر مع وَزنه. وكَما تَعلم أنّ اسم الفاعِل في الوَزن الأوّل هو فاعِل ونشتقّ اسم الفاعِل في أوزان الفِعل المَزيد الأخرى بزيادة مـُ على أوّل حَرف الفِعل المُضارع ونَترك باقي الحُروف وحَركاتها كَما هي. إليك نَموذج على ذلك:

اسم الفاعِل في الوَزن الثاني إلى العاشر

مـُ + فعِل (مِثال: مُراسِل)

٢	دَخَلَ الغُرفة مُبْتَسِماً.	*He entered the room (how?) smiling.*
	قادَ شاحِنَتَهُ مُتوجِّهاً إلى حَلَب.	*He drove his truck (how?) heading to Aleppo.*

ب- الحال: اسم المَفعول

في الوَزن الأوّل، يُصاغ (it is formed) اسم المَفعول من حُروفه أي مَفْعول، بينما في الأوزان من الثاني إلى العاشر، نشتقّه بالطريقة الآتية: نأخذ الفِعل المُضارِع للوَزن المُراد، ثمّ نُبدِل أوّل حَرفه ميماً مَضموماً = مُـ، ثُمّ تَضع فَتحة قبل آخر حَرف من حُروفه. إليك مِثالاً على ذلك:

صيغة اسم المَفعول من الفِعل فوق الثُلاثي

مُـ + فعَل (مِثال: مُسْتَعْمَل)

٣	وَجدتُ الأُستاذَ مَشْغولاً.	*I found the professor (how?) busy.*
	اِنْتَهَتْ من السِباق مُتعَبَةً مُرهَقَةً.	*She finished the race (how?) tired and exhausted.*

ج- الحال: الصفة المُشبهة

نستطيع أن نصِف حالة العامِل (agent) باستخدام الاسم في التَشبيه:

٤	رَجَعَ أحمَد إلَينا رَجُلاً.	*Ahmad returned to us as a man.*
	يَعمَلُ والِدي أُستاذاً.	*My dad works as an instructor.*

د- الحال: جُملة اسميّة أو فِعليّة

تأتي الحال جملةً فِعليّة (المِثال ٥) واسميّة (المِثال ٦):

٥	وَجَدتُ سامي يَكتُبُ رِسالةً.	*I found Sami writing a letter.*
٦	مَشى سامي ويَدُهُ بِيَدِها.	*Sami walked with his hand in her hand.*

ه - الحال: شِبه جُملة

هُناك نوعان من شِبه الجُملة ألا وهُما: الجار والمَجرور (المِثال ٧) والظَرف (المِثال ٨)

٧	شاهَدتُ سيّارة مَروانَ في الشارعِ.	*I saw Marwan's car on the street.*
٨	رأيتُ القَمَرَ بَيْنَ الغُيوم.	*I saw the moon between the clouds.*

خُلاصة أنواع الحال

يأتي الحال مُفرداً مشتقّاً من الفِعل (المِثالين ٢ و٣) والاسم (المِثال ٤).
يأتي الحال جُملة فِعليّة (المِثال ٥) وجُملة اسميّة (المِثال ٦).
يأتي الحال جاراً ومَجروراً (المِثال ٧) وظَرفاً (المِثال ٨).

تمرين ١٠

للمُحادَثة: صِفْ زميلك في غُرفة الصف. كيف يجلِس، كيف يكتُب، كيف دخل الصفّ، كيف خرج من البيت، كيف وصل إلى غرفة الصف؟ لا تنسَ غرض هذا التمرين أن تجيب عن السؤال: كيف فعل فلان الفلاني شيئاً ما (مستخدماً أنواع الحال).

تمرين ١١

آ- **ضَعْ خَطّاً تحت الكَلِمات الّتي هي حال في الجُمل الآتية:**

١- وصل الطلاّب مُتأخّرين إلى غُرفة الصفّ.
٢- تكلّمنا مع المُذيع وَجهاً لِوجه.
٣- رأت سِهام أمّها ماشيةً في الشارِع.
٤- ركبوا الطائرة مُسافِرين إلى الجزائر.
٥- سمِعتُ أُغنية فَيروز من الإذاعة.
٦- دخل فَريد الغرفة قائلاً: إنه لن يعمل في هذا البلد بعدَ الآن.

ب- **اشتقّ الشَكل الصَحيح من الفِعل الّذي بين القَوسَين وأعرِبه.**

١- ذهبتُ إلى المكتبة. (مشى)
٢- خرجنا من دار السينما. (ضحك)
٣- رأيت أخاك (جلس) في الحديقة.
٤- وصل مازن إلى المطار (حمل) حقيبتين.

ج - عبِّر عن معاني الجُمل الآتية بالعَربيّة مُستخدِماً الحال فيها:

1. She came into the room running.
2. He arrived thirty minutes late.
3. I put my bicycle between two cars.
4. She stood in front of us reading poetry.

مُراجَعة القَواعِد

١ - الجُملة الاسميّة The Nominal Sentence

كَما تعلم، تنقسِم الجُملة العربيّة إلى نوعَين : ١ - الجُملة الاسميّة الّتي تَبدأ بالاسم و٢ - الجُملة الفِعليّة الّتي تَبدأ بالفعِل. تتألّف الجُملة الاسميّة من جزئين أي المُبتدأ والخَبر. من المُمكِن أن نُعرِّف المُبتدأ بأنّه موضوع الجُملة (أي الشيء الّذي نُريد أن نَتكلّم عنه) والخَبر يَصِف المُبتدأ أو يُعلمِنا عنه.

١	المَدينةُ كَبيرةٌ.	*The city is big.*

في المِثال ١ أعلاه، المَدينةُ هي المُبتدأ لأنّها فاعِل الجُملة الّذي نُريد أن نتكلّم عنه ويأتي بعده الخَبَر أي كَبيرةٌ الّذي يصف المُبتدأ. كيف المَدينة؟ كَبيرة (أو أي صِفة تُريدها) وهذه الصِفّة هي خَبَر الجُملة. وقد وردت جُملتان اسميتان في النَصّ الرئيس من هذا الدَرس:

٢	رامي مارتيني أخو عدنان مارتيني.	*Rami Martini is Adnan's brother.*
٣	أيمَنُ في سَنتِه الدِراسيّة الأخيرة.	*Ayman is in his last year of school.*

المُبتدأ مُظلَّل بالأزرق في المِثالَين أعلاه بينما تُعتبَر باقي الكَلِمات فيهما الخَبَر وهو مُظلّل بالأسود.

آ- المُبتَدأ

يُمثّل المُبتدأ في الأمِثلة الثلاث أعلاه نَموذجاً جيّداً لأنه في حالة الرَفع ومَعرِفة (definite). طبعاً، هناك استِثناءات إذ يكون المُبتدأ كَما في المِثالَين أدناه:

١- حين يأتي المُتدأ موصوفاً في الجُملة:

٤	طالِبٌ أجنَبيٌّ في جامعتِنا.	*A foreign student is at our university.*

٢- حين يأتي المُبتدأ مُضافاً لاسم نَكِرة في الجُملة، مِثال:

٥	رَبَّةُ بيتٍ تُقدّمُ البَرنامَج.	*A housewife presents the program.*

ب- الخَبر

عُموماً، الخَبَر نَكِرة وفي حالة الرَفع وعلامة رفعه ضَمة وهو يأتي في الصُور الآتية:

١- الخَبَر مُفرَد:

٦ الشاحِنةُ جَديدةٌ.	The truck is new.

٢- الخَبَر جُملة اسميّة:

٧ المَعرِضُ زُوّارُهُ كَثيرون.	The fair has many visitors.

٣- الخَبَر جُملة فِعليّة:

٨ خالِدٌ يتَكَلَّمُ الفَرَنْسِيّة.	Khaled speaks French.

٤- الخَبَر جار ومَجرور:

٩ سَلمى في البيت.	Salma is home.

٥- الخَبَر ظَرف:

١٠ الشَمسُ خَلفَ الغُيوم.	The sun is behind the clouds.

ج- تَقديم الخَبَر على المُبتَدأ

هناك ثلاث حالات يَتقدّم فيها الخَبَر على المُبتدأ وهي:

١- إذا كان الخَبَر نكِرة وشِبه جُملة:

١١ في بَيْتِنا رَجُلٌ.	In our house is a man.
١٢ قُربَ المَدينةِ بُحَيْرَةٌ.	Near the city is a lake.

٢- إذا كان للمُبتدأ ضَمير عائد

١٣ لِصُنعِ الهَريسةِ طَريقتُها.	To make harissa, it has its own recipe.

٣- إذا كان الخَبَر من أدوات الاستِفهام:

١٤ أينَ بيتُك؟	Where is your house?

د- الجُملة الاسميّة

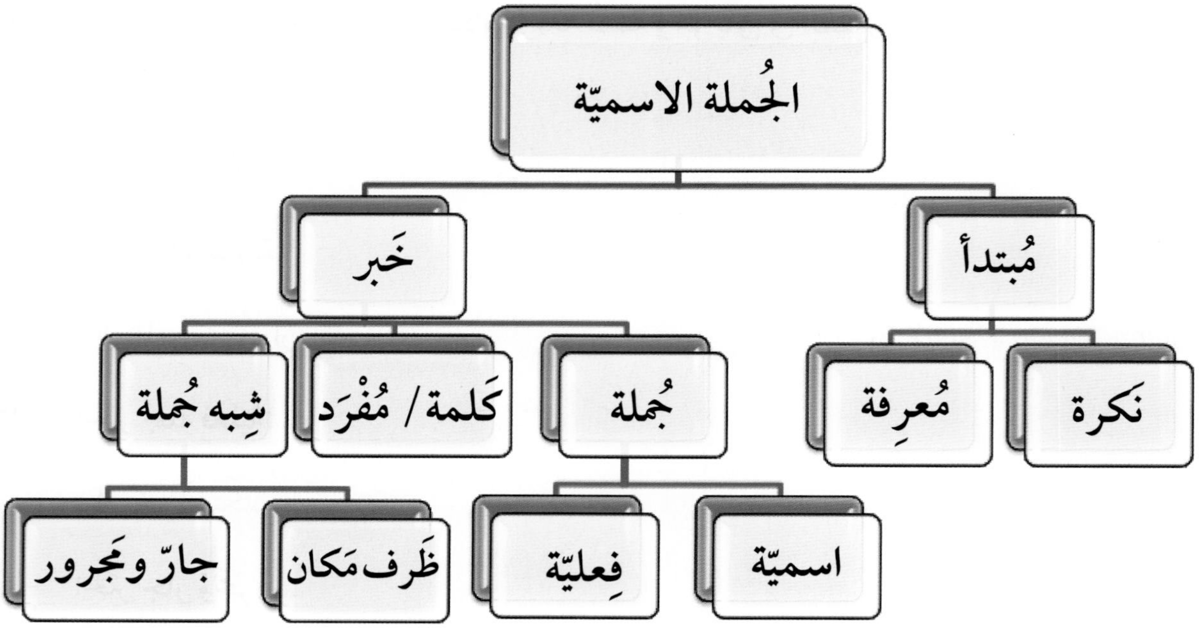

يَجوز أن تبدأ الجُملة الاسميّة بأخوات كان، وكونها غير أفعال لأنّها لا تدُل على حَركة بل على التَحويل، فلا تُحوّل الجُملة الاسميّة إلى جُملة فعِليّة. خُذ الجُملة الآتية المأخوذة من نَصّ القِراءة الرئيس مِثالاً:

١٥	صارَت عَمّانُ عاصِمةَ الأردُنّ.	*Amman became the capital of Jordan.*

يُعتبَر المِثال ١ أعلاه جُملة اسميّة لأنها تَبدأ بـصار وهو واحِد من ضمن أخوات كان. والسَبَب أنّنا لا نَعتبِر كان وأخواتها أفعالاً، مبدئياً، هو إذا دخلَت أخوات كان على جُملة فإنّ معناها يَظلّ غير كامِل:

١٦	جاءَ خالِدٌ.	*Khaled came.*
١٧	كانَ خالِدٌ . . .	*Khaled was . . .*

يُعتبَر المِثال ٢ أعلاه جملة كاملة لأن جاء فِعل، بينما يُعتبَر المِثال ٣ شِبه جُملة لأن معناها غير كامِل، وهذا سَبب تَسمية كان وأخواتها «الأفعال الناقِصة» لأنّ مَعنى الجُملة لا يكتَمِل.

تَتطلّب جُملة فيها كان وأخواتها خَبَراً كي يُكمِل معناها:

١٨	كانَ خالِدٌ مَريضاً.	Khaled was sick.

تَنصب أخوات كان الخَبَر أي يَصير خَبر كان وأخواتها في حالة النَصب. هيّا نتأمّل الجُملة الآتية في المِثال ٥ الّتي ليس فيها كان وأخواتها كي نَفهم تأثير أخوات كان على جُملة عاديّة:

١٩	خالِدٌ مَريضٌ.	Khaled is sick.

كَما تَرى، كَلمة مَريضٌ في حالة الرَفع كَونه خَبَر الجُملة لِذا يوافق المُبتدأ خالِدٌ من حيثُ الإعراب (أي تَنوين الضَمّة المُظلّل بالأحمر). حين تَدخُل أخوات كان على الجُملة، يتحوّل نَحو (syntax) الجملة ويُصبح الخَبَر مَنصوباً كَما تَرى في المِثال ١ (عاصِمةَ) في الصَفحة السابِقة والمِثال ٤ (مَريضاً) أعلاه.

٢- كان وأخواتُها

تَشمل هذه المَجموعة من الكَلمات اثنتي عشرة كَلمة، وهي:

كانَ	أصبَحَ	أضْحى	ظَلَّ	أمْسَى	باتَ	صارَ	لَيْسَ	مازالَ	مابَرِحَ	ماأنْفَكَّ	مافَتِئَ	مادامَ

تَنقسِم هذه المَجموعة إلى أربع مَجموعات فَرعيّة (subgroups) حَسب وَظيفتها ومعناها. إليك إياها:

آ- الأفعال الّتي تَعني *to become*

تَدُلّ كُلّ كَلمة في هذه المَجموعة على مَرحلة مُعيَّنة من مَراحل عَمليّة التَحوّل. جَدير بِالذِكر أنّ كُلّ كَلمات هذه المَجموعة مُشتقّة من أوقات اليَوم.

الدَلالة	الوَقت			الفِعل
التَغيّر في بِداية العَمليّة	*morning*	صَباح	المُشتقة من	أصْبَحَ
	forenoon	ضُحى	المُشتقة من	أضْحى
الاستِمراريّة	*daytime*	ظَلٌّ / ظِلٌّ	المُشتقة من	ظَلَّ
التَغيّر في نِهاية العَمليّة	*evening*	مَساء	المُشتقة من	أمْسى
	nighttime	مَبيت	المُشتقة من	باتَ

إليك كَلمتَين أخريين من هذه المَجموعة لَهما دَلالة مُختلِفة عن الأخرى قليلاً. الفِعل الناقِص كان مُقابلها بالإنكليزيّة (*to be*)، بينما تَدُل صار (*to become*) على التَحوّل (transformation) وليس لَها دلالة زَمنيّة. يُصرَّف كُلّ هذه الأفعال تَصريفاً عادياً في الماضي (المِثال ١) والمُضارع (المِثال ٢) والأمر (المِثال ٣).

١	كانَ الطَقسُ بارِداً	*The weather was cold. (past)*
٢	مَتى يكونُ المُديرُ في مَكتَبِه؟	*When is the director in his office? (present)*
٣	كونوا عِندَ مَوقِفِ الحافِلةِ في الساعةِ الرابِعةِ.	*Be at the bus stop at four o'clock. (imperative)*

ب- الفِعل الماضي الناقِص لَيْسَ

نَستعمِل هذا الفِعل لِنفي الجُملة الاسميّة. فإذا أردت أن تَقول (is not s.th)، فعليك استِعمال الفِعل لَيْسَ. غالباً ما، لا يُستخدَم هذا الفِعل لِنفي أفعال أخرى، بل غالِباً الأسماء.
يُصرَّف هذا الفِعل تَصريف الفِعل الماضي:

	لَسْتُ أستاذاً.	*I am not an instructor.*
٤	لَيسَتْ إيرانُ بَلَداً عَرَبيّاً.	*Iran is not an Arabic country.*
	هذِه السَيّارةُ لَيْسَتْ سَيّارَتي.	*This car is not my car.*

ج- الأفعال الّتي تَعني *(to be) still*: مابَرِحَ / مازالَ / مافَتِئَ /ماانفَكَّ

كَما لاحظت، فكَلمات هذه المَجموعة مُرَكَّبة (compound words) يتقدّمها حَرف النَفي ما. إنّها تُصرَف في الماضي والمُضارع وحين تُصرِّفها في المُضارع، تأكّد أنّك تستخدِم حَرف النَفي الصَحيح أي لا. فَتُستخدَم ما لنَفي الفِعل الماضي (المِثال ٥) ولا لِنفي المُضارع (المِثال ٦).

٥	مازالَتْ هالةُ تَعمَلُ في الشَرِكةِ حَتّى تَقاعَدَتْ.	*Hala continued to work at the company until she retired.*
٦	لاتَزالُ هالةُ تَعمَلُ في الشَرِكَةِ.	*Hala is still working at the company.*

د- الفِعل مادام = *as long as, while, since*

خِلافاً لَمجموعة (ج) أعلاه، يُصرَف مادام في الماضي فقط كَما لَيْسَ، و يَتقدّم عليه حَرف النَفي ما.

٧	لِماذا لا تَدرُسينَ في الجامِعةِ مادُمتِ تَسكُنينَ في هذِه المَدينةِ؟	*Why aren't you studying in the university, since you are living in this town?*

تمرين ١٢

اِستعمِل الفِعلَ الماضي الناقص المُناسِب في تحويل الجُمَل الآتية إلى العَربيّة:

1. As long as I'm alive, I will continue learning.
2. هاني is still studying electrical engineering.
3. He was a poor man before he became rich.
4. Gasoline has become very expensive.
5. You don't need a car so long as you live near the university campus.

هـ - ظَرف الزَمان

وَرد ظَرف زَمان في النَصّ الرئيس في هذا الدَرس مُضافاً إليه في إضافة مؤلّفة من عَدَد وظَرف زَمان. يُعتبَر العَدَد في الإضافة أدناه ظَرفاً.

١ اِستَغرَقَتِ الرِحلَةُ تِسعَ ساعاتٍ.	*The trip took nine hours.*

تَذَكّروا

ظَرف الزَمان هو اسم مَنصوب

و- المَمنوع من الصَرف *Diptotes*

المَمنوع من الصَرف هو اسم لا يجوز أن يَدخُل عليه غير حَركتَين (أي الضَمّة والفَتحة)، خِلافاً للاسم العادي الّذي يجوز أن يَدخُل عليه كُل الحَركات الثلاث. علامة الرفع التابعة للمَمنوع من الصَرف الضَمّة، لكن حالتَي النَصب والجَرّ علامتُهما الفَتحة فقط. المَمنوع من الصَرف لا يُنوَّن.

لاحظ أنّ كُلّ المَمنوعات من الصَرف أدناه المأخوذة من النَصّ الرئيس، تَدخُل عليها فَتحة:

إلى عَمّانَ	اسمُ عَمّانَ القديم	جامِعةُ حَلَبَ	في حَلَبَ	جَنوبَ حَلَبَ	في عَمّانَ
بِعَمّانَ	مَدينةُ حَماةَ	جامِعةُ دِمْشَقَ	في دِمَشْقَ	قَصْرُ زَهرانَ	---

ز- اشتِقاق اسم المَفعول من الفِعل الأجوف في الوَزن الأوّل

الفِعل الأجوَف هو الفِعل الّذي حَرفه الثاني عِلة (ألف أو واو أو ياء). إذا كان حَرف العِلة واواً (المِثال ٢) أو ياءً (المِثال ٣)، نَجعَل حَرفه الأوّل ميماً ونَترُك الباقي كَما هو.

٢	قالَ	←	يَقول	←	مَقول	*said*
٣	باع	←	يَبيع	←	مَبيع	*sold*

إذا كان حَرف العِلّة ألفاً في المُضارِع، نَستبدِله بِحَرف العِلّة الأصليّ لأن الألف لَيست حَرفاً أصليّا، إنّما يَكون الحَرف الأصليّ واواً أو ياءً.

٤	خافَ	←	يَخاف	←	مَخوف	*feared*	مَخووف	which was originally:
٥	هابَ	←	يَهاب	←	مَهيب	*venerable*	مَهيوب	which was originally:

ح – اشتِقاق اسم المَفعول من الفِعل المُعتلّ في الوَزن الأوّل

الفِعل المُعتَلّ هو الفِعل الّذي آخر حَرفه عِلّة وحين نَصوغ اسم المَفعول، نَجعَل أوّل حَرف المُضارع ميماً ثُمّ نُضعِّف آخر حَرف (أي يُصبح مُشَدَّداً):

٦	رَوى	←	يَروي	←	مَروِيّ	*irrigated*
٧	دَعا	←	يَدعو	←	مَدعُوّ	*invited*

ط – اشتِقاق اسم المَفعول من الفِعل الأجوَف من الوَزن الثاني إلى العاشر

يأتي اسم المفعول لِلفعل المَزيد من حَذف حَرف المُضارع الأوّل ووَضع الميم مكانه، وتُصبح الكسرة قبل الحرف الأخير فتحةً.

٨	إِسْتَعْمَلَ	←	يَسْتَعْمِلُ	←	مُسْتَعْمَل	*used*

إذا كان الحَرف قبل الأخير في المُضارع ياءً تُصبح ألِفاً في اسم المفعول:

٩	اِستَشار	←	يَستَشير	←	مُستَشار	*advisor*

أمّا إذا كان حَرف المُضارع قَبل الأخير ألِفاً فَيظلّ ألفاً في اسم المفعول:

١٠	اِخْتار	←	يَخْتار	←	مُختار	*selected*

ي- اشتِقاق اسم المَفعول من الفِعل المُعتلّ في الفِعل غير الثلاثي

في الفِعل المُضارع المعتلّ الآخر غير الثلاثي يتغيّر آخر حرف في اسم المفعول من واو أو ياء إلى أَلِف مقصورة.

١١	ساوى	←	يُساوي	←	مُساوى	*equivalent*

تمرين ١٣

اشتقّ اسم المَفعول من الأفعال الآتية:

مِثال جَنّ ← مَجنون

١- سَرَّ	٤- تابَعَ	٧- اِهتَدى
٢- ساقَ	٥- داوى	٨- قادَ
٣- مَشى	٦- غادَرَ	٩- نَسِيَ

ك- الفِعل المَبني لِلمَجهول في الوَزن الأوّل

تَذكّر أنّنا لا نَذكُر عامِل الجُملة حين نستخدِم فِعلاً مَبنياً لِلمَجهول. تأمّل المِثال ١٢ أدناه:

١٢	أوّلُ جَبَلٍ سُكِنَ في عَمّان.	*The first mountain that was inhabited in Amman*

في الواقع، الاسم الّذي يلي الفِعل، يَحل مَحل فاعِل الجُملة ونُسميه نائب الفاعِل بالعربيّة.

ل- الإضافة المُركَّبة *Multiple*

نُسمّي الإضافة إضافة مُركَّبة حين يأتي أكثَر من اسمَين في الإضافة في علاقة مُلكيّة (possession).

١٣	بِجانِبِ قِمّةِ جَبَلِ الجَوفةِ.	*Next to the summit of Mount Jawfa.*

مُلاحَظة

نُسمّي أوّل اسم في الإضافة المُضاف وكُلّ اسم يليه نسمّيه المُضاف إليه (الأوّل والثاني إلخ).
المُضاف إليه دائماً مَجرور.

تمرين ١٤

آ- **أَجِب عن الأسئلة وفق نصّ الاستماع:**

١- ما الفِكرة الرئيسة في نَص الاستِماع؟

٢- اذكُر بعض الأفكار الثانويّة.

٣- مَن سافرَ مع الكاتِب؟

٤- في أية مدينة وأي مكان تسكُن أُخْت الكاتِب؟

٥- ما شَكْلُ شَوارِع المدينة الّتي زارَها؟

٦- ماذا شاهدَ في الشَوارِع؟

٧- ما اسم ابنة أُخْت الكاتِب؟

ب- **أكمل الجمل الآتية بالاخيار المناسب وفق نص الاستماع:**

١- زارَ الكاتِب مدينة ____________ .

☐ دمشق　　☐ أبو ظَبي　　☐ الإمارات العربية المُتحدة

٢- كان في اِنتِظار الكاتِب ووالدتِه ____________ .

☐ أُختُه وزوجُها　　☐ أختُه وابنتُها　　☐ عائلةُ أختِه

٣- يشاهدَ الكاتِب هناك ____________ .

☐ مَبانيَ قديمة　　☐ شَوارِعَ حديثة　　☐ طائراتٍ ألمانيّةَ ويابانيّة

ج- **لَخِّص المُقابَلة مع زينا بحوالى خمسين كَلمة.**

مَعبد بعل في تَدمر

المُفْرَدات

اِستَغرَقَ	(يَستَغرِقُ)	اِستِغراق	(v.)	to take (time)
اِمتَدَّ	(يَمْتَدُّ)	اِمتِداد	(v.)	to stretch, to extend
أمّة	ج	أُمَم	(n., f.)	nation, people
اِنتَهى	(يَنتَهي)	اِنتِهاء	(v.)	to end, to expire
بَعُدَ	(يَبعُدُ)	بُعْد (عَن)	(v.)	to be distant, to be far away (from)
تَزَلَّجَ	(يَتَزَلَّجُ)	تَزَلُّج	(v.)	to slide, to ski, to skate
تَسَلَّقَ	(يَتَسَلَّقُ)	تَسَلُّق	(v.)	to climb
تَوَقَّفَ	(يَتَوَقَّفُ)	تَوَقُّف	(v.)	to stop, to stop over
تَجَوَّلَ	(يَتَجَوَّلُ)	تَجَوُّل	(v.)	to wander about, to tour
حَرَم	ج	أحْرام	(n., m.)	campus; sacred possession
حَفْلة	ج	حَفَلات	(n., f.)	party, celebration
راقٍ	ج	راقون	(n., m.)	high-class, upper-class, refined
رومانيّ			(adj.)	Roman
زَمَن	ج	أزْمُن / أزْمان	(n., m.)	time, period, duration of time

embassy	(n., f.)	سِفارات	ج	سِفارة
foot (of a mountain)	(n., m.)	سُفوحٌ	ج	سَفْحٌ
people, nation	(n., m.)	شُعوب	ج	شَعْب
construction, development	(n., m.)			عُمْرانٌ
to dive	(v.)	غَوْص	(يَغوصُ)	غاصَ
magnificent, splendid, stately	(adj.)			فَخْم
silver	(n., f.)			فِضّة
to drive, to pilot	(v.)	قيادة	(يَقودُ)	قادَ
palace, mansion, castle	(n., m.)	قُصورٌ	ج	قَصْرٌ
summit, peak	(n., f.)	قِمَم	ج	قِمَّةٌ
refugee	(act., p.)	لاجِئون	ج	لاجئٌ
built, constructed	(pass. p.)			مَبْنِيٌّ
council, assembly	(n., m.)	مَجالِسٌ	ج	مَجْلِسٌ
camp	(n., m.)	مُخَيَّماتٌ	ج	مُخَيَّمٌ
inhabited	(pass. p.)			مَسْكون

area, region, zone	(n., f.)	مَناطِق	ج	مِنْطَقةٌ
kingdom	(n., f.)	مَمالِكُ	ج	مَمْلَكةٌ
Hashemite (ruling family in Jordan)	(adj.)			هاشِمِيٌّ
located, existing	(act. p.)			واقِع

البوابات الأربع في تَدمر

الدَرْسُ السابِعِ

أهداف الدرس

- وصف الخُروج مع الأصدِقاء بالليل للتَسلية
- تعريف أسلوب كتابة رِسالة تَصف فيها حَدثاً شَخصيّاً
- **القَواعد**: التَعرّف على أنواع ما المُختلِفة وظَرفَي الزَمان والمَكان والحَرف ألاّ
- **المُراجعة**: أسلوب كتابة الرِسالة

رُكن المُفْرَدات الجَديدة

أجاد (يُجيدُ) إجادة	*to master (s.th.); to be skilled or proficient at*
اِعتَذَرَ (يعتَذِرُ) اِعتِذار	*to apologize*
بَعَث (يَبعَثُ) بَعْث	*to send*
تأخير	*delay; tardiness*
دعا (يَدعو) دُعاء + إلى	*to invite*
رأى (يَرى) رأي / رؤية	*to see*
سامَح (يُسامِحُ) مُسامَحة	*to forgive*
عامَل (يُعامِلُ) مُعامَلة	*to treat (s.o.)*
كاد (يَكادُ)	*to be about (أنْ to do s.th.)*
مَزَح (يَمزَحُ) مَزْح	*to joke*
مَضى (يَمضي) مُضيّ	*to spend time (الماضي)*
مَلهى ج ملاهٍ	*place of entertainment*
نَوى (يَنوي) نية	*to intend*

تمرين ١

وافِق بين كَلِمتين واكتُب الأزواج العشرة في الوسط:

١-	سُرعة		موسيقية
٢-	حَلْبة		عُذْر
٣-	صَوْت		بَرْق
٤-	مُسامَحة		مَسْموع
٥-	فِرقة		عامَلَ
٦-	ثوب		رَقْص
٧-	طاوِلة		مَشْرَب
٨-	بار		شاهَدَ
٩-	بَعَثَ		مائِدة
١٠-	رأى		لِباس
			أرْسَلَ

تمرين ٢

وافِق بين المتضادّات واكتب الأزواج في الوسط:

١-	خافِت		خارِج
٢-	فائِت		مُقبِل
٣-	داخِل		عَجين
٤-	شابّ		قَويّ
			فتاة

غادة تَزورُ مَلهىً لَيْليّاً

مضت سنة ونِصف تقريباً على غادة في الولايات المتحدة الأمريكية ولم تَزُرْ ملهىً ليلياً. لكن في عُطلة الأسبوع الفائت دعتها صديقاتُها الأمريكيات ساندي وميليسا وليندا إلى زيارة أحدِ الملاهي الليلية كي ترى ما هو وتعرفَ ما يجري فيه.

ملهى ليلي

في السابعة من مساء السبت حضرت الفتياتُ الثلاث إلى شقّة غادة، وكنَّ يلبسنَ أثواباً أنيقةً لا يلبسنها عادةً إلى الجامعة. دعت غادة صديقاتها إلى شُرب فنجانِ قهوة عربية قبل الذهاب إلى الملهى. شربت مليسا وليندا القهوة لكن ساندي اعتذرت وقالت: إنَّ القهوةَ العربية ثقيلة جداً بالنسبة لي.

بعد الساعة الثامنة بقليل وصلت الفتيات الأربع إلى ملهىً يُسمّى «الفصول الأربعة». كان اسم الملهى مكتوباً بالنِيون الأحمر والأخضر على لافِتةٍ كبيرة. وكان يقف أمام الباب عدد من الشباب والفتيات يتحدّثون قبل الدُخول. وكان صوت الموسيقا مسموعاً إلى خارج الملهى.

في الداخِل كانت الأضواءُ خافِتةً حَول الطاولات، لكن فوق حَلْبة الرَقْص كان عدد من الأضواء الباهِرة تومِض بسرعة مِثل البَرق، وكان على حَلْبة الرَقْص بعض الشبابِ والفتيات يرقصون على أنغام موسيقا صاخِبة تكاد تخرق الآذان. كان بعض الناس يجلسون أمام المَشرَب (البار) على كراسٍ عالية يشربون ويتحدّثون.

حَلْبة رَقْص

وجدت غادة وصديقاتُها طاولة فارِغة بعيدة عن الفِرقة الموسيقية وجلسن إليها. أتت نادِلة شابّة وسألتهن: ماذا تشرَبْن؟ . طلبت ليندا وساندي بيرة أمّا مليسا فطلبت «بينيا كولادا»، وهو مشروبٌ كحوليّ مكسيكي، وطلبت غادة كولا لأنها لا تتناوَل مشروبات كحولية. أحضرت النادلة المشروبات، وأحضرت معها أيضاً صحناً صغيراً فيه فُستُق سوداني ووعاءً فيه «تورتِيا» وهي رَقائق مُحَمَّصة من عَجين الذُرة.

فُستُق سودانيّ

تقدَّم شابّان من مائدة غادة وصديقاتها، ودعوا مليسا وساندي إلى الرَقْص. اعتذرت ساندي وقالت: إنّي لا أرقُص، فالتَفَت الشاب إلى ليندا ودعاها إلى الرَقْص فقامت. بقيت غادة وساندي جالستين تراقبان الراقصين وتشربان الشراب وتأكلان التورتيّا والفُستُق السودانيّ.

بعضُ زبائن الملهى الليلي

تمرين ٣

اخترِ الكَلِمةَ الّتي لا تُناسِب باقي الكَلِماتِ في كُلِّ مَجْموعةٍ وبَيِّن السَبَب:

١-	راقَبَ	نَوى	شاهَدَ	رأى
٢-	ضَوء	وَميض	بَرْق	ثَوْب
٣-	رَقْص	تأخير	مَشرَب	مَلهى
٤-	خَرجَ	أسِفَ	سامَحَ	اِعتَذَرَ
٥-	موسيقا	صاخِب	عُذْر	صَوت

بعد زيارة الملهى الليلي كتبت غادة رسالة إلى صديقتِها نَجوى الّتي تعيش مع زوجها في دولة الإمارات العربية المتحدة. وكانت غادة برسالتِها هذه ترُدُّ على رسالة وصلتها من صديقتها قبل أسبوعين، ووصفت لها في الرسالة زيارتَها للملهى الليلي.

١٦ آذار ٢٠١٩

أختي الحبيبة نجوى.

أبعث لك تحيةً عاطِرةً من أمريكا، وأشكرك على رِسالتِك الّتي وصلتني قبل أسبوعين. أعتذر لعدم الكتابة إليكِ قبل الآن. آسفة يا أختي فقد كنت مشغولة جداً بالدراسة. عندنا الآن عطلة، وسوف أرتاح من الدراسة لمدّة أسبوعين. شوقي إليك كبير. كيف حالك؟ وماذا تفعلين هذه الأيام؟

أمس ذهبت مع صديقاتي الأمريكيات إلى ملهى ليلي في وسط المدينة، وكانت تلك أوّل مرّة أزور فيها ملهى ليلياً. أعجبتني الزيارة لكنّي لا أنوي أنْ أزورَ ملهى آخَر في وقت قريب. كان هناك ناس كثيرون يشربون ويتحدّثون ويرقُصون. أنا لم أرقُصْ لأني لا أُجيدُ الرَقْص. كانت الموسيقا صاخبةً جداً وكنتُ أكاد لا أسمع ما تقول صديقاتي.

إلى اللقاء يا عزيزتي في رسالة مُقبِلة. أرجو أن تكتبي إليَّ وألاّ تعامِليني كما عاملتك، فأنا عندي عُذر وهو الدراسة (أنا أمزح وسامحيني مرّة ثانيّة على التأخير). قُبُلاتي لك وسلامي إلى مروان.

أختك المخلِصة المُشتاقة
غادة

تمرين ٤

اختَرِ التكملة المناسبة لهذه الجمل حسب النصّ:

١- اِعتَذَرَت ساندي عن شُرْبِ القهوة العربية لأنَّها ________ .

☐ ثقيلة ☐ رَخيصة ☐ غالية ☐ لذيذة

٢- كانت الفتيات الأربع في ________ قبل الذهاب إلى الملهى الليلي.

☐ الجامعة ☐ المطعم ☐ اشقّة غادة ☐ بيت ساندي

٣- كان يوجَد خارِجَ المَلهى ________ .

☐ موسيقا صاخِبة ☐ شباب وفتيات ☐ أضواء خافِتة ☐ كراسٍ عالية

٤- يوجَد أمام المَشرَب ________ .

☐ كراسٍ عالية ☐ لافِتة كبيرة ☐ قهوة عربية ☐ طاولة غادة

٥- طلبت غادة ________ .

☐ بيرة ☐ كولا ☐ قهوة ☐ بينيا كولادا

٦- وضعت النادلة الفُستُق السودانيّ في ________ .

☐ صَحْن صَغير ☐ وِعاء كبير ☐ كأس وَسَط ☐ خَزّان صغير

٧- قامت ________ إلى الرَقْصِ مع الشابين.

☐ مليسا وساندي ☐ مليسا وليندا ☐ مليسا وغادة ☐ ساندي وغادة

٨- تعيش نَجوى في ________ .

☐ أمريكا ☐ مصر ☐ دولة الإمارات ☐ لُبنان

٩- الشيء الذّي لم يُعجِب غادة في الملهى هو ________ .

☐ الموسيقا الصاخِبة ☐ الرَقْص الحديث ☐ المَشروبات الكُحولية

١٠- اِعتَذَرَتْ غادة مِن نَجوى بِسبَب ________ .

☐ عَدَم الكتابة لها ☐ تأخير الردّ ☐ الذهاب إلى المَلهى

داخل بهو السباع في قصر الحمراء

تمرين ٥

أكمِل الجُمَل التالية بالكلِمة المناسِبة:

١- وصلَت الطائرة إلى المطار بعد ________________ ساعة أو أكثر.
☐ خارِج ☐ تأخير ☐ دُخول ☐ ذُرة

٢- يعرف الناس ما ________________ في العالم من التلفاز.
☐ يَعتَذِر ☐ يومِض ☐ يَدعو ☐ يَجري

٣- ________________ شهران ولم أستلِمْ رسالة من أخي.
☐ مضى ☐ جرى ☐ أنوى ☐ رأى

٤- لا يشرب المسلمون عادةً المشروبات ________________ .
☐ الأجنبيّة ☐ الكُحوليّة ☐ الفارِغة ☐ المَسموعة

٥- سَلمى في ________________ كبير إلى أمِّها.
☐ شَوق ☐ شُرب ☐ ثَوب ☐ بَرق

٦- ________________ صديقي إلى حَفلةِ زَواجِه.
☐ دعاني ☐ شاهَدَني ☐ اسامَحَني ☐ رآني

٧- يجِب ________________ أنسى موعدي مع أستاذي.
☐ لا ☐ ألاّ ☐ إلاّ ☐ أم لا

٨- نريد أنْ نجلِسَ إلى ________________ قريبة من الشُبّاك.
☐ رَقيقة ☐ خاصّة ☐ مُحمّصة ☐ مائِدة

تمرين ٦

المُحادَثة: صِف ليلةً خَرجت فيها مع أصدقائك مثل قِصة غادة في نَص القراءة الرئيس. قد تساعدك هذه الأفكار: الخُروج إلى دار السينما أو إلى المَسرح أو إلى ملهى ليلي أو مَكانك المُفضّل للتَجمُّع أو غير ذلك. حاوِل أن تَصِف كُلّ شيء بالتفصيل مثل ماذا فعلت هناك، ومع مَن ذهبت وإلى مَتى سهرت. أيضاً صِف المَكان نَفسه.

الواجِب: اكتب القِصة الّتي حَكيتها لصديقك في أسلوب يماثل أسلوب كِتابة غادة في رِسالتها.

تمرين ٧

أجِبْ عن الأسئلة التالية حسب النصّ:

١- في أيّ يوم زارت غادة الملهى الليليّ؟

٢- ما اسم الملهى الليلي الّذي زارته غادة؟

٣- ما هو البينيا كولادا؟

٤- مَن مِن صديقات غادة قامت إلى الرَقْص؟

٥- أين تعيش نَجوى؟

٦- مَن هو مَروان؟

تمرين ٨

آ- أعِدّ ترتيب الكلمات في كلّ مجموعة لتشكّل جملاً مُفيدةً:

١- ليلياً	زارت	صديقات	غادة	ملهى	مع	ثلاث				
٢- مكتوباً	على	كان	اسم	لافِتة	الملهى	كبيرة				
٣- صاخِباً	خافِتةً	جَوّ	والأضواء	الملهى	كان					
٤- أنْ	كادت	تنسى	موعد	سلوى	طائرتِها					
٥- صديقي	الفائت	زَواج	كثيراً	في	في	حفلة	رقصنا	الشهر		
٦- أمام	وَقَفَ	باب	دقائق	المطعم	أيمن	معنا	بِضع	وزوجته	وتحدّثا	

ب- استعملَت غادة ثلاث طُرق مُختلفِة في رِسالتها كَي تَعتذِر. اكتبها على وَرقة منفصِلة.

تمرين ٩

اكتب «صواب» أو «خطأ» إلى جانب كل جملة وصحِّح الجمل الخطأ:

١- أتَت غادة إلى أمريكا في سنة ٢٠٠٥.

٢- زارت غادة الملهى الليليّ لأنّها تحبّ الرَقْص.

٣- كانت طاولة غادة وصديقاتها قريبة من الفِرقة الموسيقية.

٤- لم ترقصْ غادة لأنّها لا تعرف الرَقْص.

٥- تناولت الفتيات في الملهى عشاءً لذيذاً.
٦- في الملهى الليلي لم تعجِبْ غادة المشروبات الكحولية.
٧- دَعا شابٌّ غادة إلى الرَقْص فاعتذَرَت.
٨- وصلَت رسالةُ نجوى إلى غادة في أوّل آذار.

تمرين ١٠

أعِدّ ترتيب الجمل لتشكّل فقرة كاملة. الجملة الأولى في مكانها المناسب:

١- علِمتُ من صديقي أنّ مطعماً جديداً اسمه «الصحّة» قد فتح أبوابه.
دخلنا المطعم ووجدنا فيه عدداً كبيراً من الموائد.
طلبتُ كُبّة مع الحمَّص وطلبَت زوجتي دجاجاً مَشوياً.
ثمّ حضر نادِل آخَر وسألنا ماذا نطلب.
يجِب أنْ أقول: إنَّ الطعام كان لذيذاً ولم يكُنْ غالياً.
في يوم الخميس الفائت ذهبنا إلى ذلك المطعم الجديد.
قادتنا النادلة إلى مائدة قريبة من الشبّاك.
وحين وصلنا إليه شاهدنا لافِتة كبيرة كُتِب عليها اسم المطعم بالأضواء.

تمرين ١١

املأ الفراغات الآتية مستخدماً الكلمات المناسبة حسب السياق:

في مدينة دمشق القديمة يوجَد عدد من المقاهي الشعبيّة. والمقهى هو مكان لِلرِجالِ فقط ________ فيه الشاي والقهوة (ومن هنا تأتي كلمة «مقهى») ويلعبون الورق وطاولة الزهر. يأتي إلى بعض هذه ________ عددٌ كبير من الزبائن فيضعون لهم كراسيَ على الرصيف في الشارِع ________ يجلسون ويشربون الشاي و________ ويراقبون الناس الّذين يمشون في ________. في هذه المقاهي يتكلّم ________ عادةً مع الزبائن بصوتٍ عالٍ، ويُحضِر لهم ________ يطلبون بِسُرعة كبيرة. لكن إذا أردت ________ تجلِس مدّة طوليةً في مقهى مثل هذا فيجِب أنْ تطلبَ ________ قهوةٍ أو شاي أو غير ذلك كلّ نِصْفِ ساعة تقريباً أو ________ أنْ تتركَ المقهى.

القَواعِد

١- أنواع ما المُختلِفة

في هذا الباب، نُسلّط الضوء على الحَرف ما ووظائفه اللُغويّة المُتعدّدة.

آ- ما المَوصولة

تُستخدَم ما المَوصولة لغير العاقِل ويجوز استخدامها قبل الضَمير (المِثال ١) أو الفِعل (المِثال ٢)، وفي كِلتا الحالتَين تَدُل ما المَوصولة على نَفس المَعنى أي (الّذي = الاسم المَوصول العامّ). تُستخدَم في التَعميم لا التَحديد.

١	كَيْ تَرى ما هو . . .	*So you can see what it is . . .*
٢	. . . وتَعرِفَ ما يَجْري فيه.	*. . . and understand what happens in it.*

من المُعتاد أن تُستخدَم ما المَوصولة قَبل فِعل ماضٍ. قد تتسائل، «كيف أميّز بين ما المَوصولة وما النافية الّتي تَنفي الفِعل الماضي؟». تأمّل المِثالَين ٣ و٤ أدناه كي تَرى إذا استطعت أن تَستنتِج قاعدة لُغوية (a linguistic rule) من السياق.

٣	وَصَف لَنا ما شاهَدَ في المُتحَف.	*He explained to us what he saw in the museum.*
٤	ما زُرْتُ القاهِرةَ حَتّى الآن.	*I have not yet visited Cairo.*

إذا قُلت إنّ القاعدة اللُغوية هي أنّ ما النافية تَبدأ الجُملة العَربيّة، فالحَقّ معك إلى حدّ. انظُر إلى المِثال ٣. لاحظ أنّ هناك فِعلان في الجُملة: الفِعل الأوّل وَصَف والفِعل الثاني شاهَد. إذا استُخدِمت ما المَوصولة قبل فِعل ماضٍ، فيجب أن تَتقدّم الفِعل الثاني (ليس الأوّل). أمّا ما النافية فتَتَقدّم الفِعل الأوّل في الجُملة.

الخُلاصة

١- تَتقدّم ما المَوصولة الفِعل الثاني في الجُملة (ليس الأوّل).
٢- تَتقدّم ما النافية الفِعل الأوّل في الجُملة.

ب- ما الاستِفهاميّة

تَتقدّم ما الاستِفهاميّة اسماً أوضميراً وكان أوّل نوع من أنواع ما قد تعلّمناه في اللُغة العربيّة حين تعلّمنا السؤال «ما اسمك؟».

٥	ما اسمُك؟	*What is your name?*
٦	ما هي أرقام هَواتِف الطُلاّب؟	*What are the students' telephone numbers?*

ج- ما الزائدة

لقد وردت ما الزائدة في نَصّ القِراءة الرئيس في هذا الدَرس بعد كَلمة إذا وشكّلتا الكَلمة المُركبة إذا ما. نَستطيع أن نَحذف ما الزائدة من الجُملة دون تَغيير معنى الجُملة إطلاقاً.

٧	وإذا ما أَعْجَبَنا ذلِكَ البَلَد.	*. . . and whether we liked that country.*

الخُلاصة

ما الموصولة	relative pronoun
ما لِلفِعل	negative particle
ما الاستفهاميّة	interrogative particle
ما الزائدة	redundant particle

تمرين ١٢

أ- اقرأ النَصّ الآتي ثُمّ ارسم دائرة حَول ما الاستِفهاميّة واكتُب خَطّاً تحت ما النافية:

وصلَت أمّ عدنان على خطوط «يو إس إير» الجوية إلى نيويورك من كلمبس في طريقِ عودتِها إلى سوريا. ما سافرَت أمّ عدنان على هذه الطائرة مِن قَبل. نزلَت في فندق قريب من وسط المدينة كَيْ تَشتريَ ما تريد مِن ملابس وهدايا وغيرِها وترى ما يجري في هذه المدينة الكبيرة. ما أعجبتها جميع البضائع في السوق لكنَّ بعضَها كان كما تريد تماماً. في ذلك اليوم تحدَّثَت مع سيِّدة أمريكيّة باللغة الفَرنسيّة وكانت سعيدة جدّاً بذلك. دعَتها تلك السيِّدة إلى فنجان قهوة فقبلَت. قضَت معها أمّ عدنان أكثر من ساعتين ثمَّ تركَتها وذهبَت إلى الفندق وما عَرَفَت ما تعمل ولا أين تسكن.

ب- حَوّل الجُمل الآتية إلى العربيّة مُستخدماً النوع الصَحيح لِلحَرف ما:

1. عدنان did not study Arabic at the University of Michigan.
2. لينا would like to know what the president does in the White House.
3. What is your telephone number, نجوى ?
4. ليث asked about what is going on upstairs.
5. فاطمة did not stay at the Hilton in New York City.

٢- الحال: شبه جُملة

تُوجَد علاقة وَطيدة بين الحال وظَرفَي الزَمان والمَكان لأنّهما يَصِفّان الفِعل. ونستطيع أن نَصوغ الحال بزيادة حَرف الجَرّ بِـ على أوّل حَرف بَعض المصادر المُعيّنة. إليك مِثالاً على ذلك:

١	جاء النادِلُ بِسُرْعةٍ.	*The waiter came quickly.*

في المِثال ١، بِـ + سُرعة = شِبه جُملة. ونَتمكّن في اللُغة العربيّة من أن نَصوغ الحال بهذه الطَريقة باستخدام بَعض المَصادر المُعيَّنة وليس كُلّها. إليك بَعض الأمثِلة:

بِسَلام	*peacefully*	بِبُطءٍ	*slowly*
بِهدوءٍ	*quietly*	بِلُطْفٍ	*nicely*

٣- الحَرف ألاّ not to

يَتألّف الحَرف ألاّ من الحَرفَين (أنْ + لا = ألاّ) وكَما تَرى أنّ نون أنْ تَسقُط. هيّا نَتأمَل هذا الحَرف المُركَّب وتأثيره على مَعنى الجُملة حين يَدخُل عليها:

١	يَجِبُ أن أكتُبَ رِسالةً إلى أخي.	*I should write to my brother.*
٢	يَجِبُ ألاّ أكتُبَ رِسالةً إلى أخي.	*I shouldn't write to my brother.*

قد تَتسأل: «أين أضع الحَرف المُركَب ألاّ؟». ضَعه حيث تَضع أنْ المَصدريّة عادةً.

كَما تَرى في المِثال ٢ في الصَفحة السابِقة، نَستطيع التَعبير عن (shouldn't) باستِخدام «يَجِب ألاّ». كذلِك نَستطيع التَعبير عن (wouldn't) كَما تَرى في المِثال ٤ أدناه.

٣	أرجو أن تَقولَ هذا الشَيء لأحمَد.	*I wish that you would tell that to Ahmed.*
٤	أرجو ألاّ تَقولَ هذا الشَيء لأحمَد.	*I wish that you wouldn't tell that to Ahmed.*

الفَرق بين إلاّ وألاّ

لاحِظ الفَرق بين هذَين الحَرفَين لئلا تَرتبك عليهما:

ألاّ = not to   **إلاّ** = except

المـُفْرَدات

أجادَ	(يُجيدُ)	إجادة	(v.)	to master, to be skilled or proficient at
أَسِف			(act. p.)	to be sorry
أحْضر	(يُحْضِرُ)	إحْضار	(v.)	to bring
ألاّ	(أنْ + لا)		(part.)	so as not to
اِعتَذَر	(يَعتَذِرُ)	اِعتِذار (عَن)	(v.)	to apologize, to excuse o.s. from
بار	ج	بارات	(n., m.)	bar
باهِر			(act. p.)	dazzling, brilliant
بَرْق	ج	بُروق	(n., m.)	lightning
بَعَث	(يَبعَثُ)	بَعْث	(v.)	أرسل
تأخير			(n., m.)	delay, tardiness
ثَوب	ج	أثْواب	(n., m.)	dress
جَرى	(يَجري)	جَرْي	(v.)	to run, to happen, to occur
حَلْبة	ج	حَلَبات	(n., f.)	area; (dance) floor; arena
خارِج			(act. p.)	outside
خافِت			(act. p.)	dim
خَرَق	(يَخْرِقُ)	خَرْق	(v.)	to pierce
داخِل			(act. p.)	inside

دُخول			(n., m.)	entering
دَعا	(يَدعو)	دَعْوة	(v.)	to invite
ذُرة			(n., f.)	corn
رأى	(يَرى)	رؤية	(v.)	to see
راقَبَ	(يُراقِبُ)	مُراقَبة	(v.)	to observe, to watch
رَقَص	(يَرقُص)	رَقْص	(v.)	to dance
رَقيقة	ج	رَقائق	(n., f.)	flake, thin layer
سامَح	(يُسامِحُ)	مُسامَحة	(v.)	to forgive
شابّ	ج	شَباب	(n., m.)	young man; youth
شُرْب			(n., m.)	drinking
شَوْق	ج	أشْواق	(n., m.)	longing
صاخِب			(act. p.)	noisy, loud
ضَوْء	ج	أضْواء	(n., m.)	a light
عاطِر			(act. p.)	perfumed; nice
عامَل	(يُعامِلُ)	مُعامَلة	(v.)	to treat s.o.
عَجين			(n.)	dough
عَدَم			(part.)	non-, un-, in-, dis-
عُذْر	ج	أعْذار	(n., m.)	excuse

الحديقة والقصر الملكي في قرطبة

then, so, therefore, thus	(part.)			فَـ
past; last	(act. p.)			فائِت
band, group	(n., f.)	فِرَق	ج	فِرْقة
pistachio (peanuts)	(n., m.)		(فُسْتُق سودانيّ)	فُسْتُق
kiss	(n., f.)	قُبُلات	ج	قُبْلة
almost, on the verge of	(v.)		(يَكادُ)	كادَ
alcohol	(n., m.)		(الكُحول)	كُحول
as, like	(part.)			كَما
sign	(act. p.)	لافِتات	ج	لافِتة
table	(act. p.)	مَوائِد	ج	مائِدة
toasted	(pass. p.)			مُحَمَّص
to joke	(v.)	مَزْح	(يَمزَحُ)	مَزَح
audible, able to be heard	(pass. p.)			مَسْموع
bar	(n., m.)	مَشارِب	ج	مَشْرَب
drink, refreshments	(pass. p.)	مَشْروبات	ج	مَشْروب
to pass (time), to elapse	(v.)	مُضِي	(يَمضي)	مَضى
next; coming	(act. p.)			مُقْبِل
written	(pass. p.)			مَكْتوب

place of entertainment	(n., m.)	مَلاهٍ	ج	مَلْهى
note, tune, melody	(n., m.)	أنْغام	ج	نَغَم
to intend	(v.)	نية	(يَنْوي)	نَوى
neon	(n., m.)			نِيون
to stand, to stop	(v.)	وُقوف	(يَقِفُ)	وَقَف
to flash	(v.)		(يومِضُ)	أوَمَض

الدَرْسُ الثامِن

أهداف الدرس

- التعرّف على النُكتة والقِصّة الظَريفة في العَربيّة
- تعلّم فَهم النُكتة العَربيّة وروايتها، والتعرّف على رِواية قِصّة ظَريفة
- إعادة النَظر في كاد من أفعال المُقاربة
- **القَواعد**: تَعريف إذا الفُجائيّة
- **مُراجَعة القَواعد**: الفِعل المَبني لِلمَجهول والحال وحَرف العطف الفاء

رُكن المُفْرَدات الجَديدة

أرسَلَ (يُرْسِلُ) إرسال (إلى)	*to send (to)*
اِسْتَغرَبَ (يَسْتَغْرِبُ) اِسْتِغْراب (مِن)	*to find strange, to be surprised (at)*
اِسْتَهْلَكَ (يَسْتَهْلِكُ) اِسْتِهْلاك	*to consume*
اِنْتَظَرَ (يَنْتَظِرُ) اِنْتِظار	*to await*
تَزَوَّجَ (يَتزَوَّجُ) تَزوُّج (مِن)	*to get married (to)*
تَوَرَّطَ (يَتَوَرَّطُ) تَوَرُّط (في)	*to become embroiled in trouble*
حَساسية (مِن)	*allergy, sensitivity; allergic (to)*
حَكَى (يَحْكي) حَكي	*to tell (a joke or story)*
خِصّيصاً = خُصوصاً = خاصّةً	*especially*
فجأةً = إذا بِـ	*suddenly*
قَتَلَ (يَقْتُلُ) قَتْل	*to kill; to murder*
قَلَقٌ	*anxious*
نُكْتة ج نُكَت / نِكات	*joke*

تمرين ١

وافِق بين كَلِمتين واكتُب الأزواج الثمانية في الوسط:

١-	مُحضَّر		نُقود
٢-	رئيس تَحرير		نَظيف
٣-	پـاونداً		مَطبوخ
٤-	إرْباً		فَحْص
٥-	شَحْنة		رَطل
٦-	ثَمَن		دَجاجة
٧-	قَذِر		صَحيفة
٨-	فَرْخ		ميناء
			قِطَعا

تمرين ٢

اختَرِ الكَلِمةَ الّتي لا تُناسِب باقي الكَلِماتِ في كُلِّ مَجْموعةٍ وبَيِّن السَبَب:

١-	لافِتة	مُستَشفى	فُندُق	سِفارة
٢-	مَريض	عِلاج	حِذاء	طَبيب
٣-	حَساسية	حَزِنَ	جُنَّ	ماتَ
٤-	مُدير تحرير	دَجاجة	عيد الشُكر	ديك حَبَش
٥-	رئيس تحرير	ديك مَشوي	سَفير	ساعٍ

ابتسِم . . !

نُكَت من هنا وهناك

في ما يلي بعض النِكات المأخوذة من صُحُف عربية بالإضافة إلى مَقالة طريفة لرئيس تَحرير إحدى الجرائد. قد تدُلّ هذه النُكَت على طريقة تفكير العربي وما يجعله يبتسِم.

١

الزوجة: ماذا تفعل لو مُتُّ فَجأةً؟
الزوج: أُجَنُّ من شِدّة الحُزن.
الزوجة: وهل تتزوّج بعدي؟
الزوج: ما دُمتُ سأُجَنُّ فقد أتزوَّج.

٢

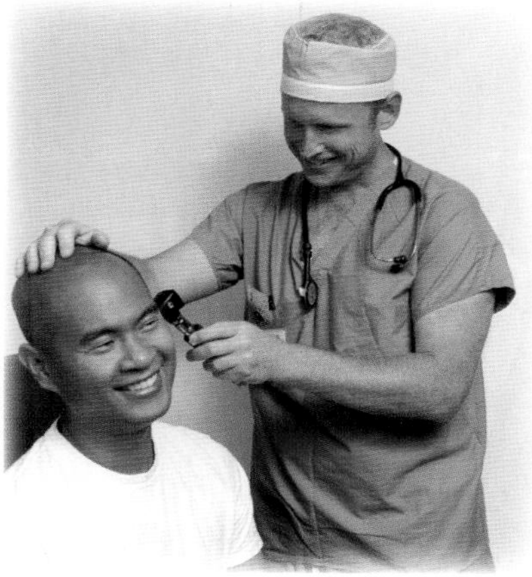

الطَبيب: لقد أجريتُ فَحْصاً دقيقاً عليك وكل ما أراه أنك تحتاج إلى الراحة.
المَريض: ولكنني أريد عِلاجاً. انظرْ إلى لِساني.
الطبَيب: وهذا أيضاً يحتاج إلى راحة.

٣

المَريض: الحقني يا دكتور! الحساسية تكاد تقتلني.

الطبيب: ارجع إلى البيت وافْتح جميع الشبابيك والأبواب قبل أن تنام.

في اليوم التالي عاد المريض إلى عيادة الطبيب.

الطبيب: هل ذهبَت الحساسية؟

المَريض: لا يا دكتور، ذهب التلفاز والراديو والساعة.

٤

دخل أحد الأشخاص فندقاً قذِراً واستغرب عندما رأى لافتة عند مدخله كُتِبَ عليها «امسح حذاءك» فأضاف إليها «عند خروجك».

٥

ينتظر الشاب تذكرة عودة

الأوّل: لي صديق ربح تذكرة سفر لأستراليا.

الثاني: وأين هو الآن؟

الأوّل: مازال هناك منذ خمسة أعوام ينتظر أن يربح تذكرة عودة.

٦

الأوّل: من أين لكَ هذه النقود؟

الثاني: من الكتابة.

الأول: وماذا تكتب؟

الثاني: أكتب رسالة إلى أبي فيُرسِل لي النقود.

عيدُ الشُكر

بقلم جهاد الخازن

ديك حَبَش

كتب جهاد الخازن في عديد من الصحف العربية، وقد ظهرت المقالة التالية في صحيفة الشرق الأوسط منذ عدة سنوات حين كان رئيس تحريرها. (بتصرّف)

يحتفل الأمريكيون في شهر تشرين الثاني بعيد الشكر وهو عيد يشكرون فيه الله على نعمه عليهم، ويحتفلون به بعشاء عائلي يأكلون فيه ديكاً رومياً (حَبَش) مُحضَّراً على طريقة الأمريكيين الأوائل.

وكنتُ قبل سنوات طويلة في بيروت قد تورّطت في «عيد شكر» لم أخرج منه بغير الصداع. بدأ الأمر بسيطاً، فقد جاءني مدير التحرير وقال: إن في بيروت شَحَنات كبيرة من ديوك الحبش وصلت بمناسبة عيد الشكر لاستهلاك الأمريكيين من سكّان البلد. وإني اشتريت ديك حبش «ثلاثين پاوندا».

أعجبني أن يزن ديك رومي واحد ثلاثين پـاونداً. واستدعيت الساعي وطلبت منه أن يذهب إلى السوق المركزية ويشتري لي ديكاً وزنه ١٤ كيلوغراماً.

من الأمريكيين الأوائل

وغاب الساعي ساعة وساعتين، ثمّ اتّصل بي هاتفياً ليقول إنه لا يوجد ديك حبش بهذا الوزن. فكلّ ما رأى في حدود خمسة كيلوغرامات، مع واحد أو اثنين فقط وزنهما حوالي سبعة. لكن بما أنّ مدير التحرير اشترى ديك حبش وزنه ١٥ كيلوغراماً فلا يُعقَل أن يأكل رئيس التحرير فرخة. وطلبت من الساعي أن يصلني بمدير السوق المركزية ففعل. وحكيت له القصّة فقال الرجل إن عنده آخر شحنة من ديوك الحبش في الميناء وسيأخذ الساعي معه ليختار أكبرها.

فرخ

وحمل الساعي إلى البيت ديكاً رومياً وزنه ٣٢ رَطْلاً إنكليزياً، ووجدنا أنَّه أكبر من كلّ الطناجر الموجودة، بل وأكبر من الفرن. ثمّ رأينا أنّ أفضل طريقة هي أن نقطّعه قطعاً لنستطيع إدخاله الفرن فنأكله مشوياً.

وجلسنا نَعِدُ النفسَ بعشاء على الطريقة الأمريكية، وإذا بالباب يُدَقّ. وفتحتُ فوجدت صاحب السوق المركزية أمامي، وقد كان قلِقاً بشكل ظاهر. قال الرجل: الديك . . . الديك . . . أين الديك؟ قلتُ إنه في الفرن.

كادَ الرجُل يَبكي

كاد صاحب السوق المركزية يبكي وهو يرى الديك مقطّعاً إرباً. فهمتُ منه أن ذلك الديك كان الوحيد بهذا الوزن وأنّه أُرسِل خُصوصاً إلى السفير الأمريكيّ في بيروت ليكون نجم حفلة عيد الشكر في السِفارة.

ورأيت مدير التحرير في اليوم التالي وحكيت له القصّة ثمّ عاتبته على توريطي في البحث عن ديك وزنه ثلاثون رَطْلاً مع أنه لا يوجد ديك بهذا الوزن في البلد كلّها. وردّ الرجل باستغراب إنه لم يقُل لي شيئاً من هذا أبداً، فقد قال بالإنكليزية إن الديك «ثلاثون پـاونداً» وكان يعني بكلمة «پـاونداً» ليرة لبنانية لا رَطْلاً إنكليزياً كما فهمتُ، فقد دفع ثلاثين ليرة ثمن ديك وزنه خمسة كيلوغرامات. وكلّ عام وأنتم بخير.

تمرين ٣

للمُحادَثة:

أ- حاول قدر الإمكان أن تحكي بالعربيّة نكتةً تعرفها جيداً لزميلك في غرفة الصفّ.

ب- احكِ قصّة طريفة لزميلك حدثت معك في الماضي. من الممكن أن تفيدك الأفكار التالية:

١- متى حصلت القصّة الطريفة وكم كان عمرك؟

٢- ماذا كانت ظروفها؟

٣- مَن كان معك؟

٤- ماذا كانت النتيجة؟

٥- هل كنت الوحيد الذي اعتبرت القصّة مضحكة؟

٦- ماذا فكر الناس الآخَرون بالنسبة إليها؟

تمرين ٤

للمُحادَثة:

احكِ قصّة لزميلك بحيث كان عليك أن تعاتب فيها شخصاً ما لسبب ما. قد تفيدك الأفكار التالية:

١- ما الّذي أزعجك؟

٢- كيف حَصَل الشيء المزعج؟

٣- ماذا كان رد فعل الشخص الّذي عاتبته؟

٤- بماذا تشعر الآن بعد أن صار ما صار؟

٥- هل كان هناك أشخاص آخرون رأوا ما حصل؟

٦- متى حدث هذا الحادث وكم كان عمرك؟

تمرين ٥

أكمِل الجُمَل التالية بالاختيار المناسِب وَفق نَصّ القِراءة:

١- الزوجة في النكتة الأولى ______________ .

☐ مجنونة ☐ ميتة ☐ حزينة ☐ حية

٢- المريض في النكتة الثانية مصاب ______________.

☐ بالحساسية ☐ بالصداع ☐ بالحزن ☐ بالجنون

٣- يرى الطبيب في النكتة الثالثة أنّ الرجلَ ______________ .

☐ مريض ☐ بخير ☐ حزين ☐ مجنون

٤- يظنّ الرجُل أنّ الفندق ______________ .

☐ رخيص ☐ غال ☐ قَذِر ☐ نظيف

٥- ربِح الصديق تذكرة طائرة ______________ .

☐ ذهاباً وإياباً ☐ ذهاباً فقط ☐ إياباً فقط ☐ إلى بلده

٦- يحصل الشخص الثاني في النكتة السادسة على النقود من ______________ .

☐ الصحيفة ☐ عمله ☐ صديقه ☐ أبيه

٧- ذهب ______________ إلى السوق المركزية لشراء الديك.

☐ مدير التحرير ☐ ساعي المكتب ☐ رئيس التحرير ☐ السفير الأمريكي

٨- كان احتفال الكاتب بعيد الشكر مصدراً ______________ .

☐ لسرور عظيم ☐ لعشاء ممتاز ☐ لصداع ومشاكل ☐ لحزن شديد

٩- قطّع جهاد الخازن الديك قطعاً كي ______________.

☐ يشويه بالفرن ☐ يأكله قطعاً ☐ يضعه بالطنجرة ☐ ليحتفل بالعيد

١٠- أُرسِل الديك الرومي الّذي شواه الكاتب خِصّيصاً إلى ______________.

☐ السفارة الأمريكية ☐ الأمريكيين في بيروت

☐ الأمريكيين الأوائل ☐ رئيس تحرير الجريدة

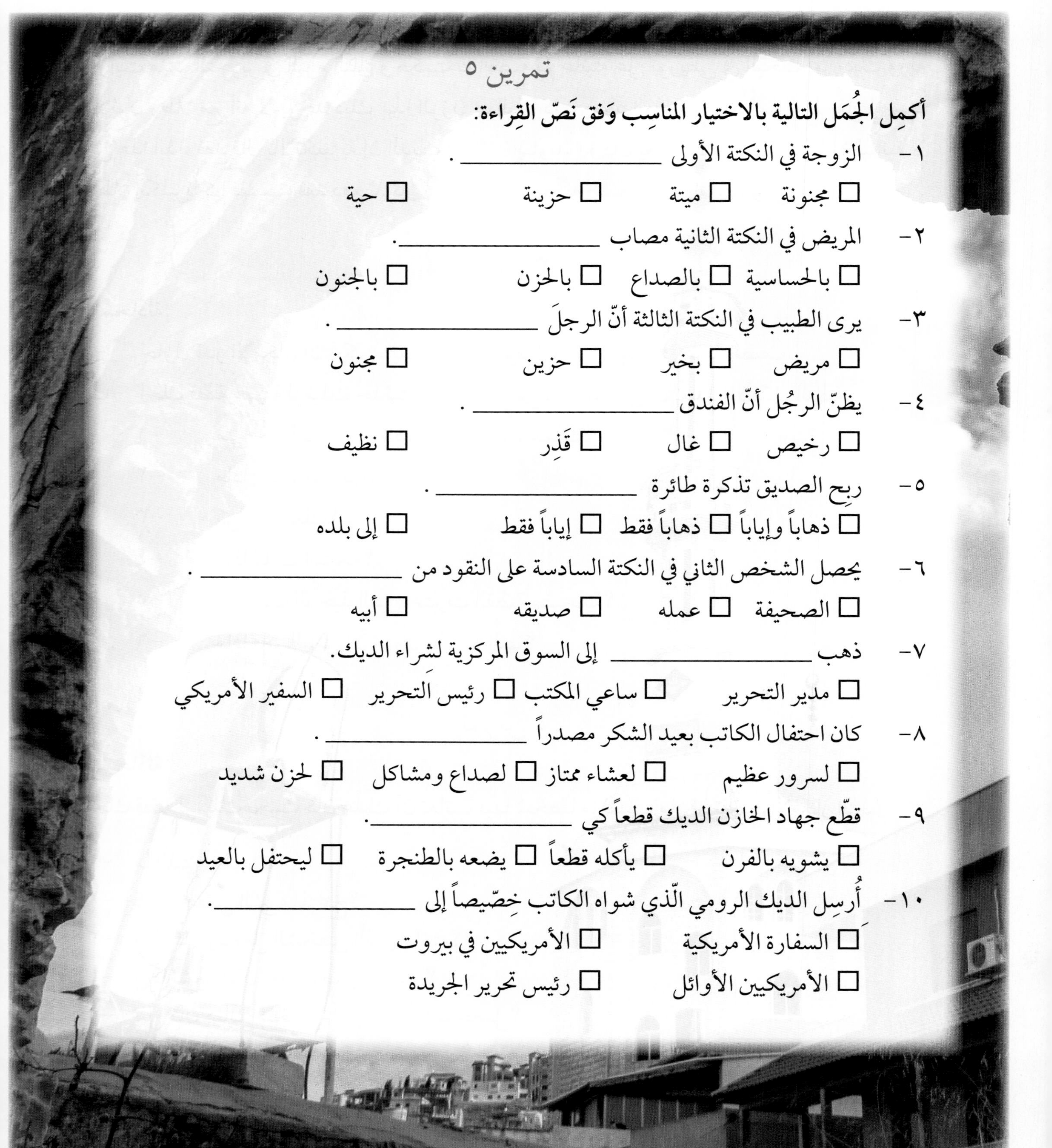

إحدى المساجد في مدينةِ أُمّ الفحم شمال فلسطين

تمرين ٦

أجِبْ عن الأسئلة الآتية حسب النصّ:

١- ما الفكرة الرئيسة في نَصّ "عيد الشكر"؟
٢- حدَّد الأفكار الثانوية في "عيد الشكر".
٣-اكتب عنواناً آخر للنص.

تمرين ٧

اكتب «خطأ» أو «صواب» إلى جانب كلّ جملة ثمّ صحِّح الجمل الخطأ:

١- سوف يتزوّج الزوج بعد موت زوجته.
٢- حصل مريض الحساسية في النكتة الثالثة على علاج نَفَعَه.
٣- يظنّ المريض في النكتة الثانية أنّه يحتاج إلى علاج.
٤- أرض الشارع أقذر من الفندق حسب رأي أحد الأشخاص.
٥- لا يزال الصديق في أستراليا يعمل فيها.
٦- كان جهاد الخازن يسكن في أمريكا حين كتب هذه المقالة.
٧- يحتفل اللبنانيون بعيد الشكر.
٨- ورّط مدير التحرير الكاتب في أمر الديك الرومي.

تمرين ٨

أعِد تَرتيب الجمل لتشكّل فِقرة كاملة. الجملة الأولى في مكانها المناسِب:

١- أردتُ وثلاثة من أصدقائي أن نقضيَ إجازة الربيع على الشاطئ.
كان القطار موجوداً في المحطة وفيه بعض الركّاب.
استغرقت الرحلة خمس ساعات إذ وصلنا في الساعة الثانية عشرة والنصف.
أولاً اشترينا تذاكر القطار.
صعدنا إلى القطار ووضعنا الحقائب في مكانها.
ركِبنا سيّارة أجرة من المحطة إلى الفندق.
جلستُ إلى جانب الشبّاك وجلس عبد الرحيم مقابلي.
في يوم السفر اتّجهنا إلى محطة القطار بسيّارة أم عبد الرحيم.
أمّا مروان وسعيد فجلسا إلى يسارنا.
وصلنا إلى المحطة في الساعة السابعة، أي قبل موعد القطار بنصف ساعة.

القَواعِد

١ – إذا الفُجائيّة lo and behold

تختلف إذا الفُجائية عن إذا الشَرطيّة (if) مَعنويّاً مع أنّهما نَفس الهِجاء. تَدُلّ إذا الفُجائيّة على حَدث مُفاجئ أوغير مُتوقّع.

١	خَرَجنا مِن المَبنى فَإذا بلافِتةٍ تَسقُطُ فوقَ رؤوسِنا.	*We exited the building and lo and behold a sign fell on top of our heads.*

عادةً، يلي إذا الفُجائيّة حَرف الجَرّ بـِ الّذي يُقدّم الشيء المُفاجئ أو غير المُتوقّع، كَما تَرى في المِثال ١ أعلاه. بِالإضافة إلى ذلك، يَسبُق إذا الفُجائيّة حَرفا الجَر (و) أو (فَـ) كَما وَرد في نَصّ القِراءة الرئيس:

٢	جَلَسنا لِلعَشاء وإذا بالبابِ يُدَقُّ	*We sat down for dinner and suddenly there was a knock at the door.*

ليس من الضَرورة أن يلي إذا الفُجائيّة حَرف الجَرّ بـِ، إليك مِثال دون بـِ:

٣	جَلَسنا لِلعَشاء وإذا البابُ يُدَقُّ	*We sat down for dinner and suddenly there was a knock at the door.*

إذا قارننا المِثالَين ٢ و٣ أعلاه، نَرى، أنّ هذا التَغيّر لم يؤثّر على معنى الجُلمة إطلاقاً.

تمرين ٩

حَوِّل الجُمل الآتيّة إلى اللُغة العَربيّة مُستخدماً إذا الفُجائيّة في كُلّ جُملة فيها:

1. I stepped out the door and it was raining.
2. The mother went into the bedroom and lo and behold the little child was on the floor.
3. He went to the bank to withdraw (سَحَبَ) some money and it was closed.
4. We arrived at the movie theater, and there was نادية waiting for us.

٢ – أفعال المُقارَبة Verbs of Approximation

في اللُغة العَربيّة، نَستطيع أن نُعبّر عن مَفهوم (almost) أو (practically) أو (just about) مستخدمين الأفعال الآتيّة:

كادَ	كَرَب	أوشَكَ

تُماثل أفعال المُقارَبة مَجموعة أخرى نَعرفها أي كان وأخواتها، لكن تَتطلب أفعال المُقارَبة أن يَكون الفِعل الثاني مُضارعاً خلافاً لأخوات كان.

كَما تَرى في المثال ١ أدناه، نَستطيع أن نَستخدِم فِعلاً مُضارعاً بعد كاد أو أنْ المَصدريّة الّذي يليها فِعل مُضارع وتَدُلّ الجُملتان على نَفس المَعنى.

١	كادَتِ الشَجرةُ تَموتُ.	The tree almost died.
	كادَتِ الشَجرةُ أن تَموتَ.	The tree almost died.

آ– نَفي كاد وأخواتها بـما / لم / لا = *scarcely, hardly*

حين نَنفي كادَ بحَرف من حُروف النَفي ما أو لم أو لا، فأنّ معنى كادَ يَتغيّر إلى (hardly) أو (scarcely).

٣	ما كِدْنا نَنتهي مِن العَشاء حتّى أتى الزُوّار.	*We had hardly finished dinner when the visitors came.*
٢	لَم يَكَدْ يَجلِسُ حتّى دَقَّ الهاتف.	*He had hardly sat down when the phone rang.*
٤	لا أكادُ أنامُ مِن شِدّةِ الحَرِّ.	*I can hardly sleep because of the heat.*

أقواس بهو السباع
في قصر الحمراء

تَصريف الفِعْل «كادَ»			
الضَمير	الماضي		المُضارِع
أنا	كِدْتُ	المُتَكَلِّم	أكادُ
نَحْنُ	كِدْنا		نكادُ
أنْتَ	كِدْتَ	المُخاطَب	تَكادُ
أنْتِ	كِدْتِ		تَكادينَ
أنْتُما	كِدْتُما		تَكادانِ
أنْتُنَّ	كِدْتُنَّ		تَكَدْن
أنْتُمْ	كِدْتُم		تَكادونَ
هو	كادَ	الغائب	يَكادُ
هِيَ	كادَت		تَكادُ
هُما	كادا		يَكادانِ
هُما	كادَتا		تَكادانِ
هُنَّ	كِدنَ		يَكَدْنَ
هُمْ	كادوا		يَكادونَ

مُلاحَظة

تَستطيع أن تَستخدِم الجَدوَل أعلاه لِتَصريف الفِعل نام كَذلِك

تمرين ١٠

حَوِّل الجُمل الآتية إلى اللُغة العَربيّة مُستخدماً كادَ في كُلّ جُملة منها:

1. The day is almost over.
2. No sooner had the film started than the phone rang.
3. I can barely see the ocean from this window.
4. Sami's flight is about to arrive.

مُراجَعة القَواعِد

١ - الفِعل المَبني لِلمَجهول

لَقد ورد الفِعل المَبني لِلمَجهول كَثيراً في نَصّ القِراءة الرئيس. إليك بَعض الأمثِلة:

أُرْسِلَ | كُتِبَ | أُجَنُّ | يُدَقُّ

مُلاحَظة

جَدير بالذِكر أنَّ الفِعلَين هُرِع ويُجَنُّ لا يُستعمَلان إلاّ في المَبني لِلمَجهول

هيّا نَنظُر إلى بَعض أمثِلة الفِعل المَمني لِلمَجهول المأخوذة من نَصّ القِراءة الرئيس:

١	وأنّه أُرسِل خُصوصاً إلى السفير الأمريكيّ	*It was sent specifically to the American ambassador.*
٢	واستَغْرَبَ عِنْدَما رأى لافِتةً عِنْدَ مَدْخَلِه كُتِبَ علَيْها "امسح حذاءك"	*He was surprised when he saw a sign at its entrance with "wipe your feet" written on it.*
٣	أُجَنُّ من شدّة الحُزن.	*I would go crazy from intense grief.*
٤	وإذا بالباب يُدَقُّ.	*And suddenly there was a knock at the door.*

٢- لَوْ الشَرطيّة لِلامتِناع

تُستخدَم لَو الشَرطيّة لِحالات مُمتَنِعة (unlikely) ويليها فِعل ماضٍ عادةً. إليك بعض الأمثِلة من نَصّ القِراءة الرئيس:

١	ماذا تَفعَلُ لَوْ مُتُّ فَجأةً؟	*What would you do if I died suddenly?*

تَذكّر أنّ جَواب الشَرط يَتقدّمه حَرف الجَرّ لَـ.

٢	لَو عَلِمتُ أنّها في المَدينةِ لَزُرتُها.	*If I had known she was in town, I would have visited her.*

مُلاحَظة

تُستخدَم لَو . . . لَـ لِلتَعبير عن مَعنى (*would have*).

٣- حَرف العَطف فَـ so, then, or therefore

على الرَغم من أنّ حَرف العَطف فَـ يَتألّف من حَرف واحِد فقط، فأنّه أداة قويّة جدّاً في كِلا المُحادَثة والكِتابة بِحيث يَدُلّ على التَرتيب (مثل الواو) إضافةً إلى التَعقيب (consequence). نَستطيع أن نُترجمه (so) أو (then) أو (therefore)، لكن في بَعض الحالات لا نُترجمه إطلاقاً:

فَكُلُّ ما رآه في حُدود خَمسةِ كيلو غرامات.	*So, everything he saw was within five kilos.*

٤- واو الحال while; when

هيّا نتأمّل مِثال واو الحال أدناه المأخوذ من نَصّ القِراءة الرئيس:

كادَ يَبكي وهو يرى الديكَ مُقطَّعاً.	*He almost cried when he saw the turkey dismembered.*

لا يَدُلّ حَرف العَطف واو أعلاه على التَرتيب، بل يَدُلّ على جانِب زَمنيّ بَحيث يَتزامن (simultaneously) شيئان، أي أنّهما يَحدُثان في نَفس الوَقت. وفي هذه الحالة، نَستطيع أن نُترجمه بالإنكليزيّة (*when*).

تمرين ١١

آ- حَدِّد بَعض أمثِلة قَد الوارِدة في نُصوص القِراءة الرئيسة. وبَعد تَحديدها، اكتُبها على وَرقة مُنفصِلة واذكُر إذا دَلّت على التَحقيق في الماضي أم التَوقُّع في المُضارع.

ب- عَبِّر عن المعاني الآتية مُستخدِماً لم أو قَد أو لَو أو جُنَّ أو كادَ:

1. They may be a little late this evening.
2. She took two aspirin, but they did not do her any good.
3. If I were you, I would participate in the theater festival.
4. He almost went out of his mind with joy.

٥- تَوسيع المُفرَدات Vocabulary Enhancement

آ- بِما أنَّ *since; because*

يُستخدَم التَعبير بِما أنَّ كَي يُعبِّر عن (because) أو (since). تلي بِما أنَّ جُملة اسميّة يَبدأها ضَمير مُتصِل بـ(أنَّ) أو باستخدام اسم.

١	بِما أنَّ المطعمَ مُغلَقٌ، هَل تُحِبّون أن تأتوا إلى بيتي؟	*Since the restaurant is closed, would you like to come to my house?*
٢	بِما أنّكَ تَتَكلَّمُ الفَرَنسيّةَ، مُمكِن أنْ تَقرأ لي هذه الرِسالة؟	*Since you speak French, could you read this letter for me?*

تَذَوّق الثَقافَة العَرَبيّة

لا يوجَد بالعَربية مُقابِل لِكَلمة (supermarket) في المَفهوم الغَربيّ أو بالأخصّ المَفهوم الأمريكيّ. يَستخدِم مُعظم مُتكلّمي اللُغة العَربيّة الكَلمة الإنكليزيّة سوبر ماركت. ومع ذلك، فأنّ اللُغة العَربيّة المُعاصِرة تَحظى بِتَعبير يكاد يُعبّر عن مَفهوم الكَلمة الإنكليزيّة ألا وهي السوق المَركَزيّة أي (central market).

تمرين ١٢

آ- **أجِب عن الأسئلة وَفق نَصّ الاستماع:**

١- ما الفكرة الرئيسة في نص الاستماع؟
٢- حدِّد بعض الأفكار الثانوية في النص.
٣- كم رسالة قرأت حنان ذلك اليوم؟ ممَّن؟
٤- لماذا اتصلت حنان بريم؟
٥- مَن هؤلاء الأشخاص؟ سَمر، هَديل، أُبَيّ؟

ب- أكمِل الجمل التالية بالاختيار المناسِب وَفق نَصّ الاستماع:

١- وضعت ريم الرسالة ______________ .

☐ في البريد ☐ على النافذة ☐ تحت الطاولة ☐ على الأرض

٢- وجدَت حنان في الشقّة ______________ .

☐ رسالة من ريم ☐ مكالمتين من سمر وريم

☐ رسالة من ريم ورسالة من سمر ☐ رسالة من ريم ومكالمة من سمر

٣- أخذَت ريم ______________ معها إلى حفلة عيد الميلاد.

☐ أختها سمر ☐ أباها ☐ صديقتها ☐ ابنها

ج- لَخِّص المُقابَلة مع زينا بحوالي خمسين كَلمة.

د- اكتُب «خطأ» أو «صواب» إلى جانب كلّ جملة ثمّ صحِّح الجمل الخطأ:

١- وجدَت حنان رسالة في صندوق البريد.

٢- حضرَت سمر إلى شقّة ريم وأخبرَتها بحفلة عيد الميلاد.

٣- كان الخطأ بسبب والِد ريم (أبيها).

تَذَوَّق الثَقافَة العَرَبيَّة

إليكم بعض النكات للمطالعة والتسلية. نتمنّى أن تستمتعوا بقراءتها كما استمتعنا بها.

*****

القاضي للمتهم: كم مرّة حكمتُ عليك سابقاً؟

المتهم: حوالى عشر مرات.

القاضي: إذاً سأحكم عليك الآن بأقصى عقوبة.

المتهم: لماذا يا حضرة القاضي؟ أليس عندكم تنزيلات للزبائن؟

*****

تَذَوَّق الثَقافَة العَرَبيَّة

*****

القاضي للص: هل تعترف بأنك سرقت هذا المحل ثلاث مرّات؟

اللص: نعم يا سيدي، ولكني لم أسرق منه إلا فستاناً واحداً.

القاضي مستغرباً: فستاناً واحداً، في المرّات الثلاث؟

اللص : نعم يا سيدي، ففي المرّتين الأوليين لم يعجب زوجتي لون الفساتين.

*****

الخطّ العربيّ على عمود من أعمدة قصر الحمراء

المـُفْرَدات

إرْبة	ج	إرَب	(n., f.)	small piece of s.th.
أرسَلَ	(يُرسِلُ)	إرسال	(v.)	to send, to transmit
اِستَدعى	(يَستَدْعي)	اِستِدعاء	(v.)	to call, to send for, to summon
اِستَغَرَبَ	(يَستَغرِبُ)	اِستِغراب	(v.)	to find strange, odd, unusual
اِستَهلَكَ	(يَستَهلِكُ)	اِستِهلاك	(v.)	to consume
اِنتَظَرَ	(يَنتَظِرُ)	اِنتِظار	(v.)	to await
بَكى	(يَبكي)	بُكاء	(v.)	to cry, to weep
تَزَوَّجَ	(يَتَزَوَّجُ)	تَزَوُّج	(v.)	to get married
تَوَرَّطَ	(يَتَوَرَّطُ)	تَوَرُّط	(v.)	to become embroiled in, involved in
جُنَّ	(يُجَنُّ)	جُنون	(v.)	to go crazy, to go mad (passive)
حَرَّرَ	(يُحَرِّرُ)	تَحرير	(v.)	to edit (also: write; liberate)
حَزِنَ	(يَحزَنُ)	حُزْن	(v.)	to be sad, to mourn
حَساسية	(مِن)		(n., f)	allergy (allergic to)
حَكى	(يَحكي)	حَكي	(v.)	to tell, to recount, to narrate
خِصّيصاً			(adv.)	specifically
دَقَّ	(يَدُقُّ)	دَقٌّ	(v.)	to knock, to bang, to smash

precise, accurate	(adj.)			دَقيق
doctor, physician (loan word used in colloquial speech)	(n., m.)	دكاتِرة	ج	دُكتور
rest	(n., f.)			راحة
to win	(v.)	رِبْح	(يرَبَحُ)	رَبِحَ
mail carrier; janitor	(n., m.)	سُعاة	(الساعي) ج	ساعٍ
cargo, shipment, load	(n., f.)	شَحَنات	ج	شَحْنة
strength, intensity	(n., f)			شِدّة
owner, proprietor, friend, companion	(act. p)	أصْحاب	ج	صاحِب
headache	(n., m.)			صُداع
uncommon, funny, novel	(adj.)			طَريف
saucepan, skillet	(n., f.)	طَناجِر	ج	طَنْجَرة
to chide, to scold mildly	(v.)	مُعاتَبة	(يُعاتِبُ)	عاتَبَ
to be reasonable, to comprehend	(v.)	عَقْل	(يَعقِلُ)	عَقَلَ
to be absent	(v.)	غِياب	(يَغيبُ)	غابَ
suddenly	(adv.)			فَجْأةً
to examine, to test	(v.)	فَحْص	(يَفحَصُ)	فَحَصَ
chick	(n., f.)	فِراخ	ج	فَرْخ
to kill, to murder	(v.)	قَتْل	(يَقتُلُ)	قَتَل

dirty, filthy	(n., m.)			قَذِر
worried, uneasy, apprehensive	(n., m.)			قَلِقٌ
to be about to do s.th., at the point of, almost	(v.)		(يَكادُ)	كادَ
to catch up, to keep close	(v.)	لَحاق	(يَلحَقُ)	لَحِقَ
tongue, language	(n., m.)	ألسِنة/ ألسُن	ج	لِسان
entrance, foyer, introduction	(n., m.)	مَداخِل	ج	مَدخَل
to wipe off, to erase, to clean	(v.)	مَسْح	(يَمسَحُ)	مَسَحَ
essay, article, editorial	(n., f.)	مَقالات	ج	مَقالة
star	(n., m.)	نُجوم	ج	نَجْم
easy life, blessing	(n., f.)	نِعَم	ج	نِعْمة
money, currency	(n., m.)	نُقود	ج	نَقْد
joke, anecdote	(n., f.)	نُكَت/ نِكات	ج	نُكتة
to get s.o. in trouble	(v.)	تَوريط	(يُوَرِّطُ)	وَرَّط
to weigh	(v.)	وَزْن	(يَزِنُ)	وَزَنَ

داخل بهو السباع في قصر الحمراء

الدَرْسُ التاسِع

أهداف الدرس

- التعرّف على وَصف الرِحلة والأماكن السياحيّة
- تعريف شَخصيّات التاريخ وأحداثه
- **القَواعد**: تَعريف التَلازُم اللُغوي في بَعض الأفعال المُعيَّنة مع الجارّ والمَجرور
- **مُراجعة القَواعد**: التَعبير عن اسم الفِعل وحُروف التَعليل حَتّى وكَيْ ولِـ
- **الثَقافة**: التُراث الشَعبيّ العَربيّ وبَعض شَخصيّاته المُهمّة وخيال الظِلّ ومعنى التَعبير «عليه السَلام»

رُكن المُفْرَدات الجَديدة

اقْتِصاد	*economy*
اِكْتَشَفَ (يَكْتَشِفُ) اِكْتِشاف	*to discover*
تأشيرة (دُخول وخُروج)	*visa (entry, exit)*
تَقْليد ج تَقاليد (عادات وتقاليد)	*tradition(s) (habits and traditions)*
جواز سَفَر	*passport*
دَلّ (يَدُلُّ) دَلالة	*to show, to indicate, to point out*
شَعَبيّ (مِن شَعْب = ناس)	*popular*
كَلَّف (يُكَلِّفُ) تكليف/ تَكلِفة	*to cost*
مَثَّلَ (يُمَثِّلُ) تمثيل (مُمَثِّل)	*to represent, to act (actor)*
مَرْكَز ج مَراكِز	*center*
مَقْهى (مِن قَهوة)	*café*
مُنْتَصَف (مِن نِصْف)	*middle, mid*
أصليّ	*original*
وَطَنيّ	*national*

تمرين ١

وافِق بين كَلِمتين واكتُب الأزواج السبعة في الوسط:

١-	عَثَر		مَسجِد
٢-	حارة		السِريانيّة
٣-	شاغِر		قَلعة
٤-	جامِع		قِصّة
٥-	حِكاية		وَجَد
٦-	الآراميّة		فارِغ
٧-	حُجْرة		زُقاق
			غُرفة

تمرين ٢

وافِق بين كلمات من العمودين لتشكّل عبارات من مُضاف ومُضاف إليه واكتُب الكَلِمَتين في الوسط:

١-	تأشيرة		سَفَر
٢-	جواز		الفاتِحة
٣-	سيرة		أُجرة
٤-	خيال		دُخول
٥-	سورة		دِمشق
٦-	خُطوط		عَنتَرة
٧-	سيّارة		الطيران
٨-	مُتحَف		الشيوخ
			الظِلّ

تمرين ٣

اخترِ الكَلِمة الّتي لا تُناسِب باقي الكَلِمات في كُلّ مَجْموعة وبَيِّن السَبَب:

١-	مَغسلة	غُرفة	مِرحاض	نَبات	حَمّام
٢-	الشام	دار ميسيق	دمشقا	دامسكي	المعادي
٣-	أخبر	تأخّر	قال	تكلّم	تحدّث

مايكل براون يزور دمشق

في عطلة الربيع سافر مايكل براون وصديقاه ويليَم وريتشارد من مِصرَ إلى سوريا. هذا ما كتبه لأستاذه في الولايات المتّحدة عن رحلته:

أردتُ أنا وصديقاي ويليَم وريتشارد أن نزور سوريا في عطلة الربيع. أوّلاً كان علينا أن نحصل على تأشيرات دخول إلى سوريا من السِفارة السوريّة في حيّ الدُقّي. ثانياً اشترينا تذاكر السفر وقد كلّفَت التذكرة نحو ٢٦٠ دولاراً ذهاباً وإياباً على الخُطوط الجويّة السوريّة. في يوم السفر رَكِبت سيّارة أجرة إلى حي الزَمالِك لأصل إلى شقّة ويليم وريتشارد. من هناك رَكِبنا سيّارة أجرة أخرى إلى المطار ودفعنا للسائق أربعينَ جُنَيهاً أجرة الركوب.

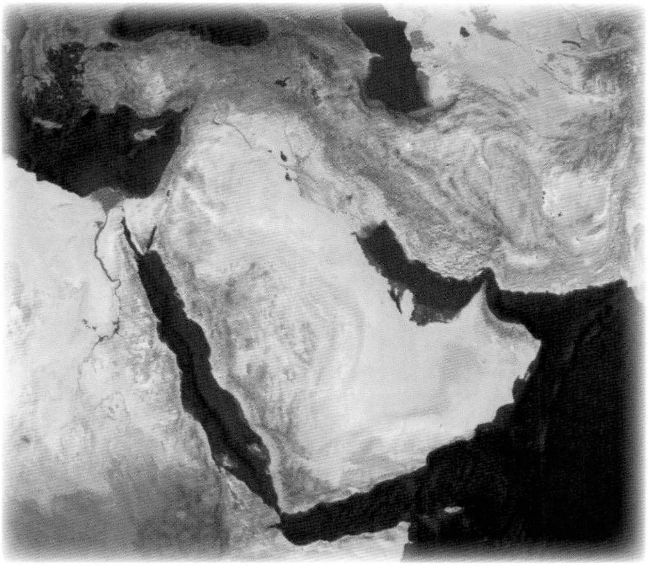
خَريطة شبه الجَزيرة العَربيّة

دمشق

أقلعَت الطائرة في موعدها وكانت الرحلة قصيرة إلى سوريا. هبطَت الطائرة في مطار دمشق الدُوَلِيّ بعد ساعتين تقريباً. توجّهنا إلى مركز الجوازات حيث ختم الموظَّف جوازاتَنا. خرجنا من مبنى المطار وركِبنا سيّارة أجرة إلى فندق «بِلال»، إذ حصلنا على اسمه من صديقة لنا زارَت دمشق منذ شهور. لكن لم يكن هناك غرفة شاغرة، لذلك ذهبنا إلى فندق آخر قريب من سوق الحَميدية أيضاً. استأجرنا غرفة واحدة بثلاثة أَسِرّة. كان في الغرفة مغسلة، لكن الحمّام كان خارج الغرفة، وقد كان والحمد لله نظيفاً معظم الوقت.

تحدّثنا مع مدير الفندق وكان شاباً لطيفاً. أخبرَنا أنّ دمشق أقدم مدينة في العالم سُكِنَت دون انقطاع. وقال إن المخطوطات الّتي اكتُشِفَت في إبلا تدُلّ على أن «دامسكي» كانت مدينة ذات اقتصاد قويّ في الألف الثالث قبل الميلاد. وفي الكتابات المصريّة القديمة عرفها المصريون القدماء باسم «دمشقا». وفي منتصف الألف الثاني قبل الميلاد صارت عاصمة المملكة الآراميّة «دار ميسيق» أي الدار المَسقِية. والآراميون هم سُكّان سوريا الأصليّون وكانوا يتكلّمون اللغة السريانيّة. ولا يزال سكّان ثلاث قرى في الجبال القريبة من دمشق يتكلّمون السِريانيّة إلى اليوم، وهي مَعْلولا وجَبَعْدين ونَجعا.

في اليوم الثاني ذهبنا إلى الجامع الأموي. قبل أن ندخل المسجِد كان علينا أن نخلَع أحذيتنا. تجوّلنا في المسجِد دون أحذيَة وكان منظره جميلاً جداً. لكن كان هناك أعداد كبيرة من الحمام لذلك كان علينا أن نعرف أين نضع أقدامنا.

بعد ذلك تجوّلنا في سوق الحَميدية القريبة من الجامع، ثمّ ذهبنا إلى قصر العَظْم، وهو مُتحَف التقاليد الشعبيّة. المُتحَف موجود في دار دِمشقيّة قديمة كانت دار والي دمشق أسعد باشا العَظْم أيّام الحُكم العُثمانيّ منذ حوالي ٢٩٠ عاماً. يُصوّر المُتحَف الحياة الدمشقيّة في ذلك الوقت، وكلّ غرفة فيه تُمثّل صورة من صُوَرها: ففي إحدى الغُرَف رأينا كيف كانوا يحضِّرون العروس للعُرس، بما في ذلك ثوب العُرس والحذاء الخشبي الخاص وأدوات التجميل. وفي حجرة أخرى شاهدنا أدوات الطبخ والأواني المستعملة في ذلك الزمن.

إحدى غُرف قَصر العظم

ثمّ دخلنا غرفة تحكي قصّة المقهى الشعبيّ، حيث يوجَد «الحَكَواتي» الّذي يقرأ كلّ ليلة جُزْءاً من حكاية طويلة كَسيرة «عَنتَرَة» وسيرة «أبو زَيد الهِلالي» وسيرة «الظاهِر بَيْبَرْس». وكان في المقهى شاشة يظهر خلفها دُمى صغيرة تُمثِّل قصّة، ويُسمّى هذا التمثيل «خيال الظِلّ». كان هناك أيضاً تِمثالان لرجلين يلعبان «السيجة» وهي لعبة شعبيّة انقرضَت الآن. وفي مكان آخَر شاهدنا حبّة قمح نُقِشَت عليها سورة «الفاتِحة» من القرآن الكريم.

في المساء ذهبنا إلى فندق الميريديان حيث تناولنا القهوة الفرنسيّة مع الـ«كرواسان». اشترينا من الفندق قُمصاناً قطنيّة وكلّف الواحد ٢٥٠ ليرة سوريّة (الدولار الواحد يساوي ٤٧ ليرة تقريباً).

في صباح اليوم التالي توجّهنا إلى مُتحَف دمشق الوَطَنيّ وهو من أحسن المتاحف العربية حيث توجَد فيه آثار سوريّة وإغريقيّة ورومانيّة وعربيّة إسلاميّة. شاهدنا دِرع صلاح الدين الأيوبيّ المصنوعة من زَرْد الحديد. أمّا الشيء الّذي أعجبني جدّاً فكان رَقيماً فَخّاريّاً صغيراً بحجم الإصبع نُقِشَت عليه أوّل أبجديّة في العالم. وقد عُثِرَ على هذا الرَقيم في «رأس شَمْرة» في شمال سوريا حيث كانت مملكة أوغاريت.

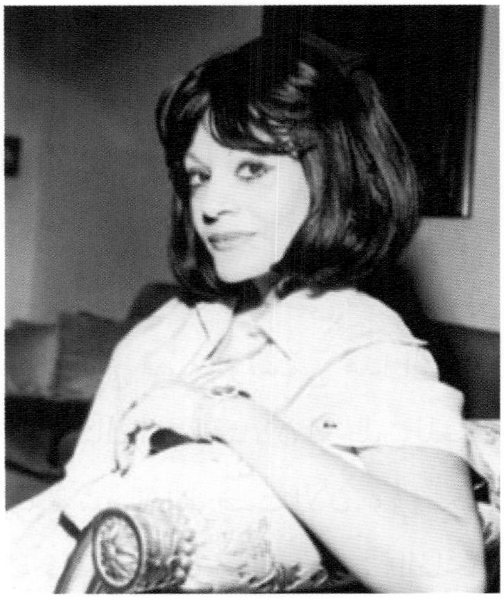

عُدنا إلى الفندق ووجدتُ أنّ مدير الفندق قد أحضر لي كتاباً وهو قصّة للكاتبة السورية غادة السمّان وقدّمه لي هدية. وقد كنتُ أخبرتُه أني أريد قِصصاً لها وللكاتب الفلسطينيّ غسّان كنفاني لأني لم أعثر على هذه الكتب في القاهرة. اشتريت من دمشق أيضاً شريطين للمغنّي اللبنانيّ مارسيل خليفة لم أجدهما في القاهرة.»

الكاتِبة الشَهيرة غادة السمّان

تمرين ٤

للمحادثة: احكِ قصّة لزميلك عن رحلة قُمت بها إلى بلد آخر أو ولاية أخرى. حاول أن تحكي هذه القصّة بالتفصيل من أوّلها إلى آخرها قدر ما تستطيع. قد تساعدك الأسئلة الآتية في القيام بالحوار:

١- كيف سافرت إلى هناك؟
٢- متى وصلت ومع مَن؟
٣- ماذا فعلت في ذلك المكان؟
٤- ما الأماكن الّتي زرتها؟
٥- ماذا رأيت هناك؟

تمرين ٥

أجِب عن الأسئلة الآتية وَفق نَصّ القراءة:

١- ما الفكرة الرئيسة في نص القراءة؟
٢- حدِّد بعض الأفكار الثانوية.
٣- اكتب عنواناً آخر للدرس.
٤- كم تكلّف سيّارة الأجرة من القاهرة إلى المطار؟
٥- صِف الغرفة الّتي حصل عليها مايكل.
٦- لماذا ذهب مايكل وأصدقاؤه إلى فندق بِلال أوّلاً؟
٧- أين تُحكى اللغة السريانيّة هذه الأيّام؟
٨- أين أقيم مُتحف التَقاليد الشعبية؟
٩- ماذا يُصوِّر مُتحف التقاليد الشعبيّة؟
١٠- ما الّذي أعجب مايكل في مُتحف دمشق الوطنيّ؟

تمرين ٦

للكِتابة: اكتُب فِقرة عن المواضيع الآتية لا تقلّ عن خمسين كلمة. لا تنسَ ذكر أهمية كلٍّ منها من حيث التاريخ والتراث:

١- سوق الحميدية   ٢- الحَكَواتي   ٣- رأس الشَمْرة

تمرين ٧

اكتُب «خطأ» أو «صواب» إلى جانِب كلّ جملة ثمّ صحِّح الجُمل الخطأ:

١- نزل مايكل براون في فندق بِلال بدمشق.

٢- استأجر مايكل غرفة مع حمّام في الفندق.

٣- دمشق أقدم مدينة في العالم.

٤- أسعد باشا العَظْم والي دمشق في الوقت الحاضر.

٥- شاهد مايكل عمليّة تحضير العروس في مُتحف دمشق الوَطَنيّ.

٦- رأى مايكل أوّل أبجديّة في العالم في رأس شَمْرة.

٧- أراد مايكل أن يحصل على كتب للكاتبة السورية غادة السمان والكاتب الفلسطينيّ غسّان كَنَفاني.

تمرين ٨

أكمِل الجُمل الآتية بالاختيار المناسِب وَفق نصّ القراءة:

١- سافَر مايكل براون إلى سوريةَ ______________ .

☐ وحده ☐ مع صديق ☐ مع صديقين ☐ مع ثلاثة أصدقاء

٢- حصل مايكل على ______________ دخول قبل سفره.

☐ تأشيرة ☐ جواز ☐ تذكرة ☐ بطاقة

٣- كان على مايكل أن يخلع حذاءه في ______________ .

☐ المطار ☐ الزقاق ☐ السوق ☐ المسجِد

٤- توجَد آثار إغريقيّة في ______________ .

☐ مُتحف التقاليد الشعبيّة ☐ مُتحف دمشق الوَطَنيّ

☐ مسجِد بني أميّة ☐ سوق الحميديّة

سوق البزورية في دمشق

تمرين ٩

أعِد تَرتيب الكَلِمات في كُلّ مَجموعة لتُشكّل جُملاً مُفيدةً:

١- في أدوات القديمة شاهدنا التجميل المُتحف
٢- ركبت فيه إلى السيّارة الّذي الحي أسكن
٣- العالم أوّل شَمْرة في في أبجديّة اكتُشِفَتْ رأس

تمرين ١٠

أعِد تَرتيب الجُمل لتُشكّل فِقرة كامِلة. الجملة الأولى في مكانها المناسِب:

١- أراد أسامة وزوجته كريمة السفر من القاهرة إلى بيروت من أجل عطلة الصيف.
سمعا إعلاناً من السمّاعات عن إقلاع طائرتهما.
بعد وزن حقائبهما توجّها إلى مركز الجوازات.
جلست كريمة في مقعد إلى جانب الشبّاك وجلس نديم إلى يسارها.
وصل أسامة وكريمة إلى المطار قبل موعد إقلاع الطائرة بساعتين.
عند انتهائهما من الجوازات جلسا في قاعة الانتظار أمام البوابة رقم ١٨.
كان معهما أربع حقائب.
صعِد الركّاب إلى الطائرة قبل نصف ساعة من موعد إقلاعها.
توجّها أوّلاً إلى مكان وزن الحقائب.
قال الإعلان: "الرجاء من حضرات الركّاب التوجّه إلى البوابة رقم ١٨".

تمرين ١١

للكِتابة: اكتُب عن زيارةٍ قمت بها إلى مُتحف وصِف المعروضات الموجودة فيه بحوالي مئة كلمة.

القَواعِد

١- شِبه الجُملة الّتي فيها ما

وَرد في نَصّ القِراءة الرئيس شِبه جُملتين فيهما ما المَوصولة الّتي من الأسماء المَوصولة العامة الدالّة على (that) أو (what) أو (which):

١	حَصَلَ على ما تَمَنّى	*He got what he wished for.*

هذه الأداة مُفيدة جِدّاً إذا أردت أن تُشير إلى شيء عام غير مُحدَّد. جَدير بالذِكر أنّ ما المَوصولة تأتي في التَعبير الشائع بِما في ذلك الّذي يَدُلّ على (including).

٢	بِما في ذلِكَ ثَوبُ العُرس	*including the wedding gown*

> **مُلاحَظة**
>
> لا يَتغيّر التَعبير بِما في ذلِك مَهما جاء بعده من الكَلام.

هُناك عِبارة أخرى ذات فائدة كبيرة وهي: بِما أنّ (since) أو (because).

٣	أنتَ لا تَحتاجُ إلى تأشيرةِ دُخول إلى ألمانيا بِما أنّكَ أمريكيّ.	*You do not need an entry visa for Germany, since you are an American.*

يُستعمَل التَعبير بِما أنَّ في بِداية حجة (argument)، وفي هذا السياق، يَتغيّر المَعنى إلى (being that):

٤	بِما أنّني لَمْ أفْهَمْ ما حَدَثَ هُنا فَلا أريدُ أن أتَوَرَّطَ فيه.	*Being that I didn't understand what happened here, I don't want to get embroiled in it.*

تمرين ١٢

حَوِّل الجُمل الآتية إلى العَربيّة مُستخدِماً ما المَوصولة في كُلّ منها:

1. I study Islamic studies including the Qur'an and the Hadith.
2. Since Damascus is one of the oldest cities, it has relics from different civilizations in it.
3. You will need a car since you live far from campus.
4. I like what you wrote.
5. Have you noticed what I noticed?

٢- التلازُم اللَفظيّ في بَعض الأفعال المُعيّنة مع الجَارّ والمَجرور

يُوجَد بَعض الأفعال الّتي تأتي معها حُروف جَرّ مُعيَّنة وهي تؤثِّر على مَعنى الكَلمة الأصليّ، على سَبيل المِثال، حَصَلَ بِمَعنى حَدَث أو جَرى، بينما حَصَلَ + على = أدرك أو نال. لِذلك، يَجب علينا نحن مُتكلّمو اللُغة العربيّة أن نَعرف الأفعال الّتي تأتي معها حُروف الجَرّ والتَغيّرات المُترتّب عليها في المَعنى. إليك جَدولاً إلى الأسفل نَذكُر فيه بعض الأفعال الّتي يَتلازم معها حُروف جَرّ مُعيّنة.

الفِعْل	حَرْفُ الجَرّ	المَعنى
حَصَلَ	على (شَهادة)	*He obtained (a degree).*
وَصَلَ	إلى / مِن (المَطار)	*He arrived at/from (the airport).*
دَفَعَ	لِـ (لي ليرةً)	*He paid (me a lira).*
ذَهَبَ	إلى (السوق)	*He went to (the marketplace).*
عادَ	إلى (مَنزِله)	*He returned to (his house).*
قَدَّمَ	لِـ (لي شَراباً)	*He offered (me a drink).*
سافَرَ	إلى (حَلَب)	*He traveled to (Aleppo).*
أحْضَرَ	لِـ (لي شَيْئاً)	*He brought (me something).*
تَحَدَّثَ	مَعَ (مَعي)	*He spoke with (me).*
قالَ	لِـ (لي)	*He told (me).*
عَثَرَ	عَلى (مِفتاح)	*He found (a key).*
نَزَلَ	بِـ / في (الفُندُق)	*He stayed at/in (the hotel).*
اِستَولى	عَلى (عَليها)	*He seized (it).*
اِلتَقى	بِـ (صَديقِه)	*He met with (his friend).*
جَلَسَ	إلى (مائِدة)	*He sat at (a table).*

تمرين ١٣

آ- اِختر حَرف الجَرّ الصَحيح من الكَلِمات في المُربَعات حَسَب الفِعل والسياق:

على	إلى	مِن	لِـ	مع	بِـ	في

١ - هل يُمْكِنُكِ إِحْضار الكتاب ______ ريم؟

٢- لقد سافرت هالة بستاني ______ لبنان.

٣- بعد أن دخلَت الحانوت، جلسَت البنات ______ المائدة (الطاولة).

٤- قَد أَلْتقي ______ رامي أمام المكتبة الرئيسة.

٥ - قبل أن يعود ______ بيته، نزل فريد ______ فندق فخم.

٦- استولى الجيش ______ الحكم (السلطة).

٧ - هل دفعتَ ______ زينب ثمن الحقيبة؟

٨ - متى وصلتِ ______ هذه المدينة؟

٩ - تريد أن تحصلَ ______ شهادة من هذه الجامعة؟

١٠ - كنتُ أريد أن أتكلم ______ المدير.

ب- حَوِّل الجُمل الآتية إلى اللُغة العَربيّة مُستخدِماً حَرف الجَرّ الصَحيح في كُلّ منها:

1. I arrived from London on Saturday.
2. She stayed at her mother's house.
3. I saw him sitting at that table.
4. هالة, did you talk to your husband about buying a watch?
5. What did those men say to you?
6. When did you return home last night, سارة?
7. Did you pay the man?
8. I want to get a car.

مُراجعة القَواعِد

١- التَعبير عن السَبب مُستخدماً لـ / كَيْ / حَتّى

إذا وددت أن تُعبّر عن مَعنى (in order to) + فِعل، تَستطيع اِستِعمال لـ / كَيْ / حَتّى. الفِعل الّذي يلي حَرفاً من هذه الحُروف الثلاثة، يَجِب أن يَكون في المُضارع المَنصوب مِثل التَركيب الإنكليزيّ (in order to verb).

> **مُلاحَظة**
>
> - لِكُلّ الحُروف لِـ / كَيْ / حَتّى نَفس المَعنى والدَلالة أي *in order to*
> - الفِعل الّذي يأتي بعدها مُضارِع مَنصوب

١	أتى عَدنانُ إلى أمريكا لِيَدرُسَ / حَتّى يَدرُسَ / كَيْ يَدرُسَ عِلمَ الحاسوب.	*Adnan came to America in order to study computer science.*

الحَرف لِـ هو الوحيد بين هذه الحُروف الثلاثة الّذي يلحق بمَصدر. وحين نستخدِمه بهذه الطَريقة، نَعتبره حَرف جَرّ، لكن لَه نَفس المَعنى:

٢	أتى عَدنانُ إلى أمريكا لِدِراسةِ عِلْمِ الحاسوب.	*Adnan came to American in order to study computer science.*

٢- اسم الفِعل

في هذا الباب، نُقدّم نوعَين من اسم الفِعل ١- المُفرَدات أفٍّ وشَتّان و٢- الجارّان والمَجروران إليك وعليك.

١	أفٍّ مِن الدُنيا بِدونَك.	*I couldn't stand life without you.*
	شَتّانَ ما بَيْنَ اليَوْمَ والأمسِ!	*What a difference between today and yesterday!*

نَزيد ضَميراً مُتصلّاً على جار « مِثل إلى أو على» حين نودّ أن نَصوغ اسم الفِعل:

٢	إليكَ رِسالةً مِني.	*Here's a letter from me.*
	عَليكَ أنْ تكونَ في الساعةِ الواحِدةِ بالمَطار.	*You need to be at the airport at one o'clock.*

تمرين ١٤

حَوِّل الجُمل الآتية إلى العَربيّة مُستخدِماً حَتّى / لـ / كَي أو اسم الفِعل في كُلّ منها:

1. I have to wash the car on Saturday;
2. هالة bought a book to read about American history.
3. We have to be home at eight in order to watch our favorite television show.
4. Who is going to bring the fruit?

تَذوّق الثَقافَة العَرَبيَّة

الأقوال الإسلاميّة عِند ذكر نَبيّ من الأنبياء

تَقليدياً، يقول المُسلم عِبارة عِند ذكر نَبيّ من الأنبياء كِتابةً وحَديثاً. على سَبيل المِثال، بعد ذكر النَبيّ مُحمد أهم نَبيّ في الإسلام وخاتم الأنبياء، يقول:

صلّى اللهُ عليهِ وسلّم

أمّا بالنسبة إلى بعض الأنبياء الأخرين بما فيهم آدم ونوح وإبراهيم وعيسى، فَلَهُم قول آخر عند ذكر اسمهم ألا وهو:

عليهِ السَلام

في الواقِع، هذان القولان دُعاء لله بأن يسلم النَبيّ المَذكور من كل مَكروه.

دَوْر المقهى الاجتماعيّ

قبل ظُهور الإذاعة أو التِلفاز أو دار السينما، كان يَتجمّع الرِجال في العِراق وسوريا ومِصر وغيرها من الوَطن العَربيّ في المَقهى. وكانت تُقدَّم في هذه الأماكن مَشروبات مِثل القَهوة والشاي وشاي الزُهورات. كان يَتردّد الرِجال العامِلون على المَقهى بعد غُروب الشَمس، بينما كان يَقضي العاطِل عن العَمل مُعظم نَهاره في لعب الشَدّة أو طاولة الزهر أو الدومينو. وفي المساء، كان يَجذِب الحَكواتي وخيال الظِل العَديد من الرِجال إلى المَقهى، وإلى الأسفل، نُقدّم هاتين التسليتَين المُهمتَين.

الحَكَواتي

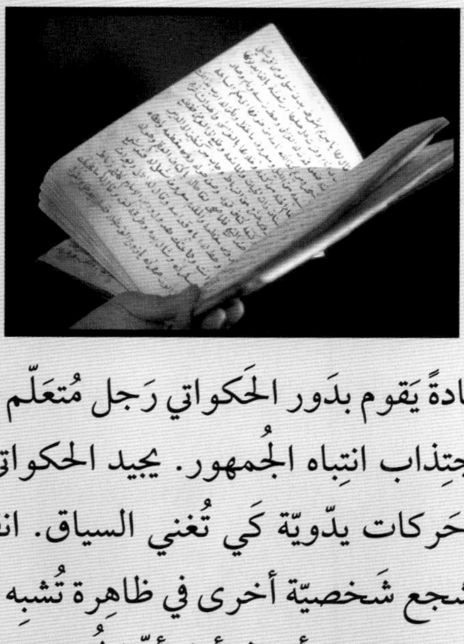

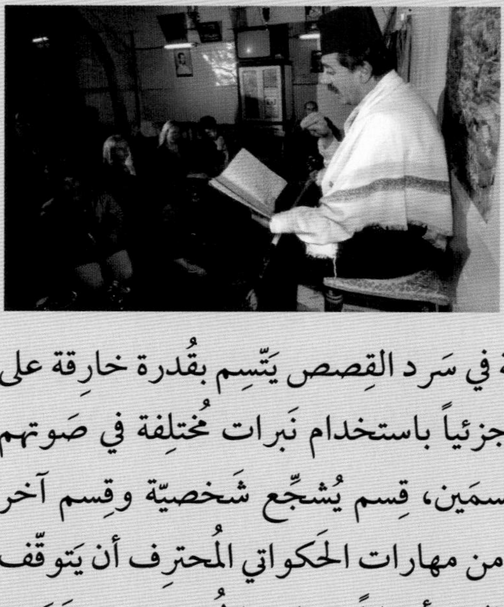

عادةً يَقوم بدَور الحَكواتي رَجل مُتعَلّم ذو مَهارة وبَراعة في سَرد القِصص يَتّسِم بقُدرة خارِقة على اجتِذاب انتِباه الجُمهور. يجيد الحكواتي رواية القصة جزئياً باستخدام نَبرات مُختلِفة في صَوتهم وحَركات يدّويّة كَي تُغني السياق. انقسم الجُمهور قِسمَين، قِسم يُشجّع شَخصيّة وقِسم آخر يُشجع شَخصيّة أخرى في ظاهِرة تُشبِه مُباراة كُرة قَدَم. من مهارات الحَكواتي المُحترِف أن يَتوقّف عِند مَوقف متأزم في أمل أنّ الجُمهور يرجِع في الليلة التالية. أحياناً، تشاجر الجُمهور حين تَنتَصر شَخصيّة على أخرى، وفي هذه الحالة، كان على الحَكواتي أن يَرتجِل ويُوازن بين انتصارات كلا الجانِبين.

خيال الظِلّ

كَما تَرى في الصورتَين أعلاه أنّ هذه الدُمى مؤلّفة من أجزاء مُتعدّدة وهي اليدّ والرِجل والجِسم والرأس وكُلّها مُرتبطة بعصا طويلة يُحرّكها فنّان مُحترف يُعرف باسم «مخايلي» وهو يَقف وراء سِتار من القُماش الأبيض. تُصنع الدُمى من جِلد الجَمل الرَقيق الشفّاف (translucent) المُجفّف. يُسلّط الضوء على القُماش الأبيض من الوراء ممّا يَجعل ظِل الدُمى يُبرز لِلجُمهور ومن طَرفه يرى ما يَبدو لَه كأنّه من الرسوم المُتحركة المُعاصِرة. لا يَقتصِر هذا النَوع من الفَنّ على الوَطن العَربي، بَل عرفتها مناطق أخرى من العالم مثل الصَين والهند وأندونيسيا قبل ظُهوره في تركيا وسوريا ومصر. تمّ تَقديمه إلى الوَطن العَربيّ مُنذ حوالي ٧٠٠ عام وانتشرَت شَعبيّته بِسُرعة. لقد أُلِّفت مَسرحيات عَديدة خاصّة به سواء أكانت فُكاهية أم جادّة. وكان المَقهى بين الأماكن حَيث كانت تمثيلياته تُعرض غير أنّها عُرضَت في ساحة المَدينة وحتّى في البَيت أحياناً.

يُعرف خيال الظِلّ بأسماء أخرى بما فيها خيال الطَيف وشُخوص الخيال وظِلّ الخيال لأنّه يُمثّل لِلجُمهور عالماً خيالياً يَدخُل فيه عن طَريق هذه الشُخوص والحكايات المُتعلّقة بها. لقد تَضمّنت هذه التَمثيليات قِصص مُعقّدة وموسيقا وحتّى أغاني. قاد كُلّ الفنّانين رئيسُ الخيال الّذي ساوت مَعرفته بعَدد التَمثيليات عَدد ليالي شَهر رَمضان على الأقلّ في الوَقت الّذي كان من المعتاد لكثير من الأشخاص حُضور تَمثيليّات خيال الظِلّ.

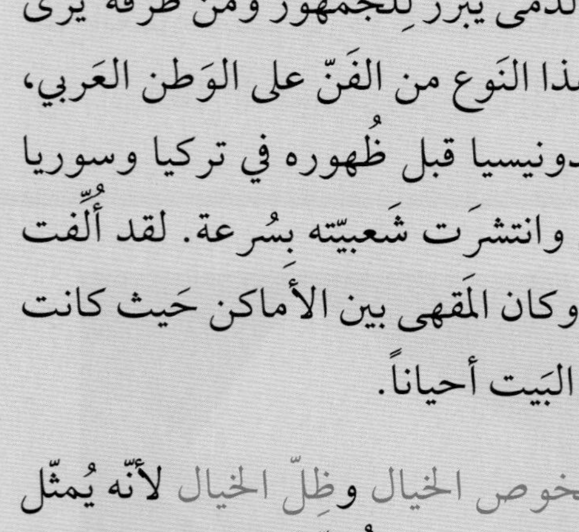

أحمد الخومي: رئيس الخيال

دَوْر المرأة العربية تاريخياً

قد تَتسأل ماذا فعلَت المرأة حين ذهب الرجُل إلى المَقهى. عبر القُرون، وحتّى أيّام الحَرب العالميّة الأولى، كانت مُعظَم النساء ربات بُيوت تَقليديات. عُموماً في المناطق المُتحضّرة، كان من المُتوقّع من المرأة العربيّة أن تَخرج من البَيت فقط لزيارة الحمّام العامّ حوالي مرّة بالأسبوع أو للقيام ببَعض الأمور الضُروريّة. ومع ذلك، فقد تَجمّعت القريبات والجارات كثيراً وساعدن بعضهن بعضاً في تَحضير أطباق طعام في غاية التَعقيد وتَحضير الطبخ للمناسبات الخاصة مِثل الزَفاف والوِلادة والوفاه وغير ذلك. وفي المساء، حكت الأمهات إلى صِغارهن حكايات تُراثية تَقليديّة اِنتقلَت شفهياً من الأم إلى أولادها، ومع مرور الزمن تكاد تسردها حَرفياً. كانت المرأة تَلعب ألعاباً مثل «برجيس» الّذي كان ولايزال أكثر لُعبة شعبية بين النساء. غير أنّه ليس من الغَريب هذه الأيام أن تَجد المرأة العربيّة تَجلس جنباً إلى جنب مع الرجُل في المَقهى في الوطن العربيّ كما تَرى في الصورتَين أعلاه.

مَقهى النوفرة في دمشق من أشهر المقاهي القَديمة في العالم العربيّ

تمرين ١٥

آ- **أجِب عن الأسئلة وفق نصّ الاستماع:**

١- ما الفكرة الرئيسة في نص الاستماع؟
٢- حدِّد بعض الأفكار الثانوية في النص.
٣- مِن أيِّ بلد كارول وأصدقاؤها؟
٤- كيف وصلوا إلى عمّان؟
٥- أين شاهدوا النواعير؟

ب- **أكمل الجمل التالية بالاختيار المناسب وفق نص الاستماع:**

١- بقِيَت كارول في دمشق ______________ .
☐ أسبوعاً ☐ ستّة أيّام ☐ عشرةَ أيّام ☐ شهراً

٢- تقع البتراء في ______________ .
☐ الشمال ☐ الجنوب ☐ الشرق ☐ الغرب

٣- شاهد الأصدقاء نهرَ العاصي في ______________.
☐ مصر ☐ الأردن ☐ سورية ☐ لبنان

٤- يقع مسجِد خالد بن الوليد في ______________ .
☐ حِمص ☐ حماة ☐ حَلَب ☐ دمشق

٥- حين وصلوا دمشقَ تَوَجَّهَ الأصدِقاءُ أوّلاً إلى ______________.
☐ المُتحف ☐ المطعم ☐ الفُندُق ☐ سوق الحميديّة

ج- **لَخِّص المُقابَلة مع زينا بحوالى خمسين كَلمة.**

د- **اكتب «خطأ» أو «صواب» إلى جانب كلّ جملة ثمّ صحِّح الجمل الخطأ:**

١- سافر الأصدقاء بالحافلة إلى البتراء.
٢- زاروا المسجِد الأمويّ بحَلَب.
٣- اشترَت كاسي عُلبةً خشبيّةً من سوق حَلَب.
٤- توقّفوا بحماة في طريق العودة.

سيرة عَنْتَرَة

أبطال التُراث الشَعبيّ وسيرتهم

في هذا الباب، نُقدّم ثلاثة أبطال التُراث الشَعبيّ للمُطالعة:

سيرة عَنْتَرَة

تَسرد سيرة عَنتَرَة مُغامرات عَنْتَرَة بن شدّاد العَبسيّ، الّذي كان بَطلاً في فتَرة ما قَبل ظُهور الإسلام. وُلِد لأب عربيّ من قَبيلة شَريفة وأم حَبشيّة أسيرة. ووفقاً لتقاليد العَصر الجاهليّ، لم يَرث عَنترة اسمه، بَل أخذ اسمَه من أمّه الأسيرة، لِذا اعتُبِر عبداً. ونَتيجةً لإحساسه بأنّه كان مَظلوماً ومُتعرّضاً للتَمييز العُنصري، صار ينظم الشِعر ومن خلاله عَبّر عن هذه الأحاسيس. كان شُجّاعاً ومُحارباً مُخيفاً وشاعِراً عَظيماً ووقع في حُبّ ابنة عمّه، غير أنّ هذا الحُبّ مُحرَّم عليه، لأنّ الزواج بين العَبد وحبيبته كان ممنوعاً. يُقال إنّ هذا الحُبّ المُحَرَّم هو الّذي ألهم عَنتَرة نظم أروع شِعره.

لقد فَقدت قبيلته كثيراً من ثُروتها حين هجمت عليها قبائل غازية، وقال لَه أبوه إنّه يُمكِن أن يَتحرّر عن طَريق مُحاربة العدوّ، لِذا حارب عَنتَرة بِشُجاعة وبسالة واستعاد لقبيلته كَثيراً مما فُقِدَت من غنائم الحَرب وبذلك أصبح عَنتَرة مُقاتِلاً مُحتَرَماً. وقد حظى شِعره بتَقدير عَظيم إلى دَرجة أنّه قد عُلِّق على أستار الكَعبَة في مَكة، وقد نال هذا الشَرف قلة من الشُعراء. تُسَمّى هذه القصائد «المُعَلَّقات» (hanging poems). يُقال في الحَديث الشَريف أن النَبيّ مُحمّد قد قال مرّة «ما وصف لي أعرابي قطّ فتَمنَيت أن أراه إلاّ عَنتَرة»، لكن الله أعلم.

إليك بيت من أبيات شِعره المَشهور يَتمثّل فيه فَخره ومُثله:

لا تَسْقِني ماءَ الحياةِ بذِلَّةٍ　　　　بَل فَاسْقِني بِالعِزِّ كَأسَ الحَنظَلِ

إن الشِعر العَربيّ التَقليديّ يَنقسم بَحره إلى شَطرَين مُتطابقَين (hemistichs) وتنظم عليهما أبيات (verses) الشِعر وكَما تَرى أنّ كَلمة «بَيت» هي نَفس الكَلمة الّتي تَعلّمناها في بِداية مِشوارنا في تَعلّم العَربيّة بِمَعنى «مَنزل».

سَقى (يَسقي)	*to give water*	ماء الحياة	*elixir of life*	عِزّ	*glory, power*
ذِلّة	*vileness*	حَنْظَل	*an extremely bitter plant*	بَل	*rather*

سيرة «أبو زيد الهلالي»

تُعرف لأغلبيّة العَرب كَسيرة بَني هِلال، وتَتميّز هذه المَلحمة (epic) عن غيرها من السِيَر العَربيّة من حَيث طابعها الشُمولي. تَبدأ القِصّة في نَجد (وَسط شِبه الجَزيرة العَربيّة) حَيث غزا بَنو هِلال مَكّة بُعيد استِقرار النَبيّ مُحمّد فيها في عام ٦٣٠. وبَعد ذلِك، هاجرت قبيلة بني هِلال إلى مِصر حيث استقرت في الصَعيد. وفي عام ١٠٥٢، هاجرت إلى تونس حيث استقرَّت بَعض القبائل الأخرى التابِعة لقَبيلة بَني هِلال في المَغرب. تَنقسِم هذه المَلحمة إلى خَمسة أقسام وهي تَتكلّم عن تحالف بَني هِلال وبَني سَليم وبَني رَباح الّتي قاتلت للدَفاع عن قِيَم الأمّة وشَرفها. أسوة بمُعظم الملاحم ورِوايات الانتصارات العَسكريّة وأبطال الحَرب والسَلام، يُعزّز سَرد السيرة الهَلاليّة وإعادة سَردها استِمرارية تَمجيد أيام الأمّة العظيمة.

سيرة الظاهِر بيبَرْس

وَفقاً للباحثَين الفَرنسيَين، د. غيلوم ود. بيهاس من جامَعة باريس، أن هذه المَلجمة قد تكون أطول مَلحمة في العالم إذ أنّها تَتألّف من ٣٥،٠٠٠ صفحة! التَرجمة الفَرنسيّة مَبنية على مَخطوط (manuscript) قد اكتُشِف في مَدينة حَلب في سوريا وقد تمّت تَرجمتها في عام ٢٠٠٩ من ٦٠ جزء. قد يكون لهذا العَمل أكبر تأثيراً على الأدب العالميّ والأوروبيّ من ألف ليلة وليلة. تَحكي المَلحمة قِصّة المَلك الظاهِر رُكن الدين بيبرس المَملوكيّ الّذي حارب في الحُروب الصَليبيّة في المَنصورة في مِصر وفي سوريا وأيضاً في فلسطين حيث حارب التَتار (Tatars) في فلسطين. تُوفّيَ في مَدينة دِمشق عام ١٢٧٧.

المُفْرَدات

Ebla (ancient Syrian kingdom discovered in 1976)	(n., f.)			إبْلا
one of	(n., m.)	أحَد	(n., f.)	إحْدى
Aramaic	(adj.)			آراميّ
original, authentic	(adj.)			أصْليّ
Greek	(adj.)	إغريقيّون	ج	إغْريقيّ
economy	(n., m.)			اِقْتِصاد
to discover	(v.)	اِكْتِشاف	(يَكْتَشِفُ)	اِكْتَشَفَ
Omayyad	(adj.)		أُمَيّة	أمَوِيّ
to become extinct	(v.)	اِنْقِراض	(يَنْقَرِضُ)	اِنْقَرَضَ
(entry) visa	(n., f.)		تأشيرات	تأشيرة
beatification; makeup	(n., m.)			تَجْميل
tradition, folklore	(n., m.)	تَقاليد	ج	تَقْليد
exactly	(adv.)			تَماماً
dress, costume	(n., m.)	أثْواب	ج	ثَوْب

mosque	(n., m.)	جَوامِع	ج	جامِع
weather, atmosphere, ambiance	(n., m.)	أجْواء	ج	جَوّ
passport	(n., m.)	جَوازات	ج	جَواز
alley, narrow street	(n., f.)	حارات	ج	حارة
grain	(n., f.)	حَبّات	ج	حَبّة
room, chamber	(.n., f)	حُجَرات/ حُجَر	ج	حُجْرة
volume, size	(n., m.)	أحْجام	ج	حَجْم
silk	(n., m.)			حَرير
good	(adj.)			حَسَن
story, tale, narrative	(n., f.)	حِكايات	ج	حِكاية
to rule, to sentence	(v.)	حُكْم	(يَحْكُمُ)	حَكَم
storyteller	(n., m.)	حَكَواتِيّون/ حَكَواتِيّة	ج	حَكَواتيّ
ornament, jewelry	(n., m.)	حُليّ	ج	حَلي
pigeon, dove	(n., f.)	حَمامات/ حَمام	ج	حَمامَة
around	(adv.)			حَوْل
life	(n., f.)	حَيَوات	ج	حَياة

special, private	(adj.)			خاصّ
to stamp, to seal	(v.)	خَتْم	(يَخْتِمُ)	خَتَمَ
wood, lumber	(n., m.)	أخْشاب	ج	خَشَب
wooden, of wood	(adj.)			خَشَبِيّ
to take off, to undress	(v.)	خَلْع	(يَخْلَعُ)	خَلَعَ
shadow, reflection	(n., m.)	أخِيلة	ج	خَيال
coat of mail, armor, shield	(n., m.)	دُروع	ج	دِرْع
to show, to indicate, to point out	(v.)	دَلالة	(يَدُلُّ)	دَلَّ
doll, dummy	(n., f.)	دُمىً	ج	دُمْية
inscription, tablet	(n., m.)	رُقُم	ج	رَقيم
chain main	(n., m.)	زُرود	ج	زَرَد
chain mail	(n., m.)			زَرَد الحَديد
Syriac, member of the Syrian church	(adj.)			سِريانيّ
biography, history	(n., m.)	سِيَر	ج	سيرة
young man	(n., m.)	شَباب	ج	شابٌّ
vacant, empty, unoccupied	(act. p.)			شاغِر

popular, of the people	(adj.)			شَعْبيّ
shadow, shade	(n., m.)	ظِلال	ج	ظِلّ
Ottoman	(adj.)			عُثْمانيّ
wedding, marriage	(n., m.)	أعْراس	ج	عُرْس
bride	(n., f.)	عَرائِس	ج	عَروس
groom	(n., m.)	عُرُس / عِرْسان	ج	عَروس
courtyard	(n., m.)	أفْنية	ج	فِناء
foot	(n., f.)	أقْدام	ج	قَدَم
story	(n., f.)	قِصَص	ج	قِصّة
wheat	(n., m.)			قَمْح
croissant	(n., m.)			كْرواسّان
to cost	(v.)	تَكْليف/ تكلِفة	(يُكَلِّفُ)	كَلَّفَ
gentle, kind, friendly	(adj.)	لُطفاء	ج	لَطيف
to represent, to exemplify, to act	(v.)	تَمْثيل	(يُمَثِّلُ)	مَثَّلَ
center	(n., m.)	مَراكِز	ج	مَركَز
irrigated, supplied with water	(adj.)			مَسْقيّ

café	(n., m.)	ج مَقاهٍ/ المَقاهي	مَقْهى
middle, mid	(pass. p.)		مُنْتَصَف
to descend, to land, to drop	(v.)	(يَهبُط/ يَهبِطُ) هُبوط	هَبَطَ
ruler, governor	(n., m.)	(الوالي) ج وُلاة	والٍ
national	(adj.)	وَطَنيّ	وَطَنيّ

الدَرْسُ العاشر

مَعبد بَعل في تَدمر

أهداف الدرس

- التعرّف على وَصف الأحداث التاريخيّة كِتابةً وشَفويّاً.
- وَصف أماكن وشَخصيّات تاريخيّة مُهمّة كلاماً وكِتابةً
- تَعلّم مَعلومات عن المَلِكة زَنوبيا ومَملكتها ومَدينة حَلب
- **مُراجَعة القَواعد**: البدل وكان وأخواتها، إن وأخواتها، الفعل المبني للمجهول، الإضافة الوصفية

رُكن المُفْرَدات الجَديدة

اِستَولى (يَستَولي) اِستيلاء على	*to seize*
أسير ج أسْرى	*prisoner*
إله ج آلِهة	*deity*
بَقَرة ج بَقَرات	*cow*
تَمَتَّع (يَتمَتَّعُ) تَمَتُّع بِـ	*to enjoy*
ذَكاء	*intelligence*
رَخيص	*inexpensive*
ضَرَبَ (يَضْرِبُ) ضَرْب	*to hit; to strike*
قَوْس ج أقْواس (قَوْس النَصْر)	*arch (triumphal arch)*
مِنطَقة ج مَناطِق	*region, area*
مَلِكة ج مَلِكات	*queen*
نَبيّ ج أنبِياء	*prophet*
نَخيل	*date palm*

تمرين ١

وافق بين كلمات من العمودين واكتبهما في الوسط:

١- الفُرس		تاريخ
٢- ذَهَبٌ		مَضيق
٣- آثار		قِصّة
٤- ظَنَّ		رُبّما
٥- حِكاية		حَسَن
٦- جَيِّد		إيران
٧- قَدْ + فعل مضارع		اِعتقَدَ
		فِضّة

مدينة تَدمر الأثريّة

تمرين ٢

اخترِ الكَلِمةَ الّتي لا تُناسِب باقي الكَلِماتِ في كُلِّ مَجْموعةٍ وبَيِّن السَبَب:

١- حافلة طائرة قِطار جيش

٢- مَعبَد كَنيسة مَسجِد حَرْب

٣- تَحَدَّثَ عَثَرَ تكَلَّم حكى

٤- نبيّ مَلِك إمبراطور والي

٥- مَعبَد بَعْل أعمدة عَظيمة قَلعة حَلَب إله المَطَر

مايكل براون يزور تَدمُر وحَلَب

من أثار تَدمُر

ركِبتُ وأصدقائي الحافلة إلى مدينة تدمُر الأثريّة الواقعة في وسط الصحراء السوريّة على بُعد ٢١٠ كيلومترات من دمشق. قضَينا النهار هناك بين الآثار الكثيرة الّتي تمتدّ على مِساحة ستة كيلومترات مربعة. شاهدنا مَعبَد بَعْل إله المطر والخِصْب لدى الكنعانيين الّذين سكنوا بلاد الشام في الألف الثالثة قبل الميلاد، وزُرنا قَوْس النصر والأعمدة العظيمة والمسرح والحمّامات والشارع الطويل ومجلس الشيوخ والمدافِن. في المساء عُدنا بالحافلة من حَيث أتينا.

بُنيَت تدمُر قديماً على نَبع ماء حار يُسمّى «أفقا» وفيها بساتين النَخيل والزيتون والعنب. وقد كانت تدمُر مركزاً تجاريّاً هامّاً، وتمتّعت بثراء هائل. ثمّ صارت دولة منذ القرن الثالث قبل الميلاد. في عام ٢٦٧ للميلاد هزم ملكها أُذَينة الفُرْس مرّتين ثمّ خلّص إمراطور روما من أسْر الفُرْس فسرَّ ذلك الرومان كثيراً وسمّوه «زعيم المَشرِق». لكنّ أُذَينة اغتيلَ في العام نفسِه واستلمَت زوجتُه زنوبيا الحُكم بعده وصارت ملِكةَ هذه الدولة. كانت زنوبيا جميلة الوجه طويلة القامة عظيمة الذكاء واسعة الثقافة، وكانت تتكلّم ثلاث لغات بطلاقة وهي التدمُريّة والمصريّة واليونانيّة.

أرادَت زنوبيا أن تحكُم المِنطقة كلّها، بل أرادَت أن تَستَوليَ على الإمبراطوريّة الرومانيّة وتخلع الإمبراطور أورليان فقد كان مشغولاً بحروب داخليّة وخارجيّة وظنّت أنّ الفرصة مناسبة لذلك. فاستولَت أوّلاً على سوريا جميعها في عام ٢٧٠ للميلاد ثمّ على مصر فآسيا الصُغرى (تركيا اليوم) ووصلَت جيوشها إلى مضيق البوسفور. وفي عام ٢٧١ م ضَرَبَت نقوداً عليها صورتها وصورة ابنها دون صورة إمبراطور روما. وبذلك جعلَت مملكة تدمر الصغيرة إمبراطوريّة واسعة امتدّت من مصر جنوباً إلى آسيا الصُغرى شمالاً.

آثار رومانية في مدينة تدمر

لكن أورليان إمبراطور روما لم يُعجِبْه ذلك، وما كاد ينتهي من حروبه حتّى شكّل جيشاً كبيراً واتّجه به إلى سوريا. وعند حِمْص في وسط سوريا اِلتَقى بجيش زنوبيا الأوّل وهزمه هناك، ثمّ اِتّجه إلى تدمُر وحاصرها إلى أن سقطَت عام ٢٧٤م. دخل تدمُر واعتقل زنوبيا وأخذها أسيرةً إلى روما، حيث ماتَت هناك بعد سنوات.

مايكل في حلب

سافرنا إلى حلب بالحافلة، وحلب ثانيةُ أكبرِ المُدُنِ السوريّة وتقع في شمال غرب سوريا وتبعُد عن دمشق ٣٥٠ كم. نزلنا هناك في فندق «بارون» الّذي نزلَت فيه الكاتبة البريطانيّة «أغاثا كريستي» والضابط البريطاني المُسمّى «لورنس العرب.» صار الفندق قديماً اليوم، لكننا حصلنا على غرفة جيّدة بثلاثة أسرّة وفيها حمّام أيضاً. زُرنا بعد الظُهر قَلْعة حلب وتجوّلنا في أسواق المدينة القديمة الّتي تقع حول القَلْعة.

لورنس العرب

علمتُ شيئاً عن حلب لم أكُن أعرِفه من قبل. اِلتقَينا شاباً حلبيّاً في حديقة «السبيل» وتحدّثنا معه بالعربيّة وقد أُعجِبَ كثيراً وقال: «إنكم تتكلّمونها جيّداً.» قال إنّ حلب تُعرَف باسم «حلب الشَهْباء» وهذا الاسم له حِكاية. يُقال إن النبيّ إبراهيم عليه السلام نزل بهذه المدينة وحَلَبَ بَقَرته الشَهْباء أي ذات اللون الرماديّ على الجَبَل حَيثُ تقوم قَلْعتُها اليوم، ومن هنا جاء الاسم «حلب الشَهْباء». رُبّما كان هذا صحيحاً.

قَلْعة حلب

مشيَنا مساءً في المدينة القديمة وتناولنا العشاء في مطعم شعبيّ أكلنا فيه الكباب الحلبيّ المشهور. في صباح اليوم التالي ذهبنا إلى السوق القديمة قُرب القَلْعة وكانت أحسن سوق رأيتُها حتّى الآن. كانت أحسن من سوق الحميدية بدمشق وأحسن بكثير من خان الخليلي بالقاهرة. اشترَينا مفارش طاولة وأوشحة حريريّة وحُلِيّاً من الفِضّة. كانت البضائع أحسن من البضائع في القاهرة وأرخص منها كذلك.

سوق قديمة بحلب

تمرين ٣

وافِق بين كلمات من العمودين لتشكّل عبارات تحوي مُضافاً مُضافاً إليه مثل: «جامعة دمشق»:

١-	قَلْعة		بَغْل
٢-	مَعبَد		الشام
٣-	لورَنْس		الشَهباء
٤-	فندق		الخليلي
٥-	بِلاد		حلب
٦-	خان		العرب
			بارون

تمرين ٤

اكتُب «خطأ» أو «صواب» إلى جانب كلّ جملة ثمّ صحِّح الجمل الخطأ:

١- سافر مايكل وصديقاه إلى تدمُر بالطائرة.

٢- قوس النصر في مدينة حلب.

٣- كان أذَينة زوج زنوبيا.

٤- توفّيت زنوبيا في تَدمُر.

٥- نزل مايكل في فندق «لورنس العرب».

٦- أحسن سوقٍ رآها مايكل كانت سوق خان الخليلي بالقاهرة.

جامع حَلَب الكَبير

تمرين ٥

للمحادثة: احكِ قِصّة لزميلك عن أوّل مرّة ركبت فيها طائرة. فيما يلي بعض الأسئلة الّتي قد تساعدك في ترتيب أفكارك:

١- كيف شعرت عند وصولك إلى المطار؟

٢- مَن رافقك إلى المطار؟

٣- من أيّ مدينة غادرت؟ وإلى أيّ مدينة توجهت؟

٤- لماذا استقللتَ طائرة ولم تستقلّ وسيلة أخرى من وسائل النقل؟

٥- كم استغرقتِ الرحلة؟

٦- هل تحدّثت مع أحد ركّاب الطائرة ؟ وماذا قلت له؟

والآن اشرح أحاسيسك بعد هبوط الطائرة. أين نزلت في المدينة؟ وهل حَجَزتَ غرفة في فندق قبل وصولك؟ وكم من الوقت بقيت في هذا المكان؟

تمرين ٦

أجِب عن الأسئلة الآتية وَفق نَصّ القراءة:

١- ما الفكرة الرئيسة لهذا الدرس؟
٢- حدّد بعض الأفكار الثانويّة.
٣- اكتب عنواناً آخر لهذا الدرس.
٤- كم تبعُد تدمُر عن دمشق؟
٥- ماذا فعل الأصدقاء الأربعة مساءً في حلب؟
٦- لماذا سُمّيَ أُذَينة «زعيم المَشرِق»؟
٧- كيف جعلت زنوبيا مملكتَها إمبراطوريّة؟
٨- لماذا سُمّيت حلب باسم «الشَهباء» وفق قصّة الشاب؟

تمرين ٧

أكمِل الجمل الآتية بالاختيار المناسِب وفق نصّ القراءة:

١- سافر مايكل إلى تدمُر ____________ .
☐ بالطائرة ☐ بالسيّارة ☐ بالحافلة ☐ بالقطار

٢- مَعبَد بَعْل في ____________ .
☐ دمشق ☐ تدمُر ☐ مُتحف دمشق ☐ مُتحف حلب

٣- نزل مايكل وصديقاه في فندق ____________ .
☐ بارون ☐ أغاثا كريستي ☐ لورنس العرب ☐ حلب

٤- تقع أسواق حلب القديمة حول ____________ .
☐ الشَهباء ☐ القَلْعة ☐ الفندق ☐ خان الخليلي

٥- كانت البضائع في أسواق حلب جيّدة و ____________ .
☐ غالية ☐ قديمة ☐ عظيمة ☐ رخيصة

تمرين ٨

أعِد تَرتيب الكَلمات في كلّ مَجموعة لتُشكّل جُملاً مُفيدةً:

١- أحمد يسافرَ أنّ علِمتُ لن دُبي إلى
٢- اللغة تتكلّم بطلاقة هالة الألمانيّة
٣- الذكاء زعيمة كانت عظيمة زنوبيا
٤- مِن الصين الإسلاميّة امتدّت الأندلس الدولة إلى
٥- بَعْل سورية إله القديمة يُسمّى والخِصب في كان المطر

تمرين ٩

أعِد تَرتيب الجُمل لتُشكّل فِقرة كاملة. الجُملة الأولى في مكانها المناسب:

١- أردتُ أنا وصديقاتي أن نترك المدينة لبضعة أيّام لنستمتع بجو الريف.
غادرنا دمشق في الساعة السابعة صباحاً.
قضينا خمسة أيّام هناك عُدنا بعدها إلى دمشق.
لذلك قرّرنا أن نستأجر حافلة صغيرة مع سائقها تَقِلُّنا إلى الكفرون.
توقّفنا مرّتين في الطريق ووصلنا الكفرون مساء.
استأجرنا داراً كبيرة فيها أربع غرف نوم.
لقد استمتعنا جدّاً بهذه الرحلة، واتّفقنا أن نكرّرها مرّة أخرى.
والكفرون بلدة صغيرة جملية تقع في الجبال في غرب سورية الأوسط.
قَضينا أيّامنا هناك في زيارة الأماكن الجميلة والمطاعم في الجبال.

تمرين ١٠

للمحادثة: فكّر في وَصف لِشَخص تاريخيّ بارِز مشهور، ثمّ رتّب أفكارك فيه ترتيباً زَمَنيّاً. لا تذكر اسمه أو اسمها، بل صِفْ الشخصية المختارة لزميلك أو لأستاذك بالتَفاصيل واطلُب منهم أن يحزروا اسمها.

تمرين ١١

للكتابة:

١- اكتب تاريخاً مختصراً للبلد الّذي تعيش فيه بما لا يزيد عن ٢٥٠ كلمة. اذكر متى بدأ والدولة أو الدول الّتي تتالت عليه والأحداث الهامّة الّتي مرّ بها وغير ذلك.

٢- اشرح كيف تولدُ الدُوَلُ وتكْبر ثم تموت. أعط مثالاً عن دولة تعرفها مرّت بهذه المراحل من التاريخ.

مُراجَعة القَواعِد

١- البَدَل

حين نَستخدم لَقباً دالاً على نَفس المَعنى والمَقصود تماماً، فَهذا ما نَعتبِره «البَدَل»، على سَبيل المِثال:

١	باريس مدينة النور.	*Paris, the city of lights.*
٢	نيويورك التفاحة الكبيرة.	*New York, the Big Apple.*

نفهم من مثال ١ أنَ كَلمة باريس ومدينة النور تَدُلان على نَفس المدينة كَما في مِثال ٢ إذ أنّ نيويورك والتفاحة الكبيرة تَدُلان على نَفس المَكان. دَعنا الآن نُلقي نَظرة على جملة وَرَدَت في النَصّ الرئيس:

٣	لكِنَّ أورليانَ إمبراطورَ روما لم يُعجِبْه ذلِكَ.	*But that did not please Aurelian, Emperor of Rome.*

إن كلمة إمبراطور تَدُلّ على مَنصب أورليان وتوضِح المَقصود ومن حيث القواعد إمبراطورَ منصوبة لأنّها بَدَل مِن أورليان (المُبدَل مِنه) الّذي هو مُبتدأ «لكِنَّ» وبالتالي في حالة النَصب. لِلبَدَلُ نَفس حالة (case) المُبدَلِ منه، فإنْ كان مرفوعاً يكون مرفوعاً مثله، وإنْ كان منصوباً يكون منصوباً مثله وإنْ كان مجروراً يكون مجروراً مثله.

حَلب القَديمة

٢- كان وأخواتُها

«كان» فِعلٌ ماضٍ يدخل على الجُملة الاسميّةِ فيَرفَعُ الاسمَ وينصبُ الخَبَرَ. هيّا الآن نتأمّل جُملة اسميّة وأخرى فيها «كان»:

١	قَلْعةُ حَلَبَ هامّةٌ. ⇦ كانَتْ قَلعَةُ حَلَبَ هامّةً.

ماذا لاحظتَ في مِثال ١؟ نرى في مِثال ١ أنّ قَلْعةُ حَلَبَ لا تَتَغيّر من حيث الإعراب أمّا هامّة فتحوّلت من حالة الرفع بِضمّة (هامّةٌ) إلى حالة النصب بفَتحة (هامّةً) بسَببِ دخول كانَتْ على هذه الجملة.

> **مُلاحَظة**
>
> كانَ وأخواتها (أي كانَ، أصبَحَ، أضْحى، أمْسى، باتَ، صارَ، ظَلَّ) تَتَصَرَّفُ في الماضي والمضارع والأمْر أمّا لَيْسَ فلا تتصرّف إلاّ بالماضي، كَما تَرى في مثال ٢:

٢	أصْبَحَ / يُصْبِحُ / أصْبِحْ

٣- إنَّ وأخواتُها

تَدخُل إنَّ وأخَواتُها على الجملةِ الاسميّة فتَنصُبُ الاسم وترفَعُ الخَبَرَ. إليك أخوات إنّ في الجَدول أدناه:

إنَّ	*emphasis*
أنَّ	*emphasis*
كأنَّ	*comparison*
لكِنَّ	*contrast*
لَيْتَ	*wishing*
لَعَلَّ	*hope*

إليك مثالاً مأخوذاً من نَصّ القِراءة.

٣ آثارُ تَدْمُرَ عَظيمةٌ. ⇐ إنَّ آثارَ تَدْمُرَ عَظيمةٌ.

نَرى في مِثال ٣ حالة آثارُ تَحوّلَت من حالة الرَّفع (آثارُ) إلى حالة النصب (آثارَ) بِسَبَب دُخول إنَّ على هذه الجُملة.

٤- الفِعْلُ المَبْنيُّ لِلمَجْهول

حين يُستخَدم الفِعل المَبني لِلمَجهول يُحذف الفاعِلُ والمَفْعولُ بِهِ يُصبِحُ نائِباً لِلفاعِل كَما هو في المِثال.

٤ هَزَمَ أورليانُ جَيْشَ زَنوبيا. ⇐ هُزِمَ جَيْشُ زَنوبيا.

فِعْل — فاعِل — مَفْعول به — فِعْل مَبني للمَجهول — نائب فاعِل

نَرى في المِثال ٤ أعلاه أنّ الفِعل هَزَمَ تحوّل إلى هُزِمَ حين حُذِف أورليانُ (أي الفاعِل) من الجُملة، وجيشَ (حالة النصب) صار جَيْشُ (حالة الرفع) عِند حذف الفاعِل من الجُملة.

٥- الإضافة الوَصفيّة / اللَفظيّة

نَصوغ الإضافة الوَصفية (اللَفظيّة) إمّا من (اسم الفاعِل أو اسم المَفعول أو الصِفة المشبهة) وفي هذه الحالة الصِفة تَسبُق المَوصوف:

٥ القَلْعةُ عاليةُ الأسوار. أي: القَلعةُ أسوارُها عاليةٌ.

إضافة وصفية

هذه إضافة تصِفُ شيئاً أو شخصاً.

٦ كانت المَلِكةُ عَظيمةَ الذَكاءِ. أيْ: كانَ ذَكاؤُها عَظيماً.

إضافة وصفية

تمرين ١٢

حَوِّل الجُمَل الآتية إلى العَربيّة مُستخدِماً البَدل **أو** كانَ وأخواتها **أو** إنّ وأخواتها **أو** الفِعل المَبني لِلمَجهول **أو** الإضافة الوَصفيّة **المَوجودة في باب القَواعد في هذا الدَرس:**

1. I wish the stores were open now.
2. The castle was besieged for two months.
3. هُمام has become a doctor at the age of twenty-four.
4. Our professor is of vast knowledge.
5. رَنا studies law, her favorite subject.
6. The sky is not cloudy.

تمرين ١٣

آ- **أجِب عن الأسئلة وَفق نَصّ الاستماع:**

١- ما موضوع هذا النص؟
٢- ما اسم الكاتبة الكامل؟
٣- مَن كان عند الكاتبة ذلك المساء؟
٤- كيف علمَت الكاتبة أنَّ وِعاء الشجرة انكسر؟
٥- مَن كسر الوعاء الّذي كانَت فيه الشجرة؟
٦- ماذا فعلَت الكاتبة بالشجرة؟

ب- **أكمِل الجمل الآتية بالاختيار المناسب وفق نَصّ الاستماع:**

١- كاتبة القصّة ________________ .

☐ لبنانيّة ☐ فلسطينيّة ☐ مصريّة

٢- كانت شجرة الكاتبة ________________ .

☐ في حديقة البيت ☐ على سطح الدار ☐ في غرفة الاستقبال

٣- علمَت الكاتبة أنَّ الشجرة لا تزال حيّةً بعد ________________.

☐ يوم ☐ أسبوع ☐ شهر

٤- وضعت الكاتبة الوِعاء الجديد في ________________ .

☐ الشمس ☐ غرفة النوم ☐ الحديقة

ج- لَخِّص المُقابَلة مع زينا بحوالي خمسين كَلمة.

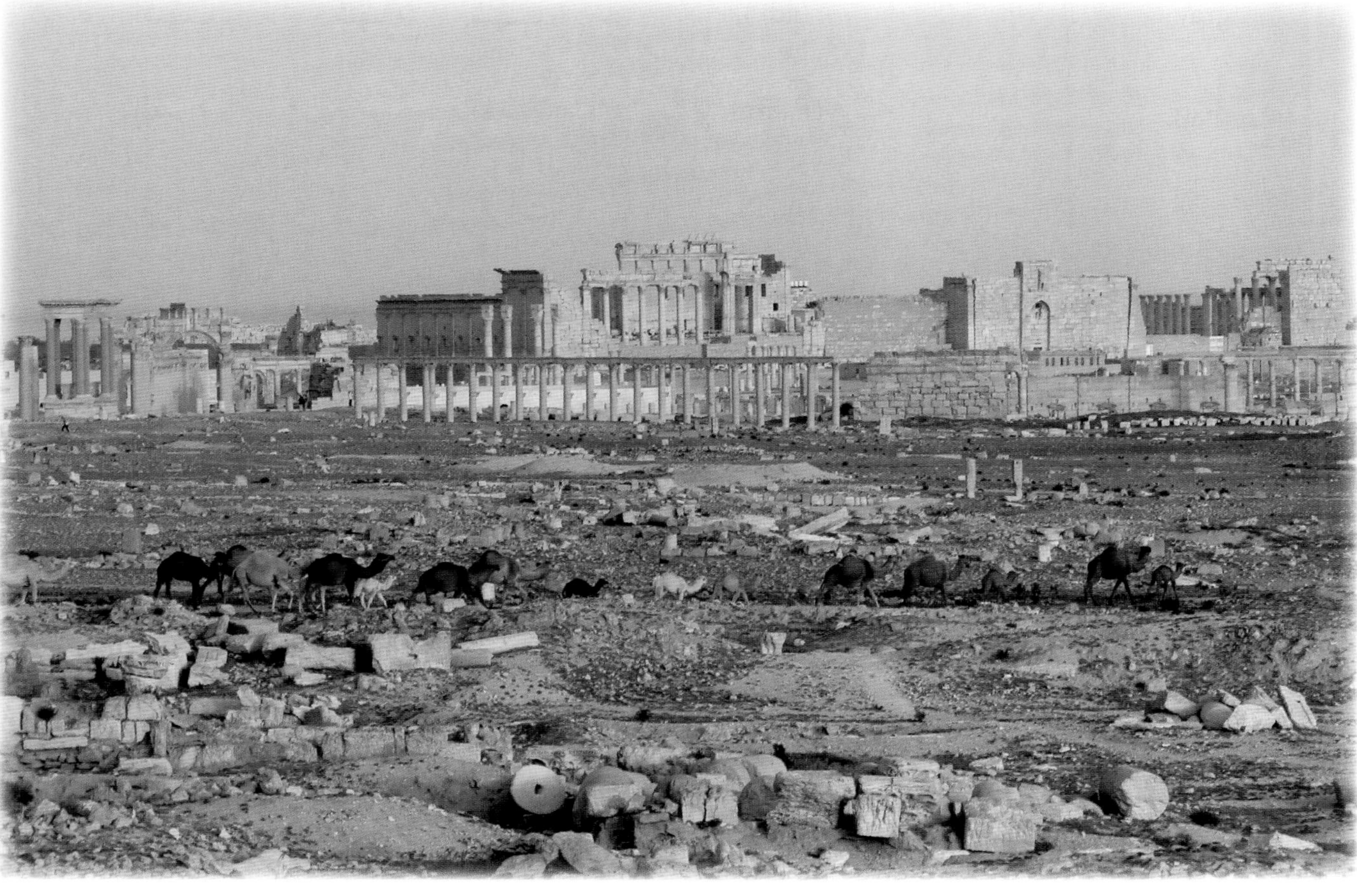

آثار مدينة تدمر

المُفْرَدات

اِستَولى	(يَستَولي)	اِستِيلاء (على)		(v.)	to seize, to capture
أسير	ج	أَسْرى		(n., m.)	prisoner (of war)
أشهَب	شَهباء	شُهْب		(adj.)	gray
إله	ج	آلِهة		(n., m.)	deity
بَقَرة	ج	بَقَرات		(n., f.)	cow
بوسفور	(مَضيق البوسفور)			(n., m.)	Bosporus (strait)
تَمَتَّعَ	(يَتَمَتَّعُ)	تَمَتُّع (بـِ)		(v.)	to enjoy
حَلَبَ	(يَحْلِبُ / يَحْلُبُ)	حَلْب		(v.)	to milk
ذَكاء				(n., m.)	intelligence, acumen
رَخيص				(adj.)	cheap, inexpensive
رَماديّ				(adj.)	ash colored
شَيْخ	ج	شُيوخ		(n., m.)	an elderly person, chief, senator, religious person
ضَرَبَ	(يَضْرِبُ)	ضَرْب		(v.)	to hit, to strike, to beat
قَوْس	ج	أَقْواس	(قوس النَصْر)	(n., m.)	bow; arch (triumphal arch)
مَضيق	ج	مَضائِق		(n., m.)	strait, narrow pass

مَلِكة	ج	مَلِكات	(n., f.)	queen
نَبْع	ج	يَنابيع	(n., m.)	spring, water source
نَبيّ	ج	أنبياء	(n., m.)	prophet
نَخيل			(n., m.)	palm, date palm

سوق قديمة في حلب

الدَرْسُ الحادي عشر

أهداف الدرس

- التعرّف على وَسائل الإعلام العَربيّة
- تَعريف كيفية التكلّم عن الأحداث والعَمليّات والحقائق
- إعادة النَظر في السَرد في الماضي
- **القَواعِد: تَعريف** واو الحال **والتَعبير** لابُدّ
- **مُراجَعة القَواعد:** كَيفيّة استخدام لَمْ وقَد وفَـ والفِعل المَبني لِلمَجهول وحَرف النَفي لا

رُكن المُفْرَدات الجَديدة

اصْطَدَمَ (يَصْطَدِمُ) اصْطِدام (بِـ)	*to collide (with)*
اعْتَقلَ (يَعْتَقِلُ) اِعْتِقال	*to arrest*
أكّدَ (يُؤكِّدُ) تأكيد	*to assure, to assert, to emphasize*
تَوَجّهَ (يَتَوَجّهُ) تَوَجُّه	*to head toward*
ثَقافة ج ثَقافات	*culture*
سَرَقَ (يَسْرِقُ) سَرِقة	*to steal*
عَمَليّة ج عَمَليّات	*procedure, process, operation*
لِص ج لُصوص	*thief*
مَرْحَلة ج مَراحِل	*stage*
نَجَحَ (يَنْجَحُ) نَجاح	*to be successful, to pass*
مُسْتَشْفى ج مُسْتَشْفَيات	*hospital*
مِهْرَجان (مَعْرِض)	*fair, festival (exhibition)*

تمرين ١

وافِق بين كُلٍّ ما يُناسِبها واكتُب الكَلِمَتين في الوسط:

١-	نِسبة		عُمر
٢-	تلميذ		يعني
٣-	وزير		جديد
٤-	أيْ		لِصّ
٥-	مُستجِدّ		مُتَوَسِّط
٦-	تعليم		طالب
٧-	سرق		مدارس
			دَولة

تمرين ٢

اختَرِ الكَلِمة الّتي لا تُناسِب باقي الكَلِمات في كُلِّ مَجْموعة وبَيِّن السَبَب:

١-	فارق	عملية	دم	تَخدير	أشعة
٢-	طبيب	مريض	عمود	عيادة	مستشفى
٣-	حادِث	تَخدير	اصطِدام	مرور	سيّارة
٤-	إطفاء	إسعاف	شُرطة	حادِث	كهرباء
٥-	إصابة	لصّ	سرق	سطا	مَسروق
٦-	صُداع	اِلتهاب	مِهرجان	حَساسية	عِلاج

أخبار من الصُحُف العربيّة

سبعة ملايينَ تلميذ يتوجّهون
إلى المدارس في الجزائر

بدأ سبعةُ ملايينَ تلميذٍ أي نحوَ رُبع سكان الجزائر، عاماً دراسياً جديداً. من بينهم ستُمئةٍ وخمسةُ آلاف (٦٠٥٠٠٠) تلميذٍ مستجدٍ في المرحلة الابتدائية، وهي مرحلة إجبارية تصل إلى ست سنوات.

غُرفةُ الصَفّ

وقال السيد وزير التعليم الجزائري إن التعليم يمتصّ ربع ميزانية الدولة. وقال إن نسبة التلاميذ تصل إلى ٨٥٪ من الأطفال الذين أعمارهم بين ست سنوات واثنتي عشرة سنة.

وتصل نسبة التعليم إلى مئة بالمئة في بعض المدن، وتقلّ نسبة تعليم البنات بقليل عن المتوسط القومي، إذ تصل نسبتهن إلى ٨٠٪ فقط.

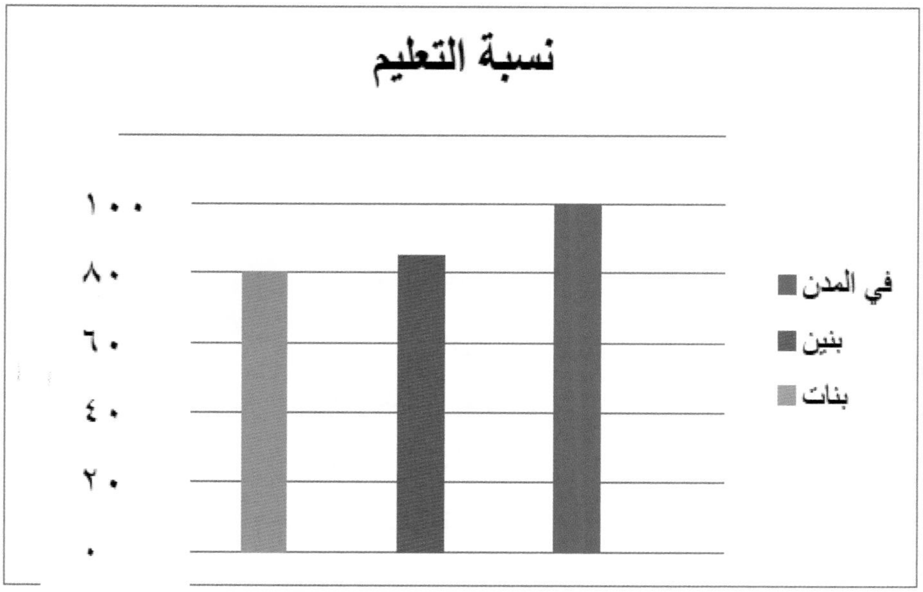

عِلاج اللَوْزتين بالليزر

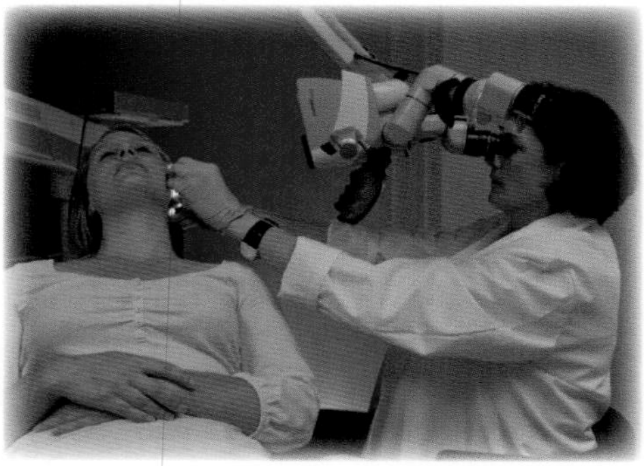
مريضة أثناء العملية

باريس. وكالات الأنباء:
توصّل طبيبان فرنسيان إلى تقنية حديثة تُمكّن من علاج اللوزتين باستعمال أشعة الليزر.

ويقول الطبيبان إنه لا بدّ من إجراء عملية تخدير في مكان اللوزتين، ثم تُسلّط أشعة الليزر خلال وقت لا يزيد عن دقيقتين على المساحة التي توجد فيها اللوزتان. لا تسبب هذه العملية سيلان قَطرة واحدة من الدم. ويحتاج العلاج بأشعة الليزر إلى ما بين أربع وثماني جلسات بفارق ١٥ يوماً على الأقلّ بين كلّ جلسة وأخرى.

ويؤكّد الطبيبان أن هذه التقنية الجديدة أُجريت على ٢٠٠ شخص وقد حقّقت نجاحاً كبيراً. إلا أن ثلاثة أشخاص من هذه المجموعة لم تنفعهم هذه التقنية.

حادث مرور

اصطدمَت صباحَ اليومِ سيارة خاصة كانت تسير على طريق المطار الدولي بسرعة كبيرة بشاحنة مُتعطّلة تقف على الجانب الأيمنَ من الطريق. بدأ الحادث بسيطاً إذ اصطدم طرف السيارة الأيمن بجانب الشاحنة، لكن السائق انحرف إلى يسار الطريق ثم إلى اليمين مرة ثانية واصطدم بعمود الكهرباء. سقط العمود على السيارة واشتعلت النار بها. هُرِع الناس لمساعدة السائق وحملوه خارجَ السيارة. وبعد دقائقَ حضرت سيارة الإطفاء ثم وصلت سيارة الإسعاف ونقلت السائق إلى المستشفى.

حادث مُرور

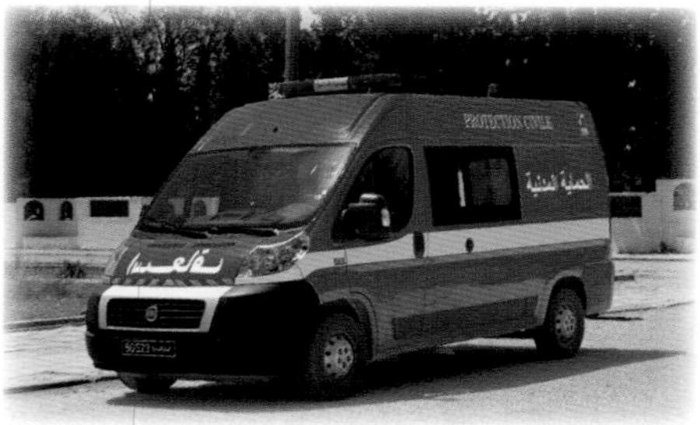
سيارة إسعاف

عملية سطو

حلي

سطا لِص ليلةَ أمس على شقة رجل وزوجته وهما في دار السينما. سرق اللِص جهاز التلفزيون وجهاز الراديو ومسجلة مع ساعتين غاليتين، كما سرق عددا من حُليّ السيدة ومبلغ ٢٢٥ دينارا كان موجودا في الخِزانة. اعتُقل اللَص بالصُدفة في الساعة السادسة من صباح اليوم، إذ كان يركب سيارة أجرة إلى خارج المدينة، وقد وقع لها حادث مرور.

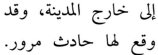

لِصّ

أصيب بالحادث سائق سيارة الأُجرة واللص إصابات شديدة. تبيّن للشرطة أن الأشياء الموجودة مع الرجل مسروقة فاتّصلوا بصاحبها وأعادوها له.

مكتبة نسائيّة في جدّة

أنشأت الجمعية النسائية أول مكتبة نسائية في جدة تضُم آلاف الكتب في جميع فنون المعرفة. تقدّم المكتبة خدماتها للقارئات بأحدث الطرق باستخدام أقراص الليزر لتقديم المعلومات.

مَعرِضُ الكتاب

نظّمت مكتبة الأسد في دمشق معرِض الكتاب السابع. شارك في المعرِض ٣١١ دارا للنشر من ١٩ دولة عربية وأجنبية. وقد بلغ عدد العناوين في المعرض اثنين وعشرين ألفا وخمسمئة عنوان (٢٢,٥٠٠) في العديد من فنون المعرفة.

معرِضُ الخط العربي

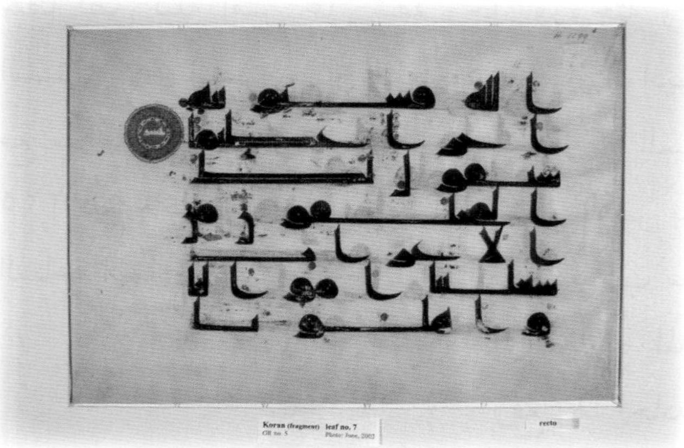

أقيم في مدينة الجزائر خلال شهر تشرين الأول الماضي معرِض للفنان رابح بو عنيفة. ضمّ المعرِض أربعين لوحة حول الخطّ العربي تصوّر جمالَ الأحرف والكلمات العربية.

مِهرجان الفنون المسرحية

أقيم في مدينة بنغازي في ليبيا المِهرجان الرابع للفنون المسرحية، وقد شارك في المهرجان عدد من الدول العربية.

تمرين ٣

أجب عن الأسئلة الآتية وفق نَصّ القِراءة:

١- ما الفكرة الرئيسة في هذا الدرس؟

٢- عدّد الأفكار الثانوية في النصوص.

٣- لخّص النص «علاج اللوزتين بالليزر» بما لا يزيد عن عشرين كلمة.

٤- اكتب عنوانا آخر للنص «عملية سطو».

تمرين ٤

أكمل الجمل الآتية بالاختيار المناسِب وفق نصّ القراءة:

١- تبلغ نسبة التلاميذ في المرحلة الابتدائية بالجزائر ______________ من الأطفال بهذه السن.

☐ ٨٠٪ ☐ ٨٥٪ ☐ ١٠٠٪

٢- تُسلّط أشعة الليزر على اللوزتين لمدة ______________.

☐ دقيقتين ☐ أقل من دقيقتين ☐ أكثر من دقيقتين

٣- يستغرق علاج اللوزتين بأشعة الليزر ______________ على الأقل.

☐ أربعة أيام ☐ ١٥ يوماً ☐ شهرين

٤- اشتعلت النار ______________.

☐ بعمود الكهرباء ☐ بالسيارة ☐ بالشاحنة

٥- سطا اللص على ______________.

☐ محل تجاريّ ☐ سيارة أجرة ☐ شقة رجل وزوجته

٦- أنشأت الجمعية النسائية أول ______________.

☐ معرض للخط العربي ☐ مهرجان للفنون المسرحية ☐ مكتبة نسائية

٧- ضمّ معرض الخط العربي ______________.

☐ ٤٠ لوحة ☐ ٦٠ لوحة ☐ ٢٠ لوحة

٨- أقيم في الجزائر معرض ______________.

☐ الكتاب العربي ☐ الخط العربي ☐ الفنون المسرحية

أحرُف مَطبعة بولاق ١٨٢٠ م.

تمرين ٥

اكتب «خطأ» أو «صواب» إلى جانب كلّ جملة ثمّ صحِّح الجمل الخطأ:

١- التعليم في الجزائر إجباري.
٢- لا يسيل دم المريض أثناء علاجه بأشعة الليزر.
٣- جميع الناس يستفيدون من العلاج بأشعة الليزر.
٤- حملت سيارة الإطفاء السائق إلى المستشفى.
٥- وقع حادث سيارة للص وجرى اعتقاله.

تمرين ٦

أجب عن الأسئلة التالية وفق نص القراءة وبحسب ما تعلم:

١- كم يكلِّف التعليم في دولة الجزائر ؟
٢- ما عدد سكان الجزائر بحسب ما جاء في النص؟
٣- لو كنت تحتاج إلى عملية في اللوزتين هل تعالجهما بأشعة الليزر؟ لماذا؟
٤- ما نسبة المرضى الّذين تنفعهم عملية الليزر؟
٥- كيف ساعد الناس سائق السيارة الّتي اصطدمت بعمود الكهرباء؟
٦- ماذا سرق اللص من الشقة؟

تمرين ٧

المُحادثة: في مَجموعات من اثنين: لقد شَهدت حادث مُرور لِلتَوّ (just). يَقوم طالب من الطالبَين بِدَور الشُرطيّ الّذي يَكتُب تقريراً والطالب الآخر يَقوم بِدَور شاهِد عيان. قد تَتكلّم عن المواضيع الآتية:

1. The time of the accident.
2. How the accident occurred.
3. Was anyone injured, how?
4. When did the ambulance arrive?
5. Were they taken to the hospital?
6. What happened at the hospital?

تمرين ٨

أعِد تَرتيب الكلمات في كُلّ مَجموعة لتُشكّل جُملاً مُفيدةً:

١- عيادتِه في يُعالج المرضى الطبيبُ

٢- ألاّ عن ١٠٠ كيلومتر يجب سرعة تزيد بالساعة السيارات

٣- متعطِّل أخي الهاتف عفواً يا هذا

٤- فهُرِعتُ سمعتُ يُدق لأفتحَهُ البابَ

٥- مِن على رِجلِها الأرضِ الطفلةُ وسال الدمُ سقطت فأصيبَت

تمرين ٩

أعِد تَرتيب الجُمل لتُشكّل فِقرة كامِلة. الجُملة الأولى في مكانها المناسِب:

١- عَلِمَ المُراسلُ الصَّحَفيّ من الشرطة أن النار قد اشتعلت في شَقّة.

بعد خروج رجال الإطفاء من الشَقّة، دخلها المراسل فوجد الجدران سوداء اللون.

وكان رجال الإطفاء يحاولون إطفاء النار بالماء.

ثم هُرِع المراسل بعد ذلك عائداً إلى صحيفته كي يكتبَ الخبر وينشره.

التقط بعض الصور للشقة من الداخل قبل أن يغادرَها.

حين وصل إلى العُنوان كانت إحدى سيارات الإطفاء تقف أمام المنزل.

وكانت مياهٌ سوداءُ قذرة على الأرض والأثاث.

فركب سيارته وهُرِع إلى العنوان الّذي حصل عليه من الشرطة.

بعد حوالي رُبعِ ساعة نجح رجال الإطفاء في إطفاء النار وغادروا الشَقة.

في الطريق إلى الشَقة سمع سيارات الإطفاء تتجه إليها.

البوابة الجنوبية لقوس هادريان في جَرش

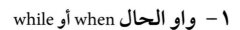

١- واو الحال when أو while

نَستخدِم واو الحال في الفُصحى والعَامّيّة ويَتضمّن هذا النَوع من الواو ظَرف الزَمان غالباً ما تَدُلّ على المَعنى في وَقت الـ + مَصدر فِعل الجُملة. وقد تَعرّفنا على واو الحال في الدُروس السابِقة حين تَعلّمنا أنّها تَتصدّر جُملة كامِلة. نُقدّم ثلاثة أنواع واو الحال في هذا الباب مع أمثِلة:

آ- جُملة اسميّة ليس فيها ضَميراً عائداً

١	مَشَيتُ والشَمسُ في وَسَطِ السَماءِ.	*I walked when the sun was in the middle of the sky.*
	أكمَلنا الواجب والتِلفازُ مفتوح.	*We completed the task with the TV on.*

ب- جُملة اسميّة يَتصدّرها ضَمير عائد مُنفصِل

٢	دَخَلَ الرَجُلُ المَكْتَبَ وهو يبْتَسِمُ.	*The man entered the office smiling.*
	شَرِبْنا القَهوةَ وهي ساخِنةٌ.	*We drank the coffee when it was hot.*

وَرد مِثال من هذا النَوع الثاني من واو الحال في نَصّ القِراءة الرئيس:

سَطا لِصٌّ على شَقّتِهِما وهُما في دار السينَما.	*A burglar broke into their apartment while they were at the movies.*

ج- جُملة فِعليّة في الماضي

عُموماً، نَستعمِل قَد مع واو الحال في إثبات الجُملة (مِثال ٣)، لكنّنا نَستطيع اِستِخدامها في جُملة النَفي أيضاً (مِثال ٤)

٣	جاءت سُعادُ وقد نَجَحَت في الامتحان.	*Suad came after having passed the exam.*
٤	جاءت سُعادُ وما عَلِمنا بوُصولِها.	*Suad came, but we did not know of her arrival.*

وَرد مِثال لواو الحال في إثبات الجملة في نَصّ القِراءة الرئيس:

كان يَركَبُ سَيّارةَ أُجرةٍ وقَد وَقَعَ لَها حادِث.	*He was riding in a taxi cab after it had been involved in an accident.*

تمرين ١٠

حَوّل الجُمَل الآتية من الإنكليزيّة إلى العَربيّة مُستخدِماً واو الحال في كُلّها:

1. سامي met an old friend while he was on his way to work.
2. She went to sleep with the TV on.
3. I saw them while they were walking.
4. He walked to school when the weather was cold.

٢- التَعبير لابُدّ must أو necessary

عادةً يلي التَعبير لابُدّ حَرف الجَرّ مِن + المَصدر مِثال:

صيغة لابُدّ

لابُدّ من + مَصدَر

مِثال: لابُدَّ مِن شُرْبِ الماء

يَتألّف التَعبير لابُدَّ من لا النافيّة لِلجِنس والاسم بُدَّ، وحين يُستخدَمان معاً يَدُلّان على (necessary) أو (must). إذا أردت استخدام هذا التَعبير عِندك خياران، إمّا تَستعمِل المَصدر بعد مِن (المِثال ١) أو تُستبدِله بـأنْ المَصدَريّة (المِثال ٢):

١	لابُدَّ مِن إجراءِ عَمَليّة تَخدير.	*It is necessary to administer an anesthetic.*
٢	لابُدَّ مِن أنْ تُجرى عَمَليَّةُ تَخدير.	*It is necessary that an anesthetic be administered.*

رُبّما لاحظت أنّ الفِعل في المِثال ٢ مَبني لِلمَجهول، لكنّه قد يَكون مَبنياً لِلمَعلوم أيضاً:

٣	لابُدَّ مِن أنْ يُجرِيَ الطَبيبُ عَمَليَّةَ تَخدير.	*It is necessary that the doctor administer the anesthesia.*

نَستطيع أن نُغيّر مَكان فاعِل الجُملة إلى بَعد لابُدَّ مُباشرةً، لكن علينا أن نَتذكّر أنّ علينا أن نلحقه بحَرف الجَرّ لِـ ، كَما تَرى في المِثال ٤ أدناه:

٤	لابُدَّ لِلطَبيبِ مِن أنْ يُجرِيَ عَمَليَّةَ تَخدير.	*It is necessary for the doctor to perform the anesthesia.*

تمرين ١١

حَوّل معاني الجُمَل الآتية من الإنكليزيّة إلى العَربيّة مُستخدِماً لابُدَّ في كُلّها:

1. She must prepare for her trip to Paris.
2. It is necessary for them to find a new apartment.
3. It is inevitable that you obtain a passport if you want to travel abroad.
4. There is no way the doctor can operate without an anesthetic to the patient.

مُراجَعة القَواعِد

١ – الفِعل المَبني لِلمَجهول

وَرد العَديد من حالات الفِعل المَبني لِلمَجهول في نَصّ القِراءة الرئيس:

أُقيمَ	تُسَلَّطُ	هُرِعَ	اِعتُقِلَ	أُصيبَ

مُلاحَظة

الفِعل هُرِع لا يُستعمَل إلاّ في المبني للمجهول.

هيّا نُلقي نَظرة على مِثالَين وَرد فيهما الفِعل المَبني لِلمَجهول:

١	تُسَلَّطُ أشِعةُ الليزَر على اللَوزتين.	*The laser beam is directed at the tonsils.*
٢	أُقيمَ مَعرِضٌ لِلخطِّ العَربيّ.	*An Arabic calligraphy exhibition was held.*

إليك طَريقتَي صيغة الفِعل المَبني لِلمَجهول في الماضي والمُضارع في الوَزن الأول:

مَبني لِلمَجهول في صيغة الماضي
فُعِلَ (ـُ ـِ ـَ)

مَبني لِلمَجهول في صيغة المُضارع
يُفْعَل (يـُ ـْ ـَ ـ)

٢- الحَرف قَد وأنواعه

تَذكّر أنّ لهذا الحَرف مَعنيان مُختلفان ألا وهُما: ١- يَدُلّ على التَوقُّع مع الفِعل المُضارع و٢- يَدُلّ على التَحقيق مع الفِعل الماضي مثل (has) أو (had) أو (have) بالإنكليزيّة:

١	اِتَّصلتُ بالمَطار وقالوا إنَّ الطائرةَ قَد وَصَلَت.	*I called the airport, and they said the airplane had arrived.*

حين يَتقدّم قَد الفِعل المُضارع، يُفيد التوقُّع (might) أو التَقليل = قَلّما + المُضارع (may):

٢	قَد تَدرُسُ ريما الطِبَ.	*Reema may/might* ***study medicine.***

لاحظ أنّ الحَرف قد يأتي مُنفصلاً أو مع حَرف من الحُروف الثلاثة (فـ/ و/ لـ). أعلم أنّ هذه الحُروف الثلاثة لا تُغيّر مَعنى قَد إطلاقاً:

فَقَد	وَقَد	لَقَد

٣- حَرف النَفي لَمْ

لاحظ أنّنا نَنفي الماضي مُستخدِمين حَرف النَفي لَمْ مع أنّه يأتي قبل فِعل مُضارع مَجزوم:

١	نَفَعَ العِلاجُ المَريضَ.	**The treatment** *benefited* **the patient.**
٢	لَمْ يَنْفَعْه العِلاجُ.	**The treatment** *did not benefit* **him.**

كَما تَرى المِثالَين (١ و٢) في الصَفحة السابِقة نَفس الجُملة إلاّ باستخدام حَرف النَفي لم في المِثال ٢. أعلم أنّ حَرف النَفي لَمْ هذا وحَرف النَفي ما + الماضي يَدُلان على نَفس المَعنى تماماً غير أنّنا نَعتبِر لَمْ أفصح وأشدّ جَزماً من ما + الفِعل الماضي لِذا نستخدِم لم أكثَر كتابةً وما + الفِعل الماضي أكثَر في العاميّة. إليك نَفس جُملة المِثال ٢ في الصَفحة السابِقة، غير أنّنا زِدنا ما في بِدايتها:

٣	ما نَفَعَه العِلاجُ.	*The treatment did not benefit him.*

لاحظ أنّ مَعنى المِثالَين ٢ و٣ لَم يَتغيّر إطلاقاً، إلا أنّ تَركيبَي الجُملتَين مُختلفان قليلاً (أي المُضارِع المَجزوم في المِثال ٢ والفِعل الماضي في المِثال ٣).

تمرين ١٢

آ- **اكتُب على وَرقة مُنفصِلة فِعلَين مَبنيَين لِلمَجهول وفِعلاً مُضارِعاً مَبنياً لِلمَجهول من نَصّ القِراءة الرئيس من هذا الدَرس.**

ب- **حَوِّل الجُمَل الآتية من الإنكليزيّة إلى العربيّة مستخدِماً قَد أو لَمْ أو هُرِع:**

1. We might travel to Jordan to see the ancient Roman ruins in جَرَش.
2. They have lived in Casablanca for two years.
3. We arrived at the theater when the concert was over.
4. The little girl rushed to open the door for her father.

واجهة الهيبودورم في جرش

تمرين ١٣

آ- **أجِب عن الأسئلة وَفق نَصّ الاستماع:**

١- اكتب عُنواناً لهذه القصّة.

٢- اذكر الفكرة الرئيسة.

٣- عدّد الأفكار الثانوية.

٤- أعطِ مَعنى هذين الفعلين والاسمين من القصّة: أمسَكَ، هَرَبَ، سُلَّم، سَطْح.

٥- هل كانت السيّدة سعيدة في نِهايةِ القصّة؟ كيف عَرَفت ذلك؟

ب- **أكمِل الجمل الآتية بالاخيار المناسِب وَفق نَصّ الاستماع:**

١- كان الأولاد يلعبون ________________ .

☐ على الشجرة ☐ على السَطْح ☐ أمام الدار ☐ في الدار

٢- رأى الرجُل الإطفاء ________________ على السَطْح.

☐ رجُلاً ☐ قِطَّةً ☐ فالسُلَّمَ ☐ الدارَ

٣- كان مع رِجال الإطفاء ________________.

☐ شُرطي ☐ لِصّ ☐ وَقْت ☐ سُلَّم

٤- رأت أمّ عادل قِطَّتَها في أعلى ________________ .

☐ الشجرة ☐ السَطْح ☐ السُلَّم ☐ الدار

٥- وَجّه رجُلُ الإطفاءِ سؤالاً إلى ________________ .

☐ الأولاد ☐ الرَجُل ☐ السيّدة ☐ الشُرطة

٦- كان اللِصّ ينتظِر ________________ ليدخُلَ الدار.

☐ الشُرطي ☐ السيِّدة ☐ النَهار ☐ الليل

ج- **لَخِّص المُقابَلة مع زينا بحوالى خمسين كَلمة.**

د- اكتب «خطأ» أو «صواب» إلى جانب كلّ جملة ثمّ صحِّح الجمل الخطأ:

١- كانت قِطّة السيّدة على سَطحِ الدار.

٢- عَلِمَت السيّدة من الأولادِ مَكان قِطَّتِها.

٣- اتَّصَلَت السيِّدةُ بالشُرطةِ لِمُساعَدَتِها في مُشكِلة قِطَّتِها.

٤- حاولَ اللِصّ أنْ يهرُب مِن رجُلِ الإطفاء.

٥- اعتَقَلَ رجُلُ الإطفاءِ اللِصّ.

٦- استطاعت القِطَّةُ أنْ تَنزِل بِنَفسِها.

ي- أكمل الجمل التالية وفق نص الاستماع:

١- حضر رِجال الإطفاء كي ______________.

٢- وجدت السيّدة قطّتَها تجلِس ______________.

٣- حاول الرجُل أنْ يهرب لكن ______________.

٤- اقتادت الشُرطة اللِصّ إلى ______________.

٥- كان الرجُل ينتظِر على السطْح حتى ______________.

المُفْرَدات

compulsory	(adj.)			إجْباريّ
first aid	(n., m.)	إسعافات	ج	إسْعاف
to catch fire	(v.)	اِشتِعال	(يَشتَعِلُ)	اِشتَعَلَ
rays, beams	(n., f.)			أشِعّة
to hit, to injure	(v.)	إصابة	(يُصيبُ)	أصابَ
to collide with	(v.)	اِصْطِدام بـ	(يَصْطَدِمُ)	اِصْطَدَمَ
to extinguish, to put out a fire	(v.)	إطفاء	(يُطفِئُ)	أطفَأَ
to return (s. th.)	(v.)	إعادة	(يُعيدُ)	أعادَ
to arrest	(v.)	اِعتِقال	(يَعتَقِلُ)	اِعتَقَلَ
to assert, to emphasize	(v.)	تأكيد	(يُؤَكِّدُ)	أكَّدَ
to absorb	(v.)	اِمتِصاص	(يَمتَصُّ)	اِمتَصَّ
to veer, to turn to one side	(v.)	اِنحِراف	(يَنحَرِفُ)	اِنحَرَفَ
namely, that is to say	(part.)			أيْ
necessary; inevitable (used with لا)			(لابُدّ)	بُدّ
to amount to, to reach	(v.)	بُلوغ	(يَبلُغُ)	بَلَغَ
to become clear, to be evident	(v.)	تَبين	(يَتَبَيَّنُ)	تَبَيَّنَ
technology	(n., f.)			تَقنية
pupil	(n., m.)	تَلاميذ	ج	تِلميذ
to head toward	(v.)	تَوَجُّه	(يَتَوَجَّهُ)	تَوَجَّهَ
to attain, to arrive, to achieve	(v.)	تَوَصُّل	(يَتَوَصَّلُ)	تَوَصَّلَ
culture, intellectualism	(n., f.)	ثَقافات	ج	ثَقافة

session, meeting, gathering	(n., f.)	جَلَسات	ج	جَلْسة
society, association	(n., f.)	جَمعيّات	ج	جَمْعِيّة
accident	(act. p.)	حَوادِث	ج	حادِث
to anesthetize, to numb	(v.)	تَخدير	(يُخَدِّرُ)	خَدَّرَ
blood	(n., m.)	دِماء	ج	دم
to flow, to stream, to run	(v.)	سَيَلان	(يَسيلُ)	سالَ
to steal	(v.)	سَرِقة	(يَسرِقُ)	سَرَقَ
to burglarize, to break into	(v.)	سَطْوٌ	(يُسْطو)	سَطا
to focus, to put in power	(v.)	تَسْليط	(يُسَلِّطُ)	سَلَّطَ
speaker (i.e., radio-stereo speaker)	(n., f.)	سَمّاعات	ج	سَمّاعة
chance, happenstance	(n., f.)	صُدَف	ج	صُدْفة
to join, to gather, to combine	(v.)	ضَمّ	(يَضُمُّ)	ضَمَّ
extremity, edge, limb	(n., m.)	أطْراف	ج	طَرَف
operation, procedure, process	(n., f.)	عَمَليّات	ج	عَمَليَّة
pole, post	(n., m.)	أعْمِدة / عَواميد	ج	عَمود
difference, distinction, disparity	(act. p.)	فَوارِق	ج	فارِق
art; type, kind, variety	(n., m.)	فُنون / أفْنان	ج	فَنّ
artist	(adj.)	فَنّانون	ج	فَنّان
disc, tablet	(n., m.)	أقْراص	ج	قُرْص
drop (of s.th.)	(n., f.)	قَطَرات	ج	قَطْرة
national	(adj.)			قَوْميّ
thief, robber, burglar	(n., m.)	لُصوص	ج	لِصّ

tonsils	(n., f.)	لَوْزات (اللوزَتان)	ج	لَوزة
laser	(n., m.)			لِيزَر
amount of money	(n., m.)	مَبالَغ	ج	مَبْلَغ
broken, out of order	(act. p.)			مُتَعَطِّل
average, medium, intermediate	(act. p.)			مُتَوَسِّط
group; set	(pass. p.)	مجموعات	ج	مجموعة
stage, phase	(n., f.)	مَراحِل	ج	مَرْحَلة
traffic	(n., m.)			مُرور
new, recent	(act. p.)	مُستَجِدّون / مُسْتَجِدّات	ج	مُسْتَجِدّ
hospital	(n., m.)	مُستَشفَيات	ج	مُسْتَشفى
stolen	(pass. p.)			مَسْروق
knowledge	(n., f.)	مَعارِف	ج	مَعْرِفة
to enable, to make possible	(v.)	تمكين	(يُمَكِّنُ)	مَكَّنَ
festival, fair	(n., m.)	مِهْرَجانات	ج	مِهْرَجان
budget	(n., f.)	ميزانيّات	ج	ميزانيّة
news	(n., m.)	أنباء	ج	نَبَأ
to succeed, to pass, to be successful	(v.)	نَجاح	(يَنجَحُ)	نَجَحَ
to spread, to publish	(v.)	نَشر	(يَنشُرُ)	نَشَرَ
to organize, to put in order	(v.)	تَنظيم	(يُنَظِّمُ)	نَظَّمَ
to be useful, to benefit	(v.)	نَفْع	(يَنفَعُ)	نَفَعَ
to hurry, to hasten, to rush	(v.)	هَرَع	(يُهْرَعُ)	هُرِعَ
agency (news)	(n., f.)	وَكالات	ج	وَكالة

الدَرْسُ الثاني عشر

أهداف الدرس

- وَصف الشُعور والمَكان والوَضع
- تَعريف أدوات سَرد الحكاية
- تَعريف العبارات الآتية: بِالمُناسَبة، خَيرُها بِغَيرِها، لِحُسْنِ الحَظّ، لا مِن مُجيب
- **إعادة النظر في**: نون المُثنّى والجَمع في الإضافة والظَرف المُضعَّف واستِخدام حَرف الجَرّ بـ في وصف الحال، والإدغام والفِعل المُضارع المُضعَّف الآخر في حالة الجَزم بعد حَرف النَفي لَمْ
- **مُراجَعة القَواعد**: أعْجَبَ، جمع المؤنث السالم، الاسم الموصول، اسم المَفعول، الأسماء الخمسة، أفعال الشُروع والرَجاء والمُقارَبة

رُكن المُفْرَدات الجَديدة

أدْرَكَ (يُدْرِكُ) إدْراك	to realize
اِرتاح (يَرْتاحُ) اِرتياح (مِن)	to take a break (from)
بِاستِثْناء	except (for)
دَعْوة ج دَعَوات	invitation
شَرِسٍ ج شَرسون	vicious, ferocious
صادَفَ (يُصادِفُ) مُصادَفة	to happen upon, to meet by coincidence
ضَغَطَ (يَضْغَطُ) ضَغْط	to press, to push, to pressure
عَلّقَ (يُعَلِّقُ) تَعليق	to hang, to suspend
مَنحوس ج مَناحيس	unlucky, ill-fated
نَتيجة ج نَتائج	result
هَدَّدَ (يُهَدِّدُ) تَهْديد	to threaten

تمرين ١

وافِق بين كلمات من العمودين لها علاقة في المعنى واكتُب الكَلِمَتين في الوسط:

١-	إجازة		بِسرعة
٢-	غَضِبَ		مُسدَل
٣-	مَزرعة		عُطلة
٤-	مُغلَق		عَرِقَ
٥-	بِبطءٍ		حَنِقَ
٦-	بدأ		ريف
			شَرَعَ

الحديقة البيئية في دمشق

تمرين ٢

وافِق بين كلمات من العمودين لتشكّل عبارات من مُضاف ومُضاف إليه:

١-	عَدّاد		دَعوة
٢-	مَحطّة		البيت
٣-	مُحرِّك		المَسافة
٤-	جَرَس		الوقود
			السيّارة

تمرين ٣

اخترِ الكَلِمةَ الّتي لا تُناسِب باقي الكَلِماتِ في كُلِّ مَجْموعةٍ وبَيِّن السَبَب:

١-	أسرة	عامِل	جَدّ	أولاد
٢-	سِتارة	سيّارة	جَرّار	شاحِنة
٣-	أشجار	مَزرعة	نُباح	ريف
٤-	غَضَب	حَنَق	غَيْظ	فَرَح
٥-	عُطلة	قَهوة	شاي	فِنجان

دَعوة مَنحوسة

كتب لي صديقي عبد الرحمن التِلمْسانيّ رسالة يدعوني فيها إلى قضاء يومَي الخميس والجمعة معه ومع أسرته في داره الريفيّة الّتي تقع وَسَطَ مَزرعته الكبيرة قُرب دمشق. فرِحتُ بهذه الدعوة فَرَحاً شديداً لأني أحتاج إلى إجازة حقيقيّة أسترخي فيها في مكان هادئ وإلى إنسان أتحدّث معه، لأني أشعر بوحدة شديدة بعد سفر زوجتي والأولاد إلى بيروت لزيارة بيت جدّهم.

مَزرعة بطاطا في سوريا

عدت من عملي مُبكِّراً يوم الخميس وتناولت الغداء. بعد العصر بقليل ركِبتُ سيّارتي وانطلقتُ إلى دار صديقي على طريق ريفيّة تحفّ بها الأشجار من الجانبين. أعجبني هذا المنظر وتذكّرتُ العطلة السابقة الّتي قضَيتُها في تلك المنطقة الرائعة. لم أصادِف سيّارات كثيرة على الطريق باستثناء بعض الجرّارات والشاحنات. بعد حوالي ساعة وصلت مَزرعة صديقي أبي مروان، وأوقفتُ سيّارتي في فناء واسع إلى يمين الدار.

جَرّار

أطفأت مُحرِّك السيّارة ونظرتُ من النافذة فإذا بي أرى كلباً كبيراً شَرِساً يستقبلني بنُباحِهِ المُخيف. بقيتُ داخِلَ السيّارة ولم أجرؤ أن أفتح الباب. لكن لِحُسنِ الحَظّ لاحظتُ أنّ الكلب مَربوط بجِنزير قويّ، فارتحتُ لذلِك ونزلتُ من السيّارة واقتربت من البيت. إلاّ أني لاحظتُ أنّ جميع الأنوار مطفأة في المنزل وأن الشبابيكَ مُغلَقة وبعضَ الستائرِ مسُدَلة.

كَلب شَرِس

جَرِس الباب

مشيتُ نحو الباب وضغَطتُ على الجَرَس ولم يجِب أحد. ضغَطتُ على الزرّ ولمُدّة أطول ولا مِن مُجيب. قرعتُ الباب بقوة بيدي وحصلت على النتيجة نفسها. وفي هذه الأثناء لم يتوقّف ذلك الكلب اللعين عن النُباحِ لحظةً واحدةً ممّا زاد من ارتباكي.

نظرتُ حولي فوجدتُ صحيفة الصباح مازالت على عَتَبة الباب لم يرفعْها أحد، فأدركتُ أنّ أبا مَروان وأسرتَه ليسوا في البيت. غضِبتُ لذلك غَضَباً شديداً وكِدتُ أقرِّرُ وأنا في منتهى الحَنَق أن أقاطِع هذا الصديق لأنّه نسيَ موعدي معه. وفي الحال كتبتُ له رسالةً عاتبتُه فيها عِتاباً شديداً.

علّقتُ الرسالة على الباب ثمّ توجّهتُ نحو سيّارتي لأعودَ إلى المدينة وإذا بي أجد ذلك الكلب الضخم يقِف إلى جانب باب السيّارة وينظر إليّ نظرةَ تهديد. استغربتُ ذلك جدّاً. «تُرى كيف استطاع أن يصل إلى السيّارة وهو مَربوط بذلك الجِنزير القويّ؟» ألقيتُ نظرةً أخرى على الجِنزير وتبيّن لي أنّه جِنزير طويل. وبدأ الكَلب ينبح بشراسةٍ أشدّ وأقوى فارتجف قلبي من الخَوف، وتراجعتُ ببطء ودرتُ حول السيّارة والكلب يتبعني، ولمّا وصلتُ بابَ السائق فتحتُه بسرعة وقفزتُ إلى داخل السيّارة وأغلقتُ الباب خلفي.

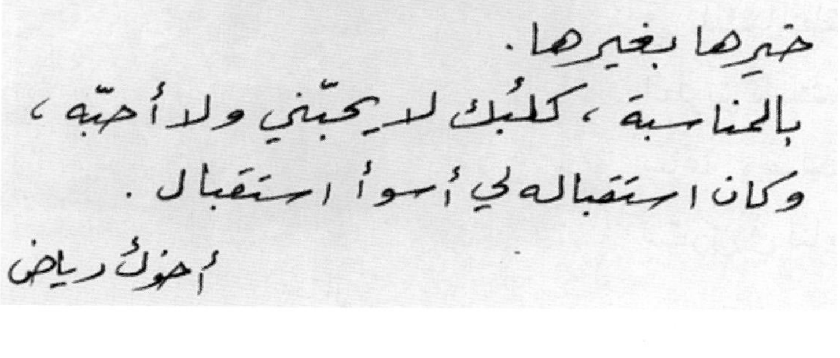

عزيزي أبو مروان ،
حضرت حسب دعوتك ولم أجدك .
عسى أن تكون بخير . تمنيت أن أشرب
عندك فنجان شاي . لكن لا بأس ،
خيرها بغيرها .
بالمناسبة ، كلبك لا يحبني ولا أحبه ،
وكان استقباله لي أسوأ استقبال .
أخوك رياض

لعنتُ أبا مروان ألف لعنة على هذه الدعوة المَنحوسة. ثمّ أدرتُ مُحرِّك السيّارة وشتَمتُ الكلب من خلف زُجاج النافذة منفِّساً عن حَنَقي، وتوجّهتُ إلى دمشق في الظلام. وقبل أن أصل إلى داري رأيت أن أملأ خزّان سيّارتي بالوقود، فتوقّفتُ من أجل ذلك عند مَحطّة وقود. وبينما كان العامل يملأ الخزّان بالوقود مددتُ يدي إلى العُلبة الّتي أمامي وفتحتُها لأتناول ورقة وقلماً كي أكتب الرقم الّذي سجّله عدّاد المسافة وإذا برسالة الدعوة الّتي بعثها لي أبو مروان بالعُلبة.

مَحطّة وُقود

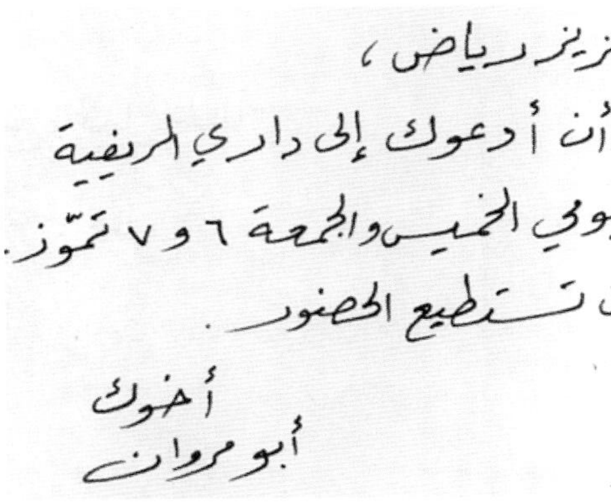

أخي العزيز رياض،
يسرّني أن أدعوك إلى داري الريفية
لقضاء يومي الخميس والجمعة ٦ و ٧ تمّوز.
أرجو أن تستطيع الحضور.
أخوك
أبو مروان

تناولتُ الرسالة وشعرتُ بالحَنَق يعود إلىَّ ثانيةً، وشرعتُ أقرأها والغيظ يتزايد داخلي. وفجأةً شعرتُ بالخَجَل الشديد وتصبّب العَرَقُ من جبيني، إذ اكتشفتُ من الرسالة أنّ موعد الدعوة ليس هذا الأسبوع بل الأسبوع المُقبِل.

تمرين ٤

للمحادثة: احكِ قصةً لزميلك تصف فيها موقفاً أحسست فيه بارتباك وخوف. قد تفيدك الأفكار الآتية:

١- ما الّذي سَبَّب الإحساس بالخوف؟
٢- أين كنت؟
٣- كيف تورّطت في ذلك الموقف؟
٤- ماذا قرّرت أن تفعل؟
٥- صِف حالك في الموقف، هل كنت خائفاً أو مُرتَبِكاً؟
٦- كيف خلّصت نفسك من الموقف؟

تمرين ٥

أجِب عن الأسئلة الآتية وَفق نَصّ القراءة:

١- ما الفكرة الرئيسة لهذا الدرس؟
٢- حدِّد بعض الأفكار الثانويّة.
٣- اكتب عنواناً آخر لهذا الدرس.
٤- مَن صاحِبُ الدعوة؟
٥- لماذا سُمّيت الدعوة "مَنحوسة"؟
٦- أين قضى كاتب القصّة إجازته السابقة؟

تمرين ٦

اكتُب «خطأ» أو «صواب» إلى جانب كلّ جملة ثمّ صحِّح الجمل الخطأ:

١- انطلق الكاتب إلى منزل صديقه كي يشرب فنجان شاي.
٢- شعر الكاتب بوحدة شديدة على الطريق الريفيّة.
٣- لم يكُن هناك أحد في دار السيّد التِلمساني.
٤- قضى الكاتب ليلة يوم الخميس في مَحطّة الوقود.

تمرين ٧

أعد ترتيب الكلمات في كل مجموعة لتشكّل جملاً مُفيدةً:

١- من سيّارتي الوقود يتّسع ليترا خزّانُ لخمسين
٢- شديد لأمي أشعر وأبي بشوق وإخوتي
٣- كلّ مفتوحة اِقتربتُ البيت وجدتُ لمّا من النوافذ
٤- الريف زُهَير صغيرة قضى قرية في إجازة في

تمرين ٨

للمحادثة: تَخيّلِ أنك رياض بالقصة في هذا الدرس. احكِ لزميلك ما يجب أن تفعل بعد أن اكتشفتَ خطأك في محطّة الوقود.

تمرين ٩

أكمِل الجمل الآتية بالاختيار المناسِب وَفق نَصّ القراءة:

١- فرِح كاتب القصّة بالدعوة ________________.

☐ لأنّ زوجته وأولاده في بيروت ☐ لأنّه يحتاج إلى إجازة

☐ لأنّه لم يزر تلك المنطقة من قبل ☐ لأنَّ صديقه يسكن دارا ريفية

٢- ترك الكاتب عمله يوم الخميس ________________.

☐ صباحاً ☐ ظهراً ☐ عصراً ☐ مساءً

٣- شاهد الكاتب ________________ على جانبي الطريق.

☐ أشجاراً ☐ شاحنات ☐ جرّارات ☐ سيّارات

٤- ظنَّ الكاتب أنَّ صديقه قد ________________.

☐ نسيَ الكلبَ في فِناءِ الدار ☐ كتب له رسالةَ دعوة

☐ ترك بابَ الدارِ مفتوحاً ☐ نسيَ موعدَهُ معه

٥- استطاع الكلب أن يقترب من سيّارةِ الكاتبِ لأنّه ________________.

☐ كان مربوطاً بجِنزير طويل ☐ كلب شَرِس

☐ كلب قوي ☐ لم يكن مَربوطاً

٦- شتم الكاتب الكلب كي ________________.

☐ يعود إلى مكانه ☐ يتوجّه إلى المدينة ☐ ينفِّس عن غضبه ☐ يدخل السيّارة

٧- توقّف الكاتب قبل أن يصل إلى منزله في ________________.

☐ الطريق الريفية ☐ مزرعة صديقه ☐ مكان هادئ ☐ محطّة وقود

تمرين ١٠

للكتابة:

١- تخيّل أنّك رياض واكتب رسالة إلى أبي مروان تعتذر فيها عن الرسالة الّتي تركتها وتصف فيها ما حدث معك أمام بيته ذلك اليوم.

٢- اكتب رسالة إلى صديق أو (صديقة) تدعوه إلى بيت أسرتك الواقع على شاطئ بحيرة لقضاء عطلة نهاية الأسبوع. صف في الرسالة ما تستطيعان أن تفعالاه معاً في تلك العطلة.

تمرين ١١

أكمِل القصّة الآتية بكلمات من هذا الدرس ثمَّ أعطِ معنى الكلمات الّتي تحتها خط. لخّص القصّة بعد ذلك بحوالي ثلاثين كلمة:

عملتُ ساعاتٍ طويلةً في الأسبوع الماضي وشعرتُ أني أريد أن أنام متأخرة يوم الجمعة. لذلك حين اتّصلَت بي صديقتي نور ودعتني لقضاء يوم الجمعة في مزرعة والدها اعتذرتُ وقلتُ لها آسفة وإني أريد أن أنامَ ولن أستطيعَ الذهابَ معها. في ليلة يوم الخميس ______________ النوافذ في بيتي و______________ الستائر كي لا أسمع أيَّ صوتٍ من خارج البيت. في الصباح وقبل ______________ السادسة استيقظتُ على صوت ______________ الهاتف. رفعتُ السمّاعة وأنا نصف نائمة وكان ______________ خطأ. عدتُ إلى السرير وحاولت أن أنام. لكن بعد دقائق سمعتُ ______________ كلبٍ من الطريق. بقي الكلب تحت نافذتي ينبَحُ أكثر من عشر دقائق وشعرتُ بـ______________ شديد. بعد قليل ذهب ______________ وأغمضتُ عينيَّ واسترخيتُ. مضت بضع ______________ وإذا بي أسمع شخصاً ______________ بابي بقوة، فهُرِعتُ إلى البابِ لأرى ما يجري، وإذا بشرطي يقف بالباب. سألني إن كنت ______________ بالشرطة لأشكوَ كلباً. قلت لا، فاعتذر الشرطي وذهب.

في تلك اللحظة ذهب عني ______________ تماماً ولم أحبَّ أن أرجِعَ إلى السرير. تذكّرتُ دعوة نور، فهُرِعتُ إلى ______________ واتصلتُ بها راجيةً أنّها ما زالت في البيت. رنّ جرسُ هاتفها عدّة مرّات ولا من ______________ وتبيّن لي أنّها قد ذهبت إلى ______________ . . . خَيرُها بـ______________.

ضَرب المَثل

يُستخدَم المَثل العَربي بطَريقة مُعيّنة وفي سياق مُعيّن وغالباً ما لَه دلالة مجازية (figurative). بعد أن يُتَداوَل على لِسان الناس لِمُدة طويلة، يَتثبت ويَتجمّد ويُصبح مَعناه المَقصود عَمليّاً وَظيفيّاً لا حَرفيّاً. تأمّل الأمثال الآتية وحاول أن تَستخدِمها في حَديثك اليوميّ:

بالمُناسَبة

تُستخدَم هذه العِبارة حين يُراد القَول (by the way). ومَعناها حَرفياً (with suitability) أو (in relationship).

خيرُها بِغَيرِها

يَدُل التَعبير خَيرُها بِغَيرِها على (better luck next time) أو (how about a raincheck) بالإنكليزيّة. إذا وَددنا أن نُترجمه إلى العَربيّة حَرفيّاً، فقد نَقول إنّ دلالته (may these good times be forwarded). يُستخدَم في حالة خيبة الأمل في النَتيجة ونَتمنى أن نُحسّنها في المُستقبل أو فاتتنا فُرصة. يَتغيّر مَعنى المَثل مع تَغيّر السياق وفي نَصّ القِراءة الرئيس نَوى المتكلِّم أن يَقول «أرجو أن آتي مرّة أخرى» لأنه لَم يَرَ صَديقه ذاك المساء والفِعل الاجتِماعي المُناسب هو أن يَتعهّد صَديقه بأنّه سيقوم بزيارة أخرى.

لِحُسْنِ الحَظ

يُستخدَم هذا التَعبير حين يُراد القَول (fortunately). غَير الأمثال الأخرى، يَتماثل معنيا هذا التَعبير الحَرفيّ والمِجازي، لأن مَعناه الحَرفيّ (for good fortune).

لا مِن مُجيب

يُستخدَم هذا التَعبير في حالة عَدم وُجود الرَدّ المُتوقّع، على سبيل المِثال، إذا طرقت على باب أحدِهِم ولَم يَرُدَّ أحد.

تمرين ١٢

أكمِل الجمل بهذه العبارات:

بالمُناسَبة	خَيرُها بِغَيرِها	لِحُسْنِ الحَظّ	ولا مِن مُجيب

١- أردتُ أن ألتقي بك حين كنتَ تزور أخاك، لكنّي لم أستطِع الحُضور. ____________.
٢- انتهيتُ من قراءة ذلك الكتاب الّذي أعجبك. ____________ مؤلِّفه جزائريّ وليس مغربيّاً.
٣- قرعتُ باب شقّة أحمد أكثر من ستِّ مرّات، ____________.
٤- حين عدت مِن عملي مساءً تبيَّن لي أنّي نسيتُ مِفتاح البيت في المكتب ____________ وصل زوجي بعدي بخمس دقائق.

تمرين ١٣

المُحادَثة: اسأل زُملاءك في الصَفّ الأسئلة الآتية وحاول أن تَجعلهم يَستخدِمون العِبارة المُناسبة:

لِحُسْنِ الحَظ	لِسُوْ الحَظ	خَيرُها بِغَيرِها	بالمُناسَبة	ولا مِن مُجيب

1. Did you have a good rest over the weekend?
2. Did you stop by my house last night?
3. Did you watch any TV yesterday?
4. Did you call me yesterday?
5. Did you finish your Arabic homework?

تمرين ١٤

أعِد ترتيب الجمل لتشكّل فِقرة كاملة. الجملة الأولى في مكانها المناسِب:

١- يسكن عمي في قرية بعيدة في الريف ولم أزرْهُ منذ أشهر.
غادر القطار المَحطّة في موعده.
وصل القطار إلى مَحطّة بلدة عمي بعد ثلاث ساعات تقريباً.
لذلك اشتريتُ تذكرة قطار إلى بلدته ذهاباً وإياباً.
نزلتُ من العربة وكان عمي في انتظاري بالمَحطّة مع ابنه.
وصعدتُ إلى إحدى العربات وجلستُ إلى جانب النافذة.
قضيتُ في دار عمي خمسة أيّام استمتعتُ بها استمتاعاً عظيماً.
فقرّرتُ أن أزورَه وأقضيَ معه بضعة أيّام في الريف.
في صباح يوم الخميس ذهبتُ إلى مَحطّة القطار.
وفي الطَريق شاهدتُ مزارعَ كثيرةً من نافذة القطار.
ركِبنا شاحنة ابن عمي الصغيرة وانطلقنا إلى دار عمي في المزرعة.

القَواعِد

١ – سلامة اللُغة: النُطق السَليم لِمِن وعَن

يُنطَق حَرف الجَرّ مِنْ بنون ساكنة حين يسبُق كلمات نكرة (بلا لام التَعريف):

١	مِنْ دِمَشق	*min dimashq*
	مِنْ آثارِ تَدمُر	*min aathār tadmur*

وحين يَسبق حَرف الجَرّ مِن كَلمات مُعرّفة بلام التَعريف، يُنطَق بنون مُتحركة بالفتحة:

٢	مِنَ السوقِ	*mina s-sūqi*
	مِنَ المَدينة	*mina l-madīna*

يُشبِه نُطق حَرف الجَرّ عَنْ نُطق مِن أعلاه بدُخول حَركة على الحرف الأخير من أجل سلاسة اللُغة، غير أنّ الفَرق بين حَرفَي الجر هذَين هو أنّ الحَركة الّتي تَدخُل على آخر حَرف عَن قبل لام التَعريف هي الكَسر وليس الفَتح.

٣	عَنْ رِحلَتِها	*ᶜan riḥlatihā*
	عَنِ الرِحلةِ	*ᶜani r-riḥlati*

تَذَوّق الثَقافَة العَرَبيَّة

نَشتقّ تَسمية بَعض أوقات اليَوم من أوقات الصَلاة:

صَلاةُ الصُبْحِ / صَلاةُ الفَجْرِ	*morning prayer*
صَلاةُ الضُحى	*midmorning prayer*
صَلاةُ الظُهْرِ	*noon prayer*
صَلاةُ العَصْرِ	*midafternoon prayer*
صَلاةُ المَغْرِبِ	*sunset prayer*
صَلاةُ العِشاءِ	*evening prayer*

٢- الفِعل عَسى من مَجموعة أفعال الرَجاء

تَتألّف مَجموعة أفعال الرَجاء هذه من ثلاثة أفعال ألا وهي:

عَسى	حَرى	اخلولَقَ

ومن بين هذه الأفعال الثلاثة، عَسى هو الوحيد الّذي يُستعمَل كَثيراً في اللُغة العَربيّة المُعاصرة بَينما الفِعلَين الأخيرَين حَرى واخلَوْلَقَ قليلَي الاستِعمال. يَدُلّ الفِعل عَسى على التَمنّي في حُصول الخَبر والتَرجّي في الأمر المَحبوب أو على إمكانيّة تحقيق أمر ما:

١	عَسى القِطارُ أنْ يَتأخّرَ.	The train *might* be late.

كَما تَرى في المِثال ١ أعلاه، يُشبِه الفِعل عَسى أخوات كانَ من حَيث النَحو أي لهذه المَجموعة مُبتدأ وخَبَر، وفي المِثال ١ مُبتدأ الجُملة القِطارُ وخَبَرها أنْ يَتَأخّرَ. هيّا نُلقي نَظرة لجُملة فيها عَسى مأخوذة من نَصّ القِراءة الرئيس:

٢	عَسى أنْ تكونَ بِخَيْر.	*I hope* that you are well.

لعلّك تسائلت إذا كان بالإمكان استِخدام عَسى دون وُجود أنْ المَصدريّة، وفي الواقِع، نعم، نَستطيع استِخدامه دون أنْ:

٣	عَسى القِطارُ يَصِلُ قَريباً.	*Perhaps* the train will arrive soon.
٤	عَساه يَصِلُ قَريباً.	*Perhaps it* will arrive soon.

كَما تَرى في المِثال ٤ أعلاه، أنّ هذا الفِعل مَرن جِدّاً بِما أنّه يقبل دُخول ضَمير مُتصل على أخره. إليك عِبارة شائعة (common) لا تَدخُل على الخَبر أنْ المَصدَريّة:

٥	عَساكَ بِخَيْر.	*I hope you* are all right.

٣- أفعال الشُروع

تَتألّف هذه المَجموعة من اثني عشر فِعلاً وكُلّ فِعل فيها يَدُلّ على فِكرة الشُروع. تُشبه أفعال الشُروع هذه أخوات كانَ بِما أنّها تَتصدّر جُملة اسميّة مؤلّفة من مُبتدأ وخَبر. نستطيع أن نَستبدِل أي فِعل من هذه المَجموعة بفِعل آخر منها دون أن يَتغيّر مَعنى الجُملة أو تركيبُها. إليك أفعال الشُروع الأكثر شيوعاً:

أخذَ	شَرَعَ	هَبَّ	قامَ	أنْشأَ	جَعَلَ	بَدَأَ

١ شَرَعَ الأستاذُ يَشرَحُ الدَرْسَ.	The teacher started to explain the lesson.

مُلاحَظة

لَيس من الضُرورة أن تُستخدَم أنْ المَصدَريّة كَي تُقدم الخَبَرَ في الجُملة الّتي فيها أفعال الشُروع

لاحظ السَبَب في أنّ أفعال الشُروع لا تَتطلب وُجود أنْ المَصدَريّة هو أنّ أفعال هذه المَجموعة تَدُلّ على وُقوع الفِعل في الحاضر بينما تَدُلّ أنْ المَصدَريّة على المُستقبل.

تَتميّز أفعال الشُروع عن غيرها من الأفعال بأنّها تَتطلب وُجود حَرف جَرّ حين تُقدّم مَصدَراً. تأمّل جُملة مِثال ١ أعلاه عِند استِبدال الفِعل يَشْرَحُ بِحَرف الجَرّ بـ + المَصدَر شَرْحِ:

٢ شَرَعَ الأستاذُ بِشَرْحِ الدَرْسِ.	The teacher started explaining the lesson.

لعلّك لاحظت أنّ الفِعل بدأ جاء ضمن أفعال الشُروع ووَرد في نَصّ القِراءة الرئيس في هذا الدَرس وتَنطبق عليه كُلّ القَواعد المَذكورة في هذا الباب:

٣ وبدأ الكَلْبُ يَنْبَحُ	The dog started to bark.

تمرين ١٥

استخدِم (بَدَأ، شَرَعَ، عَسى) لتُكمِل الجُمَل الآتية. يجب أن يطابِق الفعل الفاعِل:

١- ________________ الكتب تصل المكتبة في الأسبوع المُقبِل.

٢- ________________ أختي بشِراء الأثاث لبيتها الجديد.

٣- ________________ ها تنجح في دراستِها.

٤- ________________ الطلاّب يصلون الجامعة للعام الدراسي الجديد.

٥- ________________ ني أجد شقّة أكبر من شقّتي.

تمرين ١٦

حوّل الجُمَل الآتية إلى العَربيّة مُستخدِماً أفعال الرَجاء والشُروع:

1. I hope the plane arrives on time.
2. She started speaking Arabic at the age of fifteen.
3. Perhaps he will come back next week.
4. The students in my class began to correspond by email in Arabic with students from the Arab world .

مُراجَعة القَواعِد

٤- سُقوط نون المُضاف في التَثنية والجَمع

كَما تَعلم، تَتألّف الإضافة من المُضاف والمُضاف إليه ويُعرَب المُضاف حَسب السياق أمّا المُضاف إليه فهو دائماً مجرور. من المَعلوم أنّ في صيغة المُثنى، نَزيد على آخر الاسم الحَرفَين ان في حالة الرَفع وَيْنِ في حالتَي النَصب والجرّ.

الرَفع	النَصب	الجَرّ
وَلدانِ اثنانِ	رأيتُ وَلدَيْنِ	تكلّمتُ مع ولدَيْنِ

لكن في الإضافة النون تَسقُط.

	وَلدا الأمّ.	The mother's two boys.
١	رأيتُ وَلدَي الأم.	I saw the mother's two boys.
	تكلّمتُ مع وَلدَي الأم.	I spoke with the mother's two boys.

وإن كان المُضاف جَمعاً مُذكّراً سالماً فالنون تَسقُط أيضاً:

٢	المُهندسون	←	مُهندسو الشَركة

٥- الفِعل أعْجَبَ

يَجد الفِعل أعْجب مُقابله بالإنكليزيّة في الفِعل (to please) من حَيث استخدامهما لأنّ المَفعول بِه يُصبح فاعِل الجُملة. تأمّل المِثال المأخوذ من نَصّ القِراءة الرئيس:

٣	تُعْجِبُني السِباحةُ.	*Swimming pleases me.*

هيّا نُقارِن بَين الفِعلَين أعْجَبَ وأحبّ مُستخدمين نَفس الفِكرة.

٤	أُحِبُّ السِباحةَ.	*I like swimming.*

كَما تَرى حين يُستخدَم الفِعل أعجب، فإنّ فاعِل الجُملة يكون (السِباحةُ) والمَفعول بِه يكون (ني) ويلحق الفعل.

٦- إعراب جَمع المؤنَّث السالِم

لاحظ إعراب جمع المؤنث السالم في النصب والجر:

١	صادَفتُ سيّاراتٍ كثيرةً.	*I passed by many cars.*

في المثال ١ سيّاراتٍ جمع مؤنّث لِسيارة، لكن (كثيرةً) صِفة منصوبة لِسيّاراتٍ وهي مُفرَد مَنصوب أيضاً.

أمّا في المثال ٢ سيّاراتٍ جمع مؤنّث مَجرور وكَذلِك الصِفة بالمُفرَد (كثيرةٍ).

٢	نَظَرتُ إلى سيّاراتٍ كَثيرةٍ.	*I looked at many cars.*

في حالة الجَرّ، علامة إعراب المَجرور وصِفته هو التَنوين بالكَسرة.

٧- اسم المَوصول الخاصّ

تُطابِق أسماء المَوصولة الخاصّة (الّذي / الّتي / الّذين / اللذان / اللتان) الاسم المَوصوف في التَذكير والتأنيث والتّثنية والجمع.

> **مُلاحَظة**
>
> يُستخدَم الاسم المَوصول الخاصّ بشَرط أنّ المَوصوف معرفة.

١	أعرِفُ كُلَّ الأشْخاصِ الّذينَ حَضَروا.	*I know all of the people who came.*
٢	أعرِفُ أشْخاصاً حَضَروا دونَ دَعوة.	*I know people who came without an invitation.*

حينَ نُقارِن المَثال ١ والمِثال ٢، نُلاحظ أنّنا نَحتفظ بالاسم المَوصول في التَرجمة بالإنكليزيّة على الرغم من أنّه يُحذَف في النَصّ العَربيّ الأصليّ.

٨- إذا الفُجائيّة lo and behold

لا نودّ أن نَخلِطَ (confuse) بين إذا الفُجائيّة وإذا الشَرطيّة فَلَهما دلالتان مُختلفتان تماماً. تُعبر إذا الفُجائيّة على شيء سَريع التَحقيق أي أنّ هذا الشيء قد حَدث بِسرعة وبشكل غير مُتوقّع. غالباً ما يسبُقها حَرفا العَطف وَ أو فَـ وتليها جُملة اسميّة غالباً ما تَبدأ بحَرف الجَرّ بِـ.

نَظَرتُ مِن النافِذةِ فإذا بـي أرى كَلْباً كَبيراً.	*I looked out the window and lo and behold I saw a huge dog!*

٩- صيغة اسم التَفضيل من الفِعل المُضعَّف

بَعض الكَلمات في العَربيّة حَرفاها الثاني والثالث هو نَفس الحَرف أي أنّه حَرف مُتكَرّر. انظُر الأمثلة أدناه:

من صيَغ اسم التَفضيل			
جَديد	⇐	ليس ~~أجْدَد~~	أجَدُّ
لَذيذ	⇐	ليس ~~ألذَذ~~	ألَذّ
شَديد	⇐	ليس ~~أشْدَد~~	أشَدُّ
عَزيز	⇐	ليس ~~أعْزَز~~	أعَزُّ

كَما تَرى في الأمثِلة في الصَفحة السابِقة، ليس علينا إلا أن ١- نَضع ألفاً أمام الصِفة و٢- نحذف حَرف الياء والحَرف الأخير و٣- نُشدّد الحَرف الأخير كي يُصاغ اسم التَفضيل.

١٠- صيغة اسم المَفعول

بِاعتِبار أنّ العَديد من حالات اسم المَفعول وَرد في نَصّ القِراءة الرئيس، قد يستحسن أن نُراجعه وكيفيّة اشتِقاقه من الفِعل الثُلاثيّ (أي الوَزن الأوّل). يُقدّم الجَدوَل أدناه بَعض الأمثِلة لاسم المَفعول من الفِعل غير الثلاثي (أي الوَزن الثاني إلى العاشر) عسى أن تُساعدك في تَحديده وصيغته.

أوزان اسم المَفعول			
I	مَفعول	مَكتوب	*written*
II	مُفَعَّل	مُخَيَّم	*camp*
III	مُفاعَل	مُحاسَب	*being accountable*
IV	مُفْعَل	مُغلَق	*closed*
V	مُتَفَعَّل	مُتَعَلَّم	*learned, acquired*
VI	مُتَفاعَل	مُتَناوَل	*attainable*
VII	مُنفَعَل	لا يوجَد	---
VIII	مُفْتَعَل	مُعْتَقَد	*believed; belief*
IX	مُفعَلّ	مُحْمَرّ	*reddish*
X	مُستَفْعَل	مَستَخْدَم	*used*

مُلاحَظة

يُصاغ اسم المَفعول من الفِعل غير الثُلاثيّ (أي في الوَزن الثاني إلى العاشِر) بِوَضع فَتحة قبل الحَرف الأخير. إليك نَموذج:

مُـ ـ ـَ ـ

١١- الأسماء الخمسة الخاصّة

ذو	فَمٌ	حَمٌ	أخٌ	أبٌ

آ- في الإضافة

تَختلف الأسماء الخمسة عن غيرها من الأسماء لأن علامة إعرابه حَرف عِلّة نيابةً عن الحَركات الثلاث المَعتادة. وعلامة إعرابها في حالة الرَفع هي الواو نيابةً عن الضَمّة وفي حالة النَصب، علامة إعرابها الألف نيابةً عن الفَتحة وفي حالة الجَرّ، علامة إعرابها الياء نيابةً عن الكَسرة.

الأسماء الخمسة			
في حالة الرَفْع	الضَمّ	⇌	ـو
في حالة النَصْب	الفَتْح	⇌	ا
في حالة الجَر	الكَسر	⇌	ـي

١	يَعيشُ أبو مَروان في مَزرَعةٍ.	*Abu Marwan lives on a farm.*
٢	زُرْتُ أبا مَروان.	*I visited Abu Marwan.*
٣	كَتَبتُ إلى أبـي مَروان.	*I wrote to Abu Marwan.*

مُلاحَظة

تُعرَب الأسماء الخمسة الخاصّة وَفْقَ النَموذج أدناه.:

حالةُ الجَر	حالةُ النَصْب	حالةُ الرَفْع
___ + ي	___ + ا	___ + و

ب- حالات خارِج سياق الإضافة

حين تكون هذه الأسماء الخمسة مُفردةً وليست مُضافة، فأنّها تُصرَّف مِثل أي اسم آخر بِالعَربيّة:

٤	هذا أبٌ وابنتُه.	*This is a father and his daughter.*
٥	رأيتُ أباً وابنتَه.	*I saw a father and his daughter.*
٦	مَرَرتُ بأبٍ وابنتِه.	*I passed by a father and his daughter.*

لِماذا تَعتقِد أنّ كُلّ الأمثِلة أعلاه علامة إعرابها التَنوين؟ إذا قُلت، لأنّها نكرة، فأنّك مُحِق (أي على صواب)!

هيّا نسلّط الضوء على صيغة التّثنية بالنسبة إلى الأسماء الخمسة الخاصّة، وهذه الحالة شائعة جدّاً في العَربيّة بما أنّ كَثيراً من الناس لديهم أخوان اثنان.

ج- كَلمة أخٌ في صيغة المُثنّى

بِاستِخدام كَلمة أخ نَموذجاً، نَستطيع أن نَرى كيف تَتصرّف الأسماء الأخرى من هذه المَجموعة في التّثنية:

٧	جاءَ الأخَوانِ.	حالة الرَفع	*The two brothers came by.*
٨	رأيتُ الأخَوينِ.	حالة النَصب	*I saw the two brothers.*
٩	كَتَبتُ إلى الأخَوينِ.	حالة الجَرّ	*I wrote to the two brothers.*

مُلاحَظة

إذا أردت أن تَقول إنّ عِندك أخوان، فقط عليك أن تَتبع هذا النَموذج:

لي أخَوان / عِندي أخوان

لَيس عليك إلا أن تَزيد ان بعد كَلمة أخو.

د- كَلمة أخٌ في صيغة المُثنّى في الإضافة

لا تَنسَ أنّ نون المُضاف تَسقط في صيغة المُثنّى. هيّا نُلقي نَظرة إلى المُثنّى مع ضَمير المُتكلّم المُتصلّ:

١٠	جاءَ أخَوايَ.	My two brothers came by.
١١	رأيتَ أخَوَيَّ.	You saw my two brothers.
١٢	كَتَبتُ إلى أخَوَيَّ.	I wrote to my two brothers.

إليك نَموذجاً إذا دخلت ضمائر مُتصلّة أخرى (غير أنا) على الأسماء الخمسة:

١٣	جاءَ أخَواكَ.	Your two brothers came by.
١٤	رأيتُ أخَوَيْكَ.	I saw your two brothers.
١٥	كَتَبتُ إلى أخَوَيْنا.	I wrote to our two brothers.

ه- جَمع الأسماء الخمسة الخاصّة

إليك نَماذج جَمع التَكسير لِلأسماء الخَمسة الخاصّة:

جَمْعُ الأسماء الخمسة		
أبٌ	⇐	آباء
أخٌ	⇐	إخْوة
حَمٌ	⇐	أحْماء
فَمٌ	⇐	أفواه
ذو	⇐	أذواء

تأمّل الجُمل الآتية الّتي تُبيّن حالة إعراب جَمع التَكسير مع الأسماء الخَمسة:

١٦	هؤلاء إخوةٌ لَكُم.	حالة الرَفع	These are brothers of yours.
١٧	شاهَدنا آباءَنا يَفعَلونَ ذلِكَ.	حالة النَصب	We saw our fathers doing that.
١٨	سَمِعتُ ذلِكَ مِن أفواهِ العُلَماء.	حالة الجَرّ	I heard this from the mouths of scholars.

مَثَلٌ عربي يُستخدم للتعبير عن تقدير ما قاله شخص ما:

سَلِمَ فوكَ! أو لا فُضَّ فوك!	*May your mouth be safe! (literal);* *Bravo! Well said! (functional)*

مُلاحَظة

لا يُستخدَم الاسم ذو إلاّ في صيغة المُضاف:

١٩	عَدنانُ ذو مالٍ.	*Adnan is (a man) of wealth (= wealthy).*
٢٠	عَدنانُ ذو مواعيدَ دَقيقةٍ.	*Adnan is of precise appointments (= punctual).*

مُلاحَظة

تَذكّر أنّ الاسم فَمٌ لا يُصرَّف مثل الأسماء الأربعة الأخرى إلاّ إذا سَقطت الميم النهائية وتَبقى الفاء وَحدها.

تمرين ١٧

اِختَرِ التكملة المناسبة لهذه الجمل المحتوية على الأسماء الخمسة:

١- وصل ______________ على الطائرةِ نفسِها.

☐ الأخَوانِ ☐ الأخَوَيْنِ ☐ الأخانِ ☐ الأخَينِ

٢- تِلكَ سيّارةُ ______________ سَعيد.

☐ أب ☐ أبا ☐ أبو ☐ أبي

٣- لا أعلم لماذا وضعَت القلمَ في ــــــــــــ.

☐ فِها ☐ فيها ☐ فاها ☐ فوها

٤- أتعرِفُ الرَجلَ ــــــــــــ الشَعرِ الأسوَد.

☐ ذو ☐ ذا ☐ ذي ☐ ذوا

٥- هذا ــــــــــــ وأختُه.

☐ أخٌ ☐ أخو ☐ أخا ☐ أخي

٦- هذا الطعامُ سيذهب لمَلءِ ــــــــــــ أطفالِ العالَم.

☐ أفهام ☐ أفياه ☐ أفواه ☐ فُواه

تمرين ١٨

حَوّل الجُمَل الآتية إلى العَربيّة مُستخدِماً الأسماء الخمسة الخاصّة فيها:

1. This letter is for your father.
2. I have a brother who lives in Alaska.
3. Are these your two brothers?
4. How many brothers do you have?
5. هاني is a man with a great deal of problems.

١٢- حَرف الجَرّ بِـ في حالة الظَرف

يُستخدَم حَرف الجَرّ بِـ هذا لوَصف ظَرف الفِعل ونَجد مقابله بالإنكليزيّة في الفكرة النحوية (adverb). مَعناه الحَرفيّ (with) ويَدُلّ على التَعبير (with + verbal noun) نحو (with + speed = quickly) أو (with + slowness = slowly)

١	بَدَأ الكَلْبُ ينبَحُ بِشَراسة.	*The dog started to bark viciously (with viciousness).*
٢	فَتَحتُه بِسُرعةٍ.	*I opened it quickly (with speed).*

١٣- أفعال الشُروع والرَجاء والمُقارَبة

في هذا الباب، نُقدّم ثلاث قَواعِد نَحويّة لتَسهيل استِخدام الأفعال من هذه المَجموعة:

آ- يُصرَّف الفِعل كادَ في الماضي (المِثال ١) والمُضارع (المِثال ٢):

١	كادَت الحَرارةُ تَصِلُ إلى ٩٦ دَرَجة.	*The temperature almost reached 96 degrees.*
٢	تَكادُ المَشاكِلُ لا تَنتَهي.	*Problems almost never end.*

ب- لا تَتطلّب أفعال الشُروع وُجود أنْ المَصدَريّة كي تُقدّم الخَبَر:

٣	بَدَأَ الطُلاّبُ يَصِلونَ إلى حَرَمِ الجامِعةِ.	*Students started to arrive on campus.*

ج- وُجود أنْ المَصدَريّة كي يُقدّم خَبَر عَسى وكادَ اِختياريّ وليس لَها أي وَقع على مَعنى الجُملة:

٤	عَسى الطائِرةُ تَصِلُ في مَوعِدِها.	*Perhaps the plane will arrive on time.*
٥	عَسى الطائِرةُ أنْ تَصِلَ في مَوعِدِها.	*Perhaps the plane will arrive on time.*

تمرين ١٩

اختَر التكملة المناسبة لهذه الجمل المحتوية على أفعال الشُروع والرَجاء والمُقارَبة:

١- كادَت ريما ______________ مَوعِدَ طَبيبِ الأسنان.
☐ نَسيَت ☐ أن تَنسى ☐ نِسيان

٢- شَرعَت مدينة بيروت ______________ شوارع جديدة.
☐ تَبني ☐ أنْ تَبني ☐ بَنَت

٣- عساكَ ______________ في هذا الكتاب ما تريد.
☐ أنْ تجِد ☐ وجدتَ ☐ وُجود

٤- بدأنا ______________ إلى أصدقائنا دَعوات لحفلة تخرُّج سميرة.
☐ نكتبُ ☐ أنْ نكتبَ ☐ نكتبَ

تمرين ٢٠

المُحادَثة: اِسأل مَن في الصَفّ ____________، مُستخدِماً الكَلمات في المُربّعات أدناه:

عسى	عساني	عساك	كاد	كِدْتُ	كِدْتَ	بدأ	شرع

1. almost got into an accident this morning
2. started studying Arabic last year
3. hoping to graduate next year
4. almost ready to graduate
5. about to buy a house
6. about to move to another residence

١٤ – الإدغام Assimilation

حين يَنتهي حَرف الجَرّ بِحَرف النون (مِثل عَن أو مِن) وتليه كَلمة تَبدأ بحَرف ميم، فتُدغَم النون في الميم ويَجرّ الاسم بَعده. أمّا كِتابةً، فيُغير الإدغام شَكل الكَلمة كالآتي:

عَنْ + ما	⇐	عَمّا	*about what*
مِنْ + ما	⇐	مِمّا	*of what*
مِنْ + مَن	⇐	مِمَّن	*from whom*

١٥ -نَفي الفِعل المُضعَّف باستِخدام لَمْ

يُنفى الفِعل الماضي بِاستِخدام لَمْ ويكون الفِعل بَعدها مَجزوم (مِثال: لَمْ يُكْتَبْ)، أمّا الفِعل المُضعَّف فيُجزَم الفَتحة كالآتي:

لَمْ	يَدُلَّ
	يَمُرَّ
	يَظُنَّ
	يَرُدَّ
	يَمُدَّ

تمرين ٢١

آ- **أجِب عن الأسئلة وَفق نَصّ الاستماع:**

١- ما الفكرة الرئيسة في نص الاستماع؟

٢- حدِّد بعض الأفكار الثانوية.

٣- اكتب عنواناً لهذه القصّة.

٤- صِف طقس ذلك اليوم.

٥- لماذا اضطرّ الزوج إلى الخروج مساءً في ذلك اليوم؟

٦- صِف حال الزوج حين عاد إلى البيت.

ب- **أكمِل الجمل الآتية بالاخيار المناسب وَفق نَصّ الاستماع:**

١- خرج الرجل إلى السوق ______________ .

☐ لأنّ الطقس حارّ وماطر ☐ لأنّه لم يخرج طول النهار

☐ لأنّ أصدقاءَه سيحضرون ☐ لأنّه يريد زيارة بعض الأصدقاء

٢- عُمُرُ نبيل ______________ .

☐ سنتان ☐ أربع سنوات ☐ ست سنوات ☐ عشر سنوات

٣- وضع الرجل ابنَه في السيّارة ______________.

☐ على كرسي ☐ على الأرض ☐ في المقعد الأماميّ ☐ إلى جانبه

٤- أوقف الرجل سيّارته ______________ .

☐ أمام ☐ مُقابِل ☐ خلف ☐ جانب

٥- نسي الرجل مفاتيحه في ______________ .

☐ السيّارة ☐ البيت ☐ الدكّان ☐ الطريق

٦- كان على الشرطة أن تكسر زجاج نافذة السيّارة لأن ______________.

☐ الرجل كان خارج السيّارة ☐ المفاتيح كانت مع الرجل

☐ الطِفل كان في السيّارة ☐ الناس حاولوا أن يفتحوا السيّارة

ج- لخِّص نَصّ الاستماع بحوالى مئة كَلمة.

د- اكتُب «خطأ» أو «صواب» إلى جانب كلّ جملة ثمّ صحّح الجمل الخطأ:

١- ظنت الزوجة أنّ خروجَ زوجِها مساءً شيء حسن.
٢- ذهب الابن إلى السوق لشراء الحلوى لوالديه.
٣- كسر الناس زجاج نافذة السيّارة لأنّ الرجل أوقفها في الشارع المقابل.
٤- وصل الأصدقاء إلى دار الزوجين في موعدهم.

المُفْرَدات

إبهام	ج	أباهيم	(n., m.)	thumb
إجازة	ج	إجازات	(n., f.)	vacation
أدارَ	(يُديرُ)	إدارة	(v.)	to start (s.th.), to turn (s.th.) on
أدرَكَ	(يُدْرِكُ)	إدْراك	(v.)	to attain, to reach, to realize
أُذُن	ج	آذان	(n., f.)	ear
اِرتاحَ	(يَرتاحُ)	اِرتياح (مِن)	(v.)	to take a break (from)
اِرتَبَكَ	(يَرتَبِكُ)	اِرتِباك	(v.)	to be embarrassed/confused
اِرتَجَفَ	(يَرتَجِفُ)	اِرتِجاف	(v.)	to tremble, to shiver, to shudder
اِستِثناء	ج	اِستِثناءات	(n., m.)	exception
اِستَرخى	(يَستَرخي)	اِستِرخاء	(v.)	to relax
اِنطَلَقَ	(يَنطَلِقُ)	اِنطِلاق	(v.)	to disembark, to set out for
أنْف	ج	أنوف	(n., m.)	nose
أوقَفَ	(يوقِفُ)	إيقاف	(v.)	to stop, to park
بِنْصر	ج	بَناصر	(n., m.)	ring finger
بَينَما			(conj.)	while, whereas
تَراجَعَ	(يَتَراجَعُ)	تَراجُع	(v.)	to retreat, to withdraw
تُرى	يا تُرى		(excl.)	I wonder
تَزايَدَ	(يَتَزايَدُ)	تَزايُد	(v.)	to intensify, to grow greater
تَصَبَّبَ	(يَتَصَبَّبُ)	تَصَبُّب (عَرَقاً)	(v.)	to flow, to pour forth; to sweat
جَبين	ج	جِباه / أَجْبُن	(n., m.)	forehead

to dare, to have courage	(v.)	جُرأة	(يَجرُؤُ)	جَرُؤَ
tractor	(n., m.)	جَرّارات	ج	جَرّار
bell, ringer	(n., m.)	أجْراس	ج	جَرَس
chain	(n., m.)	جَنازير	ج	جِنزير
eyebrow	(n., m.)	حَواجِب	ج	حاجِب
fortune, luck, lot, fate	(n., m.)	حُظوظ	ج	حَظّ
real	(adj.)			حَقيقيّ
to be furious, to be full of rage	(v.)	حَنَق	(يَحنَقُ)	حَنِقَ
to fear, to dread, to be afraid/scared	(v.)	خَوْف	(يَخافُ)	خافَ
to be ashamed, embarrassed	(v.)	خَجَل	(يَخجَلُ)	خَجِلَ
cheek	(n., m.)	خُدود	ج	خَدّ
little finger	(n., m.)	خَناصر	ج	خِنصر
to turn, to revolve	(v.)	دَوَران	(يَدورُ)	دارَ
to invite, to call, to summon	(v.)	دُعاء	(يَدعو)	دَعا
invitation	(n., f.)	دَعَوات	ج	دَعْوة
arm	(n., f.)	أذْرُع	ج	ذِراع
chin	(n., m.)	ذُقون	ج	ذَقْن
wonderful	(adj.)			رائِع
to pick up, to raise, to lift	(v.)	رَفْع	(يَرفَعُ)	رَفَعَ
to increase	(v.)	زِيادة	(يَزيدُ)	زادَ
glass	(n., m.)			زُجاج

button, push button	(n., m.)	أزْرار	ج	زِرّ
leg, thigh	(n., f.)	سيقان	ج	ساق
drape, curtain	(n., f.)	سَتائِر	ج	سِتارة
to write down, to register	(v.)	تَسجيل	(يُسَجِّلُ)	سَجَّلَ
moustache	(n., m.)	شَوارِب	ج	شارِب
to curse, to swear, to call names	(v.)	شَتْم	(يَشتُمُ)	شَتَمَ
intense, powerful	(adj.)	أشِدّاء	ج	شَديد
vicious, fierce	(adj.)	شَرِسون	ج	شَرِس
to begin, to start, to commence	(v.)	شُروع	(يَشْرَعُ)	شَرَعَ
to feel, to have a feeling	(v.)	شُعور	(يَشعُرُ)	شَعَرَ
hair	(n., m.)	أشْعار	ج	شَعْر
to come across, to meet by chance	(v.)	مُصادَفة	(يُصادِفُ)	صادَفَ
huge, great	(adj.)	ضِخام	ج	ضَخْم
to press, to push, to pressure	(v.)	ضَغْط	(يَضغَطُ)	ضَغَطَ
doorstep, threshold	(n., f.)	عَتَبات	ج	عَتَبة
meter, counter	(n., m.)	عَدّادات	ج	عَدّاد
to perspire, to sweat	(v.)	عَرَق	(يَعرَقُ)	عَرِقَ
midafternoon	(n., m.)	أعْصار	ج	عَصر
box, case, carton	(n., f.)	عُلَب	ج	عُلبة
to hang, to suspend, to attach	(v.)	تَعليق	(يُعَلِّقُ)	عَلَّقَ
neck	(n., m.)	أعْناق	ج	عُنُق

to get angry, to be furious	(v.)	غضب	(يَغضَبُ)	غَضِبَ
to break off a relationship, to interrupt	(v.)	مُقاطَعة	(يُقاطِعُ)	قاطَعَ
to decide	(v.)	تَقرير	(يُقَرِّرُ)	قَرَّرَ
to knock, to rap	(v.)	قَرْع	(يقرَعُ)	قَرَعَ
to spend (time), to pass (time)	(v.)	قَضاء	(يَقضي)	قَضى
shoulder	(n., f.)	أكْتاف	ج	كَتِف
palm (of a hand)	(n., m.)	كُفوف / أكُفّ	ج	كَفّ
to notice, to take note	(v.)	مُلاحَظَة	(يُلاحِظُ)	لاحَظَ
to curse, to damn	(v.)	لَعْن	(يَلعَنُ)	لَعَنَ
curse	(n., f.)	لَعَنات	ج	لَعْنة
cursed, damned, detested, evil	(adj.)	مَلاعين	ج	لَعين
responder	(n., m.)	مُجيبون	ج	مُجيب
engine, motor	(n., m.)	مُحَرِّكات	ج	مُحَرِّك
frightening, intimidating	(adj.)			مُخيف
to stretch (out), to reach, to extend	(v.)	مَدّ	(يَمُدُّ)	مَدَّ
tied, bound, fastened	(pass. p.)			مَربوط
drawn (a curtain)	(pass. p.)			مُسدَل
turned off, extinguished	(pass. p.)			مُطفَأ
to fill, to fill up	(v.)	مَلْء	(يَملأُ)	مَلأَ
the extreme, the utmost	(n., m.)			مُنتَهى
unlucky, unfortunate, ill-fated	(pass. p.)	مَناحيس	ج	مَنحوس

to bark	(v.)	نُباح (يَنبَحُ)	نَبَحَ
result, outcome	(n., f.)	نتائج ج	نَتيجة
to vent (frustrations)	(v.)	تَنفيس (يُنَفِّسُ)	نَفَّسَ
s.o. venting	(act. p.)		مُنَفِّس
light (not dark)	(n., m.)	أنوار ج	نور
to threaten	(v.)	تَهديد (يُهَدِّدُ)	هَدَّدَ
loneliness, being alone	(n., f.)		وَحدة
fuel	(n., m.)		وَقود

الشَعر
الجَبين
الحاجِب
الأنف
العين
الأذن
الرَقبة
الفَم

الرأس
الكَتِف
الصَدْر
البَطْن
اليَدّ
الرِجل
القَدَم

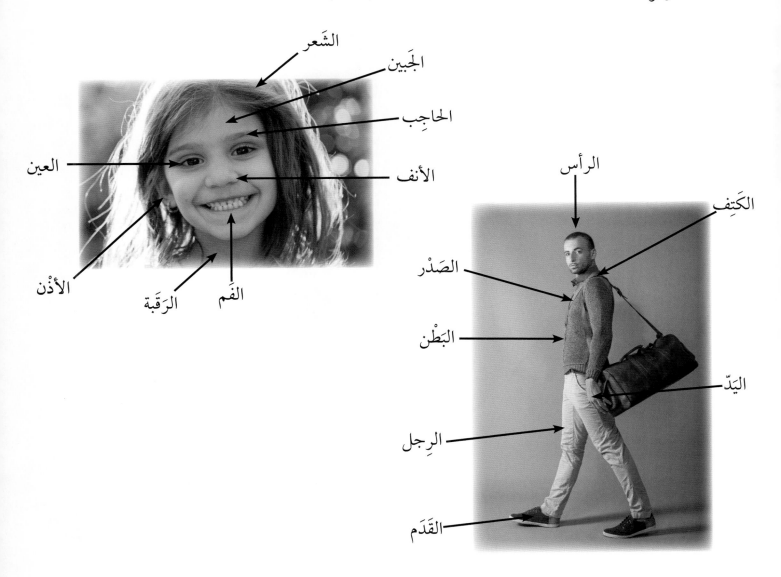

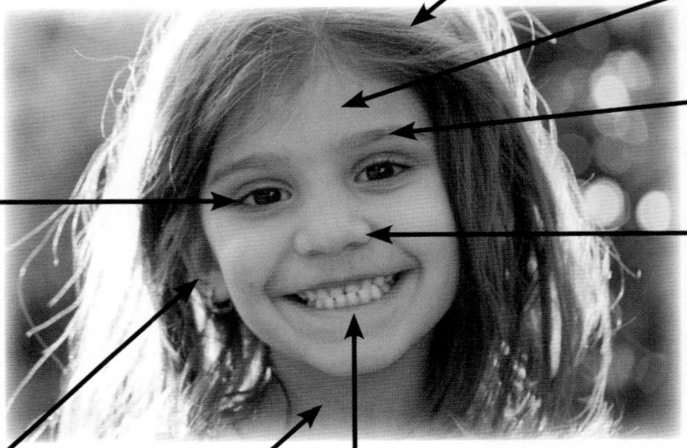

الدَرْسُ الثالِث عشر

أهداف الدرس

- تَعريف اِستِخدام حَرف لَوْ الامتِناع للامتِناع
- وَصف التَمنّيات والرَغبات والآمال والأحلام
- تَعريف العِبارات الآتية: بيني وبين نفسي، بَدَلاً مِن، في يوم من الأيّام
- **إعادة النَظر في:** اسم التَفضيل المُؤنّث، الفِعل جَعَلَ والأفعال الّتي لا تُستعمَل إلاّ في صيغة المَبني لَلمَجهول
- **مُراجَعة القَواعد:** المُضارع المَرفوع والمنصوب والمجزوم، إذا، لو، الاسم الموصول، كاد

رُكن المُفْرَدات الجَديدة

أخْبَرَ (يُخْبِرُ) إخْبار	*to inform*
اُضْطُرَّ (يُضْطَرُّ) اِضْطِرار (إلى)	*to be forced (to)*
بَدَلاً (مِن)	*instead (of)*
تَذَكَّرَ (يَتَذَكَّرُ) تَذَكُّر	*to remember*
تَطابَقَ (يَتَطابَقُ) تَطابُق	*to be matched, to be in agreement*
ثَرْوة ج ثَرَوات	*fortune, riches*
حَلَم (يَحْلُمُ) حُلْم	*to dream*
رأيٌ ج آراء	*opinion*
قارَنَ (يُقارِنُ) مُقارَنة	*to compare, to contrast*
مُؤَخَّراً	*lately*
مَعْمَل	*factory*
مُفاجِئ	*surprising*
يانَصيب	*lottery*

تمرين ١

وافِق بين كُلِّ كَلِمة في العمود الأيمن ومضادتها في العمود الأيسر واكتبهما في الوسط:

١-	مُسِنّ		حُزْن
٢-	ذَهاب		صَحيح
٣-	سَعادة		مَقعَد
٤-	فَقير		شاب
٥-	مَريض		إياب
			غني

تمرين ٢

وافِق بين كلمات من العمودين واكتب الأزواج الستة في الوسط:

١-	موقِف		يانصيب
٢-	أجر		جوارِب
٣-	حِذاء		سَفَر
٤-	مُساعَدة		حافِلة
٥-	سَحْب		دواء
٦-	مَريض		إعانة
			نُقود

حُلم وحَقيقة

سهام عاملة بسيطة في معمل صغير للجوارِب. لم تتخرّج من المدرسة الثانوية لأنها تركَتها كي تساعدَ أباها في مصروف البيت، فَراتِبُه قليل لا يكفي أُسرته الكبيرة. سهام فتاة شابة في الثامنةَ عشْرةَ من عمرها وهي أكبر إخوتها وأخواتها. لها أخوان وثلاث أخوات ما زالوا في المدرسة.

تركب الحافلة حالمةً بربح اليانصيب

تعمل سهام ثماني ساعات في اليوم، ستّةَ أيّام في الأسبوع. تركَب الحافلة كلّ يوم صباحاً من موقفٍ قُربَ دارها إلى المعمل وتستغرق رحلة الذهاب ثلاثة أرباع الساعة ومثلها في الإياب. خلال الرحلة لا تنظر سهام إلى الركّاب الآخرين ولا إلى الطريق بل تحلُم دوماً أحلاماً حلوة. تحلُم أحياناً أنها عادَت إلى المدرسة تدرس وتمرح مع صديقاتها، وتحلُم أيضاً أنّ صاحِب المعمل أُعجِب بعملها وجعلها مُراقِبة على العاملات ورفع راتِبها خمسين بالمئة. كانت تقول بينها وبين نفسها: «لو كنت صاحبة المعمل لَرفعتُ أجور العاملات وجعلتهُنَّ يعملْنَ خمسة أيّام في الأسبوع بدلاً من ستّة».

بدأت سهام مؤخّراً شراء بطاقة يانصيب مرّة في الأسبوع، ومنذ ذلك الوقت صارَت أحلامها تدور حول الأمور الّتي تنوي أنَ تفعلَها إذا ربِحَت الجائزة الكُبرى.

«ماذا أعمل لو ربحت الجائزة الكبرى»

قالَت لِنفسها: «إذا ربِحتُ الجائزة الكُبرى فَسأشتري لنفسي مَلابِس أنيقة وأحذية غالية وحُلِيّاً، وربّما اشتريتُ سيّارة أذهب بها إلى عملي . . . لكن لا، لن أعمل بعد أن أربح الجائزة الكُبرى. سأذهب بالسيّارة إلى صديقاتي أزورهُنَّ وإلى السوق أشتري منها كلّ ما يُعجبني. وربّما أسافر إلى أوروبا وأرى روما وباريس ولندن. إذا ربِحتُ الجائزة الكُبرى فسوف أكون أسعد فتاة على وجه الأرض».

في يوم من الأيّام في طريق العودة إلى دارها توجّهَت نحوَ دُكّان أبي خليل كَعادتها كَيْ تَشتريَ بِطاقة يانصيب. لكنّها توقّفَت أوّلاً أمام الواجهة الزُجاجية لتقارن الرقم الرابح برقم بِطاقتها. فإذا بالرقمين يتطابقان. غمرها شعور غريب وكاد يُغمى عليها من الفَرَح، وركضَت بأقصى سرعة إلى البيت لتُخبِر أمّها وأباها وإخوتها.

مساء ذلك اليوم جلسَت في سريرها تفكّر ماذا تفعل بهذه الثروة المفاجئة. أتنزل إلى السوق قبل كلّ شيء في اليوم التالي وتشتري كلّ ما كانت تتمنّاه؟ ثمّ قالَت في نفسها: « يجب أوّلاً أن أساعد أهلي. سأشتري لهم داراً وأثاثاً». ثمّ تذكّرَت خالها المريض الّذي اُضطُرَّ أن يترك عمله، وهو بحاجةٍ شديدةٍ إلى المساعدة. «سأبعث له مبلغاً من المال كَيْ يشتريَ الدواء ويصرفَ على أسرته ونفسِه. هناك أيضاً جارتنا أمّ خالد، وهي امرأة مُسنّة وفقيرة. سأستأجر لها خادمة تساعدها في البيت وتطهو لها طعامها».

تشتري كلّ ما تتمنّاه

حَسَبَت سهام المبلغ اللازم لكلّ ذلك فوجدَت أنّه لا يكاد يكفي لشراء بيت وأثاث لأهلها ومساعدة خالها وإعانة أمّ خالد. ولن يبقى لها شيء من المال لشراء المِلابس الجديدة والأحذية الغالية والحُليّ والسيّارة والسَفَر إلى أوروبا الّذي وعدَت نفسَها به.

حُليّ

في صباح اليوم التالي كانَت سهام تجلِس في مقعدها بالحافلة في طريقها إلى مَعمَل الجوارِب تحلُم بالمَلابِس وبالأحذية وبالحُليّ وبالسيّارة الّتي سوف تشتريها وبالبُلدان الأوروبية الّتي سوف تزورها إذا ربِحَت في السحب مرّة ثانية.

تمرين ٣

اختَرِ الكَلِمة الّتي لا تُناسِب باقي الكَلِمات في كُلِّ مَجْموعة وبَيِّن السَبَب:

١-	موقِف	راكِب	حافِلة	سائق	دواء
٢-	مُدير	خال	عامِل	مُراقِب	مَعمَل
٣-	بيت	دار	أثاث	سَرير	نَفْس
٤-	مَصروف	أسرة	أمّ	أب	إخوة

تمرين ٤

للمحادثة: اِحكِ قِصّة لزميلك تشرح رأيك في رَبْح اليانصيب. قد تُساعدك الأسئلة الآتية في القيام بالحوار:

١- ما رأيك في رَبْح جائزة اليانصيب الكبرى والحصول على ثروة مفاجئة؟
٢- هل تعتقد بأن الحصول على الأموال فجأةً وبدون تعب شيءٌ إيجابي أم سلبي في حياة الإنسان؟ ولماذا؟
٣- كم مرّة تشتري بطاقات يانصيب في الأسبوع أو الشهر؟
٤- على أيّ شيءٍ تصرف مالَك؟
٥- هل رَبِحت في اليانصيب في حياتك؟ متى وماذا ربحت؟
٦- ما أحلامك في حياتك؟

تمرين ٥

أجِب عن الأسئلة الآتية وَفق نَصّ القِراءة:

١- ما الفكرة الرئيسة لهذا الدرس؟
٢- هات بعض الأفكار الثانويّة من القصّة.
٣- لماذا لا تنظر سهام إلى الطريق أو الركّاب الآخرين حين تكون في الحافلة؟
٤- متى ستكون سهام أسعد فتاة على وجه الأرض؟
٥- ماذا فعلَت سهام بالمال الّذي ربِحَته؟

تمرين ٦

اكتُب «خطأ» أو «صواب» إلى جانِب كلّ جُملة ثمّ صحِّح الجمل الخطأ:

١- جَعلَ صاحبُ المَعمل سهام مراقبةً.

٢- أمّ خالد هي خالة سهام الغنيّة.

٣- تُساعِد سهام أباها في مَصروفِ البيت.

٤- زارت سهام بُلداناً أوربية.

٥- سوف تَشتري سهام أحذية غالية.

تمرين ٧

أكمِل الجُمل الآتية بالاختيار المناسِب وَفق نصّ القِراءة:

١- أكمَلَت سهام تعليمها ________________.

☐ الابتدائي ☐ الإعدادي ☐ الثانوي ☐ الجامعي

٢ لوالد سهام ________________.

☐ ولَدان وأربع بنات ☐ ثلاث بنات وولدان

☐ ثلاث بنات وثلاثة أولاد ☐ بنتان وأربعة أولاد

٣- إذا ربِحَت سهام الجائزة الكُبرى باليانصيب فسوف ________________.

☐ تعود إلى المدرسة ☐ تعيش في أوروبا

☐ تساعد أهلها ☐ تصبح مراقبة على العاملات

٤- حصلَت سهام على بطاقة اليانصيب الرابحة من ________________ .

☐ جارتها أم خالد ☐ دكّان أبي خليل

☐ مَعمَل الجوارِب ☐ خالها المَريض

٥- يحتاج خال سهام إلى ________________ .

☐ دواء ☐ سيّارة ☐ بطاقة يانصيب ☐ خادمة

٦- تعمل سهام ________________ ساعة في الأسبوع.

☐ ٣٠ ☐ ٤٠ ☐ ٤٨ ☐ ٥٦

تمرين ٨

أعِد تَرتيب الكَلمات في كلّ مَجموعة لِتُشكّل جُملاً مُفيدةً:

١- اليانصيب	جديدةً	إذا	داراً	فسوف	ربِحتُ	أشتري	في
٢- شهرياً	خمسمئة	هل	مبلغ	دولار	يكفيك	مصروفاً؟	
٣- لنفسه	هذه	ماهر	أن	قال	يجب	السنة	أتخرّج
٤- دول	الدول	الفقيرة	الغنية	العالم	مساعدة	إلى	تحتاج

تمرين ٩

أوّلاً: أعِد تَرتيب الجُمل لِتُشكّل فِقرة مُترابطة (الجُملة الأولى في مكانها المناسب). ثانياً: تَرجم الفِقرة إلى اللغة الإنكليزيّة. ثالثاً: اكتُب عنواناً بالعربيّة لهذه القصّة. رابعاً: ابحث عن معاني الكلمات الّتي تحتها خط في قائمة المُفرَدات:

١- كان هشام معجباً جداً بفتاة اسمها دانة من أيّام المدرسة وشعر أنه يحبّها وتمنّى أن يتزوّجَها.

لذلك اتّصل بأبيها وشرح له قصّته وقال له إنّه يودّ الزواج من ابنته.

فلمّا طلبها هشام خطيبةً له وافقَت، ووافقَت أسرتها أيضاً.

لكن المشكلة أنه كان فقيراً ودانة من أسرة غنية فلم يفكّر بخطبتها.

لكنّ دانة أعجبها هشام بعد التعرّف عليه وشعرَت أنها قد أحبَته.

فسألها أبوها إن كانت تحبّ أن تراه حتّى تتعرّف عليه أكثر.

وافقَت دانة أن ترى هشاماً وأن يخرجا معاً لتعرف شعورها نحوه.

ردّ الأب أنّه يجب أن يسأل ابنته دانة أوّلاً.

فخرجا إلى المُتَنَزّهات معاً وإلى المطاعم وأحياناً إلى دار السينما.

حين تخرّج من الجامعة حصل على عمل جيّد في مصرف وبسرعة نجح في عمله.

لمّا سألها أبوها عن رأيها بهشام قالَت له إنها لا تعرفه جيّداً.

بعد أن نجح بعمله قال لنفسه إنّه يجِب أن يطلبها من أسرتها زوجةً له.

عِبارات مُفيدة

بَيْني وبَيْنَ نفْسي

يُستخدَم هذا القَول لتَعبير عن المحادثة الذاتية الّتي تَتمّ داخِل الإنسان. يُشبِه القَول الإنكليزيّ "between me and myself" وهذا ما قالت سِهام لِنَفسها مُستخدمةً صَوتها الداخليّ:

كانَتْ تَقولُ بَيْنَها وَبَيْنَ نَفْسِها: «لَوْ كُنْتُ صاحِبةَ المَعْمَلِ لَرَفَعْتُ أجورَ العامِلات . . .»	*Sihām would say to herself, "If I were the factory owner, I would raise workers' wages . . ."*

بَدَلاً مِن

هذا التَعبير مُفيد جَدّاً ومَعناه بالإنكليزيّة (instead of). إليك بَعض مُشتقاتها المُفيدة: تَبديل (alternating, switching) وتَبادَلَ (to exchange) واستَبدَلَ بـ (to substitute s.th. for s.th. else).

. . . وجعلتهُنَّ يعملْنَ خمسة أيّام في الأسبوع بدلاً من ستّة"	*". . . and made them work five days instead of six."*

في يَوْمٍ مِنَ الأيّام

يُستعمَل هذا التَعبير للإشارة إلى يَوم غير مُحدّد:

في يوم من الأيّام في طريق العودة إلى دارها . . .	*One day on her way home . . .*

تمرين ١٠

لِلمُحادثة: تَخيّل أنّك سِهام بالقصّة في هذا الدّرس. اِحكِ لزميلك ما تُريد أن تفعل بعد أن اكتشفت أنّ الحظ قد حالفك في رَبْح الجائزة الكبرى في اليانصيب.

القَواعِد

١- الأفعال الّتي لا تُستعمَل إلا في صيغة المَبني للمَجهول

تَعرّضنا، في هذا الكِتاب، لبَعض الأفعال الّتي لا تُستخدَم إلاّ في صيغة المَبني لِلمَجهول مِثال:

هُرِعَ　　جُنَّ

إليك فِعلَين آخرَين من هذا النَوع وَردا في هذا الدَرس:

١	أُضْطُرَّ أنْ يَتْرُكَ عَمَلَهُ.	He was forced to quit his job.
٢	كادَ يُغْمى عليها مِنَ الفَرَح.	She almost fainted from joy.

تُصرَّف الأفعال مِثل أُضْطُرَّ بِطَريقة خاصّة، لِذا نَقصِد إيضاح عَمليّة تَصريفها. كما هو الحال مع الفِعل المُضعَّف، أنّ الحَرف المُشدّد يَصير حَرفَين ظاهِرَين في الماضي في صيغتَي المُتكلّم والمُخاطَب.

	الماضي		المُضارِع
أنا	أُضْطُرِرْتُ	المُتَكَلِّم	أُضْطَرُّ
نَحْنُ	أُضْطُرِرْنا	المُتَكَلِّم	نُضْطَرُّ
أنْتَ	أُضْطُرِرْتَ	المُخاطَب	تُضْطَرُّ
أنْتِ	أُضْطُرِرْتِ	المُخاطَب	تُضْطَرِّينَ
أنْتُما	أُضْطُرِرْتُما	المُخاطَب	تُضْطَرّانِ
أنْتُنَّ	أُضْطُرِرْتُنَّ	المُخاطَب	تُضْطَرَرْنَ
أنْتُمْ	أُضْطُرِرْتُم	المُخاطَب	تُضْطَرّونَ
هو	أُضْطُرَّ	الغائب	يُضْطَرُّ
هِيَ	أُضْطُرَّت	الغائب	تُضْطَرُّ
هُما	أُضْطُرَّتا	الغائب	تُضْطَرّانِ
هُما	أُضْطُرّا	الغائب	يُضْطَرّانِ
هُنَّ	أُضْطُرِرْنَ	الغائب	يُضْطَرَرْنَ
هُمْ	أُضْطُرّوا	الغائب	يُضْطَرّونَ

٢- اسم التَفضيل المؤنَّث

يصاغ اسم التَفضيل المُذكّر على وَزن أفْعَل، لكن مؤنّثه لَه وَزن آخر، ألا وهو:

فُعْلى

لَقد وَرد في نَصّ القِراءة الرئيس مَثل في اسم التَفضيل المؤنّث:

١	إذا رِبحَتُ الجائزةَ الكُبرى . . .	*If she won the grand prize . . .*

هيّا نُقارِن بين اسم التَفضيل في التَذكير والتأنيث:

٢	أخي الأكْبَرُ	*my oldest brother*	أخْتي الكُبْرى	*my oldest sister*
٣	المَسْجد الأقْصى	*the farthest mosque*	السُرْعة القُصْوى	*top speed*
٤	الوَلَدُ الأصغر	*the youngest boy*	دَرَجةُ الحَرارةِ الصُغْرى	*the lowest temperature*

٣- الفِعل المُتَعدّي لِمَفْعولَيْن Doubly Transitive Verbs

هُناك بَعض الأفعال الّتي تَتعدى لَمفعولَين (أي يَكون لَها مَفعولان) أسوةً بالمَفهوم النَحوي الإنكليزيّ (direct and indirect objects) مثال (I gave John a book)، وفي هذه الجُملة، المَفعول به الأول (book) والمَفعول به الثاني هو (John). نَستطيع أن نُغيّر تَرتيب هذه الجُملة كي يَتبيّن لَنا السَبَب أنّ (book) هو المَفعول به الأوّل: (I gave a book to John) بِحيث (John) أصبح مَجرور الجار (to). تأمّل الفِعل أعْطى ووَظيفته في المِثالَين أدناه:

١	أعْطَيْتُ صَديقَكَ رَقْمَ هاتِفِكَ.	*I gave your friend your phone number.*
٢	أعْطَيْتُ رَقْمَ هاتِفِكَ لِصَديقِكَ.	*I gave your phone number to your friend.*

يُبيّن المِثالان ١ و٢ أعلاه أنّ المَفعول به الأوّل هو رَقْمَ هاتِفِك بينما نَجد أنّ صَديقَكَ هو المَفعول به الثاني. نَستطيع إيضاح هذه العلاقة النَحويّة بِنفس طَريقة الجُملة الإنكليزيّة.حين يوضَع المَفعول به الأوّل رَقْمَ هاتِفِكَ بعد الفِعل أعْطَيْتُ، نَرى أنّ المَفعول به الثاني يَتطلّب الجارّ لِـ مِثل الجُملة الإنكليزيّة تماماً.

إليك بَعض الأفعال المُتعدّية لِمَفعولَين المَعروفة لك:

ظَنَّ، جَعَلَ، عَلِمَ، وَجَدَ، أعْطى، سأل

هيّا نَتأمّل جُملة وَردت في نَصّ القِراءة الرئيس:

٣	جَعَلَ صاحِبُ العَمَلِ العامِلةَ مُراقِبةً.	*The boss made the worker a supervisor.*

نَرى، في المِثال ٣، أنّ فاعِل الجُملة «صاحِب العَمَل» والمَفعول به هو العامِلةَ والمَفعول به الثاني هو مُراقِبةً.

مُراجَعة القَواعِد

١- الفِعل المُضارع في حالة الرَّفع والنَّصب والجَزم

لَقد وَردت كُلّ حالات إعراب الفِعل المُضارع في نَصّ القِراءة الرئيس:

١	تَركَبُ الحافِلةَ.	**مُضارِع مَرفوع**	*She rides the bus.*
٢	كَي تُساعِدَ أباها . . .	**مُضارِع مَنصوب**	*In order to help her father . . .*
٣	لَمْ تَتخَرَّجْ مِنَ المَدْرَسةِ.	**مُضارِع مَجزوم**	*She didn't graduate from school.*

تَذَكَّروا

الفِعل الّذي يلي حَرف من هذه الحُروف مُضارع مَنصوب دائماً: حَرف + المُضارع المَنصوب

أنْ	لَنْ	كَيْ	حَتّى	لِـ

٢- جُملة الشَّرْط Conditional Sentences

كَما تَعلم، أنّ هُناك فَرق بَين استخدام أداتَي الشَرط إذا (للإمكان) ولَو (للامتِناع / غير الإمكان). وبِسَبَب موضوع هذا الدَرس، وَردت الأداتان في النَصّ. هيّا نُلقي نَظرةً عليهما في السياق:

	الشَرط	جواب الشَرط	
١	إذا ربِحتُ الجائزةَ الكُبرى.	فَسأشتري مَلابِسَ غاليةً.	*If I win the jackpot, I will buy expensive clothes.*

	جواب الشَرط	الشَرط	
If I were the boss, I would raise the workers' pay.	لَرَفعتُ أجورَ العامِلات.	لَوْ كُنتُ صاحِبةَ المَعمَلِ	٢

تتألّف جُملة الشَرط من الشَرط وجواب الشَرط سواء أكانت إذا أو لَو. ولكن هُناك فَرق مُهمّ بينهما من حيث الحَرف الّذي يَتقدّم على جُملة الجواب:

مُلاحَظة

إذا +	الشَرط	+ فَـ +	الجواب
لَوْ +	الشَرط	+ لَـ +	الجواب

٣- الاسم المَوصول

كَما تُلاحظ من تَسميته، يُعتبَر الاسم المَوصول اسماً في النحو العَربيّ التَقليديّ. ويُطابق الكَلمة الّتي تسبقه في الإعراب والتَذكير والتأنيث والتَثنية والجَمع

مُلاحَظة

يُستخدَم الاسم المَوصول بَعد كَلمة مَعرفة.

١	كَتَبْتُ إلى صَديقي الّذي يَعمَل في الكُوَيت.	I wrote to my friend who works in Kuwait.

في المِثال ١، نَرى أنّ كَلمة صَديقي مَعرفة، لِذا يُستخدَم الاسم المَوصول الّذي كي يُقدّم صِلة المَوصول، لكن ماذا يَحدُث إذا تَحوّل صَديقي إلى اسم نكرة؟ تأمّل مِثال ٢ أدناه:

٢	كَتَبْتُ إلى صَديقٍ يَعمَل في الكُوَيت.	I wrote to a friend [who] works in Kuwait.

تَختلِف اللُغة العَربيّة عن الإنكليزيّة الّتي تَتطلّب اسماً مَوصولاً ظاهِراً بعد اسم نكرة يُقدّم صِلة مَوصول بَينما تَتطلّب العَربيّة أن نَحذف الاسم المَوصول الّذي يأتي في نَفس الظُروف.

في اللُغة العَربيّة، كَما لاحظت، أنّ هناك عَدداً لابأس به من الأسماء المَوصولة وقد يُحيّرك هذا الشَيء. نأمل أن يوضِح الجَدول أدناه هذا الالتباس وأن يُفيدك في حِفظ الأسماء المَوصولة وتَسهيل استخدامها:

الأسماء المَوصولة الخاصّة			
	المُفْرَد	**المُثَنّى**	**الجَمْع**
المُذَكَّر	الّذي	اللّذانِ / اللّذَيْنِ	الّذينَ
المُؤَنَّث	الّتي	اللّتانِ / اللّتَيْنِ	اللاّتي / اللّواتي

تُعتبَر الأسماء المَوصولة في الجَدول أعلاه أسماء مَوصولة خاصة لأنها تَصِف عامِلاً مُحدّداً.
تَتمتّع اللُغة العَربيّة بأسماء مَوصولة عامة كَذلك:

الأسماء المَوصولة العامّة	
مَنْ	*who (for humans)*
ما	*what (for nonhuman)*

تُعتبَر هذه الأسماء المَوصولة غير مُحددّة لأنّها لاتَصِف عامِلا مُعيّناً.

٣	هَلْ تَعْرِفينَ مَن سَيَحْضُرُ اليَوْمَ؟	*Do you know who will come today?*
٤	لا أَسْتَطيعُ أنْ أقرأَ ما كَتَبْتُ.	*I cannot read what I wrote.*

٤- الفِعل كادَ من أفعال المُقاربة

يَدُلّ هذا الفِعل على حَدث يوشك الوُقوع أو فِعل يُقارب الحَدوث. ومِثلَ أخوات كان، هذا الفِعل يُقدّم جملة اسميّة:

١	كادَ الثَلْجُ أنْ يَنْزِلَ.	*Snow was about to fall.*
	وَكادَ يُغمَى عَلَيْها مِنَ الفَرَح.	*She almost fainted from joy.*

فاعِل الجُملة في المِثال ١ في الصفحة السابقة هو الثَلْجُ وخَبَره أنْ يَنْزِلَ. لاحظ أنّنا نَستطيع استخدام كادَ في المُضارع مِثل أخوات كان:

٢	لا يَكادُ راتِبُه يكفي أسرتَه.	*His salary is hardly adequate for his family.*
٣	لا يَكادُ يَكفي لِشراءِ بَيْتٍ وأثاثٍ لأهْلِها.	*It is hardly enough to buy a house and furniture for her family.*

٥- إذا الفُجائيّة

تُقدّم أداة إذا الفُجائيّة حَدثاً غير مُتوقّع وتَجد مُقابلها في الإنكليزيّة في التَعبير (lo and behold). ويَسبُقها أحد الحَرفَين الواو أو الفاء والجُملة الاسميّة الّتي تَليها غالباً ما يَتصدّرها حَرف الباء.

فإذا بالرَقَمَيْنِ يَتطابَقانِ!	*And lo and behold the two numbers matched!*

تمرين ١١

أعِد تَرتيب الكلمات في كلّ جُملة لتُشكّل جُملاً صحيحةً وَفق القواعِد أعلاه ثمّ تَرجمها إلى الإنكليزيّة:

١- فإذا فتحتُ يقِف بصديقي هناك الباب
٢- مِن الجديدَ تعرفون الأستاذَ أتانا هل تونس الّذي
٣- رئيسَ مَن أحَداً جعل نعرِف هذا النادي لا
٤- مُعتدِلٌ بلدٍ أعملَ في أنْ طقسُه أحبّ
٥- هذا أكاد لا أحداً في أعرِف المكان
٦- ما المُتحف أعجبني رأيت كلّ في
٧- أكتب لي لَها إذا فسوف كتبَتْ
٨- عَمَلِها سامية حتّى لَمْ إلى تَصِلْ الآن
٩- لَلبِستُ الطقسَ عرفتُ أنّ حارٌ لَوْ قَميصاً
١٠- يسكن معهم في هل الشقّة مَن تعرِفون؟

تمرين ١٢

المُحادثة: اسأل زملاءك في الصَفّ «مَن ____________»، مُستخدِماً الكَلمات الّتي في المُربّعات أدناه:

أُضْطُرّ	أعطى	إذا الشَرطيّة	إذا الفُجائية	لَوْ	كادَ

1. was forced to quit their job to study
2. gave a friend notes for class
3. made someone smile/laugh today
4. was looking for something and suddenly found it
5. almost didn't come to class today

تمرين ١٣

آ- **انظُر الكلمات الجديدة أوّلاً في المفردات (أنشأ، بَعْد، دَهشة، مُتَحَرِّك) ثمّ أجِب عن الأسئلة وَفق نَصّ الاستماع:**

١- حدِّد الفكرة الرئيسة في نص الاستماع.
٢- حدِّد بعض الأفكار الثانوية.
٣- في أيّ سنة تقريباً دخل التلفاز إلى دار الكاتب؟
٤- مَن أنشأ محطّة التلفاز؟
٥- ماذا كان أوّل برنامج شاهده هو وأسرته؟
٦- من شاهد التلفاز مع الأسرة في الليلة الأولى؟

ب- **لَخِّص نَصّ الاستِماع في حوالَي مئة كَلمة.**

ج- **اكتُب «خطأ» أو «صواب» إلى جانب كلّ جملة ثمّ صحِّح الجمل الخطأ:**

١- اشترى الأب تلفازاً لأسرته لأنّ أصدقاءهم وأقاربهم كان لديهم أجهزة تلفاز.
٢- شاهدت الأسرة أخباراً محلية فقط على التلفاز في الليلة الأولى.
٣- وافق الوالد على أن يشاهد أولاده التلفاز في المساء فقط.
٤- كانت مدّة الإرسال نحو عشر ساعات كلّ يوم.
٥- كانت دهشتهم بالتلفاز مثل فرحهم به.

د- أكمِل الجُمل وَفق نَصّ الاستماع:

١- سمع أولاد الأسرة أنّ ________________.

٢- رجا الأولاد أباهم أنْ ________________.

٣- كانت الأسرة تشاهد التلفاز في الظلام لأنهم كانوا يظنّون ________________.

٤- بدأ الإرسال التلفزيوني في شهر ________________.

مَدينة جَونيه في لُبنان

المـُفْرَدات

أخْبَرَ	(يُخْبِرُ)	إخْبار	(v.)	to tell, to inform
اِضْطُرَّ	(يُضْطَرُّ)	اِضْطِرار (إلى)	(v.)	to be compelled, to be forced (to)
أعان	(يُعينُ)	إعانة	(v.)	to help, to assist, to aid
أُغْميَ	(يُغْمى)	إغْماء	(v.)	to lose consciousness, to faint
بَدَلاً (مِن)			(adv.)	instead (of)
بَعَثَ	(يَبْعَثُ)	بَعْث	(v.)	to send, to dispatch
تَذَكَّرَ	(يَتَذَكَّرُ)	تَذَكُّر	(v.)	to remember
تَطابَقَ	(يَتَطابَقُ)	تَطابُق	(v.)	to match, to fit, to agree
ثَرْوة	ج	ثَرَوات	(n., f.)	fortune, riches
جار	ج	جيران	(n., m.)	neighbor
حَسَبَ	(يَحْسُبُ)	حِساب	(v.)	to calculate, to reckon
حَلَمَ	(يَحْلُمُ)	حُلْم	(v.)	to dream
حُلْوٌ			(n., m.)	sweet, beautiful
خِطْبة			(n., f.)	engagement, betrothal, courtship
خَطيب	ج	خُطَباء	(n., m.)	suitor, fiancé
خَطيبة	ج	خَطيبات	(n., f.)	fiancée

during	(adv.)			خِلالَ
medicine	(n., m.)	أدْوِية	ج	دَواء
opinion, point of view	(n., m.)	آراء	د	رَأْيٌ
to run, to race	(v.)	رَكْض	(يَرْكُضُ)	رَكَضَ
to spend, to expend	(v.)	صَرْف (على)	(يَصْرِفُ)	صَرَفَ
guest, visitor	(n., m.)	ضُيوف	ج	ضَيْف
to cook	(v.)	طَهْو / طَهْي	(يَطْهو)	طَها
strange, stranger	(adj.)	غُرَباء	ج	غَريب
to flood, to inundate, to fill	(v.)		(يَغْمُرُ)	غَمَرَ
to compare, to contrast	(v.)	مُقارَنة	(يُقارِنُ)	قارَنَ
far, distant	(n., m.)	أقْصى / قُصْوى		قاصٍ
biggest, greatest, eldest	(n., f.)	كُبْرَيات	ج	كُبْرى
lately	(adv.)			مُؤَخَّراً
money, wealth	(n., m.)	أمْوال	ج	مال
park, recreation ground	(n., m.)	مُتَنَزَّهات	ج	مُتَنَزَّه
supervisor, observer	(act. p.)	مُراقِبون	ج	مُراقِب
to rejoice, to be merry	(v.)	مَرَح	(يَمْرَحُ)	مَرِحَ

elderly, old	(act. p.)	مُسِنّون	ج	مُسِنّ
expenditure, allowance	(pass. p.)	مَصاريف	ج	مَصْروف
factory, plant	(n., m.)	مَعامِل	ج	مَعْمَل
sudden, unexpected, surprising	(adj.)			مُفاجِئ
store window, façade	(n., f.)	واجِهات	ج	واجِهة
to agree, to consent	(v.)	مُوافَقة	(يُوافِقُ)	وافَقَ
would like, would want	(v.)	وُدّ	(يَوَدُّ)	وَدَّ
lottery	(n., m.)			يانَصيب

خان الخليلي في القاهرة

الدَرْسُ الرابِعِ عشر

أهداف الدرس

- تَعريف التَعبير عن الفُكاهة من خلال قِراءة مَقطعَين من الأدب العَربيّ
- التَعرّف على استِخدام المَثل العَربيّ والتَشبيه (simile)
- صيغة الظَرف بِاستِخدام حَرف الجَرّ بـ + المَصدَر
- تَعريف أدوات الرَبط ومَعنيا الفِعل انقَطع + لِـ / عَن
- **القَواعِد**: الإضافة المُركّبة والفِعل المِثال
- **مُراجَعة القَواعد**: الإضافة غير الحقيقية، أفعال البدء، اسم التَفضيل، الفِعل الأجوف

رُكن المُفْرَدات الجَديدة

اِستَأنَفَ (يَسْتَأنِفُ) اِسْتِئناف	to resume
أمسَكَ (يُمسِكُ) إمساك	to grab
أنْتَجَ (يُنْتِجُ) إنْتاج	to produce
أنشأ (يُنشِئُ) إنْشاء	to establish
ثَرْثار ج ثَرْثارون	talkative
سِرّ ج أسْرار	secret
رَبَطَ (يَربِطُ) رَبْط	to tie, to link, to attach
شَبِعَ (يَشبَعُ) شَبَع	to fill up, to sate
فَضَّ (يَفُضُّ) فَضّ	to settle, to resolve
فَكَّرَ (يُفَكِّرُ) تَفْكير (في)	to think (about)
مِحْوَر ج مَحاوِر	axis
مُعاصِر ج مُعاصِرون	contemporary
نِزاع ج نِزاعات	dispute

تمرين ١

وافِق بين كَلمات من العَمودَين لهما مَعنيان متشابهان (similar) واكتُب الأزواج الستة في الوسط:

١-	وَقود		بَسالة
٢-	سَيْر		بُقْعة
٣-	مُغْتَبِط		أدْرَكَ
٤-	شَجاعة		بَنزين
٥-	مَكان		شارِع
٦-	طَريق		سَعيد
			مَشي

الجِبال في شمال العِراق

تمرين ٢

وافِق بين كَلمات من العَمودين لتُشكِّل مُضافاً ومُضافاً إليه:

١-	نُجوم		النفس
٢-	لَوْح		ماء
٣-	بِئر		الظُهر
٤-	مِحوَر		نِفط
٥-	راضي		العَجَلة
٦-	مُنشرِح		ثَلْج
			الصَدْر

قصّتان قصيرتان

هاتان القِصَّتان القصيرتان بقلم اثنين من أشهر الكتّاب المِصريين في النصف الأوّل من القرن العشرين الّذين قدّموا الكثير للأدب العربيّ الحديث، إبراهيم عبد القادر المازنيّ ومُصطفى لُطفي المَنفَلوطيّ، وقد كان أحدهما معاصرا للآخر. القصّة الأولى تصِف شيئاً وهو سيّارة المازنيّ الّتي امتلكها ربّما في الثلاثينات من القرن العشرين، والقصّة الأخرى تصِف صورة لشخص رسمها المنفلوطيّ للحلاّق جرَت أحداثها أثناء الحرب الروسية اليابانية. وكلاهما تعبّران عن روح الفُكاهة الّتي اتّصف بها الكاتبان.

تمرين ٣

للنقاش قبل قراءة القصّة:

١- ما البلاد العربية الّتي تُنتِج النِفط؟
٢- ما أوّل بلد عربيّ ظهر فيه النِفط وصار يصدِّره بكَميّات تجارية؟
٣- أين تقع المَوصِل؟
٤- ما المادّة الّتي تحتاج إليها السيّارة حتّى تسير؟
٥- كيف تختلف سيّارات اليوم عن سيّارة المازني؟

السيّارة الملعونة

بقلم إبراهيم عبد القادِر المازني

يُعتبَر المازني أحد الآباء المؤسسين للكتابة العربية الحديثة وُلِدَ عام ١٨٨٩ في القاهرة، وعمل مدرّساً وصحفيّاً ثمّ انقطع للأدب، فأنتج أكثر من عشرين كتاباً أشهرها «صندوق الدنيا» و«عَوْد على بَدْء» و«حصاد الهشيم» «قَبْض الريح». توفّي المازني في آب عام ١٩٤٩.

كانت لي سيّارة كبيرة أرَتْني النجوم في الظُهر. ذلك أنّها كانت تستنفِد من البَنزين والزيت كلّ ما هو معروض في طريقها منهما، ثمّ لا تشبع، حتّى فكّرتُ أن أربِط خزّانها بآبار المَوصِل.

بئر نِفط

ثمّ إنّ خزّان الماء كان يغلي كالمِرجَل بعد دقائق قليلة من السير فتبدو لي علامة الخَطَرِ الحمراء، فأقِف وأغيّر لها الماء ثمّ أستأنف السير وهكذا. هذا في الشتاء، فكيف بها في الصيف؟ ولهذا صرتُ أشتري لها الثلج وأحشو به خزّانها بدلاً من الماء، ولا أركَبها إلاّ ومعي ذخيرة كافية من ألواح الثلج على المقاعد الخلفية.

وقد أكون سائراً مغتبِطاً، راضي النفس منشرِح الصَدْر وإذا بصوت يقول: كركركركر . . . وإذا بإحدى العجلتين خرجَت من مِحورها وذهبت تجري وحدها في الطريق!

تمرين ٤

أجِب عن الأسئلة الآتية وَفق نَصّ القِراءة:

١- في أي قُطر عربيّ عاش وعمِل المازني؟
٢- ما المِهنة الّتي اختارها المازني في النهاية وماذا عمِل قبل ذلك؟
٣- ما "قبض الريح"؟
٤- ما الأشياء الّتي كانت تستنفدها سيّارة المازني؟

تمرين ٥

اختَرِ الكَلِمة الّتي لا تُناسِب باقي الكَلِماتِ في كُلّ مَجْموعة وبَيِّن السَبَب:

١- مُنشرِح	مُدرّس	صحافي	كاتب
٢- زيت	وَقود	بَنزين	ثَلْج
٣- ماء	ذَخيرة	بئر	مِرجَل
٤- حلاّق	نِزاع	شَعر	رأس
٥- أسطول	مُدمِّرة	حَرب	زُبون

تمرين ٦

أكمِل الجُمل الآتية بالاختيار المناسِب وَفق نَصّ القِراءة:

١- كتب المازني أكثر من ________ كتاباً.

☐ اثني عشر ☐ عشرين ☐ ثلاثين ☐ أربعين

٢- ربّما كانت سيّارة المازني من ________ القرن العشرين.

☐ عشرينات ☐ ثلاثينات ☐ أربعينات ☐ خمسينات

٣- كان الكاتب يتوقّف كلّ بضع دَقائق ________.

☐ ليملأ خزّان الوقود ☐ ليملأ خزّان الماء

☐ ليُصلِّح العجلة ☐ ليضع ألواح الثلج على المَقعَد الخلفيّ

٤- فكّر المازني أن يربِط خزّان سيّارته بآبار المَوصِل كَيْ ________.

☐ لا يتوقّف عند محطات الوقود ☐ لا يغلي الماء في خزّانها

☐ تشبع من الزيت والبنزين ☐ يبقى مغتبِطاً وهي تسير

٥- ظنّ المازني أنّ ماء السيّارة يغلي ________.

☐ في الشتاء كما في الصيف ☐ في الصيف أكثر من الشتاء

☐ في الصيف أقلّ من الشتاء ☐ في الصيف فقط

تمرين ٧

اكتُب «خطأ» أو «صواب» بِجانِب كلّ جُملة وصحِّح الجُمل الخطأ:

آ- ١- خرجَت عجلة السيّارة من محورها عندما بدَت علامة الخطر الحمراء.

٢- كان المازني يضع الثلج في خزّان السيّارة بدلاً من الماء في الصيف.

ب- هات كَلمات أو عِبارات من القِصّة تَتعلّق بكلّ من الكَلمات الآتية. يدُلّ الرَقم على عَدد الكَلمات أو العِبارات المتعلِّقة بكلّ منها:

١- سعيد (٣)

٢- وقود (٣)

٣- سيّارة (٨)

٤- فصول السنة (٢)

تمرين ٨

لِلمُحادثة: في رأيك ما بعض المُفردات والجُمل الّتي استخدمها المازني لتَحقيق غرضه في إدخال روح الفُكاهة في القصّة؟ أعطِ أسباباً تَدعم رأيك في ما تعتبره مضحكاً أو غير ذلك.

الحلاّق الثرثار

المنفلوطيّ (١٨٧٦ - ١٩٢٤) أديب مصريّ درس في الأزهر وكتب العديد من القِصَص القصيرة والروايات الطويلة في أوائل القرن العشرين، وهذه القصّة القصيرة واحدة منها.

تمرين ٩

للنقاش قبل قراءة القصّة:

١- هل تعلم متى وقعَت الحرب الروسية اليابانية؟
٢- هل الشخص الّذي يقصّ لك شعرك رجل أم امرأة؟
٣- هل حلاّقك ثرثار كما يظنّ كثير من الناس؟
٤- عن أي شيء يتحدّث حلاّقُك؟
٥- كم زبونا يتّسِع حانوتُ حلاّقِك في وقت واحد؟
٦- صِفْ حانوتَ حلاّقِك من الداخل باختصار (briefly).

يحلق الحلاّق رأس الزبون

حدّثني أحد الأصدقاء أنّه دخل في أيّام الحرب الروسية اليابانية حانوتَ حلاّق معروف بالثرثرة ليحلق له رأسه، وكان عنده جماعة من زائريه، فأجلسه على كرسي أمام المرآة وأمسك بالموسى وأنشأ يحلق له رأسه حلقاً غريباً لا عهد له بمثله من قبل، فكان يحلق بُقْعة ويترك إلى جانبها أخرى مستطيلة أو مستديرة وأخرى مُثلثة أو مُربّعة، حتّى ريع الرجل وظنّ أنّ الحلاّقَ أصابه مسٌّ من الجُنون، فارتعد بين يديه وخاف أن يمتدّ به جنونه إلى ما لا تُحمد عُقباه واعتُقل لسانه فلَمْ يستطِع أن يسألَه عن سرِّ عملِه.

فلما انتهى الحلاّق من أشكالِه الهندسية ورسومِه الجغرافية حتّى التفت إلى جلسائه وقال لهم وكأنه يتمِّم حديثاً سابقاً بينه وبينهم، "لأجل فضّ النزاع بيننا قد رسمت لكم خريطة الحرب الروسية اليابانية في رأس الزبون. هنا طوكيو وهنا بور آرثَر، وفي هذا الخط مرّ الأسطول الروسيّ. وفي هذه البُقعة تلاقى الأسطولان."

مَعركة من مَعارك الحرب الروسية اليابانية

وهنا أخذ يتكلّم بحدّة وحماسة عن شجاعة اليابانيين وبسالتهم، ثُمَّ أردف كلامه بقوله، وفي هذه البُقْعة ضرب اليابانيون الروسَ الضربةَ القاضية وضرب بِجُمع يده أمّ رأسِ الزبون فقام صارخاً يُوَلوِل ويُهَروِل مكشوفَ الرأس يلعن السياسة والسياسيين والروس واليابانيين والناس أجمعين.

القائد الروسي وقواته قُبَيل الحرب الروسية اليابانية

تمرين ١٠

أجِب عن هذه الأسئلة وَفق القصّة:

١- ما الفكرة الرئيسة في قصّة «الحلاّق الثرثار».
٢- ما بعض الأفكار الثانوية؟
٣- في أي بلد وقعَت هذه القصّة في رأيك؟
٤- ماذا كانت تحوي أخبار ذلك الوقت الّذي حدثَت فيه القصّة؟
٥- لماذا ظنّ الزبون أنّ الحلاّق قد جُنّ؟
٦- صِف شكل الزبون حين خرج من حانوت الحلاّق.

تمرين ١١

آ- **أكمِل الجمل بكلمات مناسبة وَفْق النصّ:**

١- حدثَت هذه القصّة ________.

☐ للمنفلوطي ☐ لصديق الكاتب ☐ لحلاّق الكاتب

٢- هذه القصّة عن ________.

☐ زبون أحد الحلاّقين ☐ الحرب الروسية اليابانية ☐ الحلاّقين

٣- رسم الحلاّق خريطة على ________.

☐ مِرآةِ حانوته ☐ دفترِ جلسائه ☐ رأسِ زَبونِه

٤- لم يسأل الزَبونُ الحلاّقَ عن سبب حلقه الغريب لأنّ ________ .

☐ الحلاّقَ لا يتكلّم اليابانية ☐ لِسانَ الزبونِ ارتبط

☐ جلساءَه في الحانوت ☐ الزبون كان مُستعجِلاً

ب- **بيّن إن كانت الجُمل الآتية «صواباً» أو «خطأ» وَفق النَصّ وصحّح الخطأ منها:**

١- كان الرجال في زمن كتابة هذه القصّة يمشون في الشارع مكشوفي الرأس.

٢- كان الحلاّق من الّذين يعجبهم الجيش الروسي.

٣- كان موضوع النِقاشِ بين الحلاق وجلسائه الحرب الروسية اليابانية.

٤- كان الحلاّق وزبونه وحدهما في الحانوت.

٥- اختلف الحلاّق وجلساؤه على أحد أمور الحرب العالمية الأولى.

تمرين ١٢

للمُحادثة:

أ- تخيّل أنّ عندك سيّارة مِثل سيّارة المازني بالقصّة الأولى في هذا الدرس. اِحكِ لزميلك ما تريد أن تفعل بعد أن أرتْكَ سيارتُك النجومَ في عزِّ الظهر. إذا اخترت بيعها فكيف تُقنع الشاري المُحتمل أنّها سيّارة صالحة لِلشِراء. وإذا اخترت الاحتفاظ بها فماذا تَفعل حتّى تجعلَها تَسير أحسن؟

ب- تخيّل أن حلاقك حَلَقَ لك رأسك حلقاً غريباً لا عهد له بمثله من قبل. اِحكِ لزميلك ما تفعل لو كان لتسريحتك أشكال هندسية لم تطلبها.

تمرين ١٣

أعِد تَرتيب الكلمات في كلّ جُملة لتُشكّل جُملاً صحيحةً وَفق القواعِد أعلاه ثمّ حَوّلها إلى الإنكليزيّة:

١- عام العالمية ١٩٣٩ قامَت الثانية الحرب

٢- رسم المسيح صورة داڤينشي وهو مع العشاء أصحابه يتناول

٣- رئيساً أنْ محامياً عمل يكون لِنكَن قبل

٤- آلاف العراق منذ الناس النفط عرف في السنين

٥- قصيراً رانية طويلاً يحبّه تقصّ بينما شعرها زوجها

تمرين ١٤

أعِد تَرتيب الجُمل لتُشكّل فِقرة كامِلة. الجُملة الأولى في مكانها المناسِب:

١- كان عدد من الناس يجلسون في مقهى إلى جانب الطريق.
لحسن الحظّ لم يُصَب أحد من الزبائن.
فجأةً ظهرَت قطّة أمام إحدى السيّارات فانحرف السائق إلى اليمين.
استمرَّت السيّارة في السير على الرصيف ودخلَت المقهى.
تحطّمَت الواجهة الزجاجية وعدد من الطاولات والكراسي.
لكنّ السائق لم يستطِع أن يوقف السيّارة فصعِدَت على الرصيف.
وكان هناك سيّارات تسير في وسط الشارع أمام المقهى.

عِبارات مُفيدة

أرَتْني النُجوم في الظُهْر

هُناك عبارات خاصّة بِجَميع لُغات العالَم وكَما تَعلم، لا نَفهم دلالة هذه الأمثال من الكَلمات المُتكوِّنة منها. وعلى سَبيل المِثال، لا نَفهم التَعبير (out of the blue) من كلمات العبارة مُنفردة، بَل نَفهم كَلمات العِبارة معاً في سياقها. لقد استخدم المؤلّف المازني التَعبير « أرَتْني النُجوم في الظُهْر » الّذي يُستخدَم ليَدُلّ على مُشكلة تُسبِّب لَنا الأذى الشديد وكأنّه يَجعلُنا نَرى النُجوم في النَهار وهذا أمر غير ممكن. يُستخدَم هذا التَعبير في الفُصحى والعاميّة.

القَواعِد

١ – التَشبيه Similes

التَشبيه هو عبارة نُقارِن بها شيئَين مُختلفَين، غالباً ما يُستخدَم في شِبه جُملة وعادةً ما نُقدّمه بِحَرف الجرّ كَـ أو الكَلمة مِثْل «مِثال: أسنانه كأسنان الفيل / شَعرها مِثل شَعر الأسد». إليك بَعض الأدوات الّتي تُستخدَم في صيغة التَشبيه:

كَـ	*as*
مِثْل	*like*
كأنَّ	*as though*
حاكى	*to be like*
أشْبَهُ	*looks most like*

لَقد قَرأنا التَشبيه الآتيّ في قِصّة المازني حين تَكلّم عن سيّارته:

خَزّانُ الماءِ كانَ يَغْلي كَالمِرْجَلِ.	*The radiator would boil like a cauldron.*

هيّا نُلقي نَظرة على كُلّ أدوات التَشبيه المَذكورة أعلاه في السياق:

يَمشي كَالطاووس.	*He walks like a peacock.*
ذاكِرَتُهُ مِثْلُ البَحْرِ عُمْقاً.	*His memory is as deep as the sea.*
كأنَّ عَينَيْها البَحْرُ في زرقتِه.	*As if her eyes were as blue as the sea.*
حاكى قَوامُها عودَ الخَيْزُران.	*Her figure is like a reed.*
هذا المَكانُ أشْبَهُ بالجَنّة.	*The place is like paradise.*

شُروق الشَمس من جَبل موسى في مِصر

٢– الفُكاهة Expressing Humor

أدخل عبدالقادر المازني وإبراهيم لطفي المَنفلوطي الفُكاهة في قِصتَيهما باستِخدام بَعض أدوات الأدب مِثل: المُبالغة وأفعال المُفاجآت والأحداث الدراميّة واللُغة المَجازية. تأمّل الأمثلة الأتية:

آ– المُبالغة Exaggeration

لقد استخدم الكاتِبان المُبالغة من أجل تَجاوز الحُدود المَعقولة في القِصّة:

١	كانَتْ تَسْتَنْفِدُ مِنَ البَنْزينِ والزَيْتِ كُلَّ ما هوَ مَعْروضٌ في طَريقِها مِنْهُما ثُمَّ لا تَشْبَع.	*It would exhaust every bit of gas and oil that was available to it along our way, and that still wouldn't quench its thirst.*
٢	فَكَّرْتُ أَنْ أَرْبِطَ خَزّانَها بِآبارِ المَوْصِل.	*So much so, that I thought about hooking its gas tank up to the oil fields of Mosel!*

ب– أفعال المُفاجآت

أدخل الكاتِبان الفُكاهة في قِصّتَيهما مُستخدِمَين أفعال غير مُتوقّعة:

٣	أَحْشو بِهِ خَزّانَها بَدَلاً مِنَ الماءِ.	*I stuffed it [the ice] in its radiator instead of water.*

لَقد طَرُف أسلوب الكِتابة عن طَريق إدماج شيئَين مُتضادَين ألا وهما: الفِعل أحشو وخَزّان السَيّارة.

ج– أحداث دراميّة

يُصور الكاتِبان أحداث قِصّتَيهما بِطريقة دراميّة تَجعلهما طَريفتَين.

٤	وإذا بإِحْدى العَجَلَتَيْنِ خَرَجَتْ مِنْ مِحْوَرِها وذَهَبَتْ تَجْري وَحْدَها في الطَريقِ.	*And lo and behold the wheel came off its axle and started off down the road on its own.*
٥	وضَرَبَ بِجُمْعِ يَدِهِ أَمَّ رأسِ الزَبون.	*With his clenched fist he hit the crown of the patron's head.*
٦	فَقامَ صارِخاً يُوَلْوِلُ وَيُهَرْوِلُ.	*So he started screaming and wailing as he rushed out.*

د- اللُغة المَجازيّة

يُصور الكاتِبان أحداث قِصّتَيهما بِطريقة مجازيّة مُستخدمَين أحداث غير مُعتاد عليها في الواقع:

٧	ثُمَّ إنَّ خزّانَ الماءِ كانَ يَغْلي كَالمِرْجَل.	Then the radiator would boil like a cauldron.
٨	ذَخيرةٌ كافيَةٌ مِن أَلْواحِ الثَلْجِ على المَقاعِدِ الخَلْفيّة	a sufficient arsenal of blocks of ice on the back seat . . .
٩	أخَذَ يَحْلِقُ لَهُ رأسَهُ حَلْقاً غَريباً.	He took to giving the man a strange haircut.
١٠	ريعَ الرَجُلُ.	The man was filled with horror.
١١	اُعْتُقِلَ لِسانُهُ.	He became tongue-tied.

٣- السَبَب والنَتيجة Cause and Effect

لا شَكّ أنّ خاصّيّة من خصائص الخِطاب المُتناسق هي وَصف السَبَب والنَتيحة. أوّلاً، يَصِف الكاتب / المُتكلّم مَوقفاً يُسبِّب نَتيجة. وفي اللُغة العَربيّة يوجَد هُناك بَعض الأدوات الدالّة على النَتيجة–ووردت ثلاثة منها في نَصّ القِراءة الرئيس.

حَتّى	until
لِهذا	because of this
لِذلِكَ	consequently
فَـ	so, consequently
أشْبَهُ	looks most like

إليك خمسة أمثلة مأخوذة من نَصّ القِراءة الرئيس:

١	كانَتْ تَسْتَنْفِدُ مِنَ البَنْزين والزَيْتِ كُلَّ ما هُوَ مَعروض في طَريقِها مِنْهُما، ثُمَّ لا تَشْبَع، حَتّى فَكَّرْتُ أنْ أربطَ خَزّانَها بِآبارِ المَوْصِل.	It would exhaust every bit of gas and oil that was available to it along our way, and that still wouldn't quench its thirst. So much so, that I thought about hooking its gas tank up to the oil fields of Mosel!
٢	ولِهذا صِرْتُ أشْتَري لَها الثَلْجَ وأحْشو بِهِ خَزّانَها.	Because of this, I started buying it ice and stuffing it in its radiator.

But there were no rooms available, so we went to another hotel.	لكن لم يكن هناك غرفة شاغرة، لذلك ذهبنا إلى فندق آخر.	٣
Then, the radiator would boil like a cauldron just a few minutes after taking off, consequently the warning light came on.	ثُمَّ إنّ خزّانَ الماءِ كانَ يَغْلي كَالمِرْجَلِ بَعْدَ دَقائقَ قَليلةٍ مِنَ السَيْرِ فَتَبْدو لي عَلامةُ الخَطَرِ الحَمْراء.	٤
Then he would cut a patch [of hair] and leave another until the man was filled with horror.	فَكانَ يَحْلِقُ بُقْعةً ويَتْرُكُ أخرى حَتّى ريعَ الرَجُلُ.	٥

تمرين ١٥

إليك فِقرة تَكثُر فيها أدوات السَبَب والنَتيجة. حَوّلها إلى العَربيّة مُستخدِماً الأدوات الأربعة أدناه:

لِذلِكَ	لِهذا	حَتّى	فَـ

My bedroom was too hot to sleep in, so I got up, went to the window and opened it. But the noises from the street kept me from falling back to sleep. Therefore, I decided to read. So, I went to the bookshelf to choose my favorite book. I took to reading until I fell asleep.

٤- وَصف الظَرف باستِخدام بِـ + المَصدَر

يُستخدَم هذا التَركيب في الفُصحى والعامّيّة ويوجَد مُقابله بالإنكليزيّة الظَرف (quickly, slowly, etc.).
وفي القِصّة الثانيّة، استخدم المَنفلوطي تَركيباً من هذا النَوع:

Here, he took to talking excitedly and enthusiastically about the courage and bravery of the Japanese.	وَهُنا أخَذَ يَتَكَلَّمُ بِحِدّةٍ وَحَماسةٍ عَنْ شَجاعةِ اليابانيين وبَسالَتِهِم.	١

مُلاحَظة

حين تُستخدَم سِلسلة من الظُروف، لا يُستعمَل إلاّ حَرف جَرّ واحد مُتصلّ بأوّل مَجرور كَما تَرى في المِثال ١ أعلاه.

إليك بَعض أمثِلة الظَرف الّتي قد تُفيدك في حَديثك اليَوميّ:

باخْتِصار	in short, briefly	باعتِدال	moderately
بانتِظام	regularly	بسُرعة	quickly
باحتِشام	modestly	بتَهْذيب	politely
برُعونة	recklessly	باحتِرام	respectfully

هيّا نُلقي نَظرة على كُل الظُروف أعلاه في السياق:

باخْتِصار	إلَيْكُمُ الأخْبار باخْتِصارٍ شَديدٍ.
بانتِظام	أدْرُسُ اللُغَةَ العَرَبيّةَ بانْتِظام.
باحتِشام	هُنا في هذا العَمَل، نَلْبَسُ باحتِشام.
برُعونة	قالَ لي أبي "لا تسُقْ برُعونة!"
باعتدال	ثَمةَ نَظَرية تَقول: الشوكولاتة مُفيدةٌ لِلقَلْبِ باعتدال.
بسُرعة	قالَتِ الأمُّ لأوْلادِها: "يللاّ بِسرْعة!"
بتَهْذيب	سَمع الرَجُلُ النُكْتة فَضَحِكَ بتَهْذيب.
باحْتِرام	تَكلَّمَ الطالِبُ مَعَ أُسْتاذِهِ باحْتِرامٍ.

تمرين ١٦

المُحادَثة: اِسأل مَمن (مَن + مِن) زُملاءك في الصَفّ يَفعل ______ مُستخدِماً الظُروف في المُربّعات أدناه:

باخْتِصار	بانْتِظام	باحْتِشام	برُعونة	باعْتِدال	بسُرْعة	بتَهْذيب	باحْتِرام

اكتُب النَتائج على وَرقة مُنفصِلة وكُن مُستعِدّاً لتَقولها للصَفّ.

٥- أدوات الرَبط الدالّة على التَرتيب

تَدُلّ أدوات الرَبط على الانتِقال من فِكرة إلى أخرى أو جُملة إلى أخرى. وتُنسّق (provides cohesion to) النَصّ برَبط الجُمل والأفكار فيه. وفي هذا الباب، نُسلّط الضوء على أدوات الرَبط الثلاثة الواردة بِكَثرة في قِصّة المازني:

ثُمَّ	وَ	فـَ

لا شَكّ أنّ أدوات الرَبط هذه مَعروفة لك، غَير أنّ الوَقت قد حان لإدماجها في حَديثك اليَوميّ. وعليه فيجب عليك تَعيين وُجودها وفَهم وَظيفتها بِدقة. هيّا نَتأمّل جُملة مأخوذة من قِصّة المازني:

١	ثُمّ إنّ خزّانَ الماءِ كان يغلي كالمِرجَل بعد دقائقَ قليلةٍ من السيرِ فتبدو لي علامةُ الخَطَرِ الحمراءُ فأقفُ وأغيِّرُ لها الماءَ ثُمَّ أستأنِفُ السيرَ، وهكذا.	*Then, the radiator would boil like a cauldron just a few minutes after taking off, followed by the red warning light coming on, then I would stop and change the water then resume driving, and it would go on like this.*

مُلاحَظة

وظائف فـَ / وَ/ ثُمَّ

١- أداة الرَبط

٢- أداة الانتِقال

٣- الأداة الزائدة (ليس لهذه الأداة لامَعنى ولا وَظيفة في الجُملة)

تمرين ١٧

اكتُب الفِقرة أدناه على وَرقة مُنفصلة وتُحدّد فيها أدوات الرَبط واكتُب وَظيفة كُلّ أداة رَبط فَوقها. اكتُب (الربط) لأدوات الرَبط و(الانتقال) لأدوات الانتِقال و(الزائدة) للأدوات الزائدة:

ولمّا وصل القطارُ إلى المحطّةِ توجّه الركّابُ نحوَه بسرعة وصَعِدوا إلى العربات وجلسوا في مقاعدِهم. ثمّ صَعِدَ إلى القطارِ موظّفٌ يسمّى "الجابي" وعمله هو جمعُ التذاكرِ أو بيعُها للركّاب. ولم يكن مع أحد الركّاب تذكرة، فقال له الجابي إنّه يمكن أن يشتريَ واحدة منه وطلب ثمناً مرتفعاً للتذكرة. فرفض الراكب شراء التذكرة بهذا السعر المرتفع وقال إنها أرخص من ذلك في شباك التذاكر. وطلب الجابي منه إمّا أن يشتري التذكرة أو ينزل من القطار. فاضطُرّ الراكبُ أن يشتريَ التذكرة بالسعر المرتفع لأن الوقت كان متأخراً ولم يكن يريد التأخّرَ عن عمله.

٦- الفِعل اِنقطع مع لِـ / عَن

أحياناً يأتي الفِعل مع حَرف جَرّ مُعيّن وهو يُغيّر مَعنى الفِعل الأصليّ. في هذا الباب، نُلقي الضوء على الفِعل اِنقطع (to be cut =) حين يأتي مع حَرفَي جَرّ مُختلِفَين:

١	اِنقَطَعَ إلى الكِتابةِ.	to dedicate o.s. to s.th.; to apply o.s. to s.th.
٢	اِنقَطَعَ عَنْ أصْحابِه.	to dissociate o.s. from; to break up or part with
٣	اِنْقَطَعَ عَنِ التَدْخين.	to desist, to abstain from, to cease

٧- الإضافة المُركَّبة

يَجوز أن يأتي العَديد من المُضافات إليه بَعد المُضاف، لكن لا يَجوز أن يأتي أكثر من مُضاف واحد. إليك بَعض أمثِلة الإضافة المُركّبة:

١	هذِه سيّارةُ زوجِ أستاذةِ مادةِ الإحصاءِ.	*This is the statistics professor's husband's car.*

في المِثال ١ أعلاه، يلي المُضاف سيّارة أربعة مُضافات إليه. وَرد مِثال آخر في الفِقرة الأخيرة من القِصّة الثانية يَجدر ذِكره هُنا لأنّ تَركيبه النَحويّ يَختلف عن مُقابله الإنكليزيّ.

٢	أَخَذَ يَتَكَلَّمُ بِحِدَّةٍ عَنْ شَجاعةِ اليابانيينَ وبَسالَتِهِم.	*He started talking excitedly about the courage and bravery of the Japanese.*

كَما تَرى، يَختلِف تَركيب المِثال ٢ الإنكليزيّ عن مُقابه العَربي اِختِلافاً كَبيراً:

English: *courage and bravery of the Japanese*

مُقارنةً إلى

Arabic: *courage of the Japanese and their bravery*

يُعتبَر من الغَريب أن يوجد مُضافان في اللُغة العَربية (أي شَجاعة وبَسالة اليابانيين) وأسلوبه رَكيك (weak). ومع ذلِك، سَتَرى هذا الأسلوب في وَسائل الإعلام العَربيّة لأنّ هذا المَجال يَتأثر من الأسلوب الإنكليزيّ.

٨- الفعل المِثال

يُسمّى الفِعل الّذي أوّل حَرفه من عِلتَي (و / ي) الفِعل المِثال لأن يَبقى أوّل حَرفه في صيغة الماضي ولا يَتقلّب مِثل الفِعلَين الأجوف والناقص. ومع ذلك، فأنّنا نَجد أن حَرفه الأول يَتقلّب إلى تاءٍ بِسَبَب الإدغام الّذي يَحدُث بَين حَرفه الأوّل (الواو) والتاء في الوَزن الثامِن (أي اِفتَعَلَ). تأمّل الأمثِلة الثلاث أدناه:

	فِعْل (I)		اِفْتَعَلَ (VIII)		Theoretical nonassimilated
١	وَصَلَ	to connect	اِتَّصَلَ	to get in touch	اِوْتَصَلَ
٢	وَصَفَ	to describe	اِتَّصَفَ	to be characterized by	اِوْتَصَفَ
٣	وَضَحَ	to be clear	اِتَّضَحَ	to become clear	اِوْتَضَحَ

تَذَكَّروا

يَتغيّر الفِعل المِثال في ظُروف أخرى مَثلاً تَسقُط الواو في صيغة الأمر وتَتحوّل الواو إلى ياء في صيغة المُضارع. قارِن بين الماضي والمُضارِع والأمر في الجَدول أدناه:

الماضي	المُضارِع	الأمر
وَصَلَ	يَصِلُ	صِلْ
وَصَفَ	يَصِفُ	صِفْ
وَجَدَ	يَجِدُ	جِدْ

مُراجَعة القَواعِد

٩- الإضافة اللَفظيّة (غير الحَقيقيّة)

اِختار المازني أن يَستخدِم هذا النوع من الإضافة في قِصّته كي يُعبّر عن دَرجة سَعادته وغبطته حين يَسوق سيّارته حتّى ضجت العجلة بصوت مُزعج:

١	وَقَدْ أكونُ سائراً مُغْتَبِطاً، راضِيَ النَفْسِ مُنْشَرِحَ الصَدْرِ وإذا بِصَوْتٍ يَقولُ: كَرِكَرِكَرِكَر	*I was going along delighted, content, cheerful when lo and behold a sound emerged: creak, creak, creak, creak . . .*

كَما تَرى في المِثال ١ في الصَفحة السابِقة، استخدم المازني إضافتَين لَفظيَتين على التوالي كي يُصوِّر دَرجة سعادة السائق ويُثبّتها في ذهن القارئ.

١٠- أفعال الشُروع

توجَد عِدة أمثلة من أفعال الشُروع بالعَربيّة، ومن بين أكثرها استِخداماً:

بَدَأ	اِبْتَدأ	شَرَعَ	جعَل	أخذ	أنشأ	طَفِق

استَخدم المَنفلوطي فِعلَين من بَين مَجموعة أفعال الشُروع المَذكورة في المُربّعات أعلاه في قِصّته الحلاّق الثَرثار وهما مُظلّلان في الأزرق أدناه:

١	أخذَ يَتَكلّمُ بِحِدّةٍ.	He started speaking excitedly.
٢	وَأنشأ يَحْلِقُ لَهُ رأْسَهُ حَلْقاً غَريباً لا عَهْدَ لَهُ بِمِثْلِهِ مِنْ قَبْل.	He began to give him a strange haircut, one never before seen.

١١- استِخدام اسم التَفضيل

بَعض أسماء التَفضيل لَها جَمع. إليك عِدّة أمثِلة منها:

المُفْرَد	الجَمْع	المَعنى
أوَّل	أوائِل	first few of s.th.
آخِر	أوَاخِر	last few of s.th.
أوْسَط	أواسِط	middle; central

من أجل اِستِخدامها الصَحيح في حَديثنا اليَوميّ، علينا أن نَعرف وَظيفتها في السياق. تأمّل هذه الأمثِلة:

١	في أوائِلِ الشَهْرِ.	The first few days of the month.
٢	في أواسِطِ هذا الأسْبوعِ.	The middle of this week.
٣	في أواخِرِ الصَيْفِ.	The last few days of summer.

تمرين ١٨

المُحادَثة: اِسأل مَن مِن زُملائك في الصَفّ ________ مُستخدِماً الكَلمات في المُربّعات أدناه:

أَواسِط	اِنْقَطَعَ لِـ / عن	مِثْل	أَشْبَهُ	أَخَذَ	أَنْشَأَ	أوائِل

1. has stopped smoking
2. looks like their father/mother
3. started working out at the beginning of this year
4. has applied themselves to their studies
5. works the last few days of each week

١٢- الفِعل الأجوَف المَبني لِلمَجهول

كما تعلّمنا، يَنقلِب حَرف العِلّة، وهو الحَرف الثاني في الفِعل الأجوف، إلى ياءٍ في صيغة المَبني لِلمَجهول. غير أنّ الأمر يَختلِف قليلاً بالنسبة إلى فِعل الوَزن الثالث فتَنقلب الألف إلى واو:

شاهَدَ	⇐	شوهِدَ	*was watched*
قابَلَ	⇐	قوبِلَ	*was met*
طارَدَ	⇐	طورِد	*was pursued*

تمرين ١٩

إملاء الفَراغات بِالكَلمة المُناسبة من المُربّعات مُستخدِماً السياق لِمُساعدة اختيار أجوبتك. تأكّد أنّك تُصرّف الفِعل كَما يَنبغي.

أَواسِط	قابَلَ	حَمْراء اللَون	باعَ	أَخَذَ	جَعَلَ	صَغير الأَنْف	لاحَظَ	طويلة الشَعر

١- لقد ________ سيّارتَه بِخمسمئة ألف ليرة تقريباً.
٢- سترجِع أختي وعائلتها من المغرب في ________ الشتاء.
٣- بعد تخرُّجهم من الجامعة ________ يعملون في تعليم الرياضيات.
٤- اشترَت وفاء سيّارةً ________ لِتذهب بها إلى عملها.
٥- ________ أمي أنّ البريد لا يصل قبل الساعة العاشرة.

تمرين ٢٠

آ أكمِل الجُمل الآتية بالاختيار المناسِب وَفق نَصّ الاستماع:

١- عمر الجمعية ______________.

☐ أقلّ من ثلاث سنوات ☐ ثلاث سنوات ☐ أكثر من ثلاث سنوات

٢- ترعى الجمعية أكثر من ______________.

☐ ١٠٠ ☐ ٥٠٠ ☐ ٦٠٠٠

٣- تساعد الجمعية الأشخاص الّذين هم ______________ الثامنة عشرة.

☐ في سنِّ ☐ تحت سنِّ ☐ أعلى من سنِّ

ب- اكتُب «خطأ» أو «صواب» إلى جانب كلّ جملة ثمّ صحِّح الجمل الخطأ:

١- تُساعِد الجَمعية الأفراد الّذين ليس لَهم أباء أو أمّهات.

٢- لِهذه الجَمعية مُدير من بغداد.

٣- يسكُن الأشخاص الّذين تُساعِدهم الجَمعية في مَبنى الجَمعية.

ج- أكمِل الجُمل وَفق نَصّ الاستماع:

١- توفّر الجمعية لهؤلاء الأشخاص فرصة إتمام ______________.

٢- تقدّم الجمعية العناية ______________.

٣- حصل بعض مَن تساعدهم الجمعية على عمل في الشركات ______________.

د- أجِب عن الأسئلة وَفق نَصّ الاستماع:

١- ما هدف الجمعية؟

٢- ماذا فعل بعض الأيتام بعد تخرُّجهم من المدرسة؟

٣- كيف يكون الإنسان مواطناً صالحاً وفق النصّ؟

جسر سيدي راشد في الجزائر أعلى جسر حجري معلق في العالم

المُفْرَدات

أُمّ	ج	أمَّهات	(n., f.)	center, middle, most significant
اِتَّسَعَ	(يَتّسِعُ)	اِتِّساع	(v.)	to accommodate
اِتَّصَفَ	(يَتَّصِفُ)	اِتِّصاف	(v.)	to be characterized, to be distinguished by
أجْمَع	ج	أجْمَعون	(act. p.)	all, the whole of, entire
أخَذَ	(يأخُذُ)	أخْذ	(v.)	to start, to begin, to take
اِرْتَعَدَ	(يَرْتَعِدُ)	اِرْتِعاد	(v.)	to tremble, to shake, to shudder
أرْدَفَ	(يُرْدِفُ)	إرْداف	(v.)	to add, to follow up with
أرى	(يُري)		(v.)	to show, to demonstrate
اِسْتَأنَفَ	(يَسْتَأنِفُ)	اِسْتِئناف	(v.)	to resume, to continue, to recommence
اِسْتَنْفَدَ	(يَسْتَنفِدُ)	اِسْتِنْفاد	(v.)	to exhaust, to consume, to deplete
أُسْطول	ج	أساطيل	(n., m.)	fleet, navy
اِلتَفَتَ	(يَلتَفِتُ)	اِلْتِفات	(v.)	to turn, to turn around
اِمتَدَّ	(يَمْتَدُّ)	اِمْتِداد	(v.)	to extend, to spread out
أنْتَجَ	(يُنْتِجُ)	إنْتاج	(v.)	to produce
أنشأ	(يُنشِئ)	إنْشاء	(v.)	to begin, to start, to build, to compose
بِئْر	ج	آبار	(n., m.)	well (water/oil)

courage	(n., f.)			بَسالة
still, then, after that	(particle)			بَعْدُ
spot, stain, patch	(n., f.)	بُقَع	ج	بُقْعة
gasoline	(n., m.)			بَنْزين
to complete, to conclude, to finish	(v.)	تَتْميم	(يُتَمِّمُ)	تَمَّمَ
chatty, garrulous, talkative	(n., m.)	ثَرثارون	ج	ثَرْثار
companion, friend, associate	(n., m.)	جُلَساء	ج	جَليس
group, company, party	(n., f.)	جَماعات	ج	جَماعة
shop, store	(n., m.)	حَوانيت	ج	حانوت
sharpness, acuteness	(n., f.)			حِدّة
to report, to relate, to converse with	(v.)	تَحْديث	(يُحَدِّثُ)	حَدَّثَ
to fill; to stuff	(v.)	حَشو	(يَحْشو)	حَشا
barber, hairdresser	(n., m.)	حَلاّقون	ج	حَلاّق
enthusiasm, ardor, zeal, fervor	(n., f.)			حَماسة
to praise, to laud, to commend, to extol	(v.)	حَمْد	(يَحْمَدُ)	حَمِدَ
reservoir, tank, dam	(n., m.)	خَزّانات	ج	خَزّان
danger, peril, hazard, risk	(n., m.)	أخْطار	ج	خَطَر

astonishment, amazement, surprise	(n. f.)			دَهْشة
supply, hoard, provisions, ammunition	(n., f.)	ذَخائِر	ج	ذَخيرة
satisfied, content, pleased	(n., m.)	رُضاة	ج	راضٍ
to frighten, to scare, to alarm	(v.)	رَوْع	(يَروعُ)	راعَ
to tie, to bind, to link	(v.)	رَبْط	(يَرْبِطُ)	رَبَطَ
spirit, soul, essence	(n., f.)	أرْواح	ج	روح
oil	(n., m.)	زُيوت	ج	زَيْت
secret, mystery	(n., m.)	أسْرار	ج	سِرّ
to get full, to sate	(v.)	شَبَع	(يَشْبَعُ)	شَبِعَ
bravery, courage, boldness, valor	(n., f.)			شَجاعة
form, shape	(n., m.)	أشْكال	ج	شَكْل
chest, breast, bosom	(n., m.)	صُدور	ج	صَدْر
to export	(v.)	تَصْدير	(يُصَدِّرُ)	صَدَّرَ
to fix, to repair	(v.)	تَصْليح	(يُصَلِّحُ)	صَلَّحَ
wheel	(n., f.)	عَجَلات	ج	عَجَلة
end, issue, effect, outcome, consequence	(n., f.)	عَواقِب	ج	عُقْبى / عاقِبة
knowledge, treaty, decree	(n., m.)	عُهود	ج	عَهْد

غَيَّرَ	(يُغَيِّرُ)	تَغْيير	(v.)	to change, to alter, to modify
فَضَّ	(يَفُضُّ)	فَضّ	(v.)	to settle, to resolve
فُكاهة	ج	فُكاهات	(n., f.)	humor, joke, fun
فَكَّرَ	(يُفَكِّرُ)	تَفْكير (في)	(v.)	to think (about)
قاضٍ	(الضَربة القاضية)		(adj.)	deadly, lethal, fatal (knockout blow)
قامَ	(يَقومُ)	قِيام	(v.)	to rise, to get up, to stand up
قَصَّ	(يَقُصُّ)	قَصّ	(v.)	to cut; to narrate
كافٍ			(adj.)	adequate, enough
مُتَحَرِّك			(n., m.)	moving, movable, mobile
مِثْل	ج	أمْثال	(n., m.)	similar, like, equal, analogous
مِحْوَر	ج	مَحاوِر	(n., m.)	axis, axle, pivot
مِرْجَل	ج	مَراجِل	(n., m.)	boiler, cauldron
مَسّ	(مِن الجُنون)		(n., m.)	touched (with insanity, madness, mania)
مُسْتَدير			(adj.)	round, circular
مُعاصِر	ج	مُعاصِرون	(act. p.)	contemporary
مَعْروض			(pass. p.)	shown, displayed, available
مُغْتَبِط	ج	مُغتَبِطون	(adj.)	glad, delighted

seat	(n., m.)	مَقاعِد	ج	مَقْعَد
uncovered, bare, exposed	(pass. p.)			مَكْشوف
cursed, damned, evil, wicked	(pass. p.)	مَلاعين	ج	مَلْعون
cheerful, in high spirits	(adj.)		(الصَدْر)	مُنْشَرِح
straight razor, razor blade	(n., m.)	أمْواس	ج	موسى
dispute, controversy	(n., m.)	نِزاعات	ج	نِزاع
soul, spirit, psyche, mind	(n., f.)	أنْفُس / نُفوس	ج	نَفْس
to jog, to trot, to hurry, to hasten	(v.)	هَرْوَلة	(يُهَرْوِلُ)	هَرْوَلَ
to wail, to howl, to lament	(v.)	وَلْوَلة	(يُوَلْوِلُ)	وَلْوَلَ

دار الأوبرا في مَدينة دَمنهور في مِصر

الدَرْسُ الخامِس عشر

أهداف الدرس

- التَعرّف على الكاتب الكَبير نَجيب محفوظ الذّي نال جائزة نوبل لِلأدب
- تَعريف المُناظَرات والخِلافات الدينيّة بِواسطة قِصّة قَصيرة
- **القَواعِد:** حَرف الاستِفهام المُركّب
- **الثقافة:** ألقاب الطِفل وطُرق النِداء عِند الآباء والأولاد
- **عِبارات مُفيدة:** جَديرٌ بالذِكر، ما لَبِثَ أنْ، لا دَخْلَ لِـ، على الرَغْم مِن
- استخدام **التَركيب العامّيّ** في أسلوب الكِتابة بالفُصحى

رُكن المُفْرَدات الجَديدة

بادَرَ (يُبادِرُ) مُبادَرة	*to take the initiative*
تَجْرِبة ج تَجارِب	*experience(s)*
تَربية	*education, upbringing, cultivation*
تَفَكَّرَ (يَتَفَكَّرُ) تَفَكُّر	*to think, to reason*
جَنّة ج جنّات، جِنان	*heaven, paradise*
حَرَكة ج حَرَكات	*movement*
حِوار ج حِوارات	*dialogue*
بِالرَغْمِ مِن	*in spite of*
ضَروريّ	*necessary*
عِبارة عن	*equal to, tantamount to*
غامِض	*vague*
مُناقَشة ج مُناقَشات	*discussion*

تمرين ١

وافِق بين كَلمة من العَمود الأيمن وكَلمة من الأيسر واكتُبُهما في العَمود الأوسَط.

١- بَلى		نوبل
٢- حُجرة		حصل على
٣- دين		سماء
٤- جائزة		نعم
٥- سورة		حيرة
٦- جنّة		إسلام
٧- نال		غرفة
		قرآن

تمرين ٢

وافِق بين كَلمات مُتعاكسة واكتُبُهما في العَمود الأوسَط.

١- نعم		شقيّ
٢- مَرِضَ		هتف
٣- جميل		زُجاجة
٤- هُدنة		كَلا
٥- صَمَتَ		شُفِيَ
٦- مُؤَدَّب		حَرْب
٧- جنّة		قَبيح
		نار

تمرين ٣

اخترِ الكَلِمة الّتي لا تُناسِب باقي الكَلِمات في كُلّ مَجْموعة وبَيِّن السَبَب:

١-	الله	نبي	دين	جَنّة	سخرية
٢-	يا	كلاّ	نعم	بلى	
٣-	فَصْل	فُسحة	مَفرَش	مدرّسة	تربية
٤-	كَفَر	تثاءب	صَدّق	خَلَق	عَبَدَ

جَنّةُ الأطفال

هذه القصّة من مجموعة قِصَص صدرَت لنجيب محفوظ بعنوان «خمّارة القطّ الأسود». والجدير بالذكر أنّ نجيب محفوظ هو أوّل كاتب عربيّ ينال جائزة نوبل للأدب، وكان ذلك عام ١٩٨٨. وهذه القصّة عبارة عن حِوار بين أب وابنته.

تمرين ٤

للنقاش قبل قراءة القصّة:

١- اذكُر بَعض الاختِلافات والتَشابهات بين الديانتَين الإسلاميّة والمسيحيّة.

٢- ما الأديان الرئيسة في الولايات المتّحدة الأمريكيّة؟

٣- هل يتعلّم التلاميذ الدين في المدارس العامّة في الولايات المتّحدة؟ لماذا؟

٤- أي البلاد العربيّة تتمتّع بِنِسبة لا بأس بها من المسيحيين؟

٥- ما الطوائف المسيحيّة الرئيسة في البِلاد العربيّة؟

الطفلة (ط)   بابا . . .

الأب (أ)   نعم.

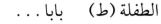

ط   أنا وصاحبتي نادية دائماً مع بعض.

أ   طبعاً يا حبيبتي فهي صاحِبتك.

ط   في الفصل، في الفُسحة، وساعة الأكل.

أ   شيء لطيف، وهي بنت جميلة ومؤدَّبة.

ط   لكن في درس الدين أدخل أنا في حجرة وتدخل هي في حجرة أخرى.

لحظ الأم فرآها تبتسم رغم انشغالها بتطريز مَفرَش. فقال وهو يبتسم:

أ   هذا في درس الدين فقط . . .

ط   لِمَ يا بابا؟

أ   لأنّك لك دين وهي لها دين آخر.

ط   كيف يا بابا؟

أ   أنت مسلمة وهي مسيحية.

ط   لِمَ يا بابا؟

أ   أنت صغيرة وسوف تفهمين فيما بعد.

ط   أنا كبيرة يا بابا.

أ   بل صغيرة يا حبيبتي.

ط   لِمَ أنا مسلمة؟

عليه أن يكون واسع الصدر وأن يكون حَذِراً ولا يكفر بالتربية الحديثة عند أوّل تجربة. قال:

أ   بابا مسلم وماما مسلمة، ولذلك فأنت مسلمة.

ط   ونادية؟

أ   باباها مسيحي وأمّها مسيحية ولذلك فهي مسيحية.

ط   هل لأن باباها يلبس نظّارة؟

أ   كلاّ، لا دخل للنظّارة في ذلك، ولكن لأن جدّها كان مسيحياً كذلك.

وقرّر أن يتابع سلسلة الأجداد إلى ما لا نهاية حتّى تضجر وتتحوّل إلى موضوع آخر، لكنها سألت:

ط من أحسن؟

وتفكّر قليلاً ثمَّ قال:

أ المسلمة حسنة والمسيحية حسنة.
ط ضروري واحدة أحسن.
أ هذه حسنة وتلك حسنة.
ط هل أعمل مسيحية لنبقى دائماً معاً؟
أ كلاّ يا حبيبتي، هذا غير ممكن. كلّ واحدة تظلّ كباباها وماماها.
ط ولكن لِمَ؟

حق أنّ التربية الحديثة طاغية . . . وسألها:

أ ألا تنتظرين حتّى تكبَري؟
ط لا يا بابا.
أ حسن. أنت تعرفين الموضة. واحدة تحبّ موضة وواحدة تفضّل موضة، وكونك مسلمة هو آخِر موضة، لذلك يجب أن تبقي مسلمة.
ط يعني أنّ نادية موضة قديمة؟

الله يقطعك أنت ونادية في يوم واحد. الظاهر أنّه يُخطئ رغم الحذر وأنّه يُدفع بلا رحمة إلى عُنق زجاجة، وقال:

أ المسألة مسألة أذواق، ولكن يجب أن تبقى كلّ واحدة كباباها وماماها.
ط هل أقول لها إنّها موضة قديمة وإني موضة جديدة؟

فبادرها:

أ كلّ دين حسن، المسلمة تعبد الله والمسيحية تعبد الله . . .

ط ولِمَ تعبده هي في حجرة وأعبده أنا في حجرة؟

أ هنَا يُعبد بطريقة وهناك يُعبد بطريقة . . .

ط وما الفرق يا بابا؟

أ ستعرفينه في العام القادم أو الذّي يليه،
وكفاية أن تعرفي الآن أنّ المسلمة تعبد الله والمسيحية تعبد الله.

ط ومن هو الله يا بابا؟

وأخذ، وفكّر ملياً، ثمَّ سأل مستزيداً من الهُدنة:

أ ماذا قالت «أبلة» في المدرسة؟

ط تقرأ السورة وتعلّمنا الصلاة، ولكني لا أعرف. فمَن هو الله يا بابا؟

فتفكّر وهو يبتسم ابتسامة غامضة، وقال:

أ هو خالق الدُنيا كلّها.

ط كلّها؟

أ كلّها.

ط معنى «خالق» يا بابا؟

أ يعني أنّه صنع كلّ شيء.

ط كيف يا بابا؟

أ بقُدْرة عظيمة . . .

ط وأين يعيش؟

أ في الدُنيا كلّها . . .

ط وقبل الدُنيا؟

أ فوق . . .

ط في السماء؟

أ نعم.

ط أريد أن أراه.

أ غير مُمكِن.

ط ولو في التلفزيون؟

أ غير ممكن أيضاً.

ط ألَمْ يرَهُ أحد؟

أ كلاّ.

ط وكيف عرفت أنّه فوق؟

أ هو كذلك.

ط مَن عرف أنّه فوق؟

أ الأنبياء.

ط الأنبياء؟

أ نعم . . . مثل سيّدنا محمّد . . .

ط وكيف يا بابا؟

أ بقُدرة خاصّة به.

ط عيناه قويتان؟

أ نعم.

ط لَمَ يا بابا؟

أ اَلله خلقه كذلك.

ط لِمَ يا بابا؟

وأجاب وهو يروِّض نفاد صبره:

أ هو حرّ يفعل ما يشاء.

ط وكيف رآه؟

أ عظيم جدّاً، قوي جدّاً، قادر على كلّ شيء . . .

ط مثلك يا بابا؟

غار حِراء حيث نزل الوحي على النبي محمَّد

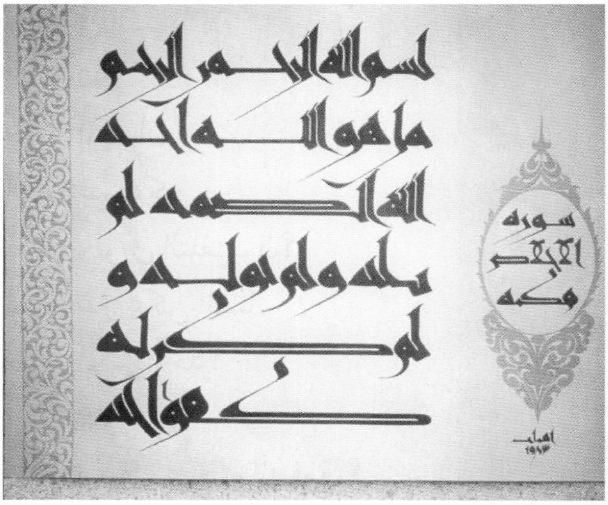

فأجاب وهو يداري ضحكه:

أ	لا مثيل له.
ط	ولِمَ يعيش فوق؟
أ	الأرض لا تسعه ولكنّه يرى كلّ شيء.

سرحَت قليلاً ثمّ قالت:

ط	ولكن نادية قالت لي إنّه عاش على الأرض.
أ	لأنّه يرى كلّ مكان، فكأنّه يعيش في كلّ مكان.
ط	وقالَت لي إنّ الناس قتلوه!!
أ	ولكنّه حيّ لا يموت.
ط	نادية قالت إنّهم قتلوه.
أ	كلاّ يا حبيبتي، ظنّوا أنّهم قتلوه، ولكنّه حيّ لا يموت.
ط	وجدّي حيّ أيضاً؟
أ	جدّك مات.
ط	هل قتله الناس؟
أ	كلاّ، مات وحده.
ط	كيف؟
أ	مرض ثمّ مات.
ط	وأختي ستموت لأنّها مريضة؟

وقطّب قائلاً وهو يلحظ حركة احتجاج آتية من ناحية الأمّ.

أ	كلاّ، ستشفى إن شاء الله.
ط	ولِمَ مات جدّي؟
أ	مرَض وهو كبير.
ط	وأنت مرضت وأنت كبير فلمْ تمُت.

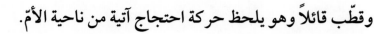

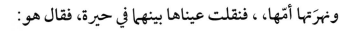

ونهرَتها أمّها، ، فنقلت عيناها بينهما في حيرة، فقال هو:

أ نموت إذا أراد الله لنا أن نموت.
ط ولِمَ يريد الله أن نموت؟
أ هوَ حرّ يفعل ما يشاء.
ط والموت حلو؟
أ كلاّ يا عزيزتي. . .
ط ولِمَ يريد الله شيئاً غير حلو؟
أ هوَ حلو ما دام الله يريده لنا.
ط ولكنّك قلت إنّه غير حلو.
أ أخطأت يا حبيبتي . . .
ط ولِمَ زعلت ماما لمّا قلت إنّك ستموت؟
أ لأن الله لم يرد ذلك بعدُ.
ط ولِمَ يريده يا بابا؟
أ هوَ يأتي بنا إلى هنا ثمَّ يذهب بنا.
ط لِمَ يا بابا؟
أ لَنعمل أشياء جميلة هنا قبل أن نذهب.
ط ولِمَ لا نبقى؟
أ لاَ تتّسِع الدنيا للناس إذا بقوا.
ط ونترك الأشياء الجميلة؟
أ سنذهب إلى أشياء أجمل منها.

ط أين؟
أ فوق.
ط عند الله؟
أ نعم.
ط ونراه؟
أ نعم.
ط وهل هذا حلو؟
أ طبعاً.

ط	إذن يجب أن نذهب.
أ	لكنّنا لم نفعل أشياء جميلة بعدُ.
ط	وجدّي فعل؟
أ	نعم.
ط	ماذا فعل؟
أ	بنى بيتاً وزرع حديقة.
ط	وتوتو ابن خالي ماذا فعل؟

وتجهّم وجهه لحظةً، واسترق إلى الأمّ نظرةً مشفِقةً ثمّ قال:

أ	هو أيضاً بنى بيتاً صغيراً قبل أن يذهب.
ط	لكن لولو جارنا يضربني ولا يفعل شيئاً جميلاً.
أ	ولد شقيّ.
ط	ولكنّه سيموت . . .
أ	إلا إذا أراد الله . . .
ط	رغم أنّه لا يفعل أشياء جميلة؟
أ	الكلّ يموت، فمَن يفعل أشياء جميلة يذهب إلى الله ومَن يفعل أشياء قبيحة يذهب إلى النار.

وتنهّدت ثمّ صمتَت، فشعر بمدى ما حلّ به من إرهاق. ولَمْ يدرِ كم أصاب وكم أخطأ. وحرّك تيّار الأسئلة علامات استفهام راسبة في أعماقه. ولكنّ الصغيرة ما لبثَت أن هتفَت:

ط	أريد أن أبقى دائماً مع نادية.

فنظر إليها مستطلِعاً، فقالَت:

ط	حتّى في درس الدين.

وضحك ضحكةً عاليةً، وضحكَت أمّها أيضاً، وقال وهو يتثاءب:

أ	لَمْ أتصوّر أنّه من الممكن مناقشة هذه الأسئلة على ذلك المستوى.

فقالَت المرأة: ستكبر البنت يوماً فتستطيع أن تدلي لها بما عندك من حقائق.

والتفت نحوها بحدّة ليرى ما ينطوي عليه قولها من صدق أو سخرية فوجد أنّها قد انهمكَت مرّة أخرى بالتطريز.

تمرين ٥

للمُحادثة:

في مَجموعات من اثنين: يمثِّل طالب دورَ الأب في قِصّة جَنّة الأطفال والآخر يمثِّل دور البِنت. على الطالب الّذي يَقوم بدور البِنت أن يَطرح أسئلة بَسيطة لكنّها مُعقدة. أمّا الطالب الّذي يَقوم بدور الأب، فيُحاول الإجابة عن الأسئلَة بطريقة تفهمها بِنت عُمرُها حوالي سبع سنوات.

تمرين ٦

أجِب عن هذه الأسئلة وَفق القِصّة:

١- ما الفِكرة الرئيسة في هذه القِصّة وما هي بَعض الأفكار الثانوية؟
٢- ما عُمر البِنت في رأيك؟
٣- أي نوع من التَربية يتّبع الأب في تربيته؟ صِفه كَما يَبدو لك من القِصّة.
٤- لماذا يُريد الأب من ابنته أن تَنتظِر حتّى تكبَرَ؟
٥- ماذا حاول الأب أن يَفعل حتّى تَضجر ابنته من السؤال؟
٦- هل شَرَح الأب لابنته الفَرق بين المُسلِمين والمَسيحيين في عبادة الله؟ كيف؟
٧- من هو «سيِّدنا محمّد»؟
٨- كيف استطاع الأنبياء رؤية الله حَسب قول الوالد؟
٩- كيف فسّر الأب الموت لابنته؟
١٠- هل تظنّ أنَّ الأمَّ تعُجِبها مُناقَشة فكرة الموت؟ كيف تَعرِف ذلك؟
١١- ماذا أثارت أسئلة البنت في ذِهن الأب؟

تمرين ٧

أ- أكمِل الجُمل الآتية بِكَلمات مُناسِبة وَفق النَصّ.

١- البنت دائماً مع صاحبتها إلاّ في ______________.

☐ درس الدين ☐ الفُسحة ☐ ساعة الأكل

٢- كانت الأمّ خِلال حَديث الأب مع ابنته ______________.

☐ تطرّز ☐ في المطبخ ☐ نائمة

٣- نادية ______________.

☐ بنت الجيران ☐ ابنة خال البنت ☐ صديقة البنت

٤- تتعلّم البنت في المدرسة ____________ .

☐ الصلاة والعبادة ☐ الموضة الحديثة ☐ الفَرق بين الأديان

٥- يعيش الله حَسب رأي الأب ____________.

☐ في السماء ☐ على الأرض ☐ في كلّ مكان

٦- لولو ____________.

☐ ابن الجيران ☐ ابن خال البنت ☐ صاحب البنت

٧- يذهب الّذين يفعلون أشياء جميلة إلى ____________.

☐ الأرض ☐ النار ☐ الجنّة

٨- الفَرق بين المسيحيّة والإسلام في القِصّة هو في ____________.

☐ الموضة ☐ طبيعة الله ☐ معنى الموت

ب- بيّن إن كانت الجُمل الآتية صواباً أو خطأً وَفق النَصّ وصحِّح الخطأ منها

١- نادية مسيحيّة لأن أباها يلبس نظّارة.
٢- يؤمن المسيحيون بأنّ الله عاش على الأرض.
٣- الإسلام والمسيحيّة مثل الموضة يتّبعهما الناس وفقاً لأذواقهم.
٤- المسلمون والمسيحيون يعبدون الله.
٥- الله هو خالق الدنيا بالنسبة للأب.
٦- لَمْ يرَ اللهَ أحد من البَشَر.
٧- يعيش الله في السماء لأنّه قادر على كلّ شيء.
٨- جدّ الطفلة لا يزال حياً.
٩- من الأشخاص الّذين لم يفعلوا أشياء جميلة في القصّة ابن خال البنت.

ج- اِختر عُنواناً مناسِباً لِلنَصّ من العَناوين الآتية، وبرّر اِختيارك له وعَدم اختيارك للأخرى.

١- اختلافات بين المسيحيّة والإسلام.
٢- الدين الإسلاميّ أحدث الأديان.
٣- لا فَرق بين الناس بسبب الدين.
٤- لم يعِش الله على الأرض ولم يقتله البشر.

تمرين ٨

أكمِل الجُمل الآتية بِكلمات مُناسِبة وَفق النَصّ.

١- دار ______________ بين طالبة من صفّنا وشاب حول الدين.

☐ احتجاج ☐ حوار ☐ موضوع ☐ انشغال

٢- تعلّمت سُها الـ ______________ من أمّها.

☐ حقيقة ☐ جائزة ☐ قدرة ☐ تطريز

٣- ما الـ ______________ بين مدينتَي لندن وباريس.

☐ فرق ☐ هُدنة ☐ حركة ☐ عبارة

٤- حين ______________ أخي أخذناه إلى الطبيب.

☐ حرّك ☐ تفكّر ☐ مَرِض ☐ نال

٥- كنت في ______________ أمس، هل أذهب إلى السينما أم أدرس.

☐ حَيْرة ☐ فُسحة ☐ تربية ☐ إرهاق

تمرين ٩

أعِد تَرتيب الكَلمات في كلّ جُملة لتُشكّل جُملاً صحيحةً وفق القواعد أعلاه ثمّ حَوّلها إلى الإنكليزيّة:

١- ذهب ومات إلى عملاً الجنّة عمل إذا الإنسان حسنا

٢- أوّل الكريم الفاتحة سورة سورة القرآن هي في

٣- أفعل أريد ما أنا حرّ إنسان

٤- الطعام تأكل الفواكه أن تفضّل بعد أمّي

٥- سأقابله بالرغم يوم انشغالي من بالدراسة الخميس

أعِد تَرتيب الجُمل لتُشكّل فِقرة كاملة. الجُملة الأولى في مَكانها المناسِب:

١ - تثاءبت الطفلة الصغيرة وفتحت عينيها في سريرها صباحاً.
لكنّها فكّرت أن أمّها لن تتركها تبقى في البيت دون مدرسة.
ثمَّ تخرُج مع صاحباتها إلى الملعب وتلعب معهنّ.
لم يعجبْها ما ستفعل ذلك اليوم فقررّت أن تبقى في البيت.
وفي المدرسة ستدخل غرفةّ الدرس وتتعلّم القراءة وبعض الأغاني.
أوّلاً ستلبس ملابسها وتذهب إلى المدرسة.
لذلك تظاهرت أنّها مريضة ولا قدرة لها على الذهاب إلى المدرسة.
قبل أن تنهض من السرير فكّرت فيما ستفعل ذلك اليوم.
وفي نهاية النهار سوف تعود إلى دارها متعبة.

رُكن التعبيرات المتداولة على الألسن

كَونُك + خَبَر مَنصوب

يُستخدَم هذا التَعبير حين يُراد القول (because so and so is) أو (due to the fact that). وقد وَرد في نَصّ القِراءة الرئيس في الجملة الأتية:

كَوْنُكِ مُسْلِمةً هُوَ آخر موضة، لِذلِكَ يَجِبُ أنْ تَبْقِي مُسْلِمةً.

الله يَقْطَعُك

قد يُترجَم هذا التَعبير (May God cut you down!) حَرفيّا، لكنّه مُستخدَم كثيراً من باب المزح أو من باب العِتاب كَما وَرد في القِصّة أو حين يَزهق (fed up) شخص من آخر:

الله يَقْطَعُكِ أنْتِ ونادية في يَوْمٍ واحِد.

لا مَثيلَ له

يُقال هذا التَعبير حين يُقصَد (unrivaled) أو (incomparable). لقد استخدمه الأب رداً على سؤال ابنته «مِثْلَكَ يا بابا»

لا مَثيلَ لَهُ.

جَديرٌ بالذِكْر / والجَدير بالذِكْرِ it is worth mentioning

إنّ هذا التَعبير مُفيد جداً وخُصوصاً حين تُقدّم شيئاً جَديداً سواء أكان مَوضوعاً أو مَعلومة شَفهياً أو كتابةً. يُستعمَل في كُلّ مَجال وفي الصحافة بِالتَحديد. وقد وَرد في مُقدمة قِصّة جَنّة الأطفال:

وَالجَديرُ بِالذِكْرِ أنّ نَجيب مَحفوظ هُوَ أوّلُ كاتِبٍ عَرَبيٍّ يَنالُ جائزَةَ نوبل لِلأدَب.

ما لَبِثَ أنْ

غالباً ما يُستعمَل هذا التَعبير في الأدب العَربيّ ويَدُلّ على (it wasn't long before) أو (no sooner did . . . than). لقد استخدمه نَجيب مَحفوظ بالطريقة الآتية:

وَلكِنَّ الصَغيرةَ ما لَبِثَتْ أنْ هَتَفَت . . .

لا دَخْلَ لِـ . . . في

إذا إردت أن تَقول إنّ الشيء المَذكور ليس له علاقة بِالمَوضوع، فاستخدم هذا التَعبير. وقد وَرد في قِصّة نَجيب مَحفوظ بالشَكل الآتي:

لا دَخْلَ لِلنَظّارةِ في ذلِكَ.

تَذَوّق الثَقافَة العَرَبيَّة

ألقاب الآباء وأولادهم

يحاكي الطِفلُ في الغَرب، الطِفلَ في الشَرق في نداء أمّه «ماما» وأبيه «بابا»، غير أنّ الأمّ والأب العربيان يُناديان أولادهما «ماما» و«بابا» كذلك! على سَبيل المِثال، تُنادي الأم ابنها وابنتها «ماما» كَما يُنادي الأب ابنته وابنه «بابا». من المُمكِن أن يقول أب لابنه أو ابنته:

لا تَتأخَّرْ / لا تتأخّري، بابا.

قد تُترجَم الجُملة المذكورة أعلاه «Don't be late, son.» وليس «Don't be late, dad.» لأنّ التَرجمة تَتمّ حسَب السياق وليس فقط حَسب كلمات العِبارة منفردة.

هُناك لقب آخر شائع ألا وهو «دادا» وهو مُستخدَم بين الأطفال الصِغار يُنادون به بعضهم بعضاً سواء كانوا أولاداً أو بناتاً.

تَذَوّق الثقافة العَرَبيَّة

لَقب الطِفل

ليس من الغَريب أن يُلقَّب الطِفل على أساس أوّل حَرف اسمه. على سَبيل المِثال، افرض هُناك وَلد اسمه تَوفيق، فَقد يُلقّب «توتو». ولو كان هناك بِنت اسمها لُبنى قد تُلقَّب «لولو» أو افرض اسمها مَيْساء، فقد تُلقَّب «ميمي».

عُموماً، حين يَبلُغ الوَلد سِن المُراهقة (adolescents)، يَسقُط لَقبه.

القَواعِد

١ – الحَذْف Ellipsis

أحياناً، قد لا تُستخدَم كُلّ كَلمات تَعبير ما، بَل، تُستخدَم الكَلمة الرئيسة كي تُعبّر عن المَعنى كُلّه. لقد رأينا بَعض الأمثِلة من هذا في الماضي، مثلاً الكَلمة مُمكِن قد تَحلّ مَحل العِبارة «هل من المُمكِن»:

صيغة الحَذف		الصيغة الفَصيحة
مُمْكِن أَسْتَعْمِل الهاتِف؟	⇐	هل مِنَ المُمْكِنِ أنْ أَسْتَعْمِلَ الهاتِفَ؟

رأينا مِثالَين من هذا النوع في قِصّة جَنّة الأطفال:

صيغة الحَذف		الصيغة الفَصيحة	
ضَروري واحدة أَحْسَن.	⇐	مِنَ الضَروريّ أَنْ تَكونَ واحدةٌ أَحْسَنَ.	*One must be better!*
رَغْم الحَذَر.	⇐	عَلى الرَغْمِ مِنَ الحَذَرِ. أو بالرَغْمِ مِنَ الحَذَرِ.	*In spite of being cautious.*

٢- حَرف الاستِفهام المُركَّب

يُدغم بَعض حُروف الاستِفهام في حَرف جَرّ أو حَرف آخر إمّا في أوّله أو آخره، و يَنعكِس مَعنى الحَرفَين مَعاً في السؤال المُركّب. وردت في نَصّ القِراءة الرئيس ثلاثة أمثلة من هذا النَوع:

١	ألا تَنْتَظِرين حَتّى تكبَري؟	*Can't you wait until you are older?*

في المِثال ١ أعلاه، يَتألّف حَرف الاستِفهام ألا من هَمزة الاستِفهام « أ » وحَرف النَفي «لا». ويُستخدَم مع الفِعل المُضارع في صيغة الاستِفهام المَنفي مِثل « don't . . . aren't ».

تأمّل المِثال ٢ أدناه الّذي يُشبه المِثال ١ أعلاه المؤلّف من هَمزة الاستِفهام « أ » وحَرف نَفي لكن هذه المَرّة تُستخدَم «لَمْ» الّتي يليها المُضارع المَجزوم ويَدُلّ على مَعنى «haven't» أو «hasn't» كَما تَرى أدناه:

٢	ألَمْ يَرَهُ أحدٌ؟	*Hasn't anyone seen him?*

حَرف الاستفهام لِمَ مُشتقّ من لِماذا الّتي تَتألّف بِدورها من حَرف الجَرّ لِـ وكَلمة الاستِفهام ماذا، ومَعناه الحَرفيّ (for what) لكن دَلالته (why).

٣	لِمَ يا بابا؟	*Why, papa?*

بِطَبيعة الحال، يوجَد حُروف استِفهام مُركَّبة أخرى كَما تَرى في الجَدول أدناه:

ب + ماذا	= بِمَ / بِما	*with what*
عَن + ما	= عَمَّ / عَمّا	*about what*
مِن + مَن	= مِمَّن	*from whom*
مِن + ما	= مِمَّ	*of what*
عَن + مَن	= عَمَّن	*about whom*
إلى + مَتى	= إلامَ	*until when*
إلى + ماذا	= إلامَ	*to what*

هيّا نُلقي نَظرة على حُروف الاستِفهام المُركّبة في السياق.

بِما	فَتَسْتَطيعُ أنْ تُدْلي لَها بِما عِنْدَكَ مِنْ حقائق.
عَمَّ	عَفواً يا أخي، أعْتَذِرُ عَمَّ فَعَلْتُ.
مِمَّن	مِمَّن هذه الرسالة؟
مِمَّ	مِمَّ تَتألَّفُ قاعِدة المُعطيات؟
عَمَّن	عَمَّن تَتَحَدَّث؟
إلامَ	إلامَ تَبْقى هُنا؟
إلامَ	إلامَ تَرْمُزُ تِلْكَ الحُروفُ؟

تمرين ١١

اكتُب حَرف استِفهام المُركّب الصَحيح من الباب السابِق كي تُكمل الجُمَل الآتية، ثُمّ حوّل الجُمل إلى الإنكليزيّة.

١- ______ وصلتَ متأخّراً؟
٢- ______ اشتريت تلك السيّارة القديمة؟
٣- ______ تريدين أن تكتبي لوالديك؟
٤- ______ يتحدّث هذا الخبر؟
٥- ______ تبحثون؟
٦- ______ تنظر؟
٧- ______ أقُلْ لك إنّه ليس هنا؟
٨- ______ يَتألّف الاتحاد الأوروبيّ؟

٣- الأسلوب العامّيّ في الأدب العَربيّ

كَون نَصّ القِراءة الرئيس في هذا الدَرس حِواراً، فأنّه يحتوي على عِدة تَراكيب وعِبارات مُتداولة في العامّيّة ونُسلّط الضوء عليها في هذا الباب.

١	باباها، ماماها	*her papa, her mama*
٢	هل أعمل مسيحيّة؟	*Should I convert to Christianity?*
٣	الله يقطعِك أنت ونادية	*A curse upon you and Nadia.*

مُلاحَظة

في المِثال ٣ أعلاه، يَدعو الأب من الله أن يَقطع ابنته وصَديقتها في نَفس اليَوم. رُبّما تَعتقِد أنّ هذا التَعبير قاسيّاً جِدّاً حين تُفكّر في مَعناه الحَرفيّ، غير أنّه وَظيفيّاً يَدُلّ على عدم الرِضى والانزِعاج تجاه الشَخص الموجّه إليه التَعبير.

٤	موضة	*fashion moda*
٥	أبلة	*older sister* (Turkish *abla,* also used to refer to and address female teachers in Egypt)
٦	زَعِل مِن	*to be upset or annoyed (with).*

مُلاحَظة

في المِثال ٦ أعلاه، نَرى الفِعل الفَصيح زَعِلَ الدالّ على (fed up) أو (to be bored) بالإنكليزيّة، بينما يُستخدَم كَثيراً في العامّية كي يَدُلّ على (to be upset). تأكّد من أنّك تَستعمِله مع حَرف الجَرّ الصَحيح ألا وهو «مِن» وليس «مع».

تمرين ١٢

أ- **أجِب عن الأسئلة وَفق نَصّ الاستماع:**

١- ما الموادّ المدرسية الّتي كانت تعجب هاني كثيراً؟
٢- بِمَ كان يحلم هاني حين كان صبياً؟
٣- لماذا ذهبت هناء إلى المسرح وحدها؟
٤- هل تحقّق حلم هاني؟
٥- اكتب عنواناً لهذه القصّة.

ب- **اكتُب «خطأ» أو «صواب» إلى جانب كلّ جُملة ثمّ صحِّح الجمل الخطأ:**

١- عمِل هاني طبيباً بعد تخرّجه من الجامعة.
٢- زوجة هاني ربّة بيت.
٣- بدأت المسرحية في الساعة الثامنة مساء.
٤- كانت هناء تعرف أنّ زوجَها واحدٌ من الممثّلين.
٥- لم يكن هاني يذهب إلى المسرح والسينما كثيراً.
٦- كانت هناء تلتفت نحو الباب لأنّ زوجها كان يقف عند الباب.

ج- **أكمِل الجُمل الآتية بالاختيار المناسِب وَفق نَصّ الاستِماع:**

١- اهتمّ هاني بالعلوم حين كان في __________.

☐ المدرسة ☐ الجامعة ☐ العيادة ☐ المسرح

٢- فتح هاني __________.

☐ عيادة ☐ مسرحاً ☐ بيتاً ☐ علبة

٣- حَلَم هاني بأنْ يصبح __________.

☐ صبياً ☐ طبيباً ☐ ممثّلاً ☐ صيدلياً

٤- كان هاني يقول النِكات أمام __________.

☐ زوجته ☐ أصدقائه ☐ الناس في المسرح ☐ المرآة

٥- جلست هناء وحدها في المسرح لأنّ زوجها كان __________.

☐ متأخّراً ☐ على المسرح ☐ في العيادة ☐ في البيت

٦- تُرفع الستارة في المسرح عادةً __________.

☐ في الساعة الثامنة ☐ في الساعة التاسعة ☐ بعد المسرحية ☐ بالمناسبات

المُفْرَدات

to protest, to object (to)	(v.)	اِحْتجاج (على)	(يَحْتَجُّ)	اِحْتَجَّ
to err, to make a mistake	(v.)	خَطأ	(يُخْطِئُ)	أخطأ
to express, to declare	(v.)	إدلاء (بِـ)	(يُدلي)	أدْلى
exhaustion, fatigue	(n., m.)			إرْهاق
to steal (a glance)	(v.)	اِسْتِراق (نَظرة)	(يَسْتَرِقُ)	اِستَرَقَ
to ask for more	(v.)	اِسْتِزادة	(يَسْتَزِيدُ)	اِسْتَزادَ
to be busy, to be preoccupied	(v.)	اِنْشِغال (بِـ)	(يَنْشَغِلُ)	اِنْشَغَلَ
to involve, to imply, to include	(v.)	اِنْطِواء (على)	(يَنْطَوي)	اِنطَوى
to be absorbed with, to be engrossed in	(v.)	اِنْهِماك (في)	(يَنْهَمِكُ)	اِنْهَمَكَ
papa (daddy)	(n., m.)			بابا
to take the initiative, to begin	(v.)	مُبادَرة	(يُبادِرُ)	بادَرَ
نَعَم	affirmative particle after negation			بَلى
to yawn	(v.)	تَثاؤُب	(يَتَثاءَبُ)	تَثاءَبَ
experiment, test, trial, experience	(n., f.)	تَجارِب	ج	تَجْرِبة
to frown, to scowl	(v.)	تَجَهُّم	(يَتَجَهَّمُ)	تَجَهَّمَ
to change, to alter, to shift, to transform	(v.)	تَحَوُّل	(يَتَحَوَّلُ)	تَحَوَّلَ
education, upbringing, cultivation	(n., f.)			تَربية
embroidery	(n., m.)			تَطْريز
to think (about), to reason	(v.)	تَفَكُّر	(يَتَفَكَّرُ)	تَفَكَّرَ
to sigh	(v.)	تَنَهُّد	(يَتَنَهَّدُ)	تَنَهَّدَ

current, flow, trend, tendency	(n., m.)	تَيّارات	ج	تَيّار
prize, award	(n., f.)	جَوائِز	ج	جائزة
worthy, meriting	(n., m.)			جَدير
paradise, heaven	(n., f.)	جَنّات / جِنان	ج	جَنَّة
غُرْفة	(n., f.)	حُجَرات	ج	حُجْرة
cautious, wary	(adj.)			حَذِر
free, independent	(n., m.)	أحْرار	ج	حُرٌّ
to move, to drive, to stimulate	(v.)	تَحريك	(يُحَرِّكُ)	حَرَّكَ
movement, motion	(n., f.)	حَرَكات	ج	حَرَكة
fact, reality	(n., f.)	حَقائِق	ج	حَقيقة
to befall, to descend upon, to afflict	(v.)	حَلّ	(يَحُلُّ)	حَلّ
dialogue, conversation	(n., m.)	حِوارات	ج	حِوار
confusion, perplexity	(n., f.)			حَيْرة
to create	(v.)	خلْق	(يَخْلُقُ)	خلَقَ
tavern, wine shop	(n., f.)	خَمّارات	ج	خَمّارة
to humor, to indulge, to flatter, to hide	(v.)	مُداراة	(يُداري)	دارى
concern, business; relevance	(n., m.)			دَخْل
to know, to have knowledge, to be aware of	(v.)	دِراية	(يَدْري)	دَرى
world, worldly existence	(n., f.)			دُنْيا
religion	(n., m.)	أدْيان	ج	دين
mentioning, citing	(n., m.)			ذِكْر

taste, liking, inclination	(n., m.)	أذْواق	ج	ذَوْق
deposit, sediment, residue	(n., m.)			راسِب
in spite of	(prep.)		(بالرَّغْم مِن)	رَغْم
to tame, to housebreak	(v.)	تَرْويض	(يُرَوِّضُ)	رَوَّضَ
bottle, flask, vial	(n., f.)	زُجاجات	ج	زُجاجة
to be annoyed, to be upset (with)	(v.)	زَعَل (مِن)	(يَزْعَلُ)	زَعِلَ
ridicule, scorn, derision, mockery	(n., f.)		سُخرية	سُخرية
to be lost in thought, to daydream	(v.)	سُروح	(يَسْرَحُ)	سَرَحَ
chapter in the Qur'an	(n., f.)	سُوَر	ج	سورة
to heal, to cure	(v.)	شِفاء	(يَشْفي)	شَفى
scoundrel, rascal	(n., m.)			شَقيّ
friend (in Egyptian colloquial)	(act. p.)	أصْحاب	ج	صاحِب
patience, forbearance, tolerance	(n., m.)			صَبر
truth, truthfulness, sincerity	(n., m.)			صِدْق
to be silent, to stop talking, to shut up	(v.)	صَمْت	(يَصْمُتُ)	صَمَتَ
to be dissatisfied, to be bored, to be annoyed	(v.)	ضَجَر	(يَضْجَرُ)	ضَجِرَ
essential, necessary	(adj.)			ضَروريّ
domineering, oppressive person	(n., m.)	طُغاة	ج	طاغٍ
apparent, visible, obvious	(adj.)			ظاهِر
tantamount to, equivalent to	(n., f.)			عِبارة (عَن)

to worship	(v.)	عِبادة	(يَعْبُدُ)	عَبَدَ
depth	(n., m.)	أعْماق	ج	عُمْق
obscure, vague, unclear	(act. p.)			غامِض
difference, distinction	(n., m.)	فُروق	ج	فَرْق
recess, intermission; picnic (Egypt)	(n., f.)	فُسَح	ج	فُسْحة
classroom (Egypt)	(n., m.)	فُصول	ج	فَصْل
to prefer, to favor	(v.)	تَفْضيل	(يُفَضِّلُ)	فَضَّلَ
coming, next, following	(act. p.)	قادِمون	ج	قادِم
ugly, unsightly, repulsive	(adj.)			قَبيح
power, faculty, strength	(n., f.)	قُدُرات	ج	قُدْرة
to frown, to scowl	(v.)	تَقْطيب	(يُقَطِّبُ)	قَطَّبَ
to be irreligious, not to believe in God	(v.)	كَفْر / كُفْر	(يَكْفُرُ)	كَفَرَ
not at all, by no means	negative particle			كَلاّ
to linger, to remain	(v.)	لَبْث	(يَلْبَثُ)	لَبِثَ
to notice, to look, to observe	(v.)	لَحْظ	(يَلْحَظُ)	لَحَظَ
well-behaved, well-mannered, polite, courteous	(pass. p.)	مُؤَدَّبون	ج	مُؤَدَّب
mama (mommy)	(n., f.)			ماما
like, similar, equal	(n., m.)	مُثُل	ج	مَثيل
extent, range, scope	(n., m.)			مَدى
to be ill, to get sick	(v.)	مَرَض	(يَمْرَضُ)	مَرِضَ
inquiring	(act. p.)			مَسْتَطلِعاً
level, standard	(n., m.)	مُسْتَوَيات	ج	مُسْتَوى

compassionate person	(n., m.)			مُشْفِق
bedspread, bed cover, tablecloth	(n., m.)	مَفارِش	ج	مَفْرَش
a long period of time	(n., m.)			مَليّ
discussion	(n., f.)	مُناقَشات	ج	مُناقَشة
fashion (Italian *moda*)	(n., f.)	موضات	ج	موضة
subject, topic, theme, item	(n., m.)	مَوضوعات	ج	مَوْضوع
to obtain, to get, to win	(v.)	نَوْل	(يَنالُ)	نال
to be used up, to be exhausted	(v.)	نَفاد	(يَنْفَدُ)	نَفِدَ
to keep moving	(v.)	تَنْقيل	(يُنَقِّلُ)	نَقَّلَ
to reproach, to scold, to chide	(v.)	نَهْر	(يَنْهَرُ)	نَهَرَ
to shout, to cry, to yell, to exclaim	(v.)	هُتاف	(يَهْتِفُ)	هَتَفَ
quietness, peace, truce, armistice	(n., f.)	هُدُنات	ج	هُدْنة

الدَرْسُ السادِس عشر

الدكتورة لوريس ماهِر، رائدة الطِب والسياسة والمُجتمع

أهداف الدرس

- التَعرّف على لوريس ماهِر—رائدة الطِبّ والسياسة والمُجتمع
- تَعريف أسلوب مُقابلة سيرة شَخص وكيفيّة تَقليده
- **تَعريف بَعض حقائق الدَولة العُثمانيّة التاريخيّة ووقائع الانتِداب الفَرنسيّ في سوريا**
- **القَواعد:** أدوات الرَبط والتَنسيق في البَلاغة
- **مُراجَعة القَواعد :** اسم التَفضيل خَير والاسم الموصول العامّ والخاصّ والتَشبيه واسم الفِعل

رُكنُ المُفْرَداتِ الجَديدةِ

أثْبتَ (يُثْبتُ) إثْبات	*to prove, to establish, to verify*
أثَّرَ (يُؤثِّرُ) تأثير (في/ على)	*to influence, to impact*
انْتِداب	*mandate*
آنذاك (آن + ذاكَ)	*at that time*
انْغَمَسَ (ينْغَمِسُ) انْغِماس	*to be immersed*
بِمثابة	*as, like, similar to*
رَشَّحَ (يُرَشِّحُ) تَرْشيح	*to nominate s.o. for s.th.*
عالَجَ (يُعالِجُ) مُعالَجة	*to treat*
عُضْوٌ ج أعْضاء	*member*
عَوَّضَ (يُعَوِّضُ) تَعْويض	*to compensate*
قَضية ج قَضايا	*issue*
واجَهَ (يُواجِهُ) مواجَهة	*to confront, to face*

تمرين ١

وافِق بين كلمات من العَمودين لهما عكس المعنى واكتُب الأزواج في الوسط.

١-	غَنيّ		نام
٢-	مَرَض		أخَذَ
٣-	وفاة		أُنْثى
٤-	اِستيقظ		حَرَم
٥-	أعطى		وِلادة
٦-	اِعتزّ		صحّة
٧-	ذَكَرٌ		ذَلَّ
			فَقير

تمرين ٢

وافِق بين كَلمة من العَمود الأيمن وكَلمة من الأيسر واكتُبُهما في العَمود الأوسَط.

١-	السُلّ		صَحيفة
٢-	مُنظَّمة		زيت
٣-	مقالة		وحيد
٤-	صليب		محفِّز
٥-	عثماني		رأى
٦-	دُهن		جمعية
٧-	شَهِدَ		تركيّ
٨-	مُنفرِد		الكوليرا
			المسيحية

تمرين ٣

اخترِ الكَلِمة الّتي لا تُناسِب باقي الكَلِماتِ في كُلّ مَجْموعة وبَيِّن السَبَب:

١-	غذاء	متخلّف	خُضر	طعام
٢-	نقطة	رضيع	ولد	طفل
٣-	وزّع	أعطى	قدّم	افتتح
٤-	عاطفة	حُبّ	عدم	غضب

أوّل جامعيّة

وطبيبة ومرشَّحة نيابيّة

عن مجلّة سيّدتي بتصرّف (العدد ١٠٢٢)

وُلِدَت لوريس ماهر في دمشق سنة ١٩٠٦. إنّها أوّل امرأة في الوطن العربيّ تدخل الجامعة لدراسة الطب وتتخرّج طبيبةً وهي أوّل عربيّة ترشِّح نفسها للمجلِس النيابيّ السوريّ. إنّ الدكتورة لوريس ماهر مؤلِّفة إلى جانب عملها بالطب، كما أنّها دخلت عالم التجارة مع والدها حيث أسّسا شركةً لطعام الأطفال. في ما يلي مقابلة أجراها الصحافيّ علي طه مع الدكتورة ماهر عام ٢٠٠٠ ميلادي.

تمرين ٤

للنقاش قبل قراءة القصّة:

١- ماذا تتخيّل حين تَسمع عِبارة «الحركة النسائية»؟
٢- متى بدأت الحركة النسائية في بلدك؟ ومَن قادها؟
٣- هل حقّقت أمريكا المساواة بين الجنسين من حيث الراتب والمنصب في رأيك؟
٤- ماذا تعرف عن الوَضع النسائي في الشرق الأوسط؟
٥- ما التحدّيات التي قد تواجهها لو كنت الفتاة الوحيدة بين الشباب في جامعتك؟

ط‌ه ما هي الصعوبات الّتي واجهتك في بداية رحلتك العلميّة؟

ل م في العام ١٩٢٤ انتسبت للمعهد الطبيّ في الجامعة السورية، وكان عدد طلاّب الطب آنذاك لا يتجاوز سبعة طلاّب ذكور وكنت أنا الفتاة الوحيدة في الجامعة السورية، وتخصّصت في طب الأطفال. وقد استغرب زملائي وجود فتاة بينهم وخصّصوا لي مقعداً منفرداً عنهم. لكن سرعان ما تأقلموا معي، وقد أصبحوا في ما بعد من خَيْرة أطِباء سوريا.

لوريس ماهر مع شقيقها وعائلته

ط‌ه هل عارضَت أسرتك دخولك الجامعة؟ وكيف نظر المجتمع السوريّ لك في البداية؟

ل م كانت أسرتي خير داعم لي، وكان والدي يريد أن أدرس الصيدلة، إذ إنّه كان أوّل من حصل على شهادة علميّة في مجال الصيدلة في سوريا، وقد كان رئيس «دار الاستحضارات الطبيّة» في إدارة الصحّة والإسعاف العام في دمشق أيّام الحكم العثمانيّ. لكني فضّلتُ الطب وأثبتُ للمجتمع أنّ المرأة قادرة على العطاء كالرجل، خصوصاً أنّني كنت دائماً الأولى على دُفعتي في كلّيّة الطبّ. الحقيقة أنّ نظرة المجتمع لم تكن متخلّفة في ذلك الوقت لأنّ المجتمع اعتبر دخولي الجامعة أمراً طبيعياً. وبعد تخرُّجي من الجامعة عام ١٩٢٩ سافرتُ إلى باريس وتخصّصتُ لمدّة ثلاث سنوات في طبّ الأطفال.

ط‌ه وماذا عملتِ بعد عودتك من فرنسا؟

ل م عملت في مجال الطبّ طبعاً حيث افتتحتُ عيادة خاصة للأطفال في زمن الانتداب الفرنسيّ حيث شهدَت سوريا زيادة في الفقر والمرض وتكرّرَت حوادث الوفيات نتيجة الإصابة بمرض السِلّ والكوليرا وغيرهما من الأمراض. وبما أنّني لم أُرْزَق بأطفال فقد كنت أعتبر كلّ طفل عالجتُه بمثابة ابني لأني كنت مدفوعة بعاطفة الأمومة الّتي حُرِمتُ منها طيلة حياتي لكنّ الله عوّضني عن ذلك بانغماسي في عالم الأطفال الّذي أنساني ألم عدم الإنجاب.

حفلة تخرُّج لوريس ماهر عام ١٩٢٩

ط‍ه أسّستِ خلال فترة الحرب العالميّة الثانية مع والدك شركة «سيريلاك» السورية (Syrielac أي الحليب السوري). كيف كانت هذه التجربة؟

ل م لم تكن شركة للربح بل كانت عملاً خيرياً إنسانيّاً يهدف إلى تصنيع الأغذية البديلة الّتي كانت تصلنا من شركات أوروبيّة والّتي انقطعت منتجاتها عن بلادنا بسبب الحرب (العالمية الثانية)، فقُمنا بتصنيع خمسة أصناف غذائيّة للأطفال الرُضّع وُزِّعَت في سوريا ولبنان ووصل بعضها حتّى فرنسا. لقد لبّينا بذلك حاجات الأطفال في بلادنا. وقد كانت الكلّيّة الفرنسيّة في بيروت تستورد منا هذه الموادّ وتوزّعها على أطفال لبنان، وكان أكثر من نصف منتجاتنا يوزّع مجّاناً على المحتاجين والفقراء.

ط‍ه هل أثّر زواجك من الصحافي الراحل جورج فارس على عملك؟

ل م على العكس تماماً. فبعد زواجي منه زاد نشاطي، حيث كان يساعدني على نشر موضوعات علميّة في جريدة «صدى سوريا» الّتي أسّسها والّتي كانت تصدر بالفرنسيّة. كما ساعدني على نشر مقالات في جريدته «بردى» الّتي كانت تصدر بالعربيّة، وكان دائماً محفّزاً لي على العمل حتّى وفاته.

الدكتورة لوريس ماهر تعزف على البيانو

ط‍ه كنتِ أوّل امرأة تُرشّح نفسها للمجلس النيابيّ السوريّ، فكيف دخلت هذه التجربة؟

ل م كانت تجربة غنيّة جدّاً بالنسبة لي رغم أني لم أنجح في حملتي الانتخابيّة. لقد كان هدفي الدخول إلى المجلس للدفاع عن قضايا الطفل، إلا أنّ النجاح لم يحالفْني في ذلك لكنّه حالفَني في محبة الأطفال.

ط‍ه وما هي أهم النشاطات الاجتماعيّة الّتي تقومين بها؟

ل م أنا عضوة في جمعيات الإسعاف الخيريّ والدفاع المدنيّ، ولي مشاركات في جمعية «نقطة الحليب» السورية الّتي تسعى إلى مساعدة المحتاجين والأطفال الفقراء حيث توزّع عليهم الحليب بالمجّان. كما أنّني عضوة في جمعية «أطبّاء بلا حدود» وفي منظّمة الصليب الأحمر الدوليّة.

ط‍ه ما هي أهم مساهماتك الفكريّة في مجال الطبّ؟

ل م كتبت عدّة مقالات في صحف عربيّة وفرنسيّة وألّفت ثلاثة كتب باللغة الفرنسيّة، وأنا أعتزّ بكتابي الّذي صدر عام ١٩٣٥ بالفرنسيّة تحت عنوان «تمريض الأطفال ودور القائمات على ذلك» لأنّه لاقى رواجاً جيّداً بين أطبّاء فرنسا.

ط‌ه عمرك الآن أربع وتسعون سنة. ما نصيحتك للمرأة حتّى تحافظ على صحتها؟

ل م أنصحها بهذه الأشياء: الرياضة والعمل والتفكير، وتناول الخُضَر الطازجة والماء بكثرة، وتناول السكريات والدهون باعتدال، والحصول على الراحة الكافية، والنوم المبكّر والاستيقاظ المبكّر.

تمرين ٥

للمحادثة:

أ- تخيّل أنك مراسل كالمراسل الّذي أجرى المقابلة مع الدكتورة لوريس ماهر مكلَّفٌ بالحصول على معلومات كافية لكتابة مقالة تُشبِه المقالة أعلاه، بينما طالب آخر يتخيّل أنّه شخصيّة تاريخيّة أو معاصرة بارزة تفاصيلها معلومة له حتّى يسترسل في أجوبته. يجري الطالب «المراسل» مقابلة شفوية مع هذه الشخصية التاريخية.

للكتابة:

ب- يقوم الطالب «المراسل» والطالب الذي يمثل الشخصية التاريخية بكتابة المقابلة معاً.

تمرين ٦

أجِب عن هذه الأسئلة وَفق القِصّة:

١- ما علاقة سوريا بالدولة العثمانيّة؟
٢- متى بدأ ومتى انتهى الانتداب الفرنسيّ على سوريا؟
٣- هل للمرأة السوريّة حُقوق مثل حُقوق الرجل في رأيك؟
٤- حدّد الفكرة الرئيسة في النصّ أعلاه وبعض الأفكار الثانوية.
٥- ما الصُعوبات الّتي واجهت الطفل خاصّة بِسببَ الحرب والانتداب؟
٦- أعطِ عنواناً آخر للدرس.

تمرين ٧

أ- **أكمِل الجُمل الآتية بِكَلمات مُناسِبة وَفق النَصّ.**

١- كان والد لوريس ماهر ______________ .

☐ طبيباً ☐ عثمانياً ☐ صيدلياً ☐ رئيساً

٢- كاتب نصّ المقابلة في هذا الدرس ______________ .

☐ لوريس ماهر ☐ جورج فارس ☐ علي طه ☐ والد لوريس

٣- صار زملاء لوريس من ____________ الأطبّاء في سوريا.
☐ أحسن ☐ أكثر ☐ أقلّ ☐ أصعب

٤- كان والد لوريس موظَّفاً حكوميّاً أيّام ____________.
☐ الحكم العثمانيّ ☐ الانتداب الفرنسيّ ☐ الحرب الثانية ☐ الحكم السوريّ

٥- «سيريلاك» هو اسم ____________.
☐ شركة سورية ☐ طبيب فرنسيّ ☐ جمعية خيريّة ☐ طعام فرنسيّ

٦- نشرت لوريس ماهر مقالات في مجلّة ____________.
☐ طبيّة ☐ زوجها ☐ فرنسيّة ☐ الجامعة

٧- «لإسعاف الخيري» اسم ____________.
☐ منظّمة دوليّة ☐ جمعية خيريّة ☐ دائرة حكوميّة ☐ شركة صيدلانيّة

٨- نشرت لوريس ماهر ____________.
☐ كتاباً واحداً ☐ كتابين ☐ ثلاثة كتب ☐ أربعة كتب

٩- تنصح لوريس المرأة بـ ____________.
☐ تناول اللحوم ☐ شرب الكثير من الماء ☐ النوم بعد الظهر ☐ طبخ الخضر

ب- بيّن إن كانت الجُمل الآتية صواباً أو خطأً وَفق النَصّ وصحِّح الخطأ منها:

١- انتُخِبَت الدكتورة لوريس ماهر نائبة في المجلس النيابيّ السوريّ.
٢- ظلّت لوريس ماهر تجلس منفردة في قاعة الدرس طيلة دراستها الجامعيّة.
٣- لم يرَ المجتمع السوريّ مانعاً في دخول المرأة في مجال الطبّ في بداية القرن العشرين.
٤- أنجبَت لوريس عدّة أولاد.
٥- «نقطة الحليب» إحدى منتجات سيريلاك.

شارع من شوارع مدينة دمشق

تمرين ٨

أعِد تَرتيب الكَلمات في كلّ جُملة لتُشكّل جُملاً صحيحةً وَفق القَواعد أعلاه ثمّ حوّلها إلى الإنكليزيّة:

١- في صباحاً السادسة أستيقظ الساعة

٢- العمل قادر أثبت على والدراسة أنّه أخي معاً

٣- في المرشَّحَ انتخبتُ الماضية الانتخابات المستقِلّ

٤- عمل فريد عن فَقْره جيِّد حصل عوَّضه على سنواتِ

٥- على العثمانيّة في الحرب الدولة استولى ممتلكات العالميّة المنتصرون الأولى

تمرين ٩

أعِد تَرتيب الجُمل لتُشكّل فِقرة كاملة. الجُملة الأولى في مكانها المناسِب:

١- انتَسَبَت سلمى إلى جمعية خيريّة لتساعد الفقراء.
لكنّ سلمى لم تنسَ أنْ ترسل للجمعية مالاً كلّ شهر.
بقيَت سلمى عُضوة في الجمعية إلى أن انتقل عمل زوجها إلى مدينة أخرى.
وشعرَت بأنّها يجب أن تساعد هؤلاء الناس.
فزارَت شركات كبيرة تطلب منهم مالاً لمساعدة هؤلاء الفقراء.
وقد تعرّفَت من خلال عملها على عدد من هذه الأَسَر المحتاجة.
وكان عملها التعرّف على الأَسَر الفقيرة.
وقد تبرّعَت الشركات بالمال والمنتجات لمساعدتهم.

تمرين ١٠

للنِقاش قبل قراءة القِصّة:

١- ماذا تعرف عن كَلمة «الانتداب» من حيث مفهومها السياسيّ؟

٢- متى تأسّسَت الدولة العثمانيّة وأين وقعت؟

٣- متى وكيف انتهت الدولة العثمانيّة؟

الإمبراطوريّة العثمانيّة

أسّس هذه الدولة عثمان الأوّل في القرن الثالث عشر في ما يُعرَف اليوم بتركيّا كواحدة من الدُوَيْلات التركيّة المتعدِّدة في بلاد الأناضول. توسّعَت الدولة بسرعة وامتدَّت إلى جميع أنحاء تركيّا وإيران وبلاد الشام ومصر وشمال إفريقيا وأوربا بما في ذلك اليونان والبلقان. في عام ١٣٥٣ فتح محمّد الثاني مدينة القسطنطينيّة عاصمة الدولة البيزنطيّة وسمّاها إستنبول وجعلها عاصمة الدولة. وصلَت الإمبراطوريّة العثمانيّة إلى أوجها حين استولى سليم الأوّل على سوريا ومصر سنة ١٥١٧ وأعلن نفسه خليفة المسلمين. بدأت الدولة تضعف في أواخر القرن السادس عشر وفقدَت أجزاء كثيرة منها إلى أن انتهت تماماً بعد الحرب العالميّة الأولى وبدأ تاريخ الجمهوريّة التركيّة الحديثة.

يقع معظم تركيّا الحديثة في آسيا الصغرى وجزء صغير منها في أوروبا. عاصمتها أنقرة ونظامها السياسي جمهوريّ ديموقراطيّ. يحدّها من الشرق إيران وأرمينيا.

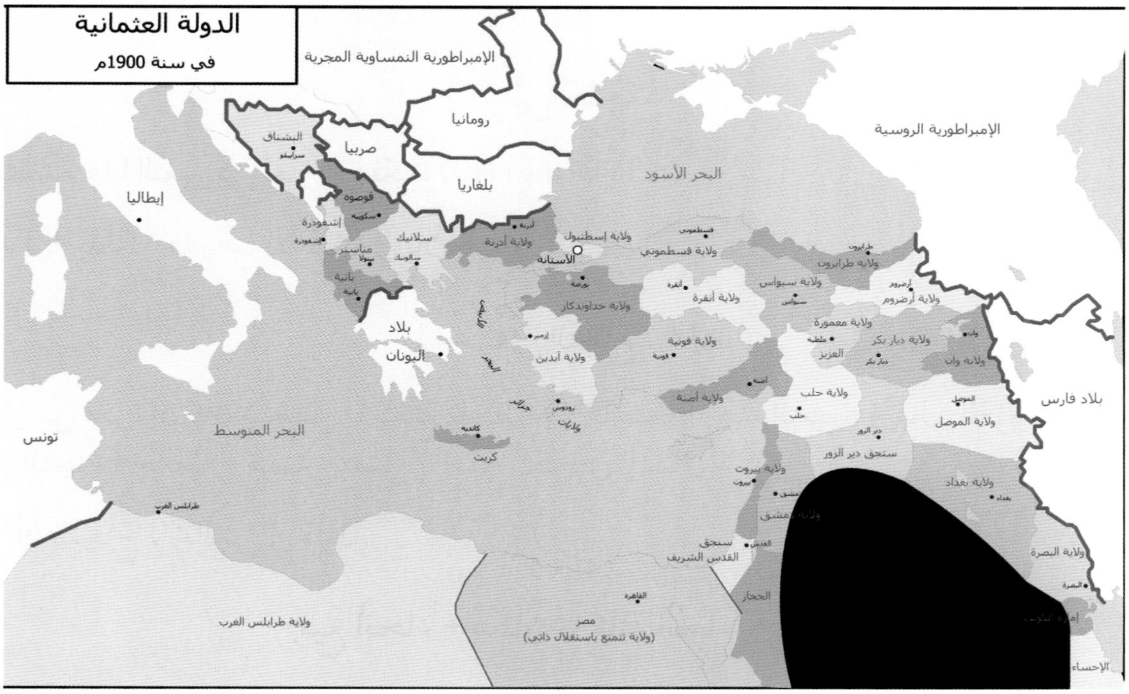

الانتداب الفَرنسيّ على سوريا

الانتداب نظام أحدثته الدول المنتصرة في الحرب العالميّة الأولى في عصبة الأمم (وهي المنظَّمة الّتي سبقت الأمم المتّحدة) بحيث تشرف الدول المنتصرة على ممتلكات ألمانيا والدولة العثمانيّة بعد هزيمتهما في الحرب. كانت سوريا ولبنان من نصيب فرنسا، ودخلَت القوّات الفرنسيّة سوريا عام ١٩٢٠، لكنّ السوريين رفضوا الانتداب وحاربوه بقوة إلى أن استطاعوا تحقيق الاستقلال عام ١٩٤٦ بعد انتهاء الحرب العالميّة الثانية.

رُكن التَعبيرات المتداولة على الألسُن

إلى جانب + اسم

هذا التَعبير مُرادف لتَعبيرَي عَلاوةً على وبالإضافة إلى ويَدُلّ على نفس المَعنى، أي (in addition to) أو (besides).

إنّ الدُكْتورة لوريس ماهِر مُؤَلِّفةٌ إلى جانِبِ عَمَلِها بالطِبّ.

سُرعانَ ما

هذا التَعبير شائع في الأدب العَربي ويَدُلّ على (no sooner than) أو (before long).

لكِنْ سُرعانَ ما تأقْلَموا مَعي.

لَبّى حاجة

يُستخدَم هذا التَعبيركي يُعبّر عن فِكرة (to fulfill the need).

لَقَدْ لَبَّيْنا بِذلِكَ حاجاتِ الأطْفالِ في بِلادِنا.

(لم) يُحالِفني النَجاح / الحَظّ

يُعبَّر عن فكرة إن كان شَخص ما يَتمتّع بالحَظّ أم لا باستخدام هذا التَعبير. ويُقال بالعَربية إن الحَظ (أو النَجاح) حالف + ضمير مُتصل / اسم. أنظره في السِياق:

إلا أنَّ النَجاحَ لَمْ يُحالِفْني في ذلِكَ.

جَميع أنْحاء + مَكان / كافة أنْحاء + مكان

يُستخدَم هذا التَعبيرللقول (throughout the land/country/world).

تَوَسَّعَتِ الدَوْلةُ بِسُرْعةٍ وامْتَدَّتْ إلى جَميعِ أنْحاءِ تُرْكيّا وإيرانَ وبِلادِ الشامِ ومِصْرَ . . .

بِما في ذلِكَ

هذا التَعبير مُفيد حين يُراد القول (s.th. is included) في شيء أكبَر منه.

وَشَمالِ إفْريقيا وأوربا بِما في ذلِكَ اليونانَ وَالبَلْقان.

القَواعِد

١ – أدوات الرَبط Connectors

تَتسم (is characterized) الكِتابة عالية الجودة فَصيحة الكلام بسلامة استخدام أدوات الرَبط. وهذه الأدوات تُنسّق الجُمل تَنسيقاً سَليماً في النَصّ وتَجعل الفِقر فيه مُتناسقةً مُترابطةً. وكَما لاحظت، أنّ د. ماهِر استخدمت العَديد من هذه الأدوات فِطرياً كَي تَربط أفكارها في حَديثها الارتِجالي (extemporaneous). هيّا نُلقي نظرةً على بَعضها كي نُدمجها في حَديثنا اليَوميّ.

أدواتُ الرَبْط

بِما أنّ . . . فَـ

وَبِما أنّني لَمْ أُرْزَقْ بِأطْفالٍ فَقَدْ كُنْتُ أعْتَبِرُ كُلَّ طِفْلٍ عالَجتُه بِمَثابةِ ابْني.	*because; due to the fact that*

كَما أنّ

. . . كَما أنّني عُضْوةٌ في جَمْعيةِ «أطِبّاءٌ بِلا حُدود»	*just as; in addition*

إلاّ أنّ

يُستخدَم هذا التَعبير مُرادفاً لـ (لكِنّ).

لَقَدْ كانَ هَدَفي الدُخولَ إلى المَجْلِسِ لِلدِفاعِ عَنْ قَضايا الطِفْلِ، إلاّ أنَّ النَجاحَ لَمْ يُحالِفْني.

إذ إنّ

يُستخدَم هذا التَعبير مُرادفاً لـ (لأنَّ).

كانَتْ أسْرَتي خَيْرَ داعمٍ لي، وَكانَ والِدي يُريدُ أنْ أدْرُسَ الصَيْدَلة، إذ إنّهُ كانَ أوّلَ مَنْ حَصَلَ عَلى شَهادةٍ عِلْميّةٍ في مَجالِ الصَيْدَلةِ في سوريا.

أدواتُ الربْط

حَيْثُ

يُستعمَل هذا التَعبير للقول (where) أو (when) لكنّه لا يُستعمَل أداةً للاستفهام.

عَملْتُ في مَجالِ الطبِّ طَبْعاً حَيْثُ افْتَتَحْتُ عيادةً خاصّةً لِلأطْفالِ في زَمَنِ الانْتِدابِ الفَرَنْسيّ حَيْثُ شَهِدَتْ سورية زيادةً في الفَقْرِ والمَرَضِ.

نَتيجَةَ + مُضاف إليه

وَتكَرَّرَتْ حَوادِثُ الوَفَياتِ نَتيجَةَ الإصابةِ بِمَرَضِ السِلِّ والكوليرا وَغَيْرِهما مِنَ الأمْراضِ. — *as a result of . . .*

وَالحَقيقة أنَّ

وَالحَقيقة أنَّ نَظْرَةَ المُجْتَمَعِ لَمْ تكُنْ مُتَخَلِّفَةً في ذلِكَ الوَقْتِ. — *really, actually*

خُصوصاً

خُصوصاً أنّني كُنْتُ دائماً الأولى عَلى دُفْعَتي في كُلّيّةِ الطِبِّ. — *especially*

بَلْ

لَمْ تكُنْ شَرِكةً لِلرِبْحِ بَلْ كانَتْ عَمَلاً خَيْرياً إنْسانيّاً. — *in fact, rather*

تمرين ١١

آ- **اربُط الجملتَين أدناه باستِخدام أدوات الرَبط في المُربّعات. تُستخدَم كلّ أداة رَبط مرّة واحدة فقط لاغير. لاحظ أنّ عليك أن تُعدّل بَعضها بزيادة ضمير مُتصل مِثلَ (كَما أنّنا).**

بِما أنَّ	لأنَّ	كَما أنَّ	إلاّ أنَّ	إذ إنَّ	والحقيقة	و	فـَ
حَتّى	خُصوصاً	لكنَّ	إلى جانِبِ	حَيْثُ	قَدْ	نَتيجة	بَل

١- درس الهندسة. لم يعمل في مجال الهندسة.
٢- رانية ليسَت مِن حلب. هي من الموصل.
٣- ذهبَت مَها إلى حمص لتدرس في جامعة تشرين. يسكن أخوها هناك.
٤- ذهبنا لزيارة الأقصُر في الشتاء. الطقس مناسِب.
٥- عمِل بالتجارة. وعمِل بالتعليم.
٦- لم تعُد تلعب الرياضة. هي مريضة.
٧- لا أعلم من أين أتى بالمال. أخوه لا يعلم ذلك.
٨- الرياضة جيّدة. إنها ممتعة.

ب- **اكتُب فِقرةً مُستخدماً أدوات الرَبط الواردة في الباب السابق. يُمكِنك أن تكتُب عن أي مَوضوع غير أنّنا نَقترِح سيرة ذاتيّة موجزة (synopsis) أو موجز تاريخ المنطقة حيث تسكُن من أجل استِخدام المُفردَات الجَديدة في السياق.**

مُراجَعة القَواعِد

٢- اسم التَفضيل

كَما تَعلم أنّ وَزن اسم التَفضيل أفْعَل وفي صيغة المُقارنة نَزيد حَرف الجَرّ مِن بَعده مُباشرةً (أفْعَل مِن). هيّا نُلقي الضوء على مِثالَي اسم التَفضيل الوارِدَين في نَصّ القِراءة الرئيس.

١ أوّلُ سَيِّدةٍ.	*The first* **lady**

وَزن أوّلُ في المِثال ١ أعلاه أفْعَل وهو مُضاف والمُضاف إليه سَيِّدةٍ.

إليك مِثالاً آخر مأخوذاً من نَصّ القِراءة الرئيس، غير أنّه ليس على وَزن أَفْعَل:

٢	خَيْرةُ الأطِّباء	The best physicians

كَما ترى، خَير + اسْم = إضافة وأيضاً اسم تَفضيل ودلالته (*the best*). نَرى هذا النَوع من اسم التَفضيل في مَثلَين شائعَين

٣	خَيرُ الكَلامِ ما قَلّ ودَلّ.	The less said the better.
٤	خَيرُ الأُمورِ أوْسَطُها.	*Moderation in all things (is best).*

٣- الاسم المَوصول Relative Pronouns

وَرد نَوعَا الاسم المَوصول في نَصّ القِراءة الرئيس: الخاصّ (الّذي، الّتي، الّذين) والعامّ (مَن، ما). ونُقدّمهما في هذا الباب:

آ- الاسم المَوصول الخاصّ

تَذَكَّروا

يَعود الاسم المَوصول (المُظلّل بالأحمر في المِثالين ١ و٢ أدناه) إلى اسم مُعيّن (المُظلّل بالأزرق) ويطابق الاسم في التذكير والتأنيث والعَدد والإعراب.

١	لكِنَّ اللهَ عَوَّضَني عَنْ ذلِكَ بانْغِماسي في عالَمِ الأطفالِ الّذي أنساني أَلَمَ عَدمِ الإنْجابِ.
٢	لأني كُنْتُ مَدْفوعَة بِعاطِفةِ الأمومةِ الّتي حُرِمْتُ مِنْها طيلةَ حَياتي

في المِثال ١ أعلاه، الكَلمة عالَم معرفة بِاعتبارها المُضاف في إضافة معرفة (أي عالَم الأطْفال) لِذا نَستخدِم اسم المَوصول الخاصّ الّذي في صَدر صِلة المَوصول إنْساني أَلَمَ عَدمِ الإنْجاب. أمّا في المِثال ٢، فنَرى أنّ الـأمومة معرفة بِسبَب لام التَعريف الـ.

ب- الاسم المَوصول العامّ

يُستخدَم الاسم المَوصول العامّ حين لا يُحدَّد العامِل. جَدير بالذكر أنّ الاسم المَوصول العامّ لا تَتغيّر صورته بِتغيّر الأشخاص الذين يَدُل عليهم بل تَبقى كَما هي:

٣ كان والِدُها أوّلَ مَن حَصَلَ على شَهادة عِلْميّة.

في المِثال ٣ أعلاه، لا نَعرف على مَن تَدُلّ (مَن) قد يكون رجُلاً أو امرأة أو جماعة أو غير ذلك. فالاسم الموصول العامّ لا يُحدّد الاسم من حيث العَدد أو التذكير أوالتأنيث.

تَذَكَّروا

يَجوز إدغام الاسم المَوصول العامّ في حَرف الجَرّ:

مِن + مَن	⇦	مِمَّن
مِن + ما	⇦	مِمّا
عَنْ + ما	⇦	عَما

تمرين ١٢

املاء الفراغ بالاسم المَوصول الصَحيح من المُربّعات أدناه:

ما	مَن	الّذي	الّتي	اللّذان	اللّذين	اللّتان	اللّتين	الّذين	اللاّتي

١- هل تعرِف تلك السيّدة ______________ تقف بالباب؟

٢- حضر جميع العمّال ______________ يعملون في فترة الصباح.

٣- هي لا تريد أن تفعل ___________ أفعل.

٤- مَن هما الرجلان ______________ تكلّمت معهما؟

٥- اتصلتُ بكلّ ______________ زارني في العيد.

٦- إنّ الطالبات ______________ نجحْن بالامتحان سيدخلن الجامعة.

٧- ما اسم المدينتين ______________ تقعان متقابلتين على ضفّتَيْ نهر الدانوب؟

٨- هل تذكر عنوان الكتاب ______________ قرأته في الشهر الماضي؟

٤ – استخدام كَـ في صيغة التَشبيه

يُستخدَم الحَرفان مِثْلَ وكَـ في صيغة التَشبيه، وكما رأينا أنّ الدكتورة لوريس ماهِر استخدمَتهُما في مُقابلتها وكذلِك نَجيب مَحفوظ في قِصّته القَصيرة جَنّةُ الأطفال.

١	المَرأةُ قادِرةٌ عَلى العَطاء كَالرَجُلِ.
٢	كُلُ واحِدةٍ تَظَلُّ كَباباها وماماها.
٣	مِثْلَ سَيِّدِنا مُحَمَّد؟

تمرين ١٣

آ– **أجِب عن الأسئلة وَفق نَصّ الاستماع:**

١– ما الفكرة الرئيسة في نصّ الاستماع وما هي بعض الأفكار الثانوية؟
٢– أين تقع المنيا؟
٣– ماذا كان يعمل والد هُدى؟
٤– ماذا حدث في مصر عام ١٩١٩؟
٥– كم كان عمرها حين توفيت؟

ب– **اكتُب «خطأ» أو «صواب» إلى جانب كلّ جُملة ثمّ صحِّح الجمل الخطأ:**

١– كانت هُدى شعراوي تعرف لغتين.
٢– كان زوجها عُضواً في الجَمعية التشريعية.
٣– صارت هُدى غنيّة بسبب زوجها.

ج– **افعل ما هو مطلوب.**

١– بيّن المقصود من عبارة «ذكرى فقيدة العروبة».
٢– لخّص النصّ بحوالي ثلاثين كلمة.
٣– اكتُب عنواناً للنصّ دون استخدام اسم تلك السيّدة.

د- أكمِل الجُمل الآتية بالاختيار المناسِب وَفق نَصّ الاستِماع:

١- ثار المصريون ضد ______________ عام ١٩١٩.

☐ الإنكليز ☐ الأتراك ☐ الفرنسيين ☐ الملك

٢- كانت هُدى شعراوي أوّل مصريّة مسلمة تخرج إلى الشارع ______________.

☐ ماشية ☐ سياسية ☐ سافرة ☐ تشريعية

٣- ألّفَت هُدى شعراوي جمعية ______________.

☐ العمل الخيريّ ☐ الاتّحاد النسائيّ ☐ الأدب العربيّ ☐ المجلس النيابيّ

٤- أصدرَت هُدى شعراوي مجلّة ______________.

☐ العروبة ☐ المرأة ☐ النساء ☐ المصريّة

حصن الفُرسان في وسط سوريا

المـُفْرَدات

to prove, to establish, to verify	(v.)	إثْبات	(يُثْبِتُ)	أثْبَتَ
to affect, to influence, to impact	(v.)	تأثير (في/ على)	(يُؤَثِّرُ)	أَثَّرَ
to create, to produce	(v.)	إحْداث	(يُحْدِثُ)	أحْدث
preparation, formulation, compound	(n., m.)	اِسْتِحضارات	ج	اِسْتِحضار
to wake up, to awaken, to rise	(v.)	اِسْتِيقاظ	(يَسْتَيْقِظُ)	اِسْتَيْقَظَ
to supervise, to oversee, to manage	(v.)	إشْراف (على)	(يُشْرِفُ)	أشْرَفَ
to be moderate	(v.)	اِعْتِدال	(يَعْتَدِلُ)	اِعْتَدَلَ
to be proud of, to take pride in	(v.)	اِعْتِزاز (بِـ)	(يَعْتَزُّ)	اِعْتَزَّ
to have a grand opening, to inaugurate	(v.)	اِفْتِتاح	(يَفْتَتِحُ)	افْتَتَحَ
to compose, to compile	(v.)	تأليف	(يُؤَلِّفُ)	أَلَّفَ
nation	(n., f.)	أُمَم	ج	أمّة
mandate	(n., m.)			اِنْتِداب
to join, to be associated (with)	(v.)	اِنْتِساب (إلى)	(يَنْتَسِبُ)	اِنْتَسَبَ
to beget, to give birth	(v.)	إنْجاب	(يُنْجِبُ)	أنْجَبَ
then, at that time	(adv.)		(آنَ + ذاك)	آنذاك
human being	(n., m.)			إنسان
to be immersed, to be submerged	(v.)	اِنْغِماس	(يَنْغَمِسُ)	اِنْغَمَسَ
highest point, acme, peak, climax	(n., m.)			أوْج
alternative, alternate, substitute	(n., m.)	بُدَلاء	ج	بَديل

as, like, similar to	(prep. ph.)			بِمَثابةِ
to exceed, to surpass	(v.)	تَجاوُز	(يَتَجاوَزُ)	تَجاوَزَ
to recur, to be repeated	(v.)	تَكَرُّر	(يَتَكَرَّرُ)	تَكَرَّرَ
to expand, to spread	(v.)	تَوَسُّع	(يَتَوَسَّعُ)	تَوَسَّعَ
need, want, necessity	(n., f.)	حاجات	ج	حاجة
to ally with	(v.)	مُحالَفة	(يُحالِفُ)	حالَفَ
to deprive, to dispossess	(v.)	حِرْمان	(يَحْرِمُ)	حَرَمَ
campaign, attack, offensive	(n., f.)	حَمَلات	ج	حَمْلة
elite, choice, pick	(n., f.)			خَيْرة
supporter	(act. p.)	داعِمون	ج	داعِم
to defend, to protect	(v.)	دِفاع / مُدافَعة (عن)	(يُدافِعُ)	دافَعَ
group, class, set	(n., f.)	دُفُعات	ج	دُفْعة
fat, grease	(n., m.)	دُهون	ج	دُهْن
role, part	(n., m.)	أدْوار	ج	دَوْر
male	(n., m.)	ذُكور	ج	ذَكَر
the late, the deceased	(act. p.)	راحِلون	ج	راحِل
to bestow (by God) sustenance, daily bread	(v.)	رِزْق	(يَرْزُقُ)	رَزَقَ
to nominate, to run (candidate)	(v.)	تَرْشيح	(يُرَشِّحُ)	رَشَّحَ
infant, newborn	(n., m.)	رُضَّع	ج	رَضيع
popularity, currency, marketability	(n., m.)			رَواج
increase, increment, addition	(n., f.)	زِيادات	ج	زِيادة
to contribute, to take part	(v.)	مُساهَمة	(يُساهِمُ)	ساهَمَ

سُرْ عا نَ ما	سُرْعانَ ما		(n. w /verbal meaning)	no sooner than, at which point
سِلّ			(n., m.)	tuberculosis
شَهِدَ	(يَشْهَدُ)	شَهادة	(v.)	to witness
صَليب	ج	صُلْبان	(n., m.)	sign of the cross, cross
صِنْف	ج	أصْناف	(n., m.)	category, sort, type, kind
ضَعُفَ	(يَضْعُفُ)	ضَعْف	(v.)	to weaken, to lose strength
طيلةَ / طَوالَ			(n., f.)	throughout, during, all through
عارَضَ	(يُعارِضُ)	مُعارَضة	(v.)	to oppose, to resist, to object
عاطِفة	ج	عَواطِف	(n., f.)	emotion, passion
عالَجَ	(يُعالِجُ)	مُعالَجة	(v.)	to treat, to remedy, to cure, to medicate
عَدَم			(n., m.)	nonexistence, nothingness, absence, lack
عُصْبة (الأمَم)			(n., f.)	League (of Nations)
عُضْو	ج	أعْضاء	(n., m.)	member
عَطاء			(n., m.)	giving, gift, grant, donation
عَوَّضَ	(يُعَوِّضُ)	تَعْويض	(v.)	to compensate, to make up for
غِذاء	ج	أغْذية	(n., m.)	nourishment, nutrient
فَتْرة	ج	فَتَرات	(n., f.)	period, interval of time
فَقْر			(n., m.)	poverty, need, destitution
قادِر	ج	قادِرون	(act. p.)	capable, competent, powerful, able
قَضيّة	ج	قَضايا	(n., f.)	issue, cause, affair
لاقى	(يُلاقي)	مُلاقاة	(v.)	to meet, to encounter

to respond to, to comply	(v.)	تَلْبية	(يُلَبّي)	لَبَّى
backward, retarded, falling behind	(act. p.)	مُتَخَلِّفون	ج	مُتَخَلِّف
society, community	(pass. p.)	مُجْتَمَعات	ج	مُجْتَمَع
needy, poor, destitute, wanting	(pass. p.)	مُحْتاجون	ج	مُحْتاج
motivator, stimulator, incentive	(act. p.)	مُحَفِّزون	ج	مُحَفِّز
driven forward, propelled, motivated	(pass. p.)			مَدْفوع
nominated; candidate	(pass. p.)			مُرَشَّح
to nurse, to tend	(v.)	تَمْريض	(يُمَرِّضُ)	مَرَّضَ
victor, conqueror; victorious	(act. p.)	مُنْتَصِرون	ج	مُنْتَصِر
organization	(pass. p)	مُنَظَّمات	ج	مُنَظَّمة
alone, solitary, isolated	(act. p.)	مُنْفَرِدون	ج	مُنْفَرِد
activity, vigor, liveliness	(n., m.)	أَنْشِطة	ج	نَشاط
share, portion, cut	(n., m.)	نُصُب/ أنصِبة	ج	نَصيب
advice, counsel	(n., f.)	نَصائِح	ج	نَصيحة
point, drop, period	(n., f.)	نُقَط / نِقاط	ج	نُقْطة
parliamentary, representative	(adj.)			نِيابيّ
target, aim, goal	(n., m.)	أَهْداف	ج	هَدَف
defeat, rout	(n., f.)	هَزائِم	ج	هَزيمة
to face, to encounter, to oppose, to confront	(v.)	مُواجَهة	(يُواجِهُ)	واجَهَ
to distribute, to dispense; to disburse	(v.)	تَوْزيع	(يُوَزِّعُ)	وَزَّعَ

الدَرْسُ السابِع عشر

قصر المُبارك في جنوب الأندلس

أهداف الدرس

- التَعرّف على تاريخ الأندلس وثقافتها وتأثيرها على اللغة الإسبانيّة
- تَعريف سَرد الأحداث التاريخيّة ووصفها
- **القَواعِد**: اسم التَصغير (diminutives) والتلازم اللَفظيّ وتَهجئة ابن والمُرادف
- **الثقافة**: المَوشّحات الأندلسيّة وفيروز تُغني أغنية مختارة منها
- **مُراجَعة القواعد**: اسمُ التَفضيل، والمبني للمجهول

رُكن المُفْرَدات الجَديدة

اِعْتَرَفَ (يَعْتَرِفُ) اِعْتِراف (بِـ)	to recognize, to acknowledge
اِنْسَحَبَ (يَنْسَحِبُ) اِنْسِحاب	to withdraw
تَمَيَّزَ (يَتَمَيَّزُ) تَمَيُّز	to be distinguished
تَنازَعَ (يَتَنازَعُ) تَنازُع	to dispute, to contend
تَنافَسَ (يَتَنافَسُ) تَنافُس	to be well-coordinated, to be symmetrical
ثارَ (يَثورُ) ثَوْرة ثَوَرات	to revolt, to rebel
راجَعَ (يُراجِعُ) مُراجَعة	to review
طائِفة ج طَوائِف	faction, sect
عَدوّ ج أَعْداء	enemy, foe
فَتَحَ (يَفْتَحُ) فَتْح (فَتَحَ بَلَداً)	to conquer
قَصيدة ج قَصائِد	poem, ode
مَعْرَكة ج مَعارِك	battle
نَشِبَ (يَنْشَبُ) نُشوب (الحَرْب / الثَوْرة)	to break out (war / rebellion)

تمرين ١

وافِق بين كَلمة من العَمود الأيمن وكَلمة من الأيسر واكتُبُهما في العَمود الأوسَط.

١-	جيش		جدار
٢-	قصر		حيوان
٣-	موسيقا		ملِك
٤-	معركة		مُزخرَف
٥-	خليفة		فنّ
٦-	سور		عسكريّ
٧-	نافورة		ماء
٨-	أسَد		قلعة
٩-	طول		عرْض
			حَرب

تمرين ٢

اختَر الكَلِمة الّتي لا تُناسِب باقي الكَلِمات في كُلّ مَجْموعة وبَيِّن السَبَب:

١-	قلعة	سفح	قاعة	قصر
٢-	ضَعف	قائد	عسكريّ	جيش
٣-	معركة	حملة	دولة	ثَوْرة
٤-	ثقافة	علوم	موسيقا	سقوط

تمرين ٣

للنِقاش قَبل قِراءة النَص:

١- هات معلوماتك عن الأندلس.

٢- مَن فتح الأندلس ومَتى؟

٣- كيف أثّر العرب في الثقافة الإسبانية ولُغتها؟

الأندلس

لمحة تاريخيّة

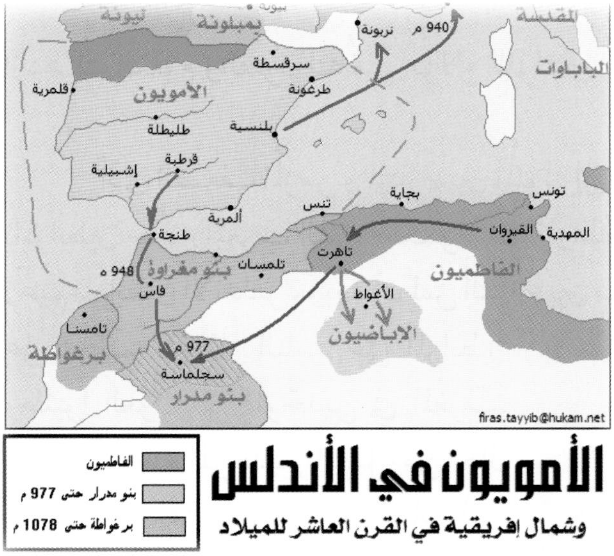

الأندلس هو الاسم الّذي أطلقه العرب على إسبانيا بعد الفتح الإسلاميّ عام ٧١١ للميلاد على يد موسى بن نُصَيْر والي شمال إفريقيا الأمويّ. بعث موسى أحد قادته الأمازيغيين (أطلِق عليهم اسم البربر كذلك)، طُرَيْف بن مالك، سراً في حملة استطلاعيّة إلى إسبانيا حيث نزل في بَلدة صغيرة حملت اسمه فيما بعد «طُرَيْفة». وفي السنة التالية أرسل أفضل قادته طارق بن زياد على رأس جيش من ٧٠٠٠ من الأمازيغ. وفي سنة ٧١٢ قاد موسى بن نُصَيْر بنفسِه جيشاً من ١٨٠٠٠ مقاتل معظمهم من العرب، وفتح إشبيلية بعد فترة قصيرة. وإشبيلية أغنى مدن الأندلس وأصبحت عاصمتها الأولى. وقد كتب عبد العزيز بن موسى بن نُصَيْر إلى أقاربِه وأصدقائِه في الشام عن البلاد الجديدة ممّا جعل أكثر من ١٣٠٠٠ شخص يأتون إلى الأندلس.

تمثال مُعاوية بن هشام في إسبانيا

حكم الأمويون الأندلس من دمشق بواسطة حاكمهم في شمال إفريقيا حتّى سنة ٧٥٠ حين سقطت دولتهم أمام العباسيين وقُتِلَ معظمهم. لكن عبد الرحمن بن مُعاوية بن هشام أحد أفراد الأسرة الأمويّة نجا من الموت وفرّ إلى الأندلس حيث أسّس هناك دولة أمويّة مستقلّة عام ٧٥٦. إلاّ أنّ هذه الدولة ظلّت تعترف بالخلافة الإسلاميّة في بغداد لمدّة قرنين تقريباً. وفي عام ٩٢٩ أعلن الأمير الأمويّ الثامن عبد الرحمن الناصر الخلافة.

أروقة مسجد قرطبة الرائعة الجمال

وشهدت الأندلس وعاصمتها قُرطُبة عصرها الذَهبيّ خلال الخلافة الأمويّة في الأندلس. إلاّ أنّ ضعَف الحُكّام ونشوب ثورات متعدِّدة بين عامي ١٠٠٩ و١٠٣١ أدّى إلى سقوط الخلافة الأمويّة في الأندلس وانتقال الحكم إلى ملوك دوَيْلات صغيرة سُمِّيَت الطوائف. تميّز حكم ملوك الطوائف بالتنازع فيما بينهم وبتعاونهم مع أعدائهم بعضهم ضد بعض وبضعفهم أمام الممالك الإسبانيّة في الشمال وفقدانهم الكثير من الأراضي لأعدائهم. لكن بالرغم من ضعفهم السياسيّ والعسكريّ فقد ازدهرت العلوم والفنون لتنافُس هؤلاء الملوك في اجتذاب العلماء والفنّانين والأدباء إلى قصورهم.

أدّى الضعف المُزمن والتنازع بين الملوك إلى سقوط طُلَيْطُلة عام ١٠٨٥. واستعان ملوك الطوائف بالمرابطين حكّام المغرب الّذين حكموا منطقة واسعة من الجزائر إلى السنغال، ودخل يوسف بن تاشفين زعيم المرابطين الأندلس، وبعد أن لمس التنازع بين ملوك الطوائف وغضب الناس عليهم أزاحهم واستولى على الحكم. ثمَّ ثار الناس على المرابطين وطلبوا العون من الموحّدين في المغرب. وما كان حال الموحّدين أفضل من حال المرابطين فقد هُزموا في معركة العُقاب أمام المسيحيين سنة ١٢١٢ وبدأوا ينسحبون بالتدريج وتساقطت المُدُن الأندلسيّة الواحدة تِلوَ الأخرى حيث لم يبقَ سِوى مملكة غَرناطة في عام ١٢٦٠. استمرّت غَرناطة قائمةً رغم ضعَفها والخطر المُحدِق بها أكثر من قرنين من الزمان. وفي العام ١٤٩١ وصلت جيوش الملك فردينان والملكة إيزابيلا إلى أبواب المدينة. وفي اليوم الثاني من كانون الثاني سنة ١٤٩٢ خرج آخر ملوك بني الأحمر محمّد أبو عبد الله منها وبذلك انتهت الدولة الإسلاميّة في الأندلس.

يطلّ قصر الحمراء على مدينة غرناطة

التُراث الأندلُسيّ

ترك العرب والمسلمون آثاراً واضحة في شبه الجزيرة الإيبيريّة، في أسماء الأماكن وفي اللغة والعمارة والموسيقا والفلسفة والعلوم. فاسم ميناء Algeciras مثلاً في جنوب إسبانيا اليوم يرجِع إلى اسم «الجزيرة الخضراء» الّذي أطلقه الفاتحون العرب على البلاد لدى وصولهم إليها. واسم Gibraltar يَرجع إلى «جَبَل طارِق» نسبةً إلى طارِق بن زياد، ومدينة غَرناطة هي Granada اليوم، وكذلك قُرطُبة Cordoba وطُلَيْطُلة Toledo.

في الجدول إلى اليسار بعض أسماء الأماكن الإسبانيّة الأخرى ذات الأصل العربيّ. لاحِظْ أنّ المَقطَع Guada- يُقصد به الكلمة العربيّة «وادي» والّتي تعني أيضاً «نهر».

أسماء بعض الأماكن بإسبانيا ذات الأصل العربيّ		
الكلمة الإسبانيّة	**الأصل العربيّ**	**المعنى**
albufera	البُحَيْرة	*the lake*
alborg	البُرْج	*the tower*
alcázar	القَصر	*the palace*
Alhambra	الحَمْراء	*red castle*
almeida	المائِدة	*the dining table*
almadán	المَيْدان	*the field*
almenara	المَنارة	*lighthouse; minaret*
almansil	المَنزِل	*stopping place; house*
Guadalcazar	وادي القَصر	*river of the palace*
Guadahorra	وادي المَغارة	*cave river*
Guadalquivir	الوادي الكَبير	*great river*
Guadalajara	وادي الحَجَر	*stony river*
Guadilimar	الوادي الأحْمَر	*red river*
alqueria	القَرْية	*the village*
Medinaceli	مَدينةُ سالم	*the city of Salim*
almazara	المِعْصَرة	*(olive) oil press*
arrecife	الرَصيف	*sidewalk*
alcantara	القَنْطَرة	*the bridge*

قَصر الحَمراء

بُنيَ قصر الحمراء على قِمة تلّ يطلّ على غَرناطة آخر مدينة سقطت في الأندلس. والقصر عبارة عن قلعة تضمّ قصر الملك ومجموعة من الأبهاء والقاعات تحيط بها من الجانبين دواوين الدولة. وهناك أيضاً حمّام ومسجد. بُدئَ ببنائِه في القرن الثالث عشر واستمرّ البناء حتّى القرن الرابع عشر. ومن أهمّ أجزائه الأبهاء والأقواس القائمة على أعمدة رخاميّة أمّا البحرات والنوافير فتُضفي جمالاً وروعةً على القصر وأبهائه من النور المنعكِس عنها، وبخاصّة في قاعة السباع.

وقد كتب مؤلِّفون كثيرون عن الأندلس ونظم الشعراء القصائد فيها وسمّاها العرب «الفِردَوس المفقود». ومن الّذين وصفوا قصر الحمراء في الأندلس حديثاً سامي الكيّالي وهو أديب سوريّ وُلِدَ في حلب سنة ١٨٩٨ وأصدر جريدة «الحديث» عام ١٩٢٧ وكتب عدّة كتب ومثّل سوريا في اليونيسكو. إليك ما كتب عن قصر الحمراء في غَرناطة.

«إنّني اليوم في كَنَف الحمراء. أقلعةٌ هي أم قصر، أم عدّة قصور؟ إنّها قلعة وقصور وحدائق قامت على هضبات تحيط بها قِمَم عالية صعبة المنحدَر، تتدفّق في سفحها الشماليّ مياه نهر «حِدرو» قُبَيْل التقائه بنهر التاج. وقد حُصِّنَ القصر بأسوار غُطِيَت بالمرمر.

سُمِّيَت الحمراء لأنّ أسوارها وجدرانها تضرب إلى الحمرة وربّما جاءت هذه التَسمية من لون التُربة الّتي قامت عليها ومعظمها مبنيّ من الخَزَف والكِلس والحصباء. دخلتُ قصر الحمراء وفي ذهني حشد من المعلومات عن ماضيه وحاضره، عن «بَهو السِباع» و«بهو البركة» و«قاعة الأختين» و«قاعة بين سراج». فمن هذه القاعات والأبهاء يتكوّن قصر الحمراء. اخترتُ المدخل إلى «باب العدل» وهو مدخل تعلوه قُبّة ضخمة برتقاليّة اللون تضرب إلى الحمرة ذو أروقة تعصف بها الرياح. أمّا برج العدل نفسه فهو أحد الأبراج الأربعة الّتي يتكوّن منها مدخل الحمراء. وقد بُنيَت واجهَتُه من عَقْدَيْن على شكل حَدْوة الفَرس.

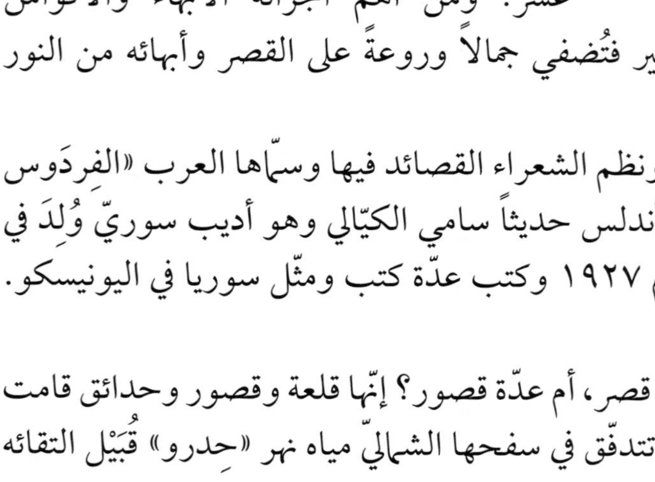

داخل قصر الحمراء

وأعظم أبهاء قصر الحمراء بهو السِباع، إذ يبلغ طوله مئة قدم وعرضه خمسين، وأنت حين تسير بين أروقته الّتي قامت على أكثر من مئة عمود مَرمَريّ تقف مشدوهاً بتناسقها الجميل، وبعقودها المُزخرَفة، ولعلّ أظهر ما في البهو النافورة الّتي تحمل اثني عشر أسداً من المَرمَر الأبيض، يقذف كلّ منها المياه من فمه.

نافورة تتوسط بهو السِباع

الموَشَّحات الأندلسيّة

المُوَشّح نوع من أنواع الشِعر فيه حريّة أكبر للشاعر في نَظْم الكلمات وهو من اختراع أهل الأندلس. نُظِمَ الكثير من شعر الموشّحات وغنّاه المغنون والمغنيات وصارت له شعبيّة كبيرة في شمال إفريقيا وبلاد الشام. وكان من أحسن الشعراء الوزير أبو عبد الله بن الخطيب شاعر الأندلس الّذي نظم الأبيات التالية: (غناء المغنية اللبنانيّة السيدة فيروز وتلحين الأخوين رحباني).

استمع إليها في التَسجيل المرفق مع الكِتاب عدّة مرّات، وحاول فَهم هذه الأبيات بالاستعانة بِمعجم عربيّ لتعرف ماذا يدور بين الحبيب وحبيبته. راجع الترجمة الإنكليزيّة في آخر صَفحة من هذا الدرس.

أروقة بهو السباع القائمة على أعمدة عديدة

لَو كانَ قَلْبي مَعي ما اختَرْتُ غَيْرَكُمْ
ولا رَضيتُ سِواكُم في الهَوى بَدَلا

لكِنَّهُ رَغِبٌ فيمَن يُعذِبُهُ
ولَيْسَ يَقْبَلُ لا لَوْماً ولا عَتَباً

يا مَن حَوى وَرْدَ الرياضِ بِخَدِّهِ
وحَكى قَضيبَ الخَيْزَرانِ بقدِّهِ

دَعْ عَنكَ ذا السَيْفَ الّذي جَرَّدْتَهُ
عَيْناكَ أمْضى مِن مَضارِبِ حَدِّهِ

كُلِّ السُيوفِ قَواطِعٌ إنْ جُرِّدَتْ
وحُسامُ لَحْظِكَ قاطِعٌ في غِمْدِهِ

إنْ شِئْتَ تَقْتُلُني فأنتَ مُحَكِّمٌ
مَن ذا يُطالِبُ سَيِّداً في عَبْدِهِ؟

جاءَت مُعَذِبَتي في غَيْهَبِ الغَسقِ
كَأنَّها الكَوكَبُ الدُرِّيُّ في الأُفقِ

فَقُلْتُ: نَوَّرتني يا خَيرَ زائِرةٍ
أما خشيتِ مِنَ الحُرّاسِ في الطُرُقِ؟

فَجاوَبَتْني ودَمْعُ العَيْنِ يَسْبِقُها
مَن يَرْكَبِ البَحْرَ لا يَخشى مِنَ الغَرَقِ

لَو تَعلَمينَ بِما أجَنُّ مِنَ الهَوى
لَعَذَرْتِ أو لَظَلَمتِ إنْ لَم تَعذُري

لا تَحسَبي أنّي هَجَرتُكِ طائِعاً
حَدَثٌ لَعَمْرُكِ رائِعٌ أنْ تَهجَري

ما أنتِ والوَعدَ الّذي تَعِدينَني
إلاّ كَبَرقِ سَحابَةٍ لَم تَمطِرِ

تمرين ٤

يَحتوي الشعر بصورة عامّة وهذه الأبيات بصورة خاصّة على أدوات البلاغة من النَوع الّذي درسناه. حاول أن تَجد بَعض أمثلة التَشبيه والكَلام المَجازي في السُطور أعلاه، واكتُبها على وَرقة مُنفصلة ثُمّ حوّل معانيها إلى الإنكليزيّة. تَستطيع أن تُقارن ما كتبت بالتَرجمة المَوجودة في آخر صفحة هذا الدَرس الّتي تَلي المُفردات.

إليك قِصّة القَصيدة أعلاه الّتي قد تُساعدك في التَحويل.

تَبدأ الحَبيبة القَصيدة ببَيتين (سطرين) من الشعر مخاطبة حبيبها بصورة رَسميّة كَما نَستَنتج من استِخدام الجَمع حين تُخاطبه قائلة غَيْرَكُمْ وسِواكُم، رُبّما يَدُلّ على أهمية الرَجُل ومَكانته العالية.

تَمدح السَطور من الثالث إلى السادس سِمات المَحبوب الحَسنة. ابحث عن التَشبيه في هذه السُطور.

تَذكّر أنّ السُطور الستة الأخيرة من وجهة نَظر الخَطيب.

تمرين ٥

للمُحادثة:

أ- صِفْ لزميل من زملائك في غرفة الصف زيارة قمت بها إلى مكان رائع الجمال وحاوِل أن تحكي هذه القِصّة بأسلوب يشبه أسلوب سامي الكيّالي الأديب السوريّ الّذي كتب الوَصفَ أعلاه عن قَصر الحَمراء في هذا الدرس.

للكِتابة:

ب- حاوِل أن تَنظِم قَصيدة مِثل القَصيدة أعلاه، ويُمكِن أن تكتب قَصيدتك بِحرية أكثر مما في القَصائد التَقليديّة.

تمرين ٦

أجِب عن هذه الأسئلة وَفق النَصّ.

١- حدِّد الفكرة الرئيسة في نصّ «لمحة تاريخيّة».
٢- اذكُر الأفكار الثانويّة.
٣- مَن كان حاكِم شمال إفريقيا وقت فتح الأندلس؟
٤- في أي عام دخلت أوّل حَملة إسلاميّة إلى الأندلس وما كان هدفها؟
٥- ما اسم أوّل عاصمة للأندلس، وهل كانت الأندلس دولة مستقلّة؟
٦- متى كان عَصر الأندلس الذهبيّ؟
٧- عدِّد بعض الأسباب الّتي أدّت إلى ضَعف الحُكم وبالتالي إلى سقوط الأندلس.
٨- متى انتهَت الدولة الأندلسيّة؟
٩- ما الدرس الّذي يُمكِن أن يتعلّمه عَرَب اليوم من عَرَب الأندلس؟
١٠- أُسْرد تاريخ بلدة أو دولة من اختيارك باختصار.

تمرين ٧

أكمِل الجُمل الآتية بِكَلمات مُناسِبة وَفق نَصّ «لمحة تاريخيّة»:

١- نزل طُرَيْف بن مالك بإسبانيا ______________.

☐ مبكّراً ☐ سرّاً ☐ ضعيفاً ☐ مهزوماً

٢- كانت ______________ أوّل عاصمة للعرب في الأندلس.

☐ طُلَيْطُلة ☐ غَرناطة ☐ قُرطُبة ☐ إشبيلية

٣- سقطت الخلافة الأمويّة في الأندلس في العام ________.

☐ ٧١٢ ☐ ١٠٠٩ ☐ ١٠٣١ ☐ ١٠٨٥

٤- حكم ملوك الطوائف ________.

☐ دوَيْلات صغيرة ☐ المغرب العربيّ ☐ الجزائر والسنغال ☐ الدولة الأمويّة

٥- كانت ________ آخر مملكة عربيّة بالأندلس.

☐ غَرناطة ☐ دولة الموحّدين ☐ إشبيلية ☐ دولة المرابطين

تمرين ٨

أ- أجِب عن هذه الأسئلة وَفق النَصّ.

١- حدِّد الفكرة الرئيسة في نصّ «قَصر الحَمراء»:

٢- اذكُر الأفكار الثانويّة في نَصّ «قَصر الحَمراء»:

٣- من كتب أحد النُصوص وما أهم عَمَل له في رأيك؟

٤- لماذا أُطْلِقَ اسم «الحَمراء»: على القَصر؟

٥- ما اسم أكبر أبهاء القصر؟

ب- بيّن إن كانت الجُمل الآتية صَواباً أو خطأ وَفق النَصّ وصحِّح الخطأ منها.

١- قاد موسى بن نُصير أوّل حَملة عسكريّة إلى إسبانيا.

٢- حكم العبّاسيّون الأندلس حوالي قرنين من الزمن.

٣- أعلن عبد الرحمن الناصر الأمير الأمويّ الخلافة في الأندلس.

٤- انتصر المسلمون على الأمراء المسيحيين في معركة العُقاب.

٥- دخل الجيش الإسبانيّ غرناطة عام ١٤٩٢.

تمرين ٩

آ- أكمِل الجُمل الآتية بِكَلمات مُناسِبة وَفق نَصّ «قَصر الحَمراء»:

١- ينبعِث الجمال في قاعة السِباع بخاصة من ______________.

☐ الأبهاء ☐ البحرات والنوافير ☐ دواوين الدولة ☐ الحمّام

٢- يقع قَصر الحَمراء وسط ______________ .

☐ نهرين كبيرين ☐ جبال منحدرة ☐ عدّة قلاع ☐ هضبات عالية

٣- سُمّى أحد أجزاء قصر الحمراء ______________.

☐ بهو البِركة ☐ نهر التاج ☐ قُمة المنحدر ☐ التُربة الحمراء

٤- دخل الكاتب القَصر من باب ______________ .

☐ الكلس ☐ النافورة ☐ السِباع ☐ العدل

٥- تَحمِل النافورة اثني عشر ______________.

☐ قدماً ☐ أسداً ☐ بهواً ☐ رجلاً

ب- بيّن إن كانت الجُمل الآتية صواباً أو خطأ وَفق النَصّ وصحِّح الخطأ منها.

١- تمّ بناء قَصر الحَمراء في القَرن الثالث عشر.

٢- مثّل الكيّالي الأندلس في اليونيسكو.

٣- بُنِيَ قصر الحمراء على شكل حَدْوة الفَرس.

٤- يحوي بهو السِباع أكثر من مئة عمود مرمريّ.

٥- يتكوّن مَدخل القَصر من أكثر من عشرة أبراج.

تمرين ١٠

أعِد تَرتيب الكَلمات في كلّ جُملة لِتُشكّل جُملاً صَحيحةً، ثمّ ترجمها إلى الإنكليزيّة:

١- رأسِ من والي مقاتل على البلادِ جيشٍ خرج ألفي

٢- الاقتصاد لكن يتحسّن والفنّون والآداب لم انتهاء ازدهرت الحرب العلوم بعد

٣- بالإضافة مِن أحياء تتكوّن المدينة إلى ستّة التجاريّة السوق رئيسة تلك

٤- الأندلسيّة بن الشِعريّة لسانُ الخطيب الدينِ نظم القصائد أجمل الوزير

تمرين ١١

أعِد تَرتيب الجُمل لِتُشكّل فِقرة مُترابطة. الجُملة الأولى في مَكانها الصَحيح.

١- صار مُعاوية بن أبي سُفيان والي الشام في عهد الخليفة الثاني عمر بن الخطاب.
٢- وكان الأمويّون يفضّلون العرب على غيرهم من المسلمين.
٣- وهكذا سقطت الدولة الأمويّة عام ٧٥٠ وانتقلت العاصمة إلى بغداد وقُتِلَ معظم الأمويّين.
٤- لذلك ظهرت معارضة شديدة ضدّ الأمويّين خصوصاً بين غير العرب في الجزيرة والعراق وفارس.
٥- لكنّ أحد أفراد الأسرة الأمويّة (عبد الرحمن بن مُعاوية) نجا من الموت وفرّ إلى الأندلس حيث أسّس دولة أمويّة هناك عام ٧٥٦.
٦- وفي عام ٧٦١ تمكّن مُعاوية من تأسيس الدولة الأمويّة ونقل العاصمة إلى دمشق.
٧- وقد استطاع مُعاوية الاستيلاء على الحكم في عهد عليّ بن أبي طالب الخليفة الرابع.
٨- وتحالَف العبّاسيّون أعداءُ الأمويّين مع الفرس وثاروا عليهم.
٩- قاوم الخليفة مروان الثاني الثورة على دولته طوال أيّام حكمه (من ٧٤٤ إلى ٧٥٠) لكنّ الثورة العبّاسيّة كانت أقوى منه.

رُكن التعبيرات المتداولة على الألسُن

سَقَطَ أمامَ

سَقَطَتْ دَولَتُهُم أمامَ العَبّاسيّينَ.	*to fall before (at the hands of)*

بالتَدريج / تَدريجيّاً

وبَدَأوا يَنْسَحِبونَ بالتَدْريجِ.	*gradually*

الواحِدةُ تِلْوَ الأخْرى

تساقَطَتِ المُدُنُ الأنْدَلُسيّة الواحِدةُ تِلْوَ الأخرْى	*one after another*

تُضْفي + مفعول به + على

تُضْفي جمالاً ورَوْعةً على القَصْرِ وأبْهائِه.	*imparting s.th. on*

القَواعِد

١ - اسم التَصغير Diminutive Nouns

يَجوز أن يُصغَّر الاسم بالعَربيّة بِواسطة هذه الأداة الّتي لَها ثلاث صُوَر تَتغيّر وَفقاً لعَدد حُروف الاسم. هيّا نُلقي نَظرة عليها كُلّها.

أ- الاسم الثُلاثيّ

يَتألف الثلاثي من ثلاثة حُروف ولَه وَزن فُعَيْل(ة):

فُعَيْل(ة)			
بَحْر	⇐	بُحَيْرة	*lake*
جَنّة	⇐	جُنَيْنة	*garden*
بَعْدَ	⇐	بُعَيْدَ	*a little after*
كَلْب	⇐	كُلَيْب	*puppy*
كوت	⇐	كُوَيْت	*town*
حَسَن	⇐	حُسَين	*name., m.*
أمّ	⇐	أُمَيْمة	*name, f.*
عَبْدُ الله	⇐	عُبَيْدُ الله	*name., m.*

ب- الاسم الرُباعيّ

فُعَيْعِل(ة)			
سَلْمان	⇐	سُلَيْمان	*name, m.*
كِتاب	⇐	كُتَيِّب	*booklet*
قَنْطَرَة	⇐	قُنَيْطِرة	*town*
سَلْمى	⇐	سُلَيْمى	*name, f.*
مُحْسِن	⇐	مُحَيْسِن	*name, m.*

ج- الاسم الخُماسيّ

فُعَيْعِيل(ة)			
عُصْفور	⇦	عُصَيْفير	*birdie*

مُلاحَظة

إليك الأسباب الرئيسة لاستِخدام التَصغير:

السَبَب	الكَلمة		التَصغير
التَحبّب	اِبن	⇦	بُنَيّ
التَقليل	جَبَل	⇦	جُبَيْل
التَحقير	شاعِر	⇦	شُوَيْعِر
قُرابة زمانه	قَبْلَ	⇦	قُبَيْل

لَقد وَرد التَصغير في نَصّ القِراءة الرئيس كي يَدُلّ على دُوَل صَغيرة:

١ وانْتِقالُ الحُكْمِ إلى مُلوكِ دُوَيْلاتٍ صَغيرةٍ سُمّيت الطَوائف.

جَدير بالذِكر أنّ العَديد من أمثِلة التَصغير المَذكورة في بَعض كُتب القواعد قد أصبحت قَديمة جِدّاً، غير مُستعملة.

٢- التَلازُم اللَفظيّ Collocation

تَقترِن (co-occur) بَعض الكَلمات في لُغات الإنسان بكَلمات أخرى مثلاً، نَجد بالإنكليزيّة كَلمة (bar) الّتي تَقترن بعدّة ألفاظ أخرى مِثل (bar of soap, steel bar, bar of chocolate). قد تكون هذه الألفاظ فِعلاً أو جارّاً أو صِفّة (مثلاً .remind s.o. of s.th., mad at s.o., amenable to s.th). وبِطبيعة الحال، أنّ هذه الظاهرة اللُغويّة مَوجودة بالعَربيّة كَما رأينا في نُصوص القِراءة الرئيسة في هذا الدَرس. مثلاً، تَقتَرِن كَلمة تُصَبَّب بكلمة عَرَقاً بينما تأتي كلمة سامَحَك مع كلمة الله في كثير من الأحيان (تُستخدَم العِبارة الأَخيرة في العِتاب لكنّها تعنى (May God forgive you) حَرفيّاً.

هيّا نُسلّط الضوء على الفِعل ضَرَبَ ومَعانيه المُختلفة حَسَب الكَلمة الّتي تليه:

ضَرَبَ			
		الباب	to knock
		عُمْلة	to mint
		مَثَلاً	provide an example
ضَرَبَ	⇆	إلى + لَوْن	a hue of
		خَيْمةً	to pitch a tent
		أخماساً بِأسداس	to rack one's brain
		السَلام	to salute

تمرين ١٢

وافِق من العَمودين بين كَلمات وَردت في نُصوص القراءة يَتلازم بَعضها مع بعض عادة.

١-	تدفّق		أغنيّة
٢-	عَصَفَت		اسماً
٣-	نظم		العدوّ
٤-	لحّن		عموداً
٥-	أطْلق		الشِعر
٦-	نَشِبَت		النهر
٧-	فتح		الريح
٨-	هزم		بلداً
			الحرب

٣- المُرادفات Synonyms

المُرادفة هي كَلمة تُطابق أو تُشابه مَعنى كَلمة أخرى لكنّ المُطابقة ليست تامّة بَل تَختلف دلالتا الكلمتين قليلاً. وبالتالي، لابُد لَنا مُتكلّمو اللُغة العربيّة من اختيار الكلمة المقصودة بعِناية فائقة. وقد وردت في هذا الدَرس عِدة كَلمات تُرادف معنى كَلمة أخرى مِثل: (سور / جِدار / حائط)

تمرين ١٣

هات مُرادِفات عربيّة للكلمات الآتية، وردت في نُصوص القِراءة.

١- مُؤَلِّف: ________ ٢- أتى: ________

٣- عادَ: ________ ٤- بَعَثَ: ________

٥- تِلْوَ: ________ ٦- فَرْد: ________

٧- مَسْجِد: ________ ٨- رُخام: ________

٩- عَقْد: ________ ١٠- جَمال: ________

١١- استمرّ: ________ ١٢- سنة: ________

تمرين ١٤

اِختَر كَلمات من النُصوص أعلاه تَتناسَب والفِئات الآتية.

مِثال: (مدرسة) مادّة، طالب، أستاذ، كتاب، دراسة، اختبار، امتحان، قراءة، كتابة، مبنى، غرفة صف

١- (عِمارة) ________

٢- (حكومة) ________

٣- (عسكريّ) ________

٤- (جماعات دينيّة وعرقيّة وطائفيّة) ________

٥- (أدَب) ________

مُراجَعة القَواعِد

١ - اسم التَفضيل

يأتي اسم التَفضيل مُضافاً على وَزن أفْعَل، إليك مِثالاً على ذلك:

١ وفي السَنَةِ التاليةِ أرْسَلَ أفْضَلَ قادَتِهِ طارِقَ بْنَ زياد على رأْسِ جَيْشٍ مِنْ ٧٠٠٠ مِنَ الأمازيغ.

نُلاحظ في المِثال ١ أعلاه أنّ أفْضَل يأتي على وَزن أفْعَل ويَقوم بدَور المُضاف في الجُملة وقادَتِهِ المُضاف إليه. وكَما ذكرنا سابِقاً، حين يُراد أن يُقارَن شيئان، يُضاف حَرف الجَرّ مِن بعَد التَفضيل (أي أفْعَل + مِن)، مَثلاً:

٢ وَما كانَ حالُ المُوَحِّدينَ أفْضَلَ مِنْ حالِ المُرابِطينَ.

وكَما تَرى في المِثال ٢ أعلاه، يأتي أفْضَل + مِن تَقييداً ومُقارنةً بين حال المُوَحِّدين وحال المُرابِطين.

٢- الفِعل المَبني لِلمَجهول

يُستخدَم الفِعل المَبني لِلمَجهول حين لا يُراد أن يُذكَر عامِل الجُملة أو فاعِل الفِعل. يُمكن أن يُحدَّد الفِعل المَبني لِلمَجهول في الجُملة عن طَريق حَركاته، أي أوّل حَركته الضَمّة ثُمّ الكَسرة (مثل: فُعِلَ). تُسهّل علينا هذه المَعلومة استِخدامه السليم في حَديثنا اليوميّ.

قَتَل	⇌	قُتِل	*was killed*	حَكَمَ الأمَويّون الأنْدَلُسَ حَتّى سَنَةِ ٧٥٠ حين سَقَطَتْ دَوْلَتُهُم أمامَ العَبّاسيّينَ وقُتِلَ مُعْظَمُهُم.
حَصَّن	⇌	حُصِّن	*was fortified*	وَقَدْ حُصِّنَ القَصْرُ بأسْوارٍ غُطِّيَتْ بالمَرمَر.
غَطّى	⇌	غُطِّي	*was covered*	
سَمّى	⇌	سُمِّي	*was named*	سُمِّيَت الحَمْراءُ لأنَّ أسْوارَها وجُدْرانَها تَضْرِبُ إلى الحُمْرة.
بَدَأ	⇌	بُدِئ	*was started*	بُدِئَ ببِنائه في القَرْنِ الثالِثَ عَشَرَ.
نَظَمَ	⇌	نُظِم	*was composed*	نُظِمَ الكَثيرُ مِنْ شِعْرِ المُوَشَّحات.

إذا أتى الفِعل مُعتّلاً (أي فيه حَرف عِلّة مثل الألِف أو الياء)، فأنّ العِلّة تَتحوّل إلى ياء:

بَنى	←	بُنِيَ	was built	بُنِيَ قَصْرُ الحَمْراء عَلى قِمةِ تلٍّ. وَقَدْ بُنِيَتْ واجِهتُهُ مِنْ عقدَيْنِ عَلى شَكْلِ حَدْوةِ الفَرَس.

تمرين ١٥

في نُصوص القِراءة الرئيسة وفي أبيات الشِعر كذلك، حَدّد ١١ مِثالاً لاسم التَفضيل وستة أمثلة للفِعل المَبني لِلمَجهول غير الأمثلة الواردة في باب مُراجعة القَواعد.

تمرين ١٦

آ- **أجِب عن الأسئلة وَفق نَصّ الاستماع:**

١- ما الفِكرة الرئيسة في النص؟ عدِّد بعض الأفكار الثانوية.
٢- اكتُب عنواناً للنصّ.
٣- إلى أين اتّجهت السفينة؟
٤- ماذا سُمِّي عبد الرحمن بن مُعاوية؟

ب- **اكتب «خطأ» أو «صواب» إلى جانب كلّ جملة ثمّ صحِّح الجمل الخطأ:**

١- استولى الملك ويتزا على ممتلكات سارة.
٢- طلب الخليفة من والي شمال إفريقيا مساعدة سارة للحصول على حقّها.
٣- التقت سارة بالأمير عبد الرحمن عند زيارتها لدمشق.
٤- جعل عبد الرحمن عاصمته إشبيليّة.
٥- تزوّجت سارة وعاشت في شمال إفريقيا.

ج- **لَخِّص نصّ الاستماع بحواليَْ مئة كِلمة.**

د- أكمِل الجمل الآتية بالاختيار المناسِب وَفق نَصّ الاستِماع:

١- لِسارة ______________ .

☐ عَمّ واحد ☐ عَمّان ☐ ثلاثة أعمام ☐ أربعة أعمام

٢- ذهبت سارة إلى دمشق ______________.

☐ لتتعرّف على الخليفة ☐ لتطلب المساعدة ☐ لتتزوّج رجلاً ☐ لزيارة عمّها

٣- وُلِدَ لسارة ______________.

☐ ولد واحد ☐ ولدان ☐ ثلاثة أولاد ☐ أربعة أولاد

٤- تزوّجت سارة من ______________.

☐ عبد الرحمن بن مُعاوية ☐ عيسى بن مزاحم

☐ حفيد هشام ☐ والي شمال إفريقيا

٥- سكنت سارة وزوجها في ______________.

☐ دمشق ☐ قرطبة ☐ إشبيليّة ☐ شمال إفريقيا

تَذَوّق الثَقافَة العَرَبيَّة

تَهجئة كَلمة ابن

أوّل حَرف اِبن هو هَمزة وَصل على أَلِف وحين تَتصدّر جُملة أو شِبه جُملة، تَبقى الألف كَما هي، بينما تَسقُط الألف حين تَتوسّط كلمة ابن جُملة.

ابْنُ خَلْدون	في صَدر شِبه جُملة
عَبْدُ الرَحْمنِ بنُ خَلْدون	في وَسط الجُملة

المُفْرَدات

اِجْتَذَبَ	(يَجتَذِبُ)	اِجْتِذاب	(v.)	to attract
اِختَرَعَ	(يَختَرِعُ)	اِختِراع	(v.)	to invent
أدّى	(يُؤَدِّي)	تأدية (إلى)	(v.)	to lead (to)
أديب	ج	أُدَباء	(n., m.)	man of letters, educated, refined person
أزاحَ	(يُزيحُ)	إزاحة	(v.)	to remove, to drive away, to banish
اِزدَهَرَ	(يَزدَهِرُ)	اِزدِهار	(v.)	to flourish, to prosper, to thrive
اِستَطلَعَ	(يَستَطلِعُ)	اِستِطلاع	(v.)	to explore, to recon, to investigate
اِستَعانَ	(يَستَعينُ)	اِستِعانة	(v.)	to seek the help of
أَسَد	ج	أُسود	(n., m.)	lion
أَضْفى	(يُضْفي)	إضفاء	(v.)	to allot generously, to grant
أطلَقَ	(يُطلِقُ)	إطلاق	(v.)	to launch, to fire
أطلَقَ اسماً على				to name, to give a name
اِعتَرَفَ	(يَعتَرِفُ)	اِعتِراف (بِـ)	(v.)	to recognize, to acknowledge, to confess
اِنسَحَبَ	(يَنسَحِبُ)	اِنسِحاب	(v.)	to withdraw, to retreat
اِنْعَكَسَ	(يَنْعَكِسُ)	اِنْعِكاس	(v.)	to be reflected
بَرْبَري	ج	بَرْبَر	(n., m.)	Berber of North Africa

tower, castle	(n., m.)	أبراج / بُروج	ج	بُرْج
hall, parlor	(n., m.)	أبْهاء	ج	بَهْوٌ
to pour forth, to gush	(v.)	تَدفُّق	(يَتَدَفَّقُ)	تَدَفَّقَ
soil	(n., f.)			تُرْبة
to translate	(v.)	تَرْجَمَة	(يُتَرْجِمُ)	تَرْجَمَ
to fall down, to rain down from everywhere	(v.)	تَساقُط	(يَتَساقَطُ)	تَساقَطَ
to cooperate	(v.)	تَعاوُن	(يَتعاوَنُ)	تَعاوَنَ
to be created, to be formed	(v.)	تَكوُّن	(يَتَكَوَّنُ)	تَكَوَّنَ
after	(prep.)	(الواحِد تِلْوَ الآخَر)		تِلْوَ
to be distinguished, to be set apart	(v.)	تَمَيُّز	(يَتَمَيَّزُ)	تَمَيَّزَ
to dispute, to contend, to rival	(v.)	تَنازُع	(يَتَنازَعُ)	تَنازَعَ
to be well-coordinated, symmetrical	(v.)	تَناسُق	(يَتَناسَقُ)	تَناسَقَ
to compete, to rival	(v.)	تَنافُس	(يَتَنافَسُ)	تَنافَسَ
to revolt, to rebel	(v.)	ثَوْرة	(يَثورُ)	ثارَ
governor, ruler	(n., m.)	حُكّام	ج	حاكِم
horseshoe	(n., f.)	حَدَوات	ج	حَدْوة
crowd, gathering, assembly	(n., m.)	حَشود	ج	حَشْد

pebbles, gravel	(n., f.)			حَصْباء
to fortify, to strengthen	(v.)	تحْصين	(يُحَصِّنُ)	حَصَّنَ
pottery, porcelain, ceramics	(n., m.)			خَزَف
governmental office, chancellery	(n., m.)	دَواوين	ج	ديوان
gold	(n., m.)			ذَهَب
mind, intellect	(n., m.)	أذْهان	ج	ذِهْن
to review, to go over	(v.)	مُراجَعة	(يُراجِعُ)	راجَعَ
marble	(n., m.)			رُخام
colonnade, portico	(n., m.)	أرْوِقة	ج	رِواق
beauty, charm, splendor; fear, alarm	(n., f.)			رَوْعة
wall, fence	(n., m.)	أسْوار	ج	سور
to shade (into a color)	(v.)	ضَرْب (إلى)	(يَضْرِبُ)	ضَرَبَ
a shade of red				ضَرْبٌ إلى الحُمْرة
faction, sect	(n., f.)	طَوائِف	ج	طائِفة
enemy, foe	(n., m.)	أعْداء		عَدوّ
breadth, width	(n., m.)	عُروض	ج	عَرْض
military, soldier	(adj.)			عَسْكَريّ

to storm, to blow violently	(v.)	عَصْف	(يَعصِفُ)	عَصَفَ
arch, vault	(n., m.)	عُقود	ج	عَقْد
building, architecture	(n., f.)	عَمارات		عَمارة
to cover, to wrap, to conceal	(v.)	تَغطية	(يُغَطِّي)	غَطَّى
to conquer	(v.)	فَتْح (فَتَحَ بَلَداً)	(يَفتَحُ)	فَتَحَ
to flee, to run away	(v.)	فِرار	(يَفِرُّ)	فَرَّ
individual, member	(n., m.)	أفْراد	ج	فَرْد
paradise	(n., m.)	فَراديس	ج	فِرْدَوْس
horse, mare	(n., m.)	أفْراس	ج	فَرَس
to lose	(v.)	فُقْدان	(يَفقِدُ)	فَقَدَ
dome	(n., f.)	قِباب / قُبَب	ج	قُبّة
to throw, to cast	(v.)	قَذْف	(يَقذِفُ)	قَذَفَ
century; horn	(n., m.)	قُرون	ج	قَرْن
poem, ode	(n., f.)	قَصائِد	ج	قَصيدة
fortress, castle	(n., f.)	قِلاع	ج	قَلعة
lime, limestone	(n., m.)			كِلْس
side; shadow; shelter	(n., m.)	أكْناف	ج	كَنَف

to compose, to set to music	(v.)	تَلحين	(يُلَحِّنُ)	لَحَّنَ
glimpse; brief insight	(n., f.)	لَمَحات	ج	لَمْحة
author, writer	(n., m.)	مُؤَلِّفون	ج	مُؤَلِّف
imminent, encircling, surrounding	(act. p.)			مُحْدِق
attached, enclosed	(pass. p.)			مُرفَق
marble	(n., m.)			مَرْمَر
chronic, enduring	(act. p.)			مُزمِن
decorated	(pass. p.)			مُزَخْرَف
independent	(act. p.)			مُسْتَقِلّ
baffled, confused, perplexed person	(n., m.)	مَشْدوهون	ج	مَشْدوه
battle	(n., f.)	مَعارِك	ج	مَعْركة
lost	(pass. p.)			مَفْقود
warrior, fighter, combatant	(act. p.)	مُقاتِلون	ج	مُقاتِل
slope, incline, descent (of river)	(pass. p.)	مُنحَدَرات	ج	مُنْحَدَر
reflected	(act. p.)			مُنْعَكِس
fountain	(n., f.)	نَوافير / نافورات	ج	نافورة
to survive	(v.)	نَجاة	(يَنْجو)	نَجا

to break out (war / rebellion)	(v.)	(يَنشَبُ) نُشوب (الحَرْب/ الثَّوْرة)		نَشِبَ
to arrange, to organize; to compose (verse)	(v.)	(يَنْظِم) نَظْم		نَظَمَ
hill	(n., f.)	هِضاب / هَضَبات	ج	هَضْبة

If my heart had been with me I would not have chosen another	I would not have been content to love anyone else other
But he is desirous of one who torments him	Who does not accept blame nor chide
Oh to those whose cheeks are roses in an oasis	And whose slim body; a bamboo shoot
Put away that sword you have unsheathed	Your eyes are sharper than the cutting edge of a sword
All swords cut when unsheathed	But your eyes cut when sheathed
If you want, kill me, for you are the judge	Who would question what a master does to his slave?
My tormentor came at the darkness of twilight	As if she were a brilliant star on the horizon
I said: you fill me with light, oh finest of visitors	Weren't you afraid of the guards on the streets?
She answered me with a tear preceding her words	Whosoever rides the seas doesn't fear drowning
If you only knew how crazy in love I am, you would have apologized	Or felt guilty if you hadn't apologized
Do not think that I have forsaken you willfully	By your life, it was an awful event that you were forsaken
You and the promise that you made me are no more	Than lightning from a cloud that doesn't bring rain

الدَرْسُ الثامِن عشر

أهداف الدرس

- التَعرّف على الفَلسفة ووَصف الفِكرة المُجرّدة وشرحها
- تَعريف سيرة ابن رُشد وفَلسفته وأعماله في التَرجمة
- التعرّف على ابن رُشد وتأثيره القويّ على الغَرب وإنجازاته واهتِماماته العِلميّة
- **مُراجعة القواعد**: ضَمائِر النَصْب المُنْفَصِلة، والاسم المَقصور

رُكن المُفْرَدات الجَديدة

to accuse	اِتَّهَمَ (يَتَّهِمُ) اِتِّهام (بِـ)
to embrace (an idea, doctrine, etc.)	اِعتَنَقَ (يَعْتَنِقُ) اِعْتِناق
to be distinguished	اِمْتازَ (يَمْتازُ) اِمْتياز
to support	أيَّدَ (يُؤَيِّدُ) تأييد
proof	بُرْهان ج بَراهين
to translate	تَرْجَمَ (يُتَرْجِمُ) تَرْجَمة
argument, debate	جَدَل
difference, dispute	خِلاف ج خِلافات
poison	سَمّ ج سُموم
to believe	صَدَّقَ (يُصَدِّقُ) تَصْديق
fight, struggle	صِراع ج صِراعات
ideology, dogma, tenet	عَقيدة ج عَقائِد
status	مَنزِلة

تمرين ١

وافِق بين كَلمة من العَمود الأيمن وكَلمة من الأيسر واكتُبُهما في العَمود الأوسَط.

١-	توفّي		استمرّ
٢-	قانون		عالَم
٣-	حَقّ		آية
٤-	قصر		دُفِن
٥-	شرح		شَرْع
٦-	كَوْن		تفسير
٧-	دام		بَلاط
٨-	سورة		صَدَّق
			نظريّة

تمرين ٢

وافِق بين كلمات من العمودين لا تتوافق بالمَعنى واكتب الكلمتَين في الوَسط:

١-	اتّهم		إيمان
٢-	رَضِيَ		فِكْر
٣-	حُبّ		باطِن
٤-	مخالِف		عفا (عن)
٥-	كُفْر		أيّد
٦-	ظاهِر		كُرْه
٧-	غِذاء		مُلائِم
٨-	هاجم		غَضِب
			سُمّ

تمرين ٣

اختَرَ الكَلمة الّتي لا تُناسِب باقي الكَلِمات في كُلّ مَجْموعة وبَيِّن السَبَب:

١-	مذهب	طريقة	مدفَن	نظرّية
٢-	صِراع	شَرْع	فِقْه	قاضٍ
٣-	فَكّرَ	فَهِم	اعتقَد	دَفَن
٤-	فَلْسفة	تهافُت	تفسير	فِقْه
٥-	لَخّص	نَشَأ	تُوفّيَ	وُلِد
٦-	خَلَقَ	صَنَعَ	مَنَعَ	جَعَلَ

تمرين ٤

للنِقاش قَبل قِراءة النَصّ:

١- ماذا تعرِف عن ابن رشد المسمى (Averroes) في الغرب؟
٢- أين استقرّ العرب المسلمون في أوروبا؟
٣- كيف ساهم العرب المسلمون في نظرك بالحضارة الغربية؟
٤- هل زرت جنوب إسبانيا أو قرأت عنه؟ ماذا يُميِّزه عن باقي أوروبا؟

تمثال ابن رشد في مدينة قرطبة

ابن رُشد
فيلسوف ومفكّر أندلسيّ

ابن رُشد هو أبو الوليد محمّد بن أحمد بن رُشد وُلِد في قُرطُبة عام ١١٢٦ للميلاد وتُوفّي في مَرّاكُش عام ١١٩٨ ودُفِن فيها، لكنّه نُقل بعد ثلاثة أشهر ليُدفَنَ في مدفَن أسرتِه في مدينتِه قُرطُبة حيث كان جدُّه قاضياً فيها وكذلك والده.

نشأ ابن رُشد على حُبِّ العلم واللغة والأدب، وامتاز في علم الطبّ وقد أخذه عن أبي مَروان البَلَنسي وعن أبي جَعفَر هارون وألّف فيه كتاب

ابن رشد لوحة أثينا من الفنان رافاييل ١٥٠٩

«الكُلّيّات». ودرس أيضاً الفِقْه مثل والدِه وجدِّه، إلاّ أنّ الفلسفة كانت أهمّ ما عُنِيَ به أبو الوليد واشتُهِرَ بها في المغرب العربيّ ومشرقه وفي أوروبا حيث عرفه الأوروبيّون باسم Averroes. وكان على صلة بالفيلسوف ابن طُفَيْل الّذي عرّفه على الخليفة أبي يعقوب يوسف في المغرب الّذي عيّنه في سنة ١١٦٩ قاضيَ إشبيليّة ثمّ قاضيَ قُرطُبة حوالَيْ عام ١١٧١، ثمّ تلاه ابنه المنصور وعيّنه قاضيَ القُضاة بقُرطُبة في أواخِر حياته.

لكن ابن رشد مرّ بمشكلة كبيرة، ففي عام ١١٩٥ أيّام حُكْم الخليفة المنصور اتّهمه أعداؤه ومعظمهم من علماء الدين بالكُفر وصدّقهم الخليفة وأبعده بعد أن كان مقرَّباً منه وحرّم قراءة الكتب الفلسفيّة. والسبب في كُرْه أعدائه له هو أنّ آراء ابن رُشد كانت مخالفة لآرائهم وأنّ بعضها كان مخالفاً للعقيدة الإسلاميّة. وبما أنّ المنصور كان يسير إلى الحرب ضدّ الفونس الثامن مَلِك قشتالة أراد أن يُرضيَ الرأي العام في الأندلس، لكنّه حين عاد إلى مرّاكش وابتعد عن جوّ التنازُع في الأَندلس رَضيَ عن ابن رُشد وعفا عنه ودعاه إلى بَلاطه، إلاّ أنّ عودته إلى الحياة العامة لم تَدُمْ طويلاً، وتُوفّي أبو الوليَد بعد بضعة أشهر.

أعماله

إنّ أهمّ عمل قام به ابن رُشد هو شرح كتب أرسطو وتفسيرها، وكذلك تلخيص بعض الكتب والمقالات وشرحها لأرسطو وأفلاطون وبطليموس وجالينوس والفارابي وابن سينا وابن باجة. فقد لخّص كتاب «الجمهوريّة» لأفلاطون وشرح ولخّص لأرسطو كتباً عديدة. كما لخّص تسع مقالات من كتاب «الحيوان».

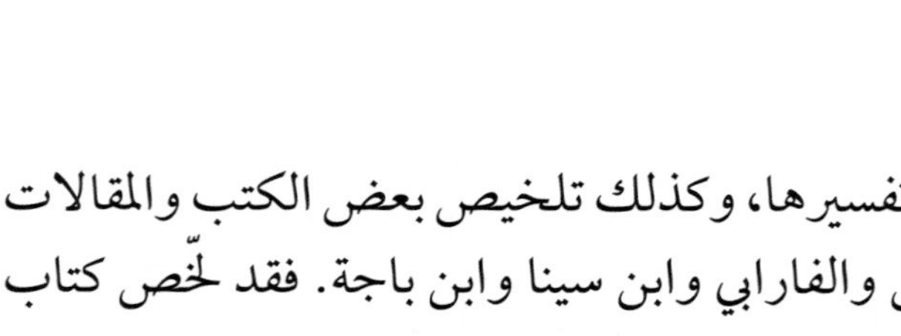

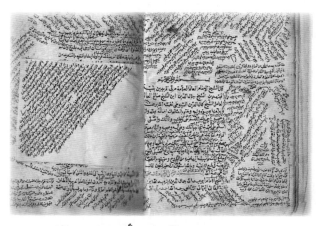

شروح ابن رشد لكتاب ألفية ابن مالك

وكان لابن رُشد مقالات عديدة أصليّة في المَنطق وعلم النفس والعقل والفَلَك والحِكمة والجَدَل الفلسفيّ والطبّ والفِقه وعلم الكلام. وله كتب منها «الكلّيّات» في الطبّ و«بداية المُجتَهد ونهاية المُقتَصد» في الفقْه و«فصل المقال» في علَم الكلام و«تهافُت التهافُت» في الفلسفة، وهذا الكتاب الأخير ردّ على كتاب «تهافُت الفلاسفة» لأبي حامِد الغزّالي الّذي هاجم فيه الفلسفة والفلاسفة. جدير بالذِكر أنّ «تهافُت التهافُت» كُتِب بعد كتابة «تهافُت الفلاسفة» بحوالَيْ قرن من الزمان في ١١٨٠ م تقريباً.

تأثيره في الغرب

النقاش بين توما الأكويني وابن رشد

تعرّف الغرب على أرسطو وأفكاره من خلال شروح ابن رُشد الّتي تُرجِمَت إلى اللاتينيّة، فهي أوّل من عرّف الغرب بالفِكر اليونانيّ القديم والتفكير الفلسفيّ. واعتنق العديد من المفكّرين الأوروبيّين نظريّات ابن رُشد وتكوّن حولها مذهب «الرُشديّة» نسبةً له وقام حول هذا المذهب صراع عَنيف في أوروبا. فقد هاجمت الكنيسة الرُشديّين وحرّم أسقُف باريس القول بهذه النظريّات، كما ألّف توما الأكويني رسالة ضدّ أفكاره.

فلسفته

حاول ابن رشد الوفاق بين الدين والفلسفة أو بين الإيمان والعقل وذلك بالإجابة عن أسئلة هامّة كموقِف الدين من الفلسفة، والتوافُق بين الشرع والفلسفة، وقِدَم العالَم، وعِلْم الله بالجزئيات، والبَعث الجسماني، وسنعرض هنا رأيه في السؤالين الأولين. أمّا بالنسبة لموقِف الدين من الفلسفة فأكّد ابن رُشد أنّ الشرع يطلب دراسة الفلسفة وعلوم المنطِق لأنّ الفلسفة إنّما هي النظر بالموجودات والتفكير بها وأنّ هذا النظر يُرينا إيّاها مصنوعات لها صانع وهو الله. وأيّد أبو الوليد رأيه بآيات من القرآن:

* أَوَ لَمْ ينظُرُوا في مَلَكوتِ السَّماواتِ وَالأَرْضِ وَمَا خَلَقَ اللهُ مِن شَيْءٍ؟ * الأعراف ١٨٥
* أفَلا يَنْظُرُونَ إلىَ الإبِلِ كَيْفَ خُلِقَتْ وَإلىَ السَماءِ كَيْفَ رُفِعَتْ * الغاشية ١٧
* وَيَتَفَكَّرونُ في خَلْقِ السَماواتِ وَالأَرْضِ * آل عمران ١٩١

أمّا في ما يتعلّق بالتوافُق بين الشرع والفلسفة فقد رأى أنّ لا خِلاف بينهما لأنّ الإسلام حقّ ونتيجة التفكير الفلسفيّ حقّ، والحقّ لا يكون ضدّ الحقّ. إلاّ أنّ للشرع في رأيه ظاهراً وباطِناً، ظاهِراً سهلاً يفهمه

تمثال ابن رُشد في برشلونة

جميع الناس، وباطِناً صعباً لا يفهمه سِوى الفلاسفة ويفهم بعضه المتكلّمون. ويعتقِد أنّ هناك ثلاثة أنواع من الناس: البُرهانيّون والجدَليّون والخطابيّون. والبُرهانيّون هم الفلاسفة، والجدليّون هم المتكلّمون كالمُعتَزلة الّذين يقتربون من الحقّ ولا يبلغونَهُ، والخطابيّون هم عامّة الَناس. ويعتقد أنّ العِلم كالغِذاء، «قد يكون رأي هو سُم في حقّ نوع من الناس، وغذاء في حقّ نوع آخر. فمَن جعل الآراء كلّها مُلائمة لكلّ نوع من أنواع الناس بمنزلة مَن جعل الأشياء كلّها أغذية لجميع الناس.» فإذا أدّى النظر البرهانيّ إلى معرفة اتّفقت وظاهر الشرع فلا خِلافَ بين الشرع والفلسفة. أمّا إذا أدّى النظر البُرهانيّ إلى معرفة تخالُف الشرع، فهي إنما تُخالِف ظاهِرَه لا باطنَه، ويمكن أن نصل إلى الباطِن بتأويل هذا الظاهِر أي بشرحه وتفسيره، وبذلك يتمّ التوافق.

تمرين ٥

للمُحادثة:

أوّلاً: صِفْ لزميل من زملائك في غرفة الصف ما فهمت من تفسيرات ابن رُشد في ما يتعلّق بالعلاقة بين الدين والفلسفة.

ثانياً: اشرح لزميلك سبب إثارة خِلافات بين ابن رُشد والخليفة المنصور، وماذا حدث في نهاية المطاف؟

للكِتابة: حاوِل أن تُرتِّب أفكارك حول عقائد ابن رُشد كما وردت في النصّ أعلاه واكتُب ما استوعبت من قِراءة النَصّ عن تاريخه وشخصيّته وكتبه وفلسفته.

تمرين ٦

أجِب عن هذه الأسئلة وَفق النَصّ:

١- ما أهم شيء عرفته من النصّ عن ابن رُشد؟
٢- اذكر أمرين تراهما هامّين في حياة ابن رُشد.
٣- اذكُر ثلاثة على الأقلّ من كتاباته.
٤- كيف أثّر أبو الوليد بالغرب؟
٥- بأي شيء اتُّهِم ابن رُشد؟

تمرين ٧

آ- أكمِل الجُمَل الآتية بأفضل إجابة وَفق نَصّ القِراءة:

١- تُوفِّيَ ابن رُشد عن ________ .

☐ ٤٦ عاماً ☐ ٦٨ عاماً ☐ ٧٠ عاماً ☐ ٧٢ عاماً

٢- اشتُهِر ابن رشد ________.

☐ حاكماً وزعيماً ☐ فيلسوفاً وطبيباً ☐ عالِماً بالفَلَك ☐ بالشِعر والأدب

٣- أبعد الخليفة ابن رُشد كي يُرضيَ ________ .

☐ ملِك قشتالة ☐ أهل المغرب ☐ أفلاطون ☐ الرأي العام

٤- من أعمال ابن رشد الأصليّة ________ .

☐ تهافُت التهافُت ☐ تهافُت الفلاسفة ☐ الحيوان ☐ الجمهوريّة

٥- **تكوّن في أوروبا** ________ الرُشديّة من المفكّرين الّذين اعتقدوا بأفكار ابن رُشد.

☐ فِكر ☐ نظريّة ☐ مذهب ☐ شَرع

٦- اعتقد ابن رُشد أنّ ________ بين الدين والفلسفة ممكن.

☐ الخلاف ☐ الشَرع ☐ الوِفاق ☐ المَنطِق

٧- من الأمور الهامّة الّتي حاول ابن رشد الإجابة عن أسئلة حولها ________.

☐ البعث ☐ القرآن ☐ الفلسفة ☐ الإبِل

٨- ________ سورة من سُوَر القرآن.

☐ الآيات ☐ البعث ☐ السماوات ☐ الأعراف

٩- الشَرع والفلسفة كِلاهما ________.

☐ بُرهان ☐ حقّ ☐ ظاهِر ☐ باطِن

ب- بيّن إن كانت الجُمَل الآتية صواباً أو خطأ وَفق النَصّ وصحِّح الخطأ منها.

١- انحدر ابن رُشد من أسرة من القضاة.
٢- تعلّم بن رُشد الطبّ في جامعة أوروبيّة.
٣- إنّ سبب غضب الخليفة على ابن رُشد هو خروجه عن العقيدة الإسلاميّة.
٤- تُوفِّيَ ابن رُشد ودُفِن في قُرطُبة.
٥- كانت الكنيسة ضدّ أفكار ابن رُشد.
٦- يرى ابن رُشد أنّ القرآن يدعو الإنسان إلى التفكير وبالتالي فهو لا يتعارض مع الفلسفة.
٧- يفهم عامّة الناس والفلاسفة وغيرهم كلّ الأمور.

تمرين ٨

اِختَر كلمات من النُصوص أعلاه تَتناسب والفِئات الآتية.

١- فُروع المعرفة والدراسة disciplines: ________________
٢- الأسرة: ________________
٣- مَناصِب positions: ________________
٤- أدوات الربط بالفقرة الثانية من «فلسلفته»: ________________

تمرين ٩

أعِد تَرتيب الجمل لِتُشكّل فِقرة مُترابطة. الجملة الأولى في مكانها الصحيح:

١- وُلِد ابنُ خَلِّكان في عام ١٢١١ م بالعراق من أسرة البرامِكة المشهورة.
ولا يوجَد إلاّ كتاب الواقِدي بهذه الأهميّة.
عيَّنه السلطان بيبَرس قاضيَ القُضاة في دمشق بعد أن صار عالِماً معروفاً.
ويُعتبَر كتابه هذا مرجعاً هامّاً في تاريخ الشخصيّات العربيّة والإسلاميّة.
درس علوم الدين في حلب ودمشق والقاهرة.
وهي الأسرة الّتي كان منها وُزَراء هارون الرشيد.
وهذا الكتاب يحوي سيَرَ أكثر من ٨٠٠ رجل مشهور.
ألّف ابن خَلِّكان «كتاب وَفَيات الأعيان».

رُكن التعبيرات المتداولة على الألسُن

على صِلةٍ بـِ

وكانَ (ابْن رُشْد) عَلى صِلةٍ بالفَيْلَسوفِ ابْن طُفَيْل.	*in touch with*

مِن خِلالِ

تَعَرَّفَ الغَرْبُ عَلى أرَسطو وَفَهْمِهِ مِنْ خِلالِ شُروحاتِ ابْنِ رُشد.	*via, by way of, through, from*

نسبةً لـ / بالنِسْبَةِ لـِ

تكَوَّنَ حَولَها مَذْهَبُ "الرُّشْديّة" نِسْبَةً لَهُ. أمّا بالنسْبَةِ لِمَوْقِفِ الدينِ مِنَ الفَلْسَفةِ فـَ . . .	*with regard to, in respect to*

في ما يَتَعَلَّقُ بـِ

أمَا في ما يَتَعَلَّقُ بالتَوافُقِ بَيْنَ الشَرْعِ والفَلْسفِةِ فَقَدْ رأى أنَّ لا خِلافَ بَيْنَهُما.	*concerning, regarding*

ما دامَ طَويلاً / لَم يَدُمْ طَويلاً

إلاّ أنّ عَودَتَه إلى الحَياةِ العامّةِ لَمْ تَدُمْ طَويلاً.	*did not last long*

في أواخِر + تَوقيت

في أَواخِرِ حَياتِه.	*at the end of; the final stages of*

بِما أنَّ

بِما أنّ المَنصورَ كانَ يَسيرُ إلى الحَرْبِ ضِدّ الفونْس الثامِن.	*since, because*

جَديرٌ بالذِكْرِ أنّ

جَديرٌ بالذِكْرِ أنّ «تهافُت التهافُت» كُتِب بعد كتابة «تهافُت الفلاسفة»	*it's worth mentioning; it is worthy of mention*

تمرين ١٠

أعِد تَرتيب الكَلمات في كلّ مَجموعة لِتُشكّل جُملاً مُفيدةً:

١- أستاذي لي النسبيّة لم فشرحها أفهم لأينشتاين النظريّة
٢- بغرناطة في ونشأ طُفَيل ببلدة وُلِد الأندلس ابن آش
٣- مِن ابنتِه على جارنا رَنا عِماد خِلال تعرّفنا أبي
٤- تنجح توافق عملها أن حاولَت بين ودراستها لَمى فَلَمْ
٥- نجيب إلى مؤلّفات كبيرٌ الأجنبيّة محفوظ اللغاتِ عددٌ تُرجِمَ من

مُراجَعة القَواعِد

١- ضَمائِر النَصْب المُنْفَصِلة Independent Accusative Pronouns

حين يُستخدَم فِعل مُتعد بمَفعولين (أي أعْطَيتُ خالداً الكتابَ) ولا يُراد ذِكر المَفعولَين بالاسم، بَل يُقصَد استبدال المَفعول الثاني بضَمير. فأين يوضَع الضَمير المُنفصِل؟ يُضاف إلى الضَمير إيّا في التَركيب (إيّا + ضَمير مُتصِلّ). تأمّل المِثال ١ أدناه:

١	آدَم: مَن أعْطاكَ تِلْكَ الحَقيبة؟
	نوح: أخْتي أعْطَتْني إيّاها.

جديرٌ بالذكر أننا نَستطيع أن نَستخدِم الضَمير إيّا مع كُلّ الضَمائر المُنفصِلة. أنظُر الأمثِلة في الجَدول أدناه:

	مؤنَّث		مُذَكَّر	
المُخاطَب	أنْتَ	إيّاكَ	أنْتِ	إيّاكِ
	أنْتُما	إيّاكُما	أنْتُما	إيّاكُما
	أنْتُم	أيّاكُم	أنْتُنَّ	إيّاكُنَّ
الغائِب	هِيَ	إيّاها	هُوَ	إيّاه
	هُما	إيّاهما	هُما	إيّاهما
	هُنَّ	إيّاهُنَّ	هُم	إيّاهُم

يُستخدَم الضَمير إيّا في ظُروف مُعيّنة خاصّة حين يسبُق المَفعول بِه فِعله، كَما نَرى في سورة الفاتِحة في القُرآن:

٢ إيّاكَ نَعْبُدُ وَإيّاكَ نسْتَعينُ

تمرين ١١

حوّل الجُمَل الآتية إلى العَربيّة مُستخدماً ضَمائِر النَصب النُنفصِلة:

1. I asked him for his book, so he gave it to me.
2. She cut the apple up and fed it to them.
3. We asked him about the photographs from his trip, and he showed them to us.

٢- الاسم المَقصور Defective Nouns

من المُمكِن أن تكون قد تساءلت: لِماذا سقطت الياء من كَلمة قاضٍ في حالة النكِرة لكنها تَظهر في حالة المَعرفة؟

تَنتمي كَلمة قاض إلى مَجموعة أسماء تُعرف بالاسم المَقصور الّذي آخر حَرفه الياء وجَميع الأسماء في هذه المَجموعة تُصرَّف بنَفس الشَكل ألا وهو: تَبقى الياء في المَعرفة وتَسْقط في النَكرة وتُستبدَل بتَنوين كَسرة (القاضـي / قاضٍ). تَظهر الياء في حالة المُثنّى (قاضيان) أو حين يَكون مُضافاً (قاضي القُضاة).

تمرين ١٢

آ- **أَجب عن الأسئلة وَفق نَصّ الاستماع:**

١- ما الفكرة الرئيسة في النصّ؟

٢- حدِّد فكرتين ثانويتَيْن في النصّ.

٣- لماذا أمَرَ الخليفة بقتل ابن المُقفَّع؟

٤- ما أعمال ابن المُقفَّع المذكورة بالنصّ؟

ب- **اكتُب «خطأ» أو «صواب» إلى جانب كلّ جُملة ثمّ صحِّح الجمل الخطأ:**

١- كان ابن المُقَفَّع من الزرادشتيين أوّل حياته.

٢- صار ابن المُقَفَّع وزيراً للمنصور.

٣- قُتِلَ ابنُ المُقَفَّع بسبب هجومه على الخليفة في قِصَصه.

٤- والي البصرة هو الّذي قتل ابنَ المُقَفَّع.

ج- لَخِّص نصّ الاستماع بحواليْ مئة كِلمة.

د- أكمِل الجُمل الآتية بالاختيار المناسِب وَفق نَصّ الاستِماع:

١- عبد الله بن المُقَفَّع مؤلِّف __________ .

☐ فارسيّ ☐ عربيّ ☐ إسلاميّ ☐ هنديّ

٢- ترجم ابن المُقَفَّع "كليلة ودِمْنة" من __________ .

☐ الفهلويّة ☐ الهنديّة ☐ العربيّة ☐ المانويّة

٣- قصّة كليلة ودِمْنة __________ .

☐ حيوانيّة ☐ فارسيّة ☐ عربيّة ☐ سياسيّة

٤- كان المنصور __________ .

☐ ملكاً ☐ حاكِماً ☐ خليفةً ☐ قاضياً

المُفْرَدات

to satisfy, to please	(v.)	إرْضاء	(يُرْضي)	أرْضى
to draw away from, to withdraw	(v.)	اِبتِعاد (عَن)	(يَبْتَعِدُ)	اِبْتَعَدَ
to banish, to expel, to deport	(v.)	إبْعاد	(يُبْعِدُ)	أبْعَدَ
to accuse	(v.)	اِتِّهام	(يَتَّهِمُ)	اِتَّهَمَ
Aristotle	(name)		أرِسْطوطاليس	أرِسْطو
bishop	(n., m.)	أساقِفة	ج	أُسْقُف
original, authentic, genuine	(adj.)			أصْليّ
to embrace, to convert	(v.)	اِعْتِناق	(يَعْتَنِقُ)	اِعْتَنَقَ
Plato	(name)			أفْلاطون
to excel, to surpass, to be distinguished	(v.)	اِمْتِياز	(يَمْتازُ)	اِمْتازَ
base form of the accusative separate pronoun	(pron.)		(ضمير النصب)	إيّا
sign, wonder, Quranic verse	(n., f.)	آيات		آية
to support, to back	(v.)	تأييد	(يُؤَيِّدُ)	أيّدَ
faith, belief	(n., m.)			إيمان
proof	(n., m.)	بَراهين	ج	بُرْهان
Ptolemy	(name)	بَطالِسة	ج	بَطْليموس
to resurrect (from death)	(v.)	بَعْث	(يَبْعَثُ)	بَعَثَ
royal court	(n., m.)	أبْلِطة	ج	بَلاط
to translate	(v.)	تَرْجَمة	(يُتَرْجِمُ)	تَرْجَمَ
to be related (to), to be concerned (with)	(v.)	تَعَلُّق (بِـ)	(يَتَعَلَّقُ)	تَعَلَّقَ

to fall, to plunge	(v.)	تَهافُت	(يَتَهافَتُ)	تَهافَتَ
congruity, agreement, conformity	(n., m.)			تَوافُق
Galen	(name)			جالينوس
argument, debate, dispute	(n., m.)			جَدَل
the minor details, the particulars	(n., f.)			الجُزئيّات
to prohibit	(v.)	تَحْريم	(يُحَرِّمُ)	حَرَّمَ
difference, disparity, incongruence	(n., m.)	خِلافات	ج	خِلاف
to last, to continue, to persist	(v.)	دَوام	(يَدومُ)	دامَ
to bury, to conceal	(v.)	دَفْن	(يَدْفِنُ)	دَفَنَ
to be satisfied, to consent, to agree	(v.)	رِضىً (عن)	(يَرْضى)	رَضِيَ
to move along, to walk, to operate	(v.)	سَيْر / مَسير	(يَسيرُ)	سارَ
poison	(n., m.)	سُموم	ج	سُمّ
except	(part.)			سِوى
canonical law of Islam	(n., m.)			شَرْع
to believe	(v.)	تَصْديق	(يُصَدِّقُ)	صَدَّقَ
fight, struggle	(n., m.)	صِراعات	ج	صِراع
number of, large quantity	(n., m.)		(مِن)	عَديد
to forgive, to excuse	(v.)	عَفْو (عن)	(يَعْفو)	عَفا
reason, rationality	(n., m.)			عَقْل
article of faith, tenet, dogma, ideology	(n., f.)	عَقائِد	ج	عَقيدة
violent	(adj.)			عَنيف

to appoint	(v.)	تَعيين	(يُعَيِّنُ)	عَيَّنَ
to explain, to expound, to explicate	(v.)	تَفْسير	(يُفَسِّرُ)	فَسَّرَ
understanding; jurisprudence	(n., m.)			فِقْه
thinking, thought	(n., m.)	أفْكار	ج	فِكْر
astronomy	(n., m.)			فَلَك
judge, magistrate, justice	(n., m.)	قُضاة	ج	قاضٍ
to hate, to detest, to loathe	(v.)	كُرْه / كَراهة / كَراهية		كَرِهَ
to renege one's faith, to blaspheme God	(v.)	كُفْر	(يَكْفُرُ)	كَفَرَ
scholastic theology	(n., m.)		(عِلم الكَلام)	كَلام
to summarize, to abridge	(v.)	تَلْخيص	(يُلَخِّصُ)	لَخَّصَ
contradictory, conflicting, divergent	(act. p.)	مُخالِفون	ج	مُخالِف
doctrine, creed; movement, trend	(n., m.)	مَذاهِب		مَذْهَب
thinker	(act. p.)	مُفَكِّرون	ج	مُفَكِّر
close companion, favorite	(pass. p.)	مُقَرَّبون	ج	مُقَرَّب
suitable	(act. p.)			مُلائِم
status, rank, position	(n., f.)			مَنزِلة
logic	(n., m.)			مَنْطِق
theory	(n., f.)	نَظَريّات	ج	نَظَريّة
to attack, to assail	(v.)	مُهاجَمة	(يُهاجِمُ)	هاجَمَ
harmony, concord, conformity	(n., m.)			وِفاق

الدَرْسُ التاسِع عشر

أهداف الدرس

- التَعرّف على أقوال العَرب: تاريخها وسياقها
- تَعريف اِستِخدام القَول العربيّ والتَشبيه في مواقفهما المناسبة
- **إعادة النظر في المَثل العَربي** من حيث العائلة والعِبرة والنصيحة والوَصف
- **القواعد**: اِستِخدام ما الزائدة المُتصلة بحَرف
- **مُراجَعة القواعد**: أنواع «ما»، واسم التفضيل «خَير وخَيْرٌ مِن»، وأنواع «لا»

رُكن المُفْرَدات الجَديدة

اِحْتَرَمَ (يَحْتَرِمُ) اِحْتِرام	*to respect*
بادِرة ج بَوادِر	*sign, indication*
تَداوَلَ (يَتَداوَلُ) تَداوُل	*to use frequently*
تُراث	*legacy, heritage, lore*
تَطَرَّفَ (يَتَطَرَّفُ) تَطَرُّف	*to be extreme*
خُلُق ج أخْلاق	*moral constitution, moral character*
رَمى (يَرْمي) رَمْي	*to throw, to shoot*
قَناعة ج قَناعات	*satisfaction, contentment, conviction*
مُصيبة ج مَصائِب	*disaster, calamity*
مَقْصود	*intended*
نَفَّذ (يُنَفِّذُ) تَنْفيذ	*to implement*
وَرَدَ (يَرِدُ) وُرود	*to occur, to be mentioned*

تمرين ١

وافِق بين كَلمات لها معانٍ متعاكسة واكتُب الأزواج في الوسط.

١-	حِلم		صَديق
٢-	طارَ		جِلد
٣-	شَبّ		عاقِل
٤-	حَرب		هُدوء
٥-	عَدوّ		غَضَب
٦-	عاميّ		شابَ
٧-	جاهِل		فَصيح
٨-	ضَجيج		سلام
			وَقَعَ

تمرين ٢

وافِق بين كَلمة من العَمود الأيمن وكَلمة من الأيسر واكتُبُهما في العَمود الأوسَط.

١-	حِكمة		سَيِّدتي
٢-	اختار		حَضارة
٣-	أسَد		مِثل
٤-	ناقة		أخذ
٥-	مَولاي		مَثَل
٦-	عير		شِبْل
٧-	خَيْر		أفضَل
٨-	شَرْوى		حَمير
			جَمَل

تمرين ٣

اختَر الكَلِمة الّتي لا تُناسِب باقي الكَلِمات في كُلّ مَجْموعة وبَيِّن السَبَب:

١-	غَضَب	حُزْن	ناقة	فَرَح
٢-	فائدة	ناس	أمّة	قَوم
٣-	فِكْر	رَذاذ	تُراث	حَضارة
٤-	شِبْل	أسَد	حِمار	رَحى
٥-	مقال	فُصحى	خُدعة	عاميّة

تمرين ٤

للنِقاش قبَل قِراءة النَصّ:

١- ما وظيفة الأمثال في اللغة في رأيك؟
٢- هل لكلّ تَعبير عربيّ مقابله بالإنجليزيّة؟ لماذا أو لماذا لا في رأيك؟
٣- اذكُر بعض الأمثلة العربيّة التي تعرفها.

هكذا قالَت العرب

الأمثال هي أقوال يتداولها الناس يوميّاً على مرّ السنين وهي تدلّ على طريقة تفكيرهم وكيف ينظرون إلى أنفسهم وإلى العالم. كلّ مثَل من هذه الأمثال المختارة في هذا الدرس يحمل في طواياه جُزءاً من الحضارة العربيّة ومن الفكر العربيّ ومن الشعور العربيّ. بعبارة أخرى، الأمثال تنبئ عمّا في التُراث والعقل والقلب. بعض هذه الأمثال قديم جداً ويعود إلى ما قبل الإسلام إلاّ أنّها لا تزال مستعملة إلى يومنا هذا كلاماً وكتابةً.

والأمثال كالشِعر، هي كلمات قليلة تحمل معانيَ كثيرة. لذلك فإنّ كلّ مَثَل يرد وإلى جانبه المعنى المقصود باختصار أو المَناسبة الّتي قيلَ فيها. لاحِظ أنّ الأمثال مُظلَّلة بالخط العريَض لتمييزها، وهي مصنَّفة حسب مواضيعها كالمعاملات والأسرة والحكمة والنصيحة والتشبيه. هناك المئات من الأمثال والأقوال لدى الناطقين بالعربيّة، وقد اختير بعضها فقط لهذا الدرس. يجدر بالذكر أنّ العاميّات العربيّة فيها كثير من الأمثال والأقوال والحِكَم أيضاً، لكن تمّ اختيار الفصيح منها فقط.

الأسرة

١ **الولدُ سِرُّ أبيه**. يُقالُ حين يُستَدَلُّ على صفات الأب من خلال صفات الابن، لأنّ الابن عادةً يكون مثل أبيه.

٢ **مَن شابَه أباهُ فما ظَلَم**. من الطبيعيّ أن يشبه الإنسان والده إمّا في الشكل أو السلوك.

٣ **إنّ هذا الشِبلَ مِن ذاكَ الأسَد**: يُقالُ عن الشخص الّذي يُشبه والِدَه، بخاصّة إنْ كان الشَبَه في أمْرٍ جيّد، لأنّ صورة الشِبْلِ (ابن الأسَد) وصورة الأسد صورتان حسنتان.

التَشبيه

٤ **كُلٌّ يُغَنِّي على لَيْلاه**. يُقالُ عند اختلاف الناس بآرائهم حيث يحاول كلٌّ منهم تأييد رأيِه بقوة، فهم كالّذين يُغنّون أغانيَ مختلفة في وقت واحد، ولا يهتمّ أحدهم بما يقوله الآخرون.

٥ **كالمُسْتَجير مِنَ الرَمْضاءِ بالنارِ**. يُقالُ حين يحاول الإنسان الهروب من مشكلة فَيقعُ في أخرى أسوأ منها وأخطر، أي كمَن يحاول الهروب من شدة الحرّ بالقفز في النار.

٦ **كأنّ على رُؤوسِهِمُ الطَيْر**. يُستَعمَل لوصف جَماعة من الناس يجلسون في مجلس بصَمْت تامّ وكأنّ طيراً يجلِس فوق رأسِ كلٍّ منهم، ولا يريدون أن يتحرّكوا حتّى لا تطير الطيور.

٧ **أسمَعُ جَعْجَعةً ولا أرى طِحناً**. يُقالُ حين يكثُر الكلام وتَقِلُّ الأفعال، أي حين يعِدُ أحدهم مستَمعيه بأشياء كثيرة دون تنفيذ ما يقول. والصورة مأخوذة من طاحونة القمح حيث يُصدِر حَجَر الرَحى صوتاً عالياً حين يدور لطحن القمح، فإذا لم يكن هناك قمح يُطحَن فلا فائدة من الدوران والصوت العالي أو الضجيج (الجعْجعة).

الوَصْف

٨ **أنْ تسمَعَ بالمُعَيْديّ خَيْرٌ مِن أنْ تَراه**. يُقالُ حين تكون سُمْعة الشخص أفضل من شكله. والقصّة وراءه هي أنّ النُعمان بن المُنذِر آخر ملوك اللّخميين في الحيرة بالعراق (حَكَمَ من ٥٨٠ إلى ٦٠٢ م) سمع أنّ أحدَ الأعراب كان يستولي على أموال الناس ولا يحترم أملاكهم ولا يخاف أحداً فأمَر النُعمان بحبسه. ولمّا اعتُقِل المُعَيْديّ أراد أن يرى هذا الرجل الّذي أدخل الخوف في قلوب الناس ولم يخَف أحداً. فأحضروه أمامه وكان قصيراً جدّاً وقد أكلت آثار الجُدَريّ وجهه، فقال هذا القول. لكنّ المُعَيْديّ لم يسكت بل قال للملك: «يا مولاي، أخطأت بحكمك، لأن الرجل يُقَوّم بقلبه ولسانه.» وكان يقصد بذلك الشجاعة والفصاحة. أعجِبَ الملك بهذا الردّ وضمّه إلى بلاطه مستشاراً ونديماً.

٩ **لا ناقةَ لي في هذا ولا جَمَل**. يُقالُ للتعبير عن عدم وجود علاقة لشخص بأمر ما، والصورة تمثّل شخصاً كأنّه ينظر إلى مجموعة من الإبِل ويقول إنه لا يملك منها شيئاً.

١٠ **لا يَملِكُ شَرْوى نَقير**. يُقالُ للتَعبير عن الفقر الشديد، والشَرْوى معناها «المِثْل» والنَقير جزءٌ صغير من نُواة التَمْرة، أي أنّه شديد الفقر لا يملك حتّى الشيء الّذي لا قيمة له.

١١ **الجُنون فنون**. يُقالُ لوصف سلوك غيرِ عاديّ، أي أنّ الجُنون أو مخالفة العادي لَهُ أشكال عديدة.

١٢ **لا في العيرِ ولا في النَفير**. يُقالُ في وَصف شخص لا يصلُح لشيء. والصورة تمثّل مجموعتين: «العير» هي القافلة من الحمير، ولكن لما كثر استعمالها أصبحت الكلمة تطلق على كل قافلة تحمل الميرة (أي الأطعمة والبضائع)، أما «النفير» فهم القوم الذين ينفرون للقتال. في أصل المثل المقصود بكلمة العير عير قريش التي أقبلت مع أبي سفيان من الشام محملة بالأطعمة وغيرها، وأنه أريد بكلمة النفير الناس الذين خرجوا مع عُتْبة بن ربيعة من مكة لإنقاذ القافلة من أيدي المسلمين، حيث وقعت على إثرها معركة بدر، فمن لم يكن في أحد الجمعين، أي لم يكن في القافلة ولا في الذين هبوا لنجدتها، قيل عنه: لا في العير ولا في النفير، أي لا يعدّ من الرجال، ثم صارت مثلاً يُضرب لكل رجل صغير الشأن مستهان به، إلا أنه أحسن من الحمير.

١٣ **رُبَّ رَمْيةٍ مِن غيرِ رامٍ**. يُقالُ في وصفِ عمل جيّدٍ لم يأتِ بالاستِعداد أو التحضير الجيّد له إنّما جاء نتيجة الصُدْفة.

النصيحة

١٤ **إذا أطعمْتَ فأشبِعْ وإذا ضَرَبْتَ فأوْجِعْ**. يجب إعطاء كلّ شيء حقّه. مثلاً إنْ ذهبت في نُزهة فاستمتع بها وإذا قمت للعمل فاعمل بجدّ وإذا بدأت الدراسة فأعطها كلّ وقتك.

١٥ **الحِلْمُ عند الغَضَب والعَفْوُ عِندَ المَقْدِرة**: يُقالُ في صفات الإنسان النبيل، فهو يصبر ويهدّئ نفسه إذا غضب ويعفو عن عدوّه حين ينتصر عليه. وقصّة هذا القول أنّ مُعاوية بن أبي سُفيان والي الشام (في القرن السابع) سُئِلَ عن معنى النُبْل فقال هذا القول.

١٦ **الجارُ قَبْلَ الدار**. يُقالُ لنصْح شخص في اختيار جيرانه قبل أن يختار داره، وهذا يُعبِّر عن أهمّيّة الجار في العلاقات الاجتماعيّة عند العرب.

١٧ **لِكُلِّ مَقام مَقال**. اختيار الكلمة المناسبة لقولها في المكان المناسب، أي أنّ كلّ مناسبة تحتاج إلى نوع خاصّ من الكلام يختلف عمّا هو مطلوب في مناسبات أخرى. فحين يتكلّم الإنسان أمام مجموعة من الناس في حفل كبير يستعمل العربيّة الفُصحى وإذا تكلّم مع صديقه يستخدم العاميّة. وهو يستعمل النكتة والفكاهة في حفلة مثلاً ويكون جادّا وقت الحزن.

١٨ **خالِفْ تُعْرَف**. يُقالُ عن الشخص الّذي يحبّ أن يكون مشهوراً أو معروفاً، وذلك بسلوكه سلوكاً مُخالفاً لسلوك معظم الناس.

١٩ **مَن حَفرَ حُفْرةً لأخيهِ وَقَعَ فيها**. للتحذير مِن نتائج العمل السيّئ نحو الناس الآخرين، فالعمل السيّئ لا يعود على صاحبه إلا بالسوء.

٢٠ **لا تَنْهَ عَنْ خُلُقٍ وتأتيَ مِثْلَهُ**. يُقالُ في ضرورة تناسُب الأقوال مع الأفعال، أي لا تطلب من الآخرين الامتناع عن فعل شيء ثمّ تفعله أنت.

٢١ **مَن جَدَّ وَجَدَ**. يُقالُ لتشجيع الناس على الجِدّ بالعمل، فالجِدّ يؤدّي للنجاح. أي أنّك إذا عملت بجدّ وجدت النجاح أمامك.

٢٢ **خَيْرُ الأمورِ أوْسَطُها**. يُقالُ في تفضيل الطريق الوسط والابتِعاد عن التَطَرُّف، فالوسَط هو الأفضل.

٢٣ **اتَّقِ شَرَّ مَن أحسَنْتَ إلَيْه**. إن العمل الحسن نحو الآخرين قد لا يعود عليك بالشيء الحَسَن دائماً، أي يجب على المرء أن يحذَر الناس حتّى الّذين أحسن إليهم.

٢٤ **خَيْرُ الكلام ما قَلَّ ودل**. إنّ أحسن الكلام هو المختَصَر المُفيد، أي الكلام القليل ذو المعنى الواضح.

٢٥ **إذا كنتَ في قَوْمٍ فاحلِبْ في إنائهم**. تدلّ هذه النصيحة على أنّه من الأحسن أن يكون سلوكَ المرءِ ولباسَه وكلامَه مثلاً مشابهاً لسلوك الناس الّذين يعيش بينهم.

٢٦ **القَناعةَ كَنْزٌ لا يَفنى**. يُقالُ لنصح المرء في القبول بما لديه وعَدَم النَظَر إلى ما لدى الآخرين، لأن القبول بما لديه يجعله يشعر وكأن ما لديه كلُّ شيء.

٢٧ **أعذَرَ مَن أنذر**. لا لوم على فعل سبقه إنذار.

٢٨ **بَلَغَ السَيْلُ الزُبى**. للتحذير من خطر قادم تبدو بَوادِرُه. والسيل يمثّل الخطر المتوقّع والزُبى (جمع زُبْية وهي المكان المرتفع) تمثّل المكان الّذي يُمكن أن يَحمي من الخطر. فحين يصل ماء السيل إلى الزُبى فكلّ مكان أضحى في خطر. ويُستعمَل هذا القول أيضاً للتعبير عن نفاد الصبر.

الحكمة

٢٩ **زامِرُ الحَيِّ لا يُطْرِب**. ينظر الناس إلى ما لدى غيرهم ويرَوْنَ فيه شيئاً جميلاً، بينما لا يرَوْنَ الشيء نفسه جميلاً إذا كان عندهم. والصورة هنا لعازِف المِزمار من أهل الحي الّذي لا يَطرَب له الناس، أي لا يعجبون بعزفه لأنّه منهم، لكن لو قام بالعزف نفسه زامر من حَيٍّ آخَر أو من بلد آخر لَطَرِب له الناس.

٣٠ **الطُيور على أشكالِها تَقَع**. يخالط الناس مَن هم مِثلُهم، فالطيّب يخالط الطيّبين والسيّئ يخالط السيّئين.

٣١ **ينضَحُ الإناءُ بما فيه**. لا يستطيع المرء أن يعطي ما لا يملك. فالعالم يمكن أن يعطيَك عِلماً كثيراً، لكن الجاهِل لا يستطيع ذلك ولو حاول. والصورة لإناء فخّاريّ فيه سائل يرشَح منه، فلا يمكن للإناء أن يرشح إلا من هذا السائل ولا شيء سِواه.

٣٢ **سبَقَ السيفُ العَذَل**. يُقالُ حين يفعل الإنسان شيئاً ويريد أن يلوم نفسه أو غيره على ما حدث، أي أنّ الفعل قد وقع ولا فائدة من اللوم (أي العَذَل).

٣٣ **رُبَّ أخٍ لكَ لم تَلِدْهُ أمُّك**. يُقالُ عن الصديق الّذي هو أقرب إليك من أخيك. أي أنّ هناك ناساً مخلصين لك ليسوا من أفراد أسرتك لكنهم يعاملونك كإخوانك.

٣٤ **مَصائِبُ قَوْمٍ عِندَ قَوْمٍ فوائِدُ**. يُقالُ حين يستفيد بعض الناس من مصيبة أصابت غيرهم.

٣٥ **لا يفُلُّ الحَديدَ إلاّ الحَديد**. حول ضرورة استعمال قوّة مُماثِلة لصدِّ قوّة أخرى، فنحن نحتاج إلى الحديد أو إلى ما هو أقوى منه ليؤثّر بالحديد.

٣٦ **مَن شَبَّ على شيءٍ شابَ عليه**. الأمور الّتي يتعلّمها الإنسان في صِغَره تبقى معه طَوال حياته من سن الطفولة إلى أن يصبح شيخاً.

٣٧ **مَن عاشَرَ قَوْماً أربعين يوماً صار مِنهم**. يُقالُ عن تأثير الحياة بين مجموعة من الناس لمدّة من الزمن على سلوك المرء، فإذا عاش بينهم حوالي أربعين يوماً يصبح سلوكه مثل سلوكهم.

٣٨ **ما حَكَّ جِلْدَكَ مثلُ ظُفْرِك** . يدلّ على أهميّة الاعتماد على النفس، أي أن ما تفعله بنفسك أفضل ممّا يمكن أن يفعله الآخرون لك.

٣٩ **ومعظَمُ النار مِن مُسْتَصْغَرِ الشَّرَر**. المشاكل الكبيرة سببها أمور صغيرة، كالنار أو الحريق الّذي يشبّ بسبب شَرَر بسيط.

٤٠ **عَدوٌّ عاقِلٌ خَيْرٌ مِن صَديقٍ جاهِل**. عن أهميّة الحكمة والعقل، لدرجة أنّ العدوّ قد يكون أفضل بالنسبة لك من الصديق إن كان هذا العدوّ عاقلاً وكان الصديق جاهلاً.

٤١ **الحربُ خُدْعة**. لا تعتمد الحرب على استخدام القوّة فقط بل على الخدعة ربّما أكثر.

٤٢ **أوّلُ الغَيْثِ قَطْرٌ**. الأمور الكبيرة تبدأ بداية بسيطة كالمطر الغزير الّذي يسبقه رذاذ خفيف.

تمرين ٥

اكتُب رقم المَثَل المناسِب لكلّ من الجُمل الآتية بين القَوسين:

١- تحذير الناس من إساءة بعضهم إلى بعض، والإساءة تعود على صاحبها. (_______)

٢- مظهر الشخص قد لا يدلّ على حقيقة ذلك الشخص. (_______)

٣- تبرير أي عمل على أنّه مقبول بسبب الحرب. (_______)

٤- مجموعة من الناس أفرادها مختلفون بالرأي، ولا يحاول بعضهم فهم آراء بعضهم الآخر. (_______)

٥- وصف شخص على أنّه لا يصلح لأي عمل. (_______)

٦- قول ينصح الناس باستعمال كلمات تناسب الموقف الّذي هم فيه. (_______)

٧- توقّع قدوم الخير بناءً على أشياء تدل عليه. (_______)

٨- من المؤكّد أنّ هذا الطفل من ذلك الأب. (_______)

٩- وصف سلوك غير طبيعيّ وغير مقبول. (_______)

١٠- سيستفيد بعض الناس من المشاكل الّتي تصيب غيرهم من الناس. (_______)

تمرين ٦

اِختَرِ الأمثال العربيّة من الدرس الّتي توافق الأمثال الإنكليزيّة الآتية، واكتُب رقم المثل العربيّ بين القَوسين:

1. Much ado about nothing / all talk, no action. (________)
2. With friends like these, who needs enemies? (________)
3. Birds of a feather flock together. (________)
4. Like father, like son. (________)
5. To each his own. (________)
6. When in Rome, do as the Romans do. (________)
7. Out of the frying pan into the fire. (________)
8. He hasn't a red cent to his name. (________)
9. Constant dripping wears away stone. (________)

صَفحة من الكِتاب كَليلة ودمنة

تمرين ٧

اكتُب إلى جانب كلّ من الكلمات الآتية الكَلمة الّتي لها مَعنى مُشابه:

١- غَيث ______________________
٢- أضحى ______________________
٣- رَشَحَ ______________________
٤- تَبيين ______________________
٥- انتصر (على) ______________________
٦- خالَطَ ______________________
٧- سَكَتَ ______________________

رُكن التعبيرات المتداولة على الألسُن

بِعِبارةٍ أخرى

بِعِبارةٍ أخرى، الأمْثالُ تُنبِئُ عَمّا في التُراثِ والعَقْلِ والقَلْب.	*in other words*

إلى يَوْمِنا هذا

(الأمْثال) لا تَزالُ مُسْتَعمَلةً إلى يَوْمِنا هذا كَلاماً وكِتابةً.	*to this very day*

يَجْدُرُ بالذِكْرِ

يَجْدُرُ بالذِكْرِ أنَّ العاميّاتَ العَرَبيّةَ فيها كَثيرٌ مِن الأمْثالِ والأقْوالِ.	*it is worthy of mention*

نَفادُ الصَبْرِ

وَيُسْتَعمَلُ هذا القَوْلُ أيضاً لِلتَعبيرِ عَنْ نَفادِ الصَبْرِ.	*losing patience*

أدّى لِـ / إلى

فَالجِدُّ يُؤَدِّي لِلنَجاحِ.	*to lead to*

القَواعِد

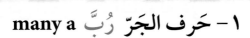

١- حَرف الجَرّ رُبَّ many a

صار حَرف الجَرّ رُبَّ قليل الاستِعمال في اللُغة العَربيّة المُعاصرة غير أنّه وَرد في المَثلين ١٣ و٣٣ من نَصّ القِراءة الرئيس.

١	رُبَّ رَميةٍ مِن غيرِ رام (١٣)
٢	رُبَّ أخٍ لكَ لم تَلِدْهُ أمُّك (٣٣)

غالباً ما نَرى رُبَّ في اللُغة العَربيّة المُعاصرة في الحَرف المُركّب رُبّما الّذي يعني (perhaps) بالإنكليزيّة. والّذي يأتي بعده قد يكون اسماً (المِثال ٣) أو فِعلاً (المِثال ٤) أو جارّاً ومَجروراً (المِثال ٥).

٣	رُبّما أمُّه مَريضة.	*Perhaps his mother is sick.*
٤	رُبّما أشْتَري سَيّارةً مَكْشوفةً.	*I might buy a convertible.*
٥	رُبّما في جَيْبك.	*Perhaps it is in your pocket.*

٢- الحُروف المُركّبة إنّما / مِمّا / عَمّا

يَتمكّن بَعض الحُروف وحُروف الجَر من الإدغام في ما الزائدة الّتي تليها وتُصبِح الكَلمتان كَلمة مُركّبة.

إنَّ + ما	⇐	إنّما	*nothing but, rather, much more*
مِن + ما	⇐	مِمّا	*of what, from what*
عَنْ + ما	⇐	عَمّا	*about what, what about*

إليك بَعض الأمثِلة في السياق:

لا أعْلَمُ عَمّا يَسأل.	*I don't know what he is asking about.*
مِمَّ تُصْنَعُ العِلْكة؟	*What is chewing gum made of?*
إنّما المُؤْمِنونَ إخْوة.	*Believers are nothing but brothers.*
إنّما يَنْجَحُ المُجِدّون.	*Hard workers are nothing but successful.*

مُلاحَظة

يَجوز أن يلي الحَرف إنّما فِعل، بَل هذا لا يَجوز مع الحَرف إنَّ.

مُراجَعةُ القَواعد

١– أنواع ما

كَما لاحظت، أنّ هناك أنواع ما كَثيرة ووظائفها تَتغيّر مع تَغيّر النوع. في بِداية مِشوارنا في اكتِساب اللُغة العَربيّة، تَعلّمنا ما الاستِفهاميّة. هيّا نُلقي نَظرة على خمسة أنواع ما إضافةً للاستِفهاميّة:

١	ما الاسْتِفْهاميّة	ما اسْمُكَ؟	*What's your name?*
٢	ما النافيّة	ما اتَّصَلَتْ سَلْمى بَعْدُ.	*Salma hasn't called yet.*
٣	ما المَوصولة	لا أعْلَمُ ما يُريدُ.	*I don't know what he wants.*
٤	ما التَعَجُّبيّة	ما أحْسَنَ الطَقْسَ!	*How nice the weather is!*
٥	ما الزائِدة	أيْنَما تَذْهَبْ أذْهَبْ.	*Wherever you go, I go.*
٦	ما الكافّة	قَلَّما أذْهَبُ إلى السينَما.	*I rarely go to the movies.*
		رُبَّما نراه في الحَفْلَةِ.	*We might see him at the party.*

مُلاحَظة

في المِثال ٥ أعلاه، تأتي ما الزائدة مع أين وتُصبحان كَلمة مُركّبة

في المِثال ٦، نَرى ما الكافّة الّتي تأتي مع بَعض الأفعال والحُروف المُعيّنة وتُغير وَظيفتها النَحويّة (syntactic function) في الجُملة.

٢- اسم التَفضيل خَير

مع أنّ اسم التَفضيل خَير ليس على وَزن أفْعَل لِلتفضيل أو (أفْعَل + مِن) لِلتَقييد، فيَجوز استِخدامه في حالتَين—كَما رأينا في قِراءة الأمثال العربيّة:

١	خَيْرُ الأمورِ أوْسَطُها.
٢	خَيْرُ الكلام ما قَلَّ ودلّ.
٣	أنّ تسمَعَ بالْمُعَيْديِّ خَيْرٌ مِن أنْ تَراه.
٤	عَدوٌّ عاقِل خَيْرٌ مِن صَديقٍ جاهِل.

كَما تَرى في المِثالَين ١ و٢ أعلاه، أنّ خَير تَعمل عَمل اسم التَفضيل أسوةً بنَظيره أفْعَل حَتّى أنّه يَقوم بدَور المُضاف في الجُملة. أمّا بالنِسبة إلى المِثالَين ٣ و٤، فخَيْرٌ مِن يَعمل عَمل أفْعَل مِن في التَقييد.

٣- أنواع لا

إليك بَعض أنواع حَرف النَفي لا المُختلفة. لاحظ أنّ معانيها تَتغيّر مع تَغيّر السياقات المُختلِفة.

آ- حَرف النَفي لا

يَنفي حَرف النَفي لا الفِعل المُضارع (المِثال ١) وأحياناً يَنفي الفِعل الماضي في السياق (لا + الماضي . . . ولا + الماضي) في المِثال ٢:

١	لا يَعْمَلُ أخي في البِناء.	*My brother does not work in construction.*
٢	هادية لا كَتَبَتْ ولا اتَّصَلَت.	*Hadia neither wrote nor called.*

يُستخدَم (لا . . . ولا) في الفُصحى والعامّيّة كي يُعبِّر عن (*neither . . . nor*). ولِحُسن الحَظّ، يَنطبِق هذا التَركيب على الأفعال والأسماء على حدٍ سواء (المِثالَين ٣ و٤).

٣	رامي لا طَويلٌ وَلا قَصيرٌ.	*Rami is neither tall nor short.*
٤	رَجَعْنا لا تَعبينَ وَلا جائِعينَ.	*We returned neither tired nor hungry.*

ب- لا النافية

في هذه الحالة، نَرى أنّ هناك شيئان مُتضادان (أي هذا وليس ذاك):

٥	أعْطِني الكِتابَ لا المَجَلَّةَ.	*Hand me the book, not the magazine.*
٦	اِتَّصَلَ رَجُلٌ لا امْرأةٌ.	*A man called, not a woman.*

مُلاحَظة

كما تَرى في المِثالَين ٥ و٦ أعلاه، أنّ لا النافية لا تؤثّر على الجُملة نَحوياً فيبَقى المَفعول به المَجلَّة مَنصوباً بالفَتحة وتَبقى كَلمة امْرأةٌ مَرفوعاً بتَنوين الضَمّة.

ج- لا الرَدّ على السؤال

٧	هَلْ عِنْدَكَ مانِع نُدَرْدِش قليلاً؟	*Do you have any objection to chatting a little?*
	لا.	*No.*

د- لا النافية لِلجِنس

تَنفي لا النافية لِلجِنس وُجود جِنس اسمها كُلّيّاً وتَرفع اسمها بالفَتحة (المُظلّل بالأحمر أدناه):

٨	لا إلهَ إلاّ الله.	*There is no deity except God.*
٩	لا بُدَّ مِنْ شِراءِ دارٍ أكْبَر.	*It's necessary to buy a larger house.*

هـ- لا الناهية للأمر

تُستخدَم لا الناهية للأمر كي تَنفي فِعل أمر وهي تَجزمه بالسكون (المِثال ١٠) أو بحذف النون (المِثال ١١):

١٠	لا تَكْتُبْ على الجِدارِ!	*Don't write on the wall!*
١١	لا تتأخَّري!.	*Don't be late!*

مُلاحَظة

الفِعل الّذي يلي لا الناهية في حالة الجَزم.

تمرين ٨

قَبل الاستماع إلى النَصّ، راجع الكلمات الآتية:

دِرْهَم	measure of weight	قِنْطار	measure of weight
سُكوت	silence	يَبيع	to sell
أجّل	to postpone	عَفا	to pardon
تَـمَخَّضَ	to be in labor	خاتَم	النِهاية

أجِب عن الأسئلة وَفق نَصّ الاستماع:

١– هناك مثَل في نصّ الاستماع قريب بالمعنى والقَصْد، ثم هناك مثَل آخر في الدرس. ما هما المثَلان؟

٢– اكتُب بين القَوسين رقم المَثَل العربيّ الوارد في نَصّ الاستماع الّذي يُشبه أحد الأمثال الإنكليزيّة الآتية:

a. Speech is silver, but silence is gold. (__________)
b. A bird in the hand is worth two in the bush. (__________)
c. Actions speak louder than words. (__________)
d. An ounce of prevention is worth a pound of cure. (__________)
e. Cleanliness is next to godliness. (__________)
f. Let bygones be bygones. (__________)
g. Out of sight, out of mind. (__________)
h. A tempest in a teapot. (__________)

٣– ما المَثَل الإنكليزيّ الّذي ينصح الناس بالقيام بأعمالهم دون تأخيرها إلى الغد؟ ما المثل العربيّ الّذي يحمل نفس المعنى؟

٤– أي مثل يبيّن أنّ الإنسان يتعلّم من خطئه (في الأصل حديث شريف)؟

المُفْرَدات

to respect, to honor, to revere	(v.)	اِحتِرام	(يَحتَرِمُ)	اِحْتَرَمَ
to seek information; to obtain information	(v.)	اِستِدْلال	(يَستَدِلُّ)	اِستَدَلَّ
to become, to turn into	(v.)			أَضْحى
to order, to command, to instruct	(v.)	أَمر (بِـ)	(يأمُرُ)	أَمَرَ
vessel, container	(n., m.)	آنِية / أَوانٍ	ج	إناء
to inform, to tell	(v.)	إنْباء	(يُنبِئُ)	أَنْبَأ
to triumph, to prevail, to win, to defeat	(v.)	اِنتِصار	(يَنتَصِرُ)	اِنتَصَرَ
to be concerned (with)	(v.)	اِهْتِمام (بِـ)	(يَهْتَمُّ)	اِهْتَمَّ
to hurt, to cause pain	(v.)	إيجاع	(يُوجِعُ)	أَوْجَعَ
sign, indication, precursor	(n., f.)	بَوادِر	ج	بادِرة
full, complete, whole, total, perfect	(adj.)			تامّ
to make frequent use; to exchange	(v.)	تَداوُل	(يَتَداوَلُ)	تَداوَلَ
legacy, inheritance	(n., m.)	تُراثات	ج	تُراث
comparison, simile	(n., m.)			تَشبيه
to go to extremes, to hold an extreme position	(v.)	تَطرُّف	(يَتَطَرَّفُ)	تَطَرَّفَ
ignorant, fool, foolish	(act. p.)	جَهَلة / جُهّال / جُهَلاء	ج	جاهِل
seriousness, earnestness, diligence	(n., m.)			جِدّ
to be worthy (of)	(v.)	جَدارة (بِـ)	(يَجْدُرُ)	جَدُرَ
smallpox	(n., m.)			جُدَريّ
clamor, noise, din, racket	(n., f.)			جَعْجَعة

to hold in custody, to detain	(v.)	حَبْس	(يَحْبِسُ)	حَبَسَ
millstone	(n., m.)		(رَحى)	حَجَر
iron, steel	(adj.)			حَديد
civilization	(n., f.)	حَضارات	ج	حَضارة
to dig a hole, to excavate	(v.)	حَفْر	(يَحفِرُ)	حَفَرَ
to scratch, to scrape, to rub	(v.)	حَكّ	(يَحُكُّ)	حَكَّ
chivalry	(n., m.)			حِلْم
donkey	(n., m.)	حَمير	ج	حِمار
to mix with, to associate with	(v.)	مُخالَطة	(يُخالِطُ)	خالَطَ
to contradict, to disagree with	(v.)	مُخالَفة	(يُخالِفُ)	خالَفَ
deception, cheating	(n., f.)	خُدَع	ج	خُدعة
moral constitution, moral character	(n., m.)	أخْلاق	ج	خُلُق
better than	(n., m.)		خَيْر مِن	خَيْر مِن
many a . . .	(prep.)			رُبّ
drizzle	(n., m.)			رَذاذ
to exude, to ooze, to seep, to leak	(v.)	رَشْح	(يَرْشَحُ)	رَشَحَ
scorching heat (archaic usage)	(n., f.)			رَمْضاء
to throw, to shoot	(v.)	رَمْي	(يَرْمي)	رَمى
piper, player of a wind instrument	(act. p.)	زامِرون	ج	زامِر
to precede, to arrive before	(v.)	سَبْق	(يَسبِقُ)	سَبَقَ
to be silent, to be quiet	(v.)	سَكوت	(يَسْكُتُ)	سَكَتَ

سَلَكَ	(يَسْلُكُ)	سُلوك	(v.)	to behave, to act
سُمْعة			(n., f.)	reputation, standing, renown
سَيْل	ج	سُيول	(n., m.)	flood, torrent
شابَ	(يَشيبُ)	شَيْب	(v.)	to become gray-haired
شابَهَ	(يُشابِهُ)	مُشابَهة	(v.)	to resemble
شَبّ	(يَشِبُّ)	شَباب	(v.)	to grow up, to become a young adult
شِبْل	ج	أشْبال	(n, m.)	lion cub
شَرْوى			(n., m.)	similar to, like
صَمَتَ	(يَصْمُتُ)	صَمْت	(v.)	to be silent, to be quiet
ضَجيج			(n., m.)	noise, clamor
طَحَنَ	(يَطحَنُ)	طَحْن	(v.)	to grind, to mill, to pulverize
طَرِبَ	(يَطْرَبُ)	طَرَب	(v.)	to be moved (especially with joy)
طَويّة	ج	طَوايا	(n., f.)	fold; conviction
ظِفْر / ظُفُر	ج	أظْفار / أظافِر	(n., m.)	fingernail, toenail, claw
ظَلَمَ	(يَظلِمُ)	ظُلم	(v.)	to do injustice, to do wrong, to act tyrannically
عاشَرَ	(يُعاشِرُ)	مُعاشَرة	(v.)	to associate with, to mix with
غَزير			(adj.)	abundant, copious
غَيْث	ج	غُيوث	(n., m.)	abundant rain
فَلَّ	(يَفُلُّ)	فَلّ	(v.)	to dent, to blunt
فَنِيَ	(يَفْنى)	فَناء	(v.)	to perish
قَبِلَ	(يَقْبَلُ)	قَبول	(v.)	to accept, to consent
قَطْر			(n., m.)	drip, drop

to jump, to leap	(v.)	قَفْز	(يَقفِزُ)	قَفَزَ
satisfaction, contentment, conviction	(n., f.)	قَناعات	ج	قَناعة
to evaluate, to assess, to correct	(v.)	تَقويم	(يُقَوِّمُ)	قَوَّمَ
people, nation	(n., m.)	أقْوام	ج	قَوْم
as if, as though	(conj.)			كَأنَّ
treasure	(n., m.)	كُنوز	ج	كَنْز
to blame, to reproach, to admonish	(v.)	لَوْم	(يَلومُ)	لامَ
proverb	(n., m.)	أمْثال	ج	مَثَل
summed up, abbreviated, summarized	(pass. p.)			مُختَصر
seeker of refuge or asylum	(act. p.)	مُسْتَجيرون	ج	مُستَجير
consultant, counsel, adviser	(pass. p.)	مُسْتَشارون	ج	مُسْتَشار
listener	(act. p.)			مُسْتَمِع
classified, sorted	(pass. p.)			مُصَنَّف
misfortune, calamity, disaster	(act. p.)	مَصائِب	ج	مُصيبة
treatment; social intercourse	(n., f.)	مُعامَلات	ج	مُعامَلة
article, essay; way of speaking	(n., m.)	مَقالات	ج	مَقال
standing, rank, position, prestige	(n., m.)	مَقامات	ج	مَقام
power, strength, capacity	(n., f.)	مَقدِرات	ج	مَقدِرة
intended	(pass. p.)			مَقصود
to own, to possess	(v.)	مُلْك / مَلْك / مِلْك	(يَمْلِكُ)	مَلَكَ
occasion, opportunity	(n., f.)	مُناسَبات	ج	مُناسَبة

مَوْلى	ج	مَوالٍ	(n., m.)	master, lord, chief
مَيَّزَ	(يُمَيِّزُ)	تَمْييز	(v.)	to distinguish
ناقة	ج	نوق / ناقات	(n., f.)	she-camel
أنْبأ	(يُنْبِئُ)	إنْباء	(v.)	to reveal, to impart
نَبيل	ج	نُبَلاء	(adj.)	noble, highborn, magnanimous
نَديم	ج	نُدَماء	(n., m.)	companion, confidant
نُزهة	ج	نُزهات	(n., f.)	picnic, excursion, stroll, promenade
نَضَح	(يَنْضَحُ)	نَضْح	(v.)	to exude, to ooze, so seep, to leak
نَفَّذَ	(يُنَفِّذُ)	تَنْفيذ	(v.)	to execute, to carry out, to implement
نَقير			(n., m.)	tiny spot on a date pit
نَهى	(يَنْهى)	نَهي	(v.)	to forbid, to prohibit, to prevent
نَواة	ج	نَوَيات	(n., f.)	date pit, nucleus, kernel
هَرَبَ	(يَهْرُبُ)	هُروب	(v.)	to escape, to flee
وَرَدَ	(يَرِدُ)	وُرود	(v.)	to occur, to appear, to be found
وَصَفَ	(يَصِفُ)	وَصْف	(v.)	to describe
وَعَدَ	(يَعِدُ)	وَعْد (بـِ)	(v.)	to promise

الصحراء في شمال الجزائر

الدَرْسُ العِشْرون

أهداف الدرس

- التَعرّف على الشِعر العَربيّ
- تَعريف اِستِخدام التَعبيرات الاصطِلاحيّة وأدوات الشِعر
- **تَعريف العِبارات الآتية**: بلا حَسَبٍ ولا نَسَب، وكانَ ومازالَ، وبِطَبيعةِ الحال، وبالأخَصّ، وحَلَّ مَحَلَّ، ومَحْروم مِن، ومِنْ ثَمَّة
- مُراجعة **القواعد**:ما الزائدة، جملة بصيغة كلمة والعِبارة «واحد من الـ . . .»

رُكن المُفْرَدات الجَديدة

سَعى (يَسْعى) سَعي (إلى)	*to strive (to)*
مسقط الرأس	*hometown*
كرّسَ (يكرِّس) تكْريس	*to dedicate, devote o.s. (to)*
بصُحْبَةِ + اسم	*accompanied by*
فَذّ ج أفذاذ	*unique, extraordinary*
فُسَيْفُساء	*mosaic*
وَهَم ج أوْهام	*fancy; misconception*
هاجِس ج هَواجِس	*misgiving; notion*
مَوْهِبَة ج مَواهِب	*talent(s)*
لاقَ (يَليقُ) لَيْق (بِـ)	*to be suitable (for)*
مُخَيِّلة ج مُخَيِّلات	*fantasy, imagination*
خاطِر ج خَواطِر	*mind*
تَداوَلَ (يَتَداوَلُ) تَداوُل	*to circulate*

تمرين ١

وافِق بين كلمات من العمودين لهما معنيان متشابهان (similar) واكتب الأزواج الستة في الوسط:

١-	لاقَ		تَصوَّرات
٢-	مُخَيِّلة		بال
٣-	سَعى (إلى)		مَكانة
٤-	هَزَمَ		ناسَبَ
٥-	خاطِر		ميزة
٦-	مَنْزِلة		تَغَلَّب (على)
			حاوَلَ

تمرين ٢

وافِق بين كلمات من العمودين لتشكِّل عبارة واحدة:

١-	كانَ		الحال
٢-	بِطَبيعة		مَحَلَّ
٣-	حَلَّ		وَمازالَ
٤-	وَمِن		المِثال
٥-	بِلا حَسَب		ثَمّة
			وَلا نَسَب

تمرين ٣

للنِقاش قبل قراءة النَصّ:

١- ما انطباعاتك تجاه الشِعر بِشكل عام والشِعر العربيّ بِشكل خاص؟

٢- ما أهمية الشِعر العربيّ بالنسبة للعرب بصورة عامة في رأيك؟

٣- ما مقابل الشِعر العربيّ في الغرب إن وُجِدَ؟

نُبذةٌ عن الشِعر العربيّ

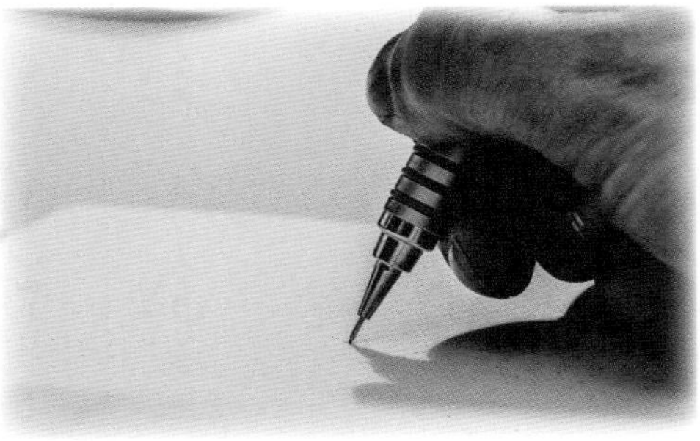

إن كلّ أمة تسعى إلى استبقاء عاداتها وتقاليدها وتراثها بشكل من الأشكال ونمط من الأنماط وكانت العرب تعتمد على تدوين الشعر من أجل ذلك بما يتوفر فيه من سهولة حفظ الكلام وتداوله. يُقال إن الشعر ديوان العرب إذ إنه كان ومازال يُخلِّد آثارها ومآثرها منذ ظهور الحضارة العربية حتى يومنا هذا. وبطبيعة الحال مرّ الشعر العربي بمراحل عدة شهِد فيها نمواً وتطوّراً عظيمين، الأمر الذي أدى إلى إلقاء اسم على كل طور تـبَعاً للعصور التي توالت عليه وهي كالآتي: العصر الجاهلي وعصر صدر الإسلام والعصر الأمويّ، والعصر العباسي والعصر الأندلسيّ وينتهي إلى العصر الحديث وهو الذي نهتم به ها هنا في هذا الدرس وبالأخص الشاعرَيْن الكبيرَيْن محمود درويش ونِزار قبّاني.

محمود درويش (١٣ آذار/ مارس ١٩٤١ - ٩ آب/ أغسطس ٢٠٠٨)

ولد عام ١٩٤١ في قرية البروة الفلسطينية وبعد مرور سبعة أعوام على ولادته غادر هو وأسرته بصحبة اللاجئين الفلسطينيين إلى لبنان وبقيت فيه عاماً واحداً وسُرعان ما عادت خِلسةً متسللةً إلى فلسطين لتجد مسقط رأسه مهدوماً مدمَّراً وقد حلت محلَّه قرية زراعية إسرائيلية ((آحيهود)) التي صارت قريته الجديدة. وقد عاش هذه الفترة الزمنية محروماً من الجنسية إذ كانت أسرته تخشى التعرُّض إلى النفي مجدداً. وبعد تخرجه من الثانوية العامة انتسب إلى الحزب الشيوعي الإسرائيلي وعمل صحافياً للحزب إلا أنه لم يتخلَ عن وفائه لفلسطين وقد اعتقلته السلطات الإسرائيلية عدة مرات في الفترة ما بين عام ١٩٦١ و١٩٧٢ بتهم تتعلق بأقواله ونشاطاته السياسية ومن ثمَّة انتقل إلى الاتحاد السوفييتي وفي أواخر العام نفسه أي ١٩٧٢ لجأ إلى مصر حيث التحق بمنظمة التحرير الفلسطينية. وبعد إقامة قصيرة في باريس حصل على إذن للعودة إلى إسرائيل للقيام بزيارة لأمه المريضة وقد استأذن من الكنيست أن يسمح له بالبقاء في وطنه المحبوب، وإذا به يسمح له بذلك. ومنذ ذلك الحين حتى وفاته عام ٢٠٠٨ كرّس محمود درويش حياته لقضية تحرير الأراضي الفلسطينية بواسطة قلمه الفذ المبدع، وهذا سبب من الأسباب التي جعلته يُعتبَر من أروع الشعراء العرب المعاصرين.

تمرين ٤

اخترَ الكَلِمة الّتي لا تُناسِب باقي الكَلِمات في كُلِّ مَجْموعة وبَيِّن السَبَب:

١-	شِعْر	فسيفساء	قَصيدة	نَثر
٢-	مُحاضَرة	هَواجِس	أوْهام	مُخَيِّلات
٣-	لاقَ	لاءَمَ	ناسَبَ	سَلَبَ
٤-	حَطَّمَ	دَمَّرَ	سَعى	فتَكَ
٥-	مَنْزِل	بَيْت	مُثوى	مَنْزِلة

تمرين ٥

أكمِل الجُمل الآتية بالاختيار المناسِب وَفق نَصّ القِراءة:

١- كانت العرب تعتمد على ____________ من أجل تخليد تراثها.

☐ نظم الشعر ☐ النقش في الصخر ☐ كتابة النثر ☐ التجارة

٢ يتمتّع الشِعر العربي بسهولة ____________ .

☐ القراءة ☐ الحفظ ☐ النظم ☐ الإلقاء

٣- عادت أسرة درويش إلى فلسطين ____________ .

☐ مرفوعةَ الرأس ☐ سعيدةً ☐ حزينةً ☐ متسللةً

٤- عند عودة أسرة درويش وجدت قريتها ____________ .

☐ سليمة ☐ مدمّرة ☐ قَذِرة ☐ متطورة

٥- أُعتُقِلَ درويش عدة مرات بتهم تتعلق بـ ____________ .

☐ أقواله ونشاطاته ☐ التسلُّل إلى إسرائيل ☐ السعي في القتل ☐ الابتزاز

في ما يلي نقدِّم بعض المقاطع الشِعرية الّتي نظَمها الشاعر الفلسطينيّ محمود درويش.

أنا من هناك

أنا من هناك . ولي ذكرياتٌ. وُلدْتُ كما تُولدُ الناسُ. لي والدةْ
وبيتٌ كثيرُ النوافِذِ. لي إخوَةٌ. أصدقاءُ. وسِجنٌ بنافذةٍ باردةْ.
ولي مَوْجةٌ خَطفَتْها النوارِسُ. لي مَشْهَدي الخاصُّ. لي عُشْبَةٌ
زائدةْ.
ولي قَمَرٌ في أقاصي الكلام، ورِزْقُ الطيورِ، وزيتونَةٌ خالدةْ.
مَرَرْتُ على الأرضِ قَبْلَ مُرورِ السُّيُوفِ على جَسَدٍ حوَّلوهُ إلى
مائدةْ.
أنا من هناكَ. أُعيدُ السَّماء إلى أُمِّها حينَ تبْكي السَّماءُ على أُمِّها،
وأبْكِي لِتَعْرفَنِي غَيْمةٌ عائدةْ.
تعلَّمتُ كُلَّ كلامٍ يليقُ بمحكَمَةِ الدَّم كَيْ أكسر القاعِدةْ.
تَعَلَّمْتُ كُلَّ الكلامِ، وفكَّكْتُهُ كَيْ أُرَكِّبَ مُفْرَدَةً واحِدةْ
هي :الوَطَنُ

تمرين ٦

هات كَلِمات أو عِبارات من قَصيدة «أنا من هناك» الّتي تتعلّق بكلّ من الكَلِمات الآتية.

١- والدة
٢- شبابيك
٣- أصْحاب
٤- إضافية
٥- أبديّ
٦- غَير
٧- طاولة
٨- أرْجَعَ
٩- لِسان
١٠- سَحاب
١١- أساس
١٢- الأمة

تمرين ٧

للكِتابة: أجِب عن الأسئلة الآتية وَفق نَصّ قَصيدة «أنا من هناك»

١- تحدّث عن الرُموز المذكورة في القَصيدة مِثل « سِجن ونوارس وعشبة وقمر ».
٢- تأمّل البيت الآتي: «أُعيدُ السَماءَ إلى أُمِّها حينَ تبْكي السَماءُ على أُمِّها». تحدّث عن أهميته في السياق.
٣- لَخِّص القصيدة في جملة واحدة.

مقطع من قصيدة «الجدارية»

هَزَمَتْكَ يا موتُ الفنونِ جميعُها.
هَزَمَتْك يا موت الأغاني في بلاد الرافدين.
مِسَلَّةُ المصريّ، مقبرةُ الفراعنةِ،
النقوشُ على حجارة معبدٍ هَزَمَتْكَ
وانتصرتْ، وأفْلَتَ من كمائنك
الخُلودُ . . .

تمرين ٨

للكِتابة: أجِب عن الأسئلة الآتية وَفق نَصّ قَصيدة «الجدارية»

١- ما الّذي تغلّب على الموت حَسَب ما جاء في القصيدة؟
٢- ما الفِكرة الأساسيّة الّتي يركز عليها درويش؟
٣- ما المقصود من ذِكر الآثار الفَرعونية القديمة في القَصيدة؟
٤- لَخِّص القَصيدة في فقرة واحدة.

مقطع من قصيدة «حالة حصار»

١

الشهيدُ يُحاصِرُني كُلَّما عِشْتُ يوماً جديداً
ويسألني: أَين كُنْت ؟
أَعِدْ للقواميس كُلَّ الكلام الذي كُنْتَ
أَهْدَيْتَنيه،
وخفِّفْ عن النائمين طنين الصدى
الشهيدُ يُعَلِّمني: لا جماليَّ خارجَ حريتي.
الشهيدُ يُوَضِّحُ لي: لم أفتِّشْ وراء المدى
عن عذارى الخلود، فإني أُحبُّ الحياةَ.
على الأرض، بين الصُنَوْبرِ والتين،
لكنني ما استطعتُ إليها سبيلاً، ففتَّشْتُ
عنها بآخر ما أملكُ: الدمِ في جَسَدِ
اللازوردْ.

٢

الشهيدُ يُحاصِرُني: لا تَسِرْ في الجنازة
إلاّ إذا كُنْتَ تعرفني. لا أُريد مجاملةً
من أَحَدْ.
الشهيدُ يُحَذِّرُني: لا تُصَدِّقْ زغاريدهُنَّ.
وصدّق أَبي حين ينظر في صورتي باكياً:
كيف بدَّلْتَ أدوارنا يا بُنيّ، وسِرْتَ أَمامي.
أنا أوّلاً، وأنا أوّلاً !
الشهيدُ يُحَاصرني: لم أُغيِّرْ سوى موقعي.
وأَثاثي الفقيرِ.
وَضَعْتُ غزالاً على مخدعي،
وهلالاً على إصبعي،
كي أُخفِّف من وَجَعي!

تمرين ٩

للكِتابة: أجِب عن الأسئلة الآتية وَفق نَصّ قَصيدة «حالة حصار»

١- ما أوامر الشَهيد لمستمعيه؟
٢- ما حُجة الشهيد لأن يستشهد حَسب رأي درويش؟
٣- إلى ماذا يفتقِر الشهيد في حياته وبمَ يتمتّع؟
٤- كيف يصوّر درويش حالة الشهيد من حيث العائلة؟
٥- لَخِّص القَصيدة في فقرة واحدة.

بطاقة هُوِيَّة

١

سَجِّلْ !
أنا عربي.
ورَقْمُ بطاقتي خمسون ألفْ.
وأطفالي ثمانيةٌ.
وتاسِعُهم ... سيأتي بعد صيفْ!
فهل تغضبْ؟

سَجِّل!
أنا عربي.
وأعمل مع رفاق الكَدْح في محجرْ.
وأطفالي ثمانيةٌ.
أسلُّ لهم رغيفَ الخبزِ،
والأثوابَ والدفترْ
من الصخر ..
ولا أتوسَّلُ الصدقات من بابِكْ
ولا أصغُرْ
أمام بَلاط أعتابك.
فهل تغضبْ؟

٢

سجِّل!
أنا عربي.
أنا اسمٌ بلا لَقَبِ.
صبُورٌ في بلادٍ كُلُّ ما فيها
يعيش بفَوْرةِ الغضبِ.
جذوري ..
قبل ميلاد الزمان رستْ.
وقبل تفتُّحِ الحِقَبِ.
وقبل السَرْوِ والزيتونْ
.. وقبل تَرعْرُعِ العشبِ.
أبي ... من أُسرة المِحراث.
لا من سادةٍ نُجُبِ.
وجدّي كان فلاحاً.
بلا حَسَبٍ . . . ولا نَسبِ!
يُعَلمني شموخ النَفْس قبل قراءة الكتبِ
وبيتي، كوخُ ناطورٍ
من الأعوادِ والقصبِ.
فهل تُرضيك منزلتي؟
أنا اسمٌ بلا لقبِ!

٣

سجّل!

أنا عربي.

ولونُ الشعر فحميٌّ.

ولونُ العين بنّيٌّ.

وميزاتي:

على رأسي عقالٌ فوق كوفِيَّةْ

وكفّي صلبةٌ كالصخر ...

تخمشُ من يلامسها.

وعنواني

أنا من قريةٍ عزلاءَ ... منسيَّةْ.

شوارعها بلا أسماء.

وكلّ رجالها ... في الحقل والمحجرْ.

فهل تغضب؟

٤

سجّل!

أنا عربي.

سَلَبْتَ كروم أجدادي

وأرضاً كنتُ أفلحها

أنا وجميعُ أولادي

ولم تترك لنا ... ولِكلّ أحفادي

سوى هذي الصخور ..

فهل ستأخذها

حكومتكم ... كما قيلا!؟

إذن!

سجّل ... برأس الصفحة الأولى!

أنا لا أكره الناسَ

ولا أسطو على أحدٍ.

ولكني ... إذا ما جعتُ

آكلُ لحمَ مُغتَصِبي.

حذارِ ... حذارِ ... من جوعي

ومن غضبي !!

تمرين ١٠

للكتابة: أجِب عن الأسئلة الآتية وَفق نَصّ قَصيدة «بطاقة هُويّة»:

١- صِف موقف المتكلّم كما تتخيّله.

٢- ما الأبعاد الثقافيّة والاجتماعيّة المذكورة في القَصيدة؟

٣- اذكُر مُقوِّمات الهُويَّةِ العربيّة بِشكل عام والهُويَّة الفلسطينيّة بِشكل خاص.

تمرين ١١

في القاموس:

ابحث في قاموسك عن الكَلمات الآتية المأخوذة من قَصيدة «**بطاقة هُويَّة**». يَدُلّ الرَقم جَنب الكَلمة على القِطعة الّتي ظهرَت فيها الكَلمة وستجِدها مُظللةً بالأحمر في النَصّ أعلاه. إن لم تجدها في القاموس ما المعنى الّذي تستطيع أن تستنبِط من السياق؟

أسلُّ - ١	محجر - ١	الصدقات - ١	أصْغُر -١	رَسَت - ٢	كَوْخ ناطور- ٢

تمرين ١٢

للمُحادثة:

- بَعد قِراءة هذه المختارات من أعمال محمود درويش، ما الأبعاد الاجتماعيّة والسياسيّة والثقافيّة التي يتطرّق إليها في قصائده بصورة عامة في رأيك؟
- ما انطباعاتك حول أسلوب كِتابة درويش؟
- ما الأفكار المتكرّرة في قصائد درويش إن وُجِدَت؟

نِزار قبّاني

ولد نِزار قبّاني عام ١٩٢٣ لأسرة دمشقية عريقة. نود هنا أن نفسح المجال ليتحدّث نِزار إلينا عن نشأته:

«ولدت في دمشق في آذار (مارس) ١٩٢٣ في بيت وسيع، كثير الماء والزهر، من منازل دمشق القديمة، والدي توفيق القباني، تاجر وجيه في حيه، عمل في الحركة الوطنية ووهب حياته وماله لها. تميز أبي بحساسية نادرة وبحبه للشعر ولكل ما هو جميل. ورث الحس الفني المرهف بدوره عن عمه أبي خليل القباني الشاعر والمؤلف والملحن والممثل وباذر أول بذرة في نهضة المسرح المصري. امتازت طفولتي بحب عجيب للاكتشاف وتفكيك الأشياء وردها إلى أجزائها ومطاردة الأشكال النادرة وتحطيم الجميل من الألعاب بحثا عن المجهول الأجمل. عنيت في بداية حياتي بالرسم. فمن الخامسة إلى الثانية عشرة من عمري كنت أعيش في بحر من الألوان. أرسم على الأرض وعلى الجدران وألطخ كل ما تقع عليه يدي بحثا عن أشكال جديدة. ثم انتقلت بعدها إلى الموسيقا ولكن مشاكل الدراسة الثانوية أبعدتني عن هذه الهواية».

نعم، تربّى نِزار في حي مئذنة الشحم، أحد أحياء دمشق القديمة ودرس في مدرسة الكلّيّة العلميّة وبعد تخرّجه منها التحق بكلّيّة الحقوق بالجامعة السوريّة. عمل في وزارة الخارجيّة السوريّة إثر تخرّجه وعاش حياته متنقلاً من سفارة إلى أخرى إلى أن تعيّن سكرتيراً ثانياً في سفارة سوريا في الصين واستمرّ في منصبه الدبلوماسيّ حتّى عام ١٩٦٦. وفي أثناء هذه الفترة صار يكتُب الشِعر التقليديّ ثمّ انتقل إلى الشِعر العموديّ. يُعتبَر قبّاني من أروع الشعراء المعاصرين إن لم يكن أروعهم من حيث نظم شِعر الحُب. إلا أن هزيمة ١٩٦٧ تركت آثاراً عميقة في وجدانه نقلته من كِتابة شِعر الحُب إلى كِتابة شِعر السياسة والمقاومة. عاش أواخر حياته في لندن بعد أن قضى خمسين عاماً ونيّفاً في كِتابة قصائد الحُب والسياسة والثورة.

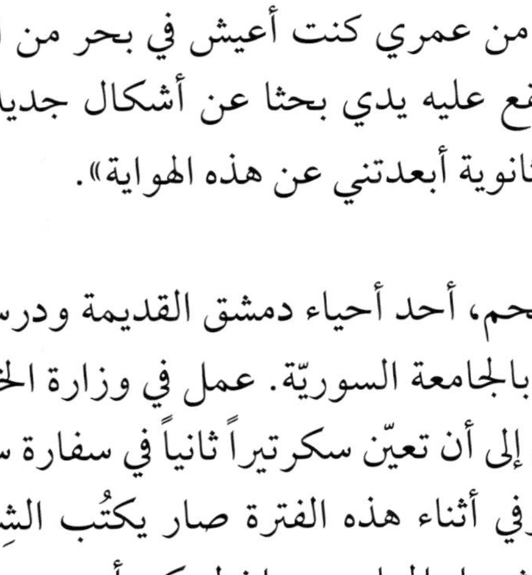

وفي هذا الباب نقدّم لك قَصيدة «الديك». بِقلم الشاعِر الكَبير نِزار قبّاني ومن ثَمَّ نوفر لك بعض الكلمات الّتي قد تُفيدك في استيعاب معناها:

أوصى (يُوصي) إيصاء (بِـ)	to advise	عَبير	fragrance, scent
جانِحة ج جَوانح	bosom, heart, soul	عَبِقَ (يَعْبَقُ) عَبَق	to linger on (a scent)
جَثا (يَجْثو) جُثو	to kneel	عَروسة ج عَرائِس (السكر)	candy doll
جَرْجَرَ (يُجَرْجِرُ) جَرْجَرة	to drag	عَريشة	trellis
حَدَقَة ج حَدَقات	pupils (of the eye)	عَضَّ (يَعَضُّ) عَضّ	to bite
خاطِر ج خَواطِر	mind	غَدا (يَغْدو) غَدوة	to become
خَبَّأ (يُخَبِّئ) تَخبئة	to hide, to conceal	غَمَرَ (يَغْمُرُ) غَمْر (بِـ)	to lavish (upon)
خُرافيّ	fictitious, legendary	كسا (يَكْسو) كِسوة	to clothe, to cover
خَرْبَشَ (يُخَرْبِشُ) خَرْبَشة	to scratch	مَثوى ج مَثاوٍ	abode, dwelling
دَلَّلَ (يُدَلِّلُ) تَدْليل	to pamper	مَدْمَع ج مَدامِع	tear ducts
رِحاب	courtyard	مَشْتَل ج مَشاتِل	nursery, arboretum
بِرِفْق	gently	نَثَرَ (يَنْثُرُ) نَثْر / نِثار	to scatter, to sprinkle
سَقى (يَسْقي) سَقي	to give s.o. a drink	نَشَلَ (يَنْشُلُ) نَشْل	to pick up
ضَجِرَ (يَضْجَرُ) ضَجَر (مِنَ)	to be discontent	نُعمى	happiness

دنانيراً منَ الذهبِ: أشعة الشمس التي تتخلل أوراق الشجرة فتسقط كأنها قطع ذهبية دائرية الشكل لامعة

كوم صَبّارة	*A pile of five peeled prickly pears chilled on a block of ice. People go out to eat them mostly at night in late summer.*
ساحة النَجمة	*Star Square where five streets intersect. This is the neighborhood in New Damascus where Nizar's family moved from Old Damascus. The building that they occupied overlooked this square.*
فَيروزُ عَينَيه	*Nizar, like his father, was blue [turquoise color].*
جانِرك	*A fruit not unlike a small plum, They are green, crunchy, and have a sour taste.*

إلى أمي

١

صباحُ الخير ... يا حلوة ...
صباحُ الخير ... يا قديستي الحلوة
مضى عامان يا أمي
على الولد الذي أبحر
برحلته الخرافيَّةْ
وخبّأ في حقائبهِ ...
صباح بلاده الأخضر
وأنجمها، وأنهُرَها، وكل شقيقها الأحمر
وخبّأ في ملابسهِ
طرابيناً من النعناع والزعترْ
وليلكةً دمشقيةً ...

٢

أنا وحدي ...
دخانُ سجائري يَضْجر ومني مقعدي يَضْجر
وأحزاني عصافيرٌ ...
تُفتش – بعدُ – عن بَيْدر
عرفت نساء أوروبا ...
عرفت عواطف الإسمنت والخشبِ
عرفت حضارة التعبِ ...
وطُفتُ الهند، طُفتُ السند،
طُفت العالم الأصفر ولم أعثَر ...
على امرأة تَمْشُط شعريَ الأشقر
وتحمل في حقيبتها ...
إليَّ عرائس السُّكَّر
وتكسوني إذا أعرى
وتنشُلني إذا أعثُر
أيا أمي ...
أنا الولد الذي أبحر
ولا زالت بخاطرهِ ...
تعيش عروسةُ السكّر
فكيف ... فكيف يا أمي
غدوتُ أباً ...
ولم أكبُر ...

٣

صباحُ الخير، من مدريد
ما أخبارها الفُلَّة ؟
بها أوصيك يا أماه ...
تلك الطِّفلة الطِّفلة
فقد كانت أحب حبيبةٍ لأبي ...
يُدللها كطفلتهِ
ويدعوها إلى فِنْجان قهوتهِ
ويسقيها . . .
ويُطعمها . . .
ويغمُرها برحمته . . .
ومات أبي
ولا زالت تعيش بِحُلْم عودتهِ
وتبحث عنه في أرجاء غرفتِهِ
وتسأل عن عباءَتِهِ ...
وتسأل عن جريدته ...
وتسأل – حين يأتي الصيفُ –
عن فيروز عينيهِ ...
لتنثُرَ فوق كفَّيْهِ ...
دنانيراً من الذهب ...

٤

سلاماتٌ .
سلاماتٌ .
إلى بيتٍ سقانا الحُبَّ والرحمة
إلى أزهارك البيضاءِ . . . فرحةِ (ساحة النجمة)
إلى تَخْتي ...
إلى كُتبي ...
إلى أطفال حارتنا ...
وحيطانٍ ملأناها ...
بفوضى من كتابتنا ...
إلى قطط كسولاتٍ
تنام على مشارفنا
وليلكةٍ معرشةٍ
على شباك جارتنا
مضى عامان ... يا أمي
ووجه دمشقَ،
عصفورٌ يخربش في جوانحنا
يَعَضُّ على ستائرنا ...
وينقرنا ...
برفق من أصابعنا ...
مضى عامان ... يا أمي
وليلُ دمشقَ

٥

فلُّ دمشقَ
تسكنُ في خواطرنا
مآذنُها ... تُضيءُ على مراكبنا
كأنَّ مآذنَ الأُمويِّ...
قد زُرِعت بداخلنا ...
كأنَّ مشاتل التفاحِ ...
تَعبَق في ضمائرنا
كأنَّ الضوءَ والأحجارَ
جاءت كلُّها معنا

٦

أتى أيلول أماه ...
وجاء الحزنُ يحمل لي هداياهُ
ويترك عند نافذتي
مدامعهُ وشكواهُ
أتى أيلول ... أين دمشق ؟
أين أبي وعيناهُ
وأين حريرُ نظرته ؟
وأين عبيرُ قهوته ؟
سقى الرحمن مثواهُ .
وأين رحابُ منزلنا الكبيرُ ...
وأين نُعماهُ؟
وأين مدارج الشمشيرِ ...
تضحك في زواياهُ
وأين طفولتي فيهِ؟
أجرجر ذيل قطتهِ
وآكل من عريشتهِ
وأقطف من (بنفشاهُ)
دمشق . دمشقُ .
يا شعراً
على حدَقات أعيننا كتبناهُ
ويا طفلاً جميلاً ...

٧

من ضفائرِه صلبناهُ

جَثَوْنا عند رُكبتهِ . . .

وذُبنا في محبتهِ

إلى أنْ في محبتنا قتلناهُ

تمرين ١٣

للكِتابة: أجِب عن الأسئلة الآتية وَفق نَصّ قَصيدة «إلى أمي»:

١- تَحَدَّثْ عن الرُموز الّتي وجدتها في القَصيدة مِثل: «الولد، الرحلة، الأم، شُجَيرة الفل»:
٢- في المَقطَع الأوّل ما أهمية أبيات «وخبّأً في حقائبه صباح بلاده الأخضر وأنجمها، وأنْهُرها، وكل شقيقها الأحمر»: في هذا السياق؟
٣- في المَقطَع الثاني شبّه نِزار أحزانه بالعصافير، ما العلاقة بين الكَلمتين في رأيك؟
٤- في المَقطَع الثاني ماذا حدث للولد وكيف صار هذا؟
٥- في المَقطَع الرابع، ما العلاقة بين «دمشق والأم»: بالقصيدة في رأيك؟
٦- ما المقصود من آخر بيت القَصيدة «إلى أنْ في محبتنا قتلناه»:

وفي هذا الباب نقدّم لكم قَصيدة «دمشق . . . مهرجان الماء والياسمين»: مكتوبة بخط يد نِزار قبّاني وقبل أن تتذوقوا جمالها وإناقتها نوفّر لكم بعض المفردات التي قد تكون مفيدة:

اكتظّ / يَكْتَظُّ / اِكْتِظاظ	*to be overcrowded*	عِلْمُ العَروض	*metrics, prosody*
ثدي	*a breast*	الغوطة	*fertile oasis of southern Damascus*
حَنْجَرة	*throat*	فُسَيْفُساء	*mosaic*
حِياكة	*weaving*	فصيل ج فصائل	*genus, species*
رِحْم أو رَحِم	*womb*	مَحْصول	*crop; yield*

imagination	مخيّلات	*to spray; to sprinkle*	رَشَّ / يَرُشّ / رَشّ
pores	مَسامات	*pomegranate*	الرمان
placenta, umbilical cord	مشيمة (حَبَل مشيمة)	*quince (tree whose fruit resembles pears)*	السَفَرْجَل
to be inlaid with	مُطَعَّم بـ	*mother-of-pearl*	صَدَف
loom	نَوْل ج أنوال	*willow tree*	صَفْصافة
notions, misgivings	هاجِس ج هَواجِس	*braid, plait*	ضَفائر
hallucinations	هلوَسات	*lover*	عاشِق
fancy, imagination	وَهَم ج أوْهام	*to cover (as jasmine does a trellis)*	عرّش / يُعَرِّش / تعريش
		Arabism, the Arab character	عُروبة

دمشقُ .. مهرجانُ الماءِ والياسمين

نزار قباني

١

لا أستطيعُ أن أكتبَ عن دمشق، دونَ أن يُعرّشَ الياسمينُ على أصابعي.

ولا أستطيعُ أن أنطقَ اسمَها، دونَ أن يكتظَّ فمي بعصيرِ المشمشِ، والرمّانِ، والتوتِ، والسفرجلْ.

ولا أستطيعُ أن أتذكّرها، دونَ أن تحطَّ على جدارِ ذاكرتي ألفُ حمامةٍ.. وتطيرَ ألفُ حمامةْ..

٢

كلُّ أطفال العالم، يقطعون لهم حبلَ مشيمتهم عندما يُولَدون.
إلا أنا ... فإنَّ حبلَ مشيمتي لم يزل مشدوداً الى رَحِمِ دمشق، منذ ٢١ آذار ١٩٢٣.
إنها معجزةٌ طبيَّة، أن يبقى طفلٌ من الأطفال يبحثُ عن ثدي أمّه سبعين عاماً ...

٣

أنا مسكونٌ بدمشق، حتى حينَ لا أسكنُها.
أولياؤُها، مدفُونونَ في داخلي.
حاراتُها تتقاطعُ فوقَ جَسَدي.
وقططُها، تعشقُ.. وتتزوَّجُ.. وتتركُ أطفالَها عندي.

٤

دمشقُ، ليستْ صورةً منقولةً عن الجنَّة.
إنَّها الجنَّة.
وليستْ نُسْخةً ثانيةً للقصيدةْ..
إنَّها القصيدةْ.
وليستْ سيفاً أمويّاً على جدار العُروبةْ..
إنَّها العُروبَةْ.

٥

لا تطلبوا مني أوراق الثبوتية.
فأنا محصولٌ دمشقيٌّ مئة بالمئة..
كما الحنطة، والخوخ، والرمان، والجانرك،
واللوز الأخضر في بساتين الغوطة.
وكما البروكار، والأغباني، والداماسكو، وأباريق النحاس،
والخزائن المطعّمة بالصدف، التي هي جزءٌ من تاريخي..
ومن جهاز عُرْس أمّي..

٦

اللغة التي أكتبُ بها أيضاً، هيَ محصولٌ دمشقيٌّ
فلو فتحت ثقباً صغيراً في أبجديتي.. لانفجرتْ نوافيرُ الماءْ..
وطلعتْ من مسامات حروفي..
رائحةُ النرجس، والريحان، والزعتر البرّي، والطرخونْ....

٧

سافرتُ كثيراً.. حتى وصلتُ الى حائط الصين العظيم.
ولكنَّ حمائمَ الجامع الأمويّ لا تزالُ تطلعُ من جيوبي حيثما اتّجهت،
ولا تزالُ القططُ الشاميّة تموءُ تحت سريري في كلّ فندقٍ أنزلُ فيه.
ولا تزالُ رائحةُ الخُبّيزة والقرنفل تطلع لي من كلّ حقيبةٍ أفتحها...

٨

أنا خاتمٌ من صياغة دمشقْ .
نسيجي لغويٌّ من حياكة أنوالها .
صوتٌ شعريٌّ خرجَ من حنجرتها .
رسالةُ حبٍّ مكتوبةٌ بخطِّ يدها .
سحابةٌ من القِرْفَة واليانسون ، تتجوَّلُ في أسواقها .
شجرةُ فُلٍّ تركتْها أمّي على نافذتي ،
ولا تزالُ تُطْلِعُ أقمارَها البيضاءَ .. كلَّ عامْ ..

٩

في أسفاري ، تمرُّ بي أوهامٌ كثيرة .
فأتصوَّرُ مرةً أنني سَفَرْجَلةْ .
ومرةً ، أنني رغيفُ خبزٍ مرقوقْ .
أو سَطْلُ عِرْقسوسٍ ، أو كَوْمُ كَبَّارة مُثَلَّجةٍ في ليالي الصيف ..
إنّني أعرفُ أنَّ كلَّ هذه الهواجس هي هواجسُ طفوليَّة ،
وأنَّ كلَّ هذه الهَلْوَسَات ، هي هَلْوَسَاتُ عاشقْ ..
ولكنْ .. لن أسمحَ لأحَدٍ أن يُلغيَ مُخيِّلتي .
ولن أسمحَ لأحدٍ أن يمنعَني من أن أكونَ عُنْقودَ عنبٍ ..
أو رَكْوَةَ قهوةٍ .. أو سِرْبَ سُنُونو .. أو قطَّةً شاميَّةً فرحيَّةَ العينينْ ..
أو نافورةَ ماءٍ تقولُ الشعرَ ، دون أن يعلِّمها أحدٌ علمَ العَرُوضْ ...

١٠

وبعدُ.. وبعدْ..

فبصدور هذا الكتاب الذي يحمل عنوانَ: (دمشق.. نزار قباني).

أشعرُ أنّ حُلُماً قديماً من أحلامي قد تحقّقْ.

وهو أن أصبحَ ذاتَ يومٍ جزءاً من تاريخ دمشقْ.

قطعةَ فُسَيْفُساءٍ على جدران الجامع الأمويّْ.

خاتماً مشغُولاً بالفيروز في (سوق الصَاغَة).

صَفْصَافَةً تغسلُ ضفائرَها بمياه (عَيْن الفيجَةْ).

فصيلاً من فصائل نَعْنَاعِها، وطرخُونِها، ومُشْمُشِها، وسَفَرْجلِها.

باباً خَشَبيّاً واطئاً يوزّعُ تذاكرَ الدُّخولِ الى الجنّةْ...

تلميذاً من تلاميذ الشيخ محي الدين بن عربي.

بيتاً من الشعر لأبي الطيّب المتنبّي محفوراً على سُقُوف قَاعَاتِها..

نافُورة ماءٍ، ترشُّ دفاترنا المدرسيّة بحبرِها الأزرقِ كلَّ صباحْ.

تمرين ١٤

للكِتابة: أجِب عن الأسئلة الآتية وَفق نَصّ قَصيدة «بدمشق . . مهرجان الماء والياسمين»:

١- اذكُر سبب عدم قُدرة نزار على نُطق اسم دمشق.

٢- بمَ يربط نِزار إلى دمشق؟

٣- كيف يصوّر نِزار دمشقَ في القطعة الرابعة؟

٤- بمَ تشبّه بساتين الغوطة؟

٥- ماذا سيحدُث لو فتحتَ ثقباً صغيراً في أبجديّة اللغة العربيّة؟

٦- في رأي نِزار، ماذا يفتقِر حائط الصين العظيم؟

٧- في القِطعة التاسعة يذكُر نزار هواجسه وهلوساته، ما هي؟ ولماذا تعتقِد أنّه يشبه نفسه بهذه الأشياء بالذات؟

٨- كيف صار نزار قِطعة فسيفساء دمشق؟

٩- ماذا يتمنى نزار أن يصبح ذات يومٍ حسب القِطعة العاشرة؟ إلامَ ترمُز هذه الأشياء في رأيك؟

تمرين ١٥

آ- حوّل القِطعة الثامنة إلى الإنكليزيّة.

ب- اختَرْ موضوعاً يُمكن أن تُنظَمَ قَصيدة فيه. تستطيع إذا أردت أن تقلِّد أسلوب كتابة شاعر من الشاعرين الموجودين في هذا الدرس أو غيرهما.

رُكن التعبيرات المتداولة على الألسُن

بلا حَسَبٍ ولا نَسَبِ

وجَدي كانَ فَلاّحاً بِلا حَسَبٍ . . . وَلا نَسَبِ	*not to be of noble descent*

كانَ ومازالَ

يُقال إن الشعر ديوان العرب إذ إنه كان ومازال يُخلِّد آثارها ومآثرها	*it was and continues to be*

وبطبيعة الحال

وبطبيعة الحال مرّ الشعر العربي بمراحل عدة	*by the very nature of the case, as is only natural*

وبالأخصّ

وإنما العصر الحديث الذي نهتم بِه ها هنا في هذا الدرس وبالأخصّ الشاعرَيْن الكَبيرين	*and in particular*

حَلَّ مَحَلَّ

وقد حلت محله قرية زراعية إسرائيلية «آحيهود» التي صارت قريته الجديدة.	*to take the place of*

رُكن التعبيرات المتداولة على الألسُن

مَحْروم مِن

وقد عاش هذه الفترة الزمنية محروماً من الجنسية.	*to be deprived of*

وَمِنْ ثَمَّة

بتهم تتعلق بأقواله ونشاطاته السياسية ومن ثَمَّة انتقل إلى الاتحاد السوفييتي.	*hence*

مُراجَعةُ القَواعِد

١ – التَعبير عن One of something

في اللُغة العَربيّة، يَجوز أن يُعبّر عن فِكرة (.one of s.th) أو (.in a certain s.th) باستخدام النَموذج الآتي:

مُفْرَد + مِنَ + الجَمْع

١ شَكْلٌ مِنَ الأشْكالِ	*in a certain way*
٢ وَنَمَطٌ مِنَ الأنْماطِ	*with a certain design*

إذا كان من المُراد التَعبير عن فِكرة ('one day I ______')، فاستعمِل هذا النَموذج:

٣ في يَوْمٍ مِنَ الأيّامِ . . .	*One day, on a certain day . . .*

تَذَكَّروا

لا تُستخدَم التَرجمة الحَرفيّة (one day) أو (one anything) أبداً:

~~واحِد يَوم~~

٢- ما الزائدة في إذا ما

غالباً ما يُمكِن تجاهُل وُجود إذا ما حين نُترجم إلى الإنكليزيّة، غير أنّه قابِل للتَرجمة كـ(*when*) كما رأينا في قَصيدة بِطاقة هُويّة:

٣	ولكني ... إذا ما جعتُ آكل لحم مُغتصبي	*But, when I get hungry, I eat the flesh of my usurper.*
		But, if I get hungry, I will eat the flesh of my usurper.

٣- أحياناً كَلمة واحِدة جُملة كامِلة بالعَربيّة

تَحظى اللُغة العَربيّة بالقُدرة على التَعبير عن فِكرة أو جُملة كامِلة في كَلمة واحِدة. تأمّل المِثال أدناه المأخوذ من القِطعة الأولى من «حالة حِصار»:

٤	أَعِدْ للقواميس كُلَّ الكلام الذي كُنْتَ أَهْدَيْتَنِيه،	*Return all of the words that you presented me to the dictionaries.*

إذا ألقَينا نَظرة على الفِعل أَهْدَيْتَنِيه (**المِثال ٤**)، فأنّنا نَستطيع أن نَرى المعاني العَديدة الّتي يَحملها:

أَهْدَيْتَنِيه	⇐	أَهْدَيْ	تَ	ي	ه
جملة	⇐	**فِعْل ماضٍ**	**فاعِل**	**مَفْعول بِه**	**مَفْعول بِه ثانٍ**
You presented me with it.	⇐	*to present a gift*	*you*	*to me*	*it*

تمرين ١٦

آ أكمِل الجمل الآتية بالاختيار المناسِب وَفق نَصّ الاستماع:

١- في القصيدة يقول أدونيس إنه لا يريد ________.

☐ هويةً ☐ حُبّاً ☐ وَطَناً

٢- وقالَ أيضاً في القصيدة إنه يريد أن نكون ________.

☐ أفكاراً ☐ لُغاتٍ ☐ وضوحاً

٣- ابتكر أبو نُوّاس ________.

☐ قِيَم المدينة والحياة المدنية ☐ قِيَم الشكّ والتساؤل ☐ قِيَم البحث عن الحقيقة

ب- اكتب «خطأ» أو «صواب» إلى جانب كلّ جملة ثمّ صحِّح الجمل الخطأ:

١- أدونيس أكثر الشعراء إثارةً للجدل.

٢- تقتصر شُهرة أدونيس على مِنطقة الشرق الأوسط.

٣- ترعرع أدونيس في ظروف سلسة هينة.

ج- أكمِل الجمل وفق نَصّ الاستماع:

١- أسّسَ أدونيس مجلّتي ________ و ________.

٢- الحداثة ليست مجرّد شكل وإنما هي ________.

٣- ترفُض العرب العقل الّذي ابتكر ________.

د- أجِب عن الأسئلة وَفق نَصّ الاستماع:

١- متى دخل أدونيس المدرسة؟

٢- حَسب أقوال أدونيس لماذا لم تستطع الحداثة الشِعريّة العربيّة تأسيس أرضيّة ثابتة؟

٣- في رأي أدونيس، لِمَ لَمْ يُدرِك الوطن العربيّ الحداثة حتّى اليوم رَغم ظُهورها في العصر العباسيّ؟

المُفْرَدات

to preserve, to retain	(v.)	اِسْتِبْقاء	(يَسْتَبْقي)	اِسْتَبْقى
to slip away	(v.)	إفْلات	(يُفْلِتُ)	أفْلَتَ
to be overcrowded	(v.)	اِكْتِظاظ	(يَكْتَظُّ)	اكتظّ
to remove	(v.)	اِنْتِزاع	(يَنْتَزِعُ)	اِنْتَزَعَ
to give a gift	(v.)	إهْداء	(يُهْدي)	أهْدى
to advise	(v.)	إيصاء (بِـ)	(يُوصي)	أوصى
dimension	(n., m.)	أبْعاد	ج	بُعْد
yellow flower similar to jasmine with no fragrance and thick leaves	(n., f.)			بَنَفْشة
threshing floor	(n., m.)	بَيادِر	ج	بَيْدَر
to circulate, to be in circulation	(v.)	تَداوُل	(يَتَداوَلُ)	تَداوَلَ
to flourish; to grow up	(v.)	تَرَعْرُع	(يَتَرَعْرَعُ)	تَرَعْرَعَ
breast	(n., m./f.)	أثْداء	ج	ثدي
there (is, are) هُناكَ	(part.)			ثَمّة
bosom, heart, soul	(act. p.)	جَوانِح	ج	جانِحة
to kneel	(v.)	جُثو	(يَجْثو)	جَثا
to drag	(v.)	جَرْجَرة	(يُجَرْجِرُ)	جَرْجَرَ
recalcitrance, defiance; willfulness	(n., m.)			جُموح
neighborhood; narrow street	(n., f.)	حارات	ج	حارة
to lay siege, to blockade	(v.)	مُحاصَرة	(يُحاصِرُ)	حاصَرَ

mind; thought	(act. p.)	خَواطِر	ج	خاطِر
pupils (of the eye)	(n., m.)	حَدَقات	ج	حَدَقَة
beware, watch out (for)	(n., m.)		(مِن)	حَذارِ
long period of time	(n., m.)	حِقَب / أحْقاب	ج	حِقْبة
throat	(n., f.)	حَناجِر	ج	حَنْجَرة
weaving	(n., f.)			حِياكة
to hide, to conceal	(v.)	تَخبئة	(يُخبّئ)	خَبَّأ
fictitious, legendary	(adj.)			خُرافيّ
to scratch	(v.)	خَرْبَشة	(يُخَرْبِشُ)	خَرْبَشَ
stealthily, unnoticeably	(n., f.)			خُلْسَةً
to pamper, to dote on	(v.)	تَدْليل	(يُدَلِّلُ)	دَلَّلَ
to record, to write down	(v.)	تَدْوين	(يُدَوِّنُ)	دَوَّنَ
courtyard	(n., m.)			رِحاب
womb	(n., f.)	أرْحام	ج	رَحِم
to spray, to sprinkle	(v.)	رَشّ	(يَرُشُّ)	رَشَّ
gently	(phrase)			بِرِفْق
pomegranate	(n., m.)			رُمّان
arrogantly	(adj.)			زهو
quince (tree whose fruit resembles pears)	(n., m.)			سَفَرْجَل
to give s.o. a drink	(v.)	سَقي	(يَسْقي)	سَقى

to plunder	(v.)	سَلْب	(يَسْلُبُ)	سَلَبَ
executioner	(n., m.)	سيّافون	ج	سيّاف
haughty; lofty, tall	(n., m.)	شُموخ	ج	شامِخ
mother-of-pearl, sea shell	(n., m.)	أصْداف	ج	صَدَف
willow tree	(n., f.)			صَفْصافة
to be discontent, to be displeased	(v.)	ضَجَر (مِن)	(يَضْجَرُ)	ضَجِرَ
braid, pigtail, tress, lace	(n., f.)	ضَفائِر	ج	ضَفيرة
to wander, to circle around	(v.)	طَوْف	(يَطوفُ)	طافَ
lover	(a. part.)	عاشِقون	ج	عاشق
to linger on (a scent)	(v.)	عَبَق	(يَعْبَقُ)	عَبِقَ
scent, fragrance	(n., m.)			عَبير
doorstep, threshold	(n., f.)	أعتاب	ج	عَتَبة
to become	(v.)	غدوة	(يَغْدو)	غَدا
to cover (as a vine does a trellis)	(v.)	تَعْريش	(يُعَرِّشُ)	عرّش
trellis	(n., f.)			عَريشة
Arabism, to have the Arabic character	(n., f.)			عُروبة
doll; candy doll	(n., f.)	عَرائِس (السكر)	ج	عَروسة
to bite	(v.)	عَضّ	(يَعَضُّ)	عَضَّ
metrics, prosody	(n., m.)		العَروض	عِلْمُ
to lavish (upon)	(v.)	غمْر (بِـ)	(يَغْمُرُ)	غَمَرَ

name of fertile oasis surrounding Damascus	(n., f.)			الغوطة
stallion; strong man; luminary	(n., m.)	فُحول(ة)	ج	فَحْل
mosaic	(n., m.)			فُسَيْفُساء
genus	(n., m.)	فَصائِل	ج	فصيل
jasmine	(n., m.)			فلٌّ
to cultivate, to till	(v.)	فَلْح	(يَفْلَحُ)	فَلَحَ
toil, labor, drudgery	(n., m.)			كَدْح
vineyard	(n., m.)	كُروم	ج	كَرْم
to clothe, to cover	(v.)	كِسوة	(يَكْسو)	كسا
ambush	(n., f.)	كَمائِن	ج	كَمين
to be suitable (for)	(v.)	لَيْق (بِـ)	(يَليقُ)	لاقَ
lilac	(n., f.)			لَيْلكة
minaret	(n., f.)	مآذِن	ج	مِئذَنة
infiltrated	(a. part)			مُتَسَلِّل
abode, dwelling	(n., m.)	مَثاوٍ	ج	مَثوى
crop, yield	(p. part)			مَحْصول
bedchamber	(n., m.)	مَخادِع	ج	مَخدَع
imagination, fantasy	(n., f.)	مُخَيِّلات	ج	مُخَيِّلة
tear duct	(n., m.)	مَدامِع	ج	مَدْمَع
pores	(n., m.)	مَسامّات	ج	مَسامّ

مِسَلّة	ج	مِسَلاّت	(n., f.)	obelisk
مَشْتَل	ج	مَشاتِل	(n., m.)	nursery, arboretum
مَشيمة	ج	مَشايم	(n., f.)	placenta
حَبَلُ	مِشيمة		(n., m.)	umbilical cord
مُطَعَّم	بِـ		(p. part)	inlaid (with)
مُقَوِّم	ج	مُقَوِّمات	(n., m.)	components
مَنْزِلة	ج	مَنازِل	(n., f.)	status, position, standing
مَوْهِبة	ج	مَواهِب	(n., m.)	talent
ميزة	ج	ميزات	(n., f.)	distinguishing feature
ناطور	ج	نَواطير	(n., m.)	guard, keeper, warden
نَثَرَ	(يَنْثُرُ)	نَثْر / نِثار	(v.)	to scatter, to sprinkle
نَتَفَ	يَنْتِفُ	نَتْف	(v.)	to pluck out
نَشَلَ	(يَنْشُلُ)	نَشْل	(v.)	to pick up
نَجْم	ج	أَنْجُم	(n., m.)	star
نُعمى			(n., m.)	happiness
نَهْر	ج	أنهُر	(n., m.)	river
نَوْرَس	ج	نَوارِس	(n., m.)	seagull
نَوْل	ج	أنْوال	(n., m.)	loom
نيشان	ج	نياشين	(n., m.)	medal
هاجِس	ج	هَواجِس	(n., m.)	notions, misgivings

هَزَمَ	(يَهْزِمُ)	هَزْم	(v.)	to neutralize, to defeat
هَلْوَسَة	ج	هَلْوَسات	(n., f.)	hallucination, vision
وَهَم	ج	أوْهام	(n., m.)	fancy, imagination; misconception

مقطع من قصيدة موريتانية

Verb Charts

Representative samples of verb conjugation paradigms are presented in this appendix. The conjugations are separated into three sections, the first of which presents the verb followed by the verbal noun, the active participle and the passive participle. The second section of the table, lists in its header the thirteen independent pronouns. Down the side of this section the past tense is followed by the present indicative, subjunctive, and jussive moods. The final category illustrates the imperative. The last section in this series presents the verb in its various forms.

الفِعْل	المَصْدَر	اِسمُ الفاعِل	اِسمُ المَفْعول
أَكَلَ	أَكْلٌ	آكِلٌ	مأكولٌ

الضمير	أنا	نَحْنُ	أنتَ	أنتِ	أنتُما	أنتُم	أنتُنَّ	هُوَ	هِيَ	هُما	هُما	هُم	هُنَّ
الماضي	أكَلْتُ	أكَلْنا	أكَلْتَ	أكَلْتِ	أكَلْتُما	أكَلْتُم	أكَلْتُنَّ	أكَلَ	أكَلَتْ	أكَلا	أكَلَتا	أكَلو	أكَلْنَ
المُضارِع المَرْفوع	أكَلْتُ	نأكُلُ	تأكُلُ	تأكُلينَ	تأكُلانِ	تأكُلونَ	تأكُلْنَ	يأكُلُ	تأكُلُ	يأكُلانِ	تأكُلانِ	يأكُلونَ	يأكُلْنَ
المُضارِع المَنْصوب	آكُلَ	نأكُلَ	تأكُلَ	تأكُلي	تأكُلا	تأكُلوا	تأكُلْنَ	يأكُلَ	تأكُلَ	يأكُلا	تأكُلا	يأكُلوا	يأكُلْنَ
المُضارِع المَجْزوم	آكُلْ	نأكُلْ	تأكُلْ	تأكُلي	تأكُلا	تأكُلوا	تأكُلنَ	يأكُلْ	تأكُل	يأكُلا	تأكُلا	يأكُلوا	يأكُلنَ
الأمر			كُلْ	كُلي	كُلا	كُلوا	كُلْنَ						

This verb exists in the following measures:

	I	II	III	IV	V	VI	VII	VII	XI	X	
	أكَلَ	أكَّلَ	آكَلَ		تَآكَّلَ	تَآكَلَ	اِناكَلَ	----	----	اِسْتَأكَلَ	

الفِعْل	المَصْدَر	اِسمُ الفاعِل	اِسمُ المَفْعول
سَأَلَ	سُؤالٌ / مَسْأَلَةٌ	سائِلٌ	مَسْؤولٌ

الضمير	أنا	نَحْنُ	أنتَ	أنتِ	أنتُما	أنْتُم	أنْتُنَّ	هُوَ	هِيَ	هُما	هُما	هُم	هُنَّ
الماضي	سَأَلْتُ	سَأَلْنا	سَأَلْتَ	سَأَلْتِ	سألْتُما	سألْتُم	سألْتُنَّ	سألَ	سألَتْ	سألا	سألَتا	سألوا	سألْنَ
المُضارِع المَرْفوع	أسْألُ	نَسْألُ	تَسْألُ	تَسْألينَ	تَسْألانِ	تَسْألونَ	تَسْألْنَ	يَسْألُ	تَسْألُ	يَسْألانِ	تَسْألانِ	يَسْألونَ	يَسْألْنَ
المُضارِع المَنْصوب	أسْألَ	نَسْألَ	تَسْألَ	تَسْألي	تَسْألا	تَسْألوا	تَسْألْنَ	يَسْألَ	تَسْألَ	يَسْألا	تَسْألا	يَسْألوا	يَسْألْنَ
المُضارِع المَجْزوم	أسْألْ	نَسْألْ	تَسْألْ	تَسْألي	تَسْألا	تَسْألوا	تَسْألْنَ	يَسْألْ	تَسْألْ	يَسْألا	تَسْألا	يَسْألوا	يأسْألْنَ
الأمر			إسْألْ	إسْألي	إسْألا	إسْألوا	إسْألْنَ						

This verb exists in the following measures:

	I	II	III	IV	V	VI	VII	VII	XI	X	
	سألَ	----	ساءَلَ	----	----	تَساءَلَ	اِنْسَألَ	----	----	----	

الفِعْل	المَصْدَر	اِسمُ الفاعِل	اِسمُ المَفْعول
قَرَأَ	قِراءةٌ	قارِئٌ	مَقروءٌ

الضمير	أنا	نَحْنُ	أنتَ	أنتِ	أنتُما	أنْتُم	أنْتُنَّ	هُوَ	هِيَ	هُما	هُما	هُم	هُنَّ
الماضي	قَرَأْتُ	قَرَأْنا	قَرَأْتَ	قَرَأْتِ	قَرَأْتُما	قَرَأْتُم	قَرَأْتُنَّ	قَرَأَ	قَرَأَتْ	قَرَأا	قَرَأَتا	قَرَأوا	قَرَأْنَ
المُضارِع المَرْفوع	أقْرَأُ	نَقْرَأُ	تَقْرَأُ	تَقْرَأينَ	تَقْرَأانِ	تَقْرَأونَ	تَقْرَأْنَ	يَقْرَأُ	تَقْرَأُ	يَقْرَأانِ	تضقرَأانِ	يَقْرَأونَ	يَقْرَأْنَ
المُضارِع المَنْصوب	أقْرَأَ	نَقْرَأَ	تَقْرَأَ	تَقْرَأي	تَقْرَأا	تَقْرَأوا	تَقْرَأْنَ	يَقْرَأَ	تَقْرَأَ	يَقْرَأا	تَقْرَأا	يَقْرَأوا	يَقْرَأْنَ
المُضارِع المَجْزوم	أقْرَأْ	نَقْرَأْ	تَقْرَأْ	تَقْرَأي	تَقْرَأا	تَقْرَأوا	تَقْرَأْنَ	يَقْرَأْ	تَقْرَأْ	يَقْرَأا	تَقْرَأا	يَقْرَأوا	يَقْرَأْنَ
الأمر			إقْرَأْ	إقْرَأي	إقْرَأا	إقْرَأوا	إقْرَأْنَ						

This verb exists in the following measures:

	I	II	III	IV	V	VI	VII	VII	XI	X	
	قَرَأَ	----	----	أقْرأ	----	----	اِنْقَرَأَ	----	----	اِسْتَقْرَأَ	

الفِعْل	المَصْدَر	اِسمُ الفاعِل	اِسمُ المَفْعول
نَفى	نَفْيٌ	نافٍ	مَنْفيٌّ

الضمير	أنا	نَحْنُ	أنتَ	أنتِ	أنتُما	أنتُم	أنتُنَّ	هُوَ	هِيَ	هُما	هُما	هُم	هُنَّ
الماضي	نَفَيْتُ	نَفَيْنا	نَفَيْتَ	نَفَيْتِ	نَفَيْتُما	نَفَيْتُم	نَفَيْتُنَّ	نَفى	نَفَتْ	نَفَيا	نَفَتا	نَفَوا	نَفَيْنَ
المُضارِع المَرْفوع	أنْفي	نَنْفي	تَنْفي	تَنْفينَ	تَنْفيانِ	تَنْفونَ	تَنْفينَ	يَنْفي	تَنْفي	يَنْفيانِ	تَنْفيانِ	يَنْفونَ	يَنْفينَ
المُضارِع المَنْصوب	أنْفيَ	نَنْفيَ	تَنْفيَ	تَنْفي	تَنْفيا	تَنْفوا	تَنْفينَ	يَنْفيَ	تَنْفيَ	يَنْفيا	تَنْفيا	يَنْفوا	يَنْفينَ
المُضارِع المَجْزوم	أنْفِ	نَنْفِ	تَنْفِ	تَنْفِ	تَنْفيا	تَنْفوا	تَنْفينَ	يَنْفِ	تَنْفِ	يَنْفيا	تَنْفيا	يَنْفوا	يَنْفينَ
الأمر			إنْفِ	إنْفي	إنْفيا	إنْفوا	إنْفينَ						

This verb exists in the following measures:

	X	XI	VII	VII	VI	V	IV	III	II	I	
	----	----	اِنْتَفى	----	تَنافى	----	----	----	----	نَفى	

الفِعْل	المَصْدَر	اِسمُ الفاعِل	اِسمُ المَفْعول
نَسِيَ	نَسيٌ / نِسْيانٌ	ناسٍ	مَنْسيٌّ

الضمير	أنا	نَحْنُ	أنتَ	أنتِ	أنتُما	أنتُم	أنتُنَّ	هُوَ	هِيَ	هُما	هُما	هُم	هُنَّ
الماضي	نَسِيتُ	نَسِينا	نَسِيتَ	نَسِيتِ	نَسِيتُما	نَسِيتُم	نَسِيتُنَّ	نَسِيَ	نَسِيَتْ	نَسِيا	نَسِيَتا	نَسُوا	نَسِينَ
المُضارِع المَرْفوع	أنسى	نَنسى	تَنسى	تَنسينَ	تَنسَيانِ	تَنسونَ	تَنسينَ	يَنسى	تَنسى	يَنسَيانِ	تَنسَيانِ	يَنْسونَ	يَنْسينَ
المُضارِع المَنْصوب	أنسى	نَنسى	تَنسى	تَنْسي	تَنسَيا	تَنسوا	تَنسينَ	يَنسى	تَنسى	يَنسَيا	تَنسَيا	يَنسوا	يَنسينَ
المُضارِع المَجْزوم	أنسَ	نَنسَ	تَنسَ	تَنسِ	تَنسَيا	تَنسوا	تَنسينَ	يَنسَ	تَنسَ	يَنسَيا	تَنسَيا	يَنسوا	يَنسينَ
الأمر			إنْسَ	إنْسِ	إنْسَيا	إنْسوا	إنْسينَ						

This verb exists in the following measures:

	X	XI	VII	VII	VI	V	IV	III	II	I	
	----	----	اِنْتَسى	----	تَناسى	----	أنْسى	----	----	نَسّى	

الفِعْل	المَصْدَر	اِسمُ الفاعِل	اِسمُ المَفْعول
وَجَدَ	وُجود	واجِد	مَوْجود

الضمير	أنا	نَحْنُ	أنتَ	أنتِ	أنتُما	أنتُم	أنتُنَّ	هُوَ	هِيَ	هُما	هُما	هُم	هُنَّ
الماضي	وَجَدْتُ	وَجَدْنا	وَجَدْتَ	وَجَدْتِ	وَجَدْتُما	وَجَدْتُم	وَجَدْتُنَّ	وَجَدَ	وَجَدَتْ	وَجَدا	وَجَدَتا	وَجَدوا	وَجَدْنَ
المُضارِع المَرْفوع	أَجِدُ	نَجِدُ	تَجِدُ	تَجِدينَ	تَجِدانِ	تَجِدونَ	تَجِدْنَ	يَجِدُ	تَجِدُ	يَجِدانِ	تَجِدانِ	يَجِدونَ	يَجِدْنَ
المُضارِع المَنْصوب	أَجِدَ	نَجِدَ	تَجِدَ	تَجِدي	تَجِدا	تَجِدوا	تَجِدْنَ	يَجِدَ	تَجِدَ	يَجِدا	تَجِدا	يَجِدوا	يَجِدْنَ
المُضارِع المَجْزوم	أَجِدْ	نَجِدْ	تَجِدْ	تَجِدي	تَجِدا	تَجِدوا	تَجِدْنَ	يَجِدْ	تَجِدْ	يَجِدا	تَجِدا	يَجِدوا	يَجِدْنَ
الأمر			جِدْ	جِدي	جِدا	جِدوا	جِدْنَ						

This verb exists in the following measures:

I	II	III	IV	V	VI	VII	VII	XI	X
وَجَدَ	----	----	أَوْجَدَ	تَوَجَّدَ	تواجَدَ	اِنْوَجَدَ	----	----	----

الفِعْل	المَصْدَر	اِسمُ الفاعِل	اِسمُ المَفْعول
سَرَّ	سُرورٌ / مَسَرَّةٌ	سارٌّ	مَسْرورٌ

الضمير	أنا	نَحْنُ	أنتَ	أنتِ	أنتُما	أنتُم	أنتُنَّ	هُوَ	هِيَ	هُما	هُما	هُم	هُنَّ
الماضي	سَرَرْتُ	سَرَرْنا	سَرَرْتَ	سَرَرْتِ	سَرَرْتُما	سَرَرْتُم	سَرَرْتُنَّ	سَرَّ	سَرَّتْ	سَرّا	سَرَّتا	سَرّوا	سَرَرْنَ
المُضارِع المَرْفوع	أَسُرُّ	نَسُرُّ	تَسُرُّ	تَسُرّينَ	تَسُرّانِ	تَسُرّونَ	تَسْرُرْنَ	يَسُرُّ	تَسُرُّ	يَسُرّانِ	تَسُرّانِ	يَسُرّونَ	يَسْرُرْنَ
المُضارِع المَنْصوب	أَسُرَّ	تَسُرَّ	تَسُرَّ	تَسُرّي	تَسُرّا	تَسُرّوا	تَسْرُرْنَ	يَسُرَّ	تَسُرَّ	يَسُرّا	تَسُرّا	يَسُرّوا	يَسْرُرْنَ
المُضارِع المَجْزوم	أَسُرَّ	نَسُرَّ	تَسُرَّ	تَسُرّي	تَسُرّا	تَسُرّوا	تَسْرُرْنَ	يَسُرَّ	تَسُرَّ	يَسُرّا	تَسُرّا	يَسُرّوا	يَسْرُرْنَ
الأمر			سُرْ	سُرّي	سُرّا	سُرّوا	اِسْرُرْنَ						

This verb exists in the following measures:

I	II	III	IV	V	VI	VII	VII	XI	X
سَرَّ	سَرَّرَ	سارَّ	أَسَرَّ	تَسَرّى	----	اِنْسَرَّ	----	----	اِسْتَسْرى

الفِعْل				المَصْدَر			اِسمُ الفاعِل			اِسمُ المَفْعول		
رأى				رُؤيةٌ			رأءٍ			مَرْئيٌّ		
الضمير	أنا	نَحْنُ	أنتَ	أنتِ	أنتُما	أنتُم	أنْتُنَّ	هُوَ	هِيَ	هُما	هُما	هُم	هُنَّ
الماضي	رَأيْتُ	رَأينا	رَأيْتَ	رَأيْتِ	رَأيْتُما	رَأيْتُم	رَأيْتُنَّ	رأى	رَأتْ	رَأيا	رَأتا	رَأوا	رَأيْنَ
المُضارِع المَرْفوع	أرى	نرى	ترى	ترَيْنَ	ترَيانِ	ترَوْنَ	ترَيْنَ	يرى	ترى	يرَيانِ	ترَيانِ	يرَوْنَ	يرَيْنَ
المُضارِع المَنْصوب	أرى	نرى	ترى	تري	ترَيا	تروا	ترَيْنَ	يرى	ترى	يرَيا	ترَيا	يروا	يرَيْنَ
المُضارِع المَجْزوم	أرَ	نرَ	ترَ	ترِ	ترَيا	تروا	ترَيْنَ	يرَ	ترَ	يرَيا	ترَيا	يروا	يرَيْنَ

الوزن المعنى	الماضي	الماضي المُضارِع	المُضارِع المنصوب	المُضارِع المجزوم	المَصْدَر	اِسمُ الفاعِل	اِسمُ المَفْعول
Form	Perfect				Verbal noun	Active part.	Passive part.
I	فَعَلَ	يَفْعَلُ	يَفْعَلَ	يَفْعَلْ	فِعْل، فِعالة	فاعِل	مَفْعول
	كَتَبَ	يَكْتُبُ	يَكْتُبَ	يَكْتُبْ	كِتابة	كاتِب	مَكْتوب
II	فَعَّلَ	يُفَعِّلُ	يُفَعِّلَ	يُفَعِّلْ	تَفْعيل، تَفْعِلة	مُفَعِّل	مُفَعَّل
	كَرَّمَ	يُكَرِّمُ	يُكَرِّمَ	يُكَرِّمْ	تكريم	مَكرِّم	مُكرَّم
	كَسَّرَ	يُكَسِّرُ	يُكَسِّرَ	يُكَسِّرْ	تكسير	مَكسر	مُكسر
III	فاعَلَ	يُفاعِلُ	يُفاعِلَ	يُفاعِلْ	مُفاعَلة، فِعال	مُفاعِل	مُفاعَل
	هاجَمَ	يُهاجِمُ	يُهاجِمَ	يُهاجِمْ	مُهاجَمة	مُهاجِم	مُهاجَم
	قاتَلَ	يُقاتِلُ	يُقاتِلَ	يُقاتِلْ	مُقاتَلة / قِتال	مُقاتِل	مُقاتَل
IV	أفْعَلَ	يُفْعِلُ	يُفْعِلَ	يُفْعِلْ	إفْعال	مُفْعِل	مُفْعَل
	أخْبَرَ	يُخْبِرُ	يُخْبِرَ	يُخْبِرْ	إخْبار	مُخْبِر	مُخْبَر
V	تَفَعَّلَ	يَتَفَعَّلُ	يَتَفَعَّلَ	يَتَفَعَّلْ	تَفَعُّل	مُتَفَعِّل	مُتَفَعَّل
	تَعَلَّمَ	يَتَعَلَّمُ	يَتَعَلَّمَ	يَتَعَلَّمْ	تَعَلُّم	مُتَعَلِّم	مُتَعَمَّم

الوزن المعنى	الماضي	الماضي المُضارِع	المُضارِع المَنصوب	المُضارِع المَجزوم	المَصْدَر	اِسمُ الفاعِل	اِسمُ المَفْعول
VI	تَفاعَلَ	يَتَفاعَلُ	يَتَفاعَلَ	يَتَفاعَلْ	تَفاعُل	مُتَفاعِل	مُتَفاعَل
	تَنازَعَ	يَتَنازَعُ	يَتَنازَعَ	يَتَنازَعْ	تَنازُع	مُتَنازِع	مُتَنازَع
VII	اِنْفَعَلَ	يَنْفَعِلُ	يَنْفَعِلَ	يَنْفَعِلْ	اِنْفِعال	مُنْفَعِل	مُنْفَعَل
	اِنْكَسَرَ	يَنْكَسِرُ	يَنْكَسِرَ	يَنْكَسِرْ	اِنْكِسار	مُنْكَسِر	مُنْكَسَر
VIII	اِفْتَعَلَ	يَفْتَعِلُ	يَفْتَعِلَ	يَفْتَعِلْ	اِفْتِعال	مُفْتَعِل	مُفْتَعَل
	اِكْتَسَبَ	يَكْتَسِبُ	يَكْتَسِبَ	يَكْتَسِبْ	اِكْتِساب	مُكْتَسِب	مُكْتَسَب
IX	اِفْعَلَّ	يَفْعَلُّ	يَفْعَلَّ	يَفْعَلّ	اِفْعِلال	مُفْعَلّ	
	اِحْمَرَّ	يَحْمَرُّ	يَحْمَرَّ	يَحْمَرّ	اِحْمِرار	مُحْمَرّ	
X	اِسْتَفْعَلَ	يَسْتَفْعِلُ	يَسْتَفْعِلَ	يَسْتَفْعِلْ	اِسْتِفْعال	مُسْتَفْعِل	مُسْتَفْعَل
	اِسْتَعْمَلَ	يَسْتَعْمِلُ	يَسْتَعْمِلَ	يَسْتَعْمِلْ	اِسْتِعْمال	مُسْتَعْمِل	مُسْتَعْمَل

المُعجَم

Vocabulary items are listed in alphabetical order. Verbs are listed in their third person masculine singular past tense form, followed by the present tense in parenthesis, and then the verbal noun. Nouns are followed by their plurals indicated by the letter ج (abbreviation of جمع). Nouns starting with a definite article are listed according to the first letter of the word that follows the article. Active and passive participles are listed as independent nouns. Some consonants may have two short vowels shown indicating two different pronunciations. The lesson in which a word first appears is listed next to its English meaning in brackets.

The following abbreviations are used in this section to indicate the vocabulary word's part of speech: (act. p.) active participle; (adj.) adjective; (adv.) adverb; (dem.) demonstrative; (int.) interjection; (n., f.) feminine noun; (imp.) imperative; (n., m.) masculine noun; (part.) participle; (pass. p.) passive participle; (prep.) preposition; (prep. ph.) prepositional phrase; (pron.) pronoun; (v.) verb; (voc. part.) vocative participle.

أ

[5] هَلْ				أ
to smile [5]	(v.)	اِبْتِسام	(يَبْتَسِمُ)	اِبْتَسَمَ
to draw away from, to withdraw [18]	(v.)	اِبتِعاد (عَنْ)	(يَبْتَعِدُ)	اِبْتَعَدَ
to banish, to expel, to deport [18]	(v.)	إبْعاد	(يُبْعِدُ)	أَبْعَدَ
Ebla (ancient Syrian kingdom discovered in 1976) [9]	(n., f.)			إبْلا
thumb [12]	(n., m.)	أباهيم	ج	إبهام
to head toward [1]	(v.)	اتِّجاه	(يَتَّجِه)	اِتَّجَهَ
to accommodate [14]	(v.)	اِتِّساع	(يَتَّسِعُ)	اِتَّسَعَ
to complete, to conclude, to finish [14]	(v.)	تَتْميم	(يُتَمِّمُ)	تَمَّمَ

to be characterized, to be distinguished by [14]	(v.)	اِتِّصاف	(يَتَّصِفُ)	اِتَّصَفَ
to accuse [18]	(v.)	اِتِّهام	(يَتَّهِمُ)	اِتَّهَمَ
to prove, to establish, to verify [16]	(v.)	إثْبات	(يُثْبِتُ)	أَثْبَتَ
to affect, to influence, to impact [16]	(v.)	تأثير (في/ على)	(يُؤَثِّرُ)	أَثَّرَ
during [3]	(adv.)			أثناء
to master, to be skilled or proficient at [7]	(v.)	إجادة	(يُجيدُ)	أجادَ
vacation [12]	(n., f.)	إجازات	ج	إجازة
compulsory [11]	(adj.)			إجْباريّ
to cross, pass [4]	(v.)	اِجْتِياز	(يَجتازُ)	اِجتازَ
to attract [17]	(v.)	اِجْتِذاب	(يَجتَذِبُ)	اِجْتَذَبَ
to perform, to conduct, to do [5]	(v.)	إجْراء	(يُجْري)	أجرى
all, the whole of, entire [14]	(act. p.)	أَجْمَعون	ج	أَجْمَع
to need, to have to [2]	(v.)	اِحْتِياج إلى	(يَحْتاج)	اِحْتاجَ
to protest, to object (to) [15]	(v.)	اِحْتجاج (على)	(يَحْتَجُّ)	اِحْتَجَّ
to respect, to honor, to revere [19]	(v.)	اِحتِرام	(يَحتَرِمُ)	اِحْتَرَمَ
one of [9]	(n., m.)	أَحَد	(n., f.)	إحْدى
to create, to produce [16]	(v.)	إحْداث	(يُحْدِثُ)	أحْدث
to bring [7]	(v.)	إحْضار	(يُحْضِرُ)	أحْضر
to become red in color; to blush [3]	(v.)	اِحْمِرار	(يَحْمَرُّ)	اِحْمَرَّ

to tell, to inform [13]	(v.)	إخْبار	(يُخْبِرُ)	أخْبَرَ
to invent [17]	(v.)	اِختِراع	(يَختَرِعُ)	اِختَرَعَ
to start, to begin, to take [14]	(v.)	أخْذ	(يأخُذُ)	أخَذَ
to err, to make a mistake [15]	(v.)	خَطأ	(يُخْطِئُ)	أخطأ
to lead (to) [17]	(v.)	تأدية (إلى)	(يُؤَدِّي)	أدّى
tool, implement, instrument [2]	(n., f.)	أدَوات	ج	أداة
to start (s.th.), to turn (s.th.) on [12]	(v.)	إدارة	(يُديرُ)	أدارَ
to attain, to reach, to realize [12]	(v.)	إدْراك	(يُدْرِكُ)	أدرَكَ
man of letters, educated, refined [17]	(n., m.)	أُدَباء	ج	أديب
since, because [2]	(part.)			إذْ
to express, to declare [15]	(v.)	إدلاء (بِـ)	(يُدلي)	أدْلى
ear [12]	(n., f.)	آذان	ج	أُذُن
to show, to demonstrate [14]	(v.)		(يُري)	أرى
Aramaic [9]	(adj.)			آراميّ
small piece of s.th.[8]	(n., f.)	إرَب	ج	إرْبة
to take a break (from) [12]	(v.)	اِرتياح (مِن)	(يَرتاحُ)	اِرتاحَ
to be embarrassed/confused [12]	(v.)	اِرتِباك	(يَرتَبِكُ)	اِرتَبَكَ
to tremble, to shiver, to shudder [12]	(v.)	اِرتِجاف	(يَرتَجِفُ)	اِرتَجَفَ
to wear [5]	(v.)	اِرْتِداء	(يَرْتَدي)	اِرْتَدى

to tremble, to shake, to shudder [14]	(v.)	اِرْتِعاد	(يَرْتَعِدُ)	اِرْتَعَدَ
to add, to follow up with [14]	(v.)	إرْداف	(يُرْدِفُ)	أرْدَفَ
Aristotle [18]	(name)	أرِسْطوطاليس		أرِسْطو
to send, to transmit [8]	(v.)	إرسال	(يُرسِلُ)	أرسَلَ
to try to satisfy, to please [18]	(v.)	إرْضاء	(يُرْضي)	أرْضى
exhaustion, fatigue [15]	(n., m.)			إرْهاق
to remove, to drive away, to banish [17]	(v.)	إزاحة	(يُزيحُ)	أزاحَ
to flourish, to prosper, to thrive [17]	(v.)	اِزدِهار	(يَزدَهِرُ)	اِزدَهَرَ
to support; to cheer [1]	(v.)	مؤازَرة	(يُؤازِر)	آزَرَ
to resume, to continue, to recommence [14]	(v.)	اِسْتِئناف	(يَسْتَأنِفُ)	اِسْتَأنَفَ
to preserve, to retain [20]	(v.)	اِسْتِبْقاء	(يَسْتَبْقي)	اِسْتَبْقى
exception [12]	(n., m.)	اِستِثناءات	ج	اِستِثناء
preparation, formulation, compound [16]	(n., m.)	اِسْتِحضارات	ج	اِسْتِحضار
to call, to send for, to summon [8]	(v.)	اِستِدعاء	(يَستَدْعي)	اِستَدعى
to seek information; to obtain information [19]	(v.)	اِستِدْلال	(يَستَدِلُّ)	اِستَدَلَّ
to ask for more [15]	(v.)	اِسْتِزادة	(يَسْتَزيدُ)	اِسْتَزادَ
to relax [12]	(v.)	اِستِرخاء	(يَستَرخي)	اِستَرخى
to steal (a glance) [15]	(v.)	اِسْتِراق (نَظرة)	(يَسْتَرِقُ)	اِستَرَقَ
exploration, reconnaissance, investigation [17]	(v.)	اِستِطلاع	(يَستَطلِعُ)	اِستَطلَعَ

to seek the help of [17]	(v.)	اِستِعانة	(يَستَعينُ)	اِستَعانَ
to find strange, odd, unusual [8]	(v.)	اِستِغراب	(يَستَغرِبُ)	اِستَغرَبَ
to take (time) [6]	(v.)	اِستِغراق	(يَستَغرِقُ)	اِستَغرَقَ
to benefit, make use of [1]	(v.)	اِسْتِفادة (مِن)	(يَسْتَفيد)	اِسْتَفادَ
to receive [2]	(v.)	اِسْتِلام	(يَسْتَلِم)	اِسْتَلَمَ
to continue, resume, go on [4]	(v.)	اِستِمرار	(يَستَمِرُّ)	اِستَمَرَّ
to exhaust, to consume, to deplete [14]	(v.)	اِسْتِنْفاد	(يَسْتَنفِدُ)	اِسْتَنْفَدَ
to consume [8]	(v.)	اِستِهلاك	(يَستَهلِكُ)	اِستَهلَكَ
to seize, to capture [10]	(v.)	اِستِيلاء (على)	(يَستَولي)	اِستَولى
to wake up, to awaken, to rise [16]	(v.)	اِسْتِيقاظ	(يَسْتَيقِظُ)	اِسْتَيْقَظَ
lion [17]	(n., m.)	أُسود	ج	أَسَد
fleet, navy [14]	(n., m.)	أساطيل	ج	أُسْطول
first aid [11]	(n., m.)	إسعافات	ج	إسْعاف
to please, to make happy [2]	(v.)	إسْعاد	(يُسْعِد)	أَسْعَدَ
sorry [7]	(act. p.)			أَسِف
bishop [18]	(n., m.)	أساقِفة	ج	أُسْقُف
prisoner (of war) [10]	(n., m.)	أَسْرى	ج	أسير
to point, to indicate, to allude [5]	(v.)	إشارة	(يُشيرُ)	أشارَ
sign, signal [1]	(n., f.)	إشارات	ج	إشارة

اِشتَعَلَ	(يَشتَعِلُ)	اِشتِعال	(v.)	to catch fire [11]
أشْرَفَ	(يُشْرِفُ)	إشْراف (على)	(v.)	to supervise, to oversee, to manage [16]
أشِعّة			(n., f.)	rays, beams [11]
أشْقر	/ شَقراء ج	شُقْر	(color)	blond [2]
أشهَب	شَهباء	شُهْب	(adj.)	gray [10]
أصابَ	(يُصيبُ)	إصابة	(v.)	to hit, to injure [11]
إصْبَع (أو أصْبُع) ج		أصابِع	(n., f.)	finger [2]
أصْبَحَ	(يُصْبِح)		(v.)	to become [2]
اِصْطَدَمَ	(يَصْطَدِمُ)	اِصْطِدام بـ	(v.)	to collide with [11]
أصْليّ			(adj.)	original, authentic [9]
أضافَ	(يُضيفُ)	إضافَة	(v.)	to add [3]
أضْحى			(v.)	to become, to turn into [19]
اِضْطُرَّ	(يُضْطَرُّ)	اِضْطِرار (إلى)	(v.)	to be compelled, to be forced (to) [13]
أضْفى	(يُضْفي)	إضفاء	(v.)	to allot generously, to grant [17]
أطلَقَ	(يُطلِقُ)	إطلاق	(v.)	to launch, to fire [17]
أطلَقَ اسماً على				to name, to give a name [17]
أطفَأ	(يُطفِئُ)	إطفاء	(v.)	to extinguish, to put out a fire [11]
أعادَ	(يُعيدُ)	إعادة	(v.)	to return (s.th.) [11]
أعان	(يُعينُ)	إعانة	(v.)	to help, to assist, to aid [13]

beginning, as of, effective from [1]	(adv.)			اِعتِباراً (مِن)
to be moderate [16]	(v.)	اِعْتِدال	(يَعْتَدِلُ)	اِعْتَدَلَ
to apologize, to excuse o.s. from [7]	(v.)	اِعتِذار (عَن)	(يَعتَذِرُ)	اِعتَذَر
to recognize, to acknowledge, to confess [17]	(v.)	اِعتِراف (بِـ)	(يَعتَرِفُ)	اِعتَرَفَ
to be proud of, to take pride in [16]	(v.)	اِعْتِزاز (بِـ)	(يَعْتَزُّ)	اِعْتَزَّ
to arrest [11]	(v.)	اِعتِقال	(يَعتَقِلُ)	اِعتَقَلَ
to embrace, to convert [18]	(v.)	اِعْتِناق	(يَعْتَنِقُ)	اِعْتَنَقَ
to announce [1]	(v.)	إعْلان	(يُعْلِن)	أَعْلَنَ
Greek [9]	(adj.)	إغريقيّون	ج	إغْريقيّ
to close [1]	(v.)	إغلاق	(يُغْلِق)	أَغْلَقَ
to lose consciousness, to faint [13]	(v.)	إغْماء	(يُغْمى)	أُغْميَ
to have a grand opening, to inaugurate [16]	(v.)	اِفْتِتاح	(يَفْتَتِحُ)	افْتَتَحَ
Plato [18]	(name)			أَفْلاطون
to slip away [20]	(v.)	إفْلات	(يُفْلِتُ)	أَفْلَتَ
to set up, to found, to convene [5]	(v.)	إقامة	(يُقيمُ)	أَقامَ
to approach, to come close, to draw near [5]	(v.)	اِقْتِراب	(يَقْتَرِبُ)	اِقْتَرَبَ
economy [9]	(n., m.)			اِقْتِصاد
to discover [9]	(v.)	اِكْتِشاف	(يَكْتَشِفُ)	اِكْتَشَفَ
to be overcrowded [20]	(v.)	اِكْتِظاظ	(يَكْتَظُّ)	اكتظّ

أكَّدَ	(يُؤكِّدُ)	تأكيد	(v.)	to assert, to emphasize [11]
ألاّ	(أنْ + لا)		(part.)	so as not to [7]
إله	ج	آلِهة	(n., m.)	deity [10]
اِلْتَفَتَ	(يَلْتَفِتُ)	اِلْتِفات	(v.)	to turn, to pay attention [5]
ألَّفَ	(يُؤَلِّفُ)	تأليف	(v.)	to compose, to compile [16]
ألو			(int.)	hello [4]
أليف			(adj.)	tame, domesticated, friendly [2]
إلَيْكَ			(prep.)	take! here you go [1]
إلى أنْ				until [3]
أُمّ	ج	أمَّهات	(n., f.)	center, middle, most significant [14]
أمّة	ج	أمّم	(n., f.)	nation [1]
اِمْتَحَنَ	(يَمْتَحِنُ)	اِمْتِحان	(v.)	to examine, to test [2]
اِمتَدَّ	(يَمْتَدُّ)	اِمتِداد	(v.)	to stretch, to extend [6]
اِمْتازَ	(يَمْتازُ)	اِمْتِياز	(v.)	to excel, to surpass, to be distinguished [18]
اِمتَصَّ	(يمتَصُّ)	اِمتِصاص	(v.)	to absorb [11]
أمْر	ج	أوامِر	(n., m.)	a command, an order [5]
أمَرَ	(يأمُرُ)	أمَر (بِـ)	(v.)	to order, to command, to instruct [19]
أمَل	ج	آمال	(n., m.)	hope [2]
أمَوِيّ	أُمَيّة		(adj.)	Omayyad [9]

if [4]	(part.)		إِنْ
to inform, to tell [19]	(v.)	إِنْباء (يُنْبِئُ)	أَنْبَأَ
to reveal, to impart [19]	(v.)	إِنْباء (يُنْبِئُ)	أَنْبَأَ
to produce [14]	(v.)	إِنْتاج (يُنْتِجُ)	أَنْتَجَ
mandate [16]	(n., m.)		اِنْتِداب
to remove [20]	(v.)	اِنْتِزاع (يَنْتَزِعُ)	اِنْتَزَعَ
to join, to be associated (with) [16]	(v.)	اِنْتِساب (إلى) (يَنْتَسِبُ)	اِنْتَسَبَ
to spread [2]	(v.)	اِنْتِشار (يَنْتَشِرِ)	اِنْتَشَرَ
to triumph, to prevail, to win, to defeat [19]	(v.)	اِنْتِصار (يَنْتَصِرُ)	اِنْتَصَرَ
to await [8]	(v.)	اِنْتِظار (يَنْتَظِرُ)	اِنْتَظَرَ
to end, to expire [6]	(v.)	اِنْتِهاء (يَنْتَهِي)	اِنْتَهى
to beget, to give birth [16]	(v.)	إِنْجاب (يُنْجِبُ)	أَنْجَبَ
to veer, to turn to one side [11]	(v.)	اِنْحِراف (يَنْحَرِفُ)	اِنْحَرَفَ
then, at that time [16]	(adv.)	(آنَ + ذاك)	آنَذاك
human being [16]	(n., m.)		إنسان
to withdraw, to retreat [17]	(v.)	اِنْسِحاب (يَنْسَحِبُ)	اِنْسَحَبَ
to begin, to start, to build, to compose [14]	(v.)	إِنْشاء (يُنْشِئِ)	أَنْشَأَ
to be busy, to be preoccupied [15]	(v.)	اِنْشِغال (بِـ) (يَنْشَغِلُ)	اِنْشَغَلَ
to disembark, to set out for [12]	(v.)	اِنْطِلاق (يَنْطَلِقَ)	اِنْطَلَقَ

اِنطَوى	(يَنْطَوي)	اِنْطِواء (على)	(v.)	to involve, to imply, to include [15]
اِنعَطَفَ	(يَنعَطِفُ)	اِنعِطاف	(v.)	to turn, swerve, swing [4]
اِنْعَكَسَ	(يَنْعَكِسُ)	اِنْعِكاس	(v.)	to be reflected [17]
اِنْغَمَسَ	(يَنْغَمِسُ)	اِنْغِماس	(v.)	to be immersed, to be submerged [16]
أَنْف	ج	أنوف	(n., m.)	nose [12]
اِنْهَمَكَ	(يَنْهَمِكُ)	اِنْهِماك (في)	(v.)	to be absorbed with, to be engrossed in [15]
أنيق			(adj.)	neat, elegant [5]
اِهتَدى	(يَهتَدي)	اِهتِداء	(v.)	to find the right way [4]
اِهْتَمَّ	(يَهْتَمُّ)	اِهْتِمام (بـِ)	(v.)	to be concerned (with) [19]
أَهْدى	(يُهْدي)	إهْداء	(v.)	to give a gift [20]
أهل	ج	أهالٍ	(n., m.)	family, one's folks [4]
أَوْج			(n., m.)	highest point, acme, peak, climax [16]
أَوْجَعَ	(يُوجِعُ)	إيجاع	(v.)	to hurt, to cause pain [19]
أَوصى	(يُوصي)	إيصاء (بـِ)	(v.)	to advise [20]
أَوقَفَ	(يوقِفُ)	إيقاف	(v.)	to stop, to park [12]
أَوَمَضَ	(يومِضُ)		(v.)	to flash [7]
أَيْ			(part.)	namely, that is to say [11]
إيّا	(ضمير النصب)		(pron.)	base form of the accusative separate pronoun [18]
آية		آيات	(n., f.)	sign, wonder, Quranic verse [18]

to support, to back [18]	(v.)	تأييد	(يُؤَيِّدُ)	أيَّدَ
left (in terms of direction) [5]	(adj. f.)	يُسْرى		(adj. m) أَيْسَر
faith, belief [18]	(n., m.)			إيمان
wherever [1]				أيْنَما

ب

chapter, column (in a newspaper) [2]	(n., m.)	أبواب	ج	باب
papa (daddy) [15]	(n., m.)			بابا
to take the initiative, to begin [15]	(v.)	مُبادَرة	(يُبادِرُ)	بادَرَ
sign, indication, precursor [19]	(n., f.)	بَوادِر	ج	بادِرة
bar [7]	(n., m.)	بارات	ج	بار
dazzling, brilliant [7]	(act. p.)			باهِر
necessary, inevitable (used with لا) [11]			(لابُدّ)	بُدّ
instead (of) [13]	(adv.)		بَدَلاً (مِن)	بَدَلاً (مِن)
alternative, alternate, substitute [16]	(n., m.)	بُدَلاء	ج	بَديل
Berber of North Africa [17]	(n., m.)	بَرْبَر	ج	بَرْبَري
to become cold [3]	(v.)	بَرْد	(يَبْرُدُ)	بَرَدَ
tower, castle [17]	(n., m.)	أبراج / بُروج	ج	بُرْج
lightning [7]	(n., m.)	بُروق	ج	بَرْق
to program [2]	(v.)	بَرْمَجة	(يُبَرْمِج)	بَرْمَجَ

proof [18]	(n., m.)	بَراهين	ج	بُرْهان
courage [14]	(n., f.)			بَسالة
simple, easy, plain, modest [1]	(adj.)			بَسيط
Ptolemy [18]	(name)	بَطالِسة	ج	بَطْليموس
championship [1]	(n., f.)	بُطولات	ج	بُطولة
أرسل [7]	(v.)	بَعْث	(يَبعَثُ)	بَعَث
resurrection (from death) [18]	(v.)	بَعْث	(يَبْعَثُ)	بَعَثَ
to be distant, to be far away (from) [6]	(v.)	بُعْد (عَن)	(يَبعُدُ)	بَعُدَ
still, then, after that [14]	(part.)			بَعْدُ
dimension [20]	(n., m.)	أبْعاد	ج	بُعْد
cow [10]	(n., f.)	بَقَرات	ج	بَقَرة
spot, stain, patch [14]	(n., f.)	بُقَع	ج	بُقْعة
to cry, to weep [8]	(v.)	بُكاء	(يَبكي)	بَكى
نَعَم [15]	(affirmative particle after negation)			بَلى
royal court [18]	(n., m.)	أبْلِطة	ج	بَلاط
to reach, get to a place [4]	(v.)	بُلوغ	(يَبلُغُ)	بَلَغَ
as, like, similar to [16]	(prep. ph.)			بِمَثابةِ
gasoline [14]	(n., m.)			بَنْزين
ring finger [12]	(n., m.)	بَناصر	ج	بِنْصر

yellow flower similar to jasmine [20]				بَنَفْش
brown [2]	(adj.)			بُنِّيّ
hall, parlor [17]	(n., m.)	أبْهاء	ج	بَهْو
Bosporus (strait) [10]	(n., m.)	(مَضيق البوسفور)		بوسفور
well (water/oil) [14]	(n., m.)	آبار	ج	بِئْر
threshing floor [20]	(n., m.)	بَيادِر	ج	بَيْدَر
while, whereas [12]	(conj.)			بَينما

ت

to pursue [2]	(v.)	مُتابَعة	(يُتابِع)	تابَعَ
delay, tardiness [7]	(n., m.)			تأخير
(entry) visa [9]	(n., f.)		تأشيرات	تأشيرة
assurance (most certainly) [4]	(n., m.)		(بالتأكيد)	تأكيد
full, complete, whole, total, perfect [19]	(adj.)			تامّ
to become clear, to be evident [11]	(v.)	تَبين	(يَتَبَيَّنُ)	تَبَيَّنَ
to yawn [15]	(v.)	تَثاؤُب	(يَتَثاءَبُ)	تَثاءَبَ
to exceed, to surpass [16]	(v.)	تَجاوُز	(يَتَجاوَزُ)	تَجاوَزَ
experiment, test, trial, experience [15]	(n., f.)	تَجارِب	ج	تَجْرِبة
beautification, makeup [9]	(n., m.)			تَجْميل
to frown, to scowl [15]	(v.)	تَجَهُّم	(يَتَجَهَّمُ)	تَجَهَّمَ

to wander about, to tour [6]	(v.)	تَجَوُّل	(يَتَجَوَّلُ)	تَجَوَّلَ
to talk to, to speak [5]	(v.)	تَحَدُّث	(يَتَحَدَّثُ)	تَحَدَّثَ
to control [1]	(v.)	تَحَكُّم (في)	(يَتَحَكَّم)	تَحَكَّمَ
to bear, to endure, to assume responsibility [2]	(v.)	تَحَمُّل	(يَتحمَّل)	تَحَمَّلَ
to change, to alter, to shift, to transform [15]	(v.)	تَحَوُّل	(يَتحَوَّلُ)	تَحَوَّلَ
greeting—to say “greetings from __” [2]	(n., f.)	تَحِيّات	ج	تَحِيَّة
to specialize [2]	(v.)	تَخَصُّص	(يَتَخَصَّص)	تَخَصَّص
to make frequent use, to exchange; to circulate [19]	(v.)	تَداوُل	(يَتَداوَلُ)	تَداوَلَ
to pour forth, to gush [17]	(v.)	تَدَفُّق	(يَتَدَفَّقُ)	تَدَفَّقَ
to remember [13]	(v.)	تَذَكُّر	(يَتَذَكَّرُ)	تَذَكَّرَ
I wonder [12]	(excl.)		يا تُرى	تُرى
legacy, inheritance [19]	(n., m.)	تُراثات	ج	تُراث
to retreat, to withdraw [12]	(v.)	تَراجُع	(يَتَراجَعُ)	تَراجَعَ
to correspond (with) [2]	(v.)	تَراسُل (مع)	(يَتَراسَل)	تَراسَلَ
soil [17]	(n., f.)			تُرْبة
education, upbringing, cultivation [15]	(n., f.)			تَربية
to translate [17]	(v.)	تَرْجَمة	(يُتَرْجِمُ)	تَرْجَمَ
to flourish [20]	(v.)	تَرَعْرُع	(يَتَرَعْرَعُ)	تَرَعْرَعَ
to leave, to abandon [2]	(v.)	تَرْك	(يَتْرُك)	تَرَكَ

to intensify, to grow greater [12]	(v.)	تَزايَد (يَتَزايَدُ)	تَزايَدَ
to slide, to ski, to skate [6]	(v.)	تَزَلَّج (يَتَزَلَّجُ)	تَزَلَّجَ
to get married [8]	(v.)	تَزَوُّج (يَتَزَوَّجُ)	تَزَوَّجَ
to fall down, to rain down from everywhere [17]	(v.)	تَساقُط (يَتَساقَطُ)	تَساقَطَ
to climb [6]	(v.)	تَسَلُّق (يَتَسَلَّقُ)	تَسَلَّقَ
entertainment [2]	(n., f.)	ج تَسْلِيات/ تَسالٍ	تَسْلِية
to flow, to pour forth, (to sweat) [12]	(v.)	تَصَبُّب (عَرَقاً) (يَتَصَبَّبُ)	تَصَبَّبَ
to match, to fit, to agree [13]	(v.)	تَطابُق (يَتَطابَقُ)	تَطابَقَ
to go to extremes, to hold an extreme position [19]	(v.)	تَطَرُّف (يَتَطَرَّفُ)	تَطَرَّفَ
embroidery [15]	(n., m.)		تَطْرِيز
to be acquainted [2]	(v.)	تَعارُف (يَتَعارَفُ)	تَعارَفَ
come here! [5]	(imp.)		تَعالَ
to cooperate [17]	(v.)	تَعاوُن (يَتعاوَنُ)	تَعاوَنَ
to be related (to), to be concerned (with) [18]	(v.)	تَعَلُّق (بِ) (يَتَعَلَّقُ)	تَعَلَّقَ
to think (about), to reason [15]	(v.)	تَفَكُّر (يَتَفَكَّرُ)	تَفَكَّرَ
to cross, intersect with [4]	(v.)	تَقاطُع (يَتَقاطَعُ)	تَقاطَعَ
tradition, folklore [9]	(n., m.)	تَقاليد ج	تَقْلِيد
technology [11]	(n., f.)		تَقْنِية
to recur, to be repeated [16]	(v.)	تَكَرُّر (يَتَكَرَّرُ)	تَكَرَّرَ

cost, expense [2]	(n., f.)	تَكْلِفات	ج	تَكْلِفة
to be created, to be formed [17]	(v.)	تَكَوُّن	(يَتَكَوَّنُ)	تَكَوَّنَ
pupil [11]	(n., m.)	تَلاميذ	ج	تِلميذ
exactly [9]	(adv.)			تَماماً
to enjoy [10]	(v.)	تَمَتُّع (بِـ)	(يَتَمَتَّعُ)	تَمَتَّعَ
to wish, to desire [2]	(v.)	تَمَنٍّ	(يَتَمَنّى)	تَمَنَّى
after [17]	(prep.)	(الواحِد تِلْوَ الآخَر)		تِلْوَ
to be distinguished, to be set apart [17]	(v.)	تَمَيُّز	(يَتَمَيَّزُ)	تَمَيَّزَ
to dispute, to contend, to rival [17]	(v.)	تَنازُع	(يَتَنازَعُ)	تَنازَعَ
to be well-coordinated, symmetrical [17]	(v.)	تَناسُق	(يَتَناسَقُ)	تَناسَقَ
to compete, to rival [17]	(v.)	تَنافُس	(يَتَنافَسُ)	تَنافَسَ
to eavesdrop, listen secretly [1]	(v.)	تَنَصُّت	(يَتَنَصَّت)	تَنَصَّتَ
to sigh [15]	(v.)	تَنَهُّد	(يَتَنَهَّدُ)	تَنَهَّدَ
to fall, to plunge [18]	(v.)	تَهافُت	(يَتَهافَتُ)	تَهافَتَ
congruity, agreement, conformity [18]	(n., m.)			تَوافُق
to head toward [11]	(v.)	تَوَجُّه	(يَتَوَجَّهُ)	تَوَجَّهَ
to become embroiled in, involved in [8]	(v.)	تَوَرُّط	(يَتَوَرَّطُ)	تَوَرَّطَ
to expand, to spread [16]	(v.)	تَوَسُّع	(يَتَوَسَّعُ)	تَوَسَّعَ
to attain, to arrive, to achieve [11]	(v.)	تَوَصُّل	(يَتَوَصَّلُ)	تَوَصَّلَ

تَوَقَّفَ	(يَتَوَقَّفُ)	تَوَقُّف	(v.)	to stop, to stop over [6]

ث

ثارَ	(يَثورُ)	ثَوْرة	(v.)	to revolt, to rebel [17]
ثدي	ج	أَثْداء	(n., m./f.)	breast [20]
ثَرْثار	ج	ثَرثارون	(n., m.)	chatty, garrulous, talkative [14]
ثَرْوة	ج	ثَرَوات	(n., f.)	fortune, riches [13]
ثَقافة	ج	ثَقافات	(n., f.)	culture, intellectualism [11]
ثُقْب	ج	ثُقوب	(n., m.)	hole, perforation [2]
ثَقيل	ج	ثُقلاء	(adj.)	heavy, burdensome, unpleasant [5]
ثَمّة				there (is, are) هُناكَ [20]
ثَوب	ج	أَثْواب	(n., m.)	dress [7]
تَيّار	ج	تَيّارات	(n., m.)	current, flow, trend, tendency [15]

ج

جار	ج	جيران	(n., m.)	neighbor [13]
جامِع	ج	جَوامِع	(n., m.)	mosque [9]
جالينوس			(name)	Galen [18]
جانِحة	ج	جَوانِح	(act. p.)	bosom, heart, soul [20]
جاهِل	ج	جَهَلة / جُهّال / جُهَلاء	(act. p.)	ignorant, fool, foolish [19]

prize, award [15]	(n., f.)	جَوائِز	ج	جائزة
forehead [12]	(n., m.)	جِباه / أَجْبُن	ج	جَبين
to kneel [20]	(v.)	جُثو	(يَجْثو)	جَثو
seriousness, earnestness, diligence [19]	(n., m.)			جِدّ
to be worthy (of) [19]	(v.)	جَدارة (بِـ)	(يَجْدُرُ)	جَدُرَ
smallpox [19]	(n., m.)			جُدَريّ
argument, debate, dispute [18]	(n., m.)			جَدَل
worthy, meriting [15]	(n., m.)			جَدير
to run, to happen, to occur [7]	(v.)	جَرْي	(يَجري)	جَرى
tractor [12]	(n., m.)	جَرّارات	ج	جَرّار
to drag [20]	(v.)	جَرْجَرة	(يُجَرْجِرُ)	جَرْجَرَ
bell, ringer [12]	(n., m.)	أَجْراس	ج	جَرَس
to dare, to have courage [12]	(v.)	جُرأة	(يَجْرُؤُ)	جَرُؤَ
the minor details, the particulars [18]	(n., f.)			الجُزئيّات
clamor, noise, din, racket [19]	(n., f.)			جَعْجَعة
to make [5]	(v.)	جَعْل	(يَجْعَلُ)	جَعَلَ
skin [2]	(n., m.)	جُلود	ج	جِلْد
session, meeting, gathering [11]	(n., f.)	جَلَسات	ج	جَلْسة
companion, friend, associate [14]	(n., m.)	جُلَساء	ج	جَليس
group, company, party [14]	(n., f.)	جَماعات	ج	جَماعة

society, association [11]	(n., f.)	جَمعيّات	ج	جَمْعِيّة
to beautify [1]	(v.)	تَجْميل	(يُجَمِّل)	جَمَّلَ
recalcitrance, defiance; willfulness [20]	(n., m.)			جُموح
to go crazy, to go mad (passive) [8]	(v.)	جُنون	(يُجَنُّ)	جُنَّ
paradise, heaven [15]	(n., f.)	جَنّات / جِنان	ج	جَنَّة
pavilion, wing [5]	(n., m.)	أجْنِحة	ج	جَناح
chain [12]	(n., m.)	جَنازير	ج	جِنزير
public [1]	(n., m.)	جَماهير	ج	جُمْهور
atmosphere, weather, ambience [5]	(n., m.)	أجْواء	ج	جَوّ
passport [9]	(n., m.)	جَوازات	ج	جَواز
mobile [1]	(n., m.)			جَوّال
coconut [3]	(n., m.)			جَوْزُ الهِنْد

ح

need, want, necessity [16]	(n., f.)	حاجات	ج	حاجة
eyebrow [12]	(n., m.)	حَواجِب	ج	حاجِب
accident [11]	(act. p.)	حَوادِث	ج	حادِث
alley, narrow street [9]	(n., f.)	حارات	ج	حارة
to lay siege, to blockade	(v.)	مُحاصَرة	(يُحاصِرُ)	حاصَرَ
to preserve, to protect [2]	(v.)	مُحافَظة	(يُحافِظ)	حافَظَ

governor, ruler [17]	(n., m.)	حُكّام	ج	حاكِم
to ally with [16]	(v.)	مُحالَفة	(يُحالِفُ)	حالَفَ
(for time) to come, approach, draw near [1]	(v.)	حَين	(يَحين)	حانَ
shop, store [14]	(n., m.)	حَوانيت	ج	حانوت
to try, to attempt [5]	(v.)	مُحاوَلة	(يُحاوِلُ)	حاوَلَ
grain [9]	(n., f.)	حَبّات	ج	حَبّة
to hold in custody, to detain [19]	(v.)	حَبْس	(يَحْبِسُ)	حَبَسَ
umbilical cord [20]	(*iḍāfa*)			حَبَلُ مِشيمة
room, chamber [9]	(n., f.)	حُجَرات/ حُجَر	ج	حُجْرة
millstone [19]	(n., m.)		(رَحى)	حَجَر
size, volume [3]	(n., m.)	حُجوم / أحْجام	ج	حَجْم
sharpness, acuteness [14]	(n., f.)			حِدّة
to report, to relate, to converse with [14]	(v.)	تَحْديث	(يُحَدِّثُ)	حَدَّثَ
pupils (of the eye) [20]	(n., m.)	حَدَقات	ج	حَدَقة
horseshoe [17]	(n., f.)	حَدَوات	ج	حَدْوة
iron, steel [19]	(adj.)			حَديد
beware, watch out (for) [20]	(imp.)		(مِن)	حَذارِ
cautious, wary [15]	(adj.)			حَذِر
free, independent [15]	(n., m.)	أحْرار	ج	حُرٌّ
guarding, watching [2]	(n., f.)			حِراسة

to edit (also: write, liberate) [8]	(v.)	تَحرير	(يُحَرِّرُ)	حَرَّرَ
to move, to drive, to stimulate [15]	(v.)	تَحريك	(يُحَرِّكُ)	حَرَّكَ
movement, motion [15]	(n., f.)	حَرَكات	ج	حَرَكة
campus, sacred possession [6]	(n., m.)	أحْرام	ج	حَرَم
to deprive, to dispossess [16]	(v.)	حِرْمان	(يَحْرِمُ)	حَرَمَ
to prohibit [18]	(v.)	تَحْريم	(يُحَرِّمُ)	حَرَّمَ
silk [9]	(n., m.)			حَرير
belt [5]	(n., m.)	أحْزِمة	ج	حِزام
to be sad, to mourn [8]	(v.)	حُزْن	(يَحزَنُ)	حَزِنَ
allergy (allergic to) [8]	(n., f)		(مِن)	حَساسية
to calculate, to reckon [13]	(v.)	حِساب	(يَحْسُبُ)	حَسَبَ
good [9]	(adj.)			حَسَن
to fill [14]	(v.)	حَشو	(يَحْشو)	حَشا
crowd, gathering, assembly [17]	(n., m.)	حَشود	ج	حَشْد
pebbles, gravel [17]	(n., f.)			حَصْباء
to fortify, to strengthen [17]	(v.)	تَحْصين	(يُحَصِّنُ)	حَصَّنَ
civilization [19]	(n., f.)	حَضارات	ج	حَضارة
respectful term of address used with both men and women [4]	(n., f.)	حَضَرات	ج	حَضْرة
fortune, luck, lot, fate [12]	(n., m.)	حُظوظ	ج	حَظّ
to dig a hole, to excavate [19]	(v.)	حَفْر	(يَحفِرُ)	حَفَرَ

party, celebration [6]	(n., f.)	حَفَلات	ج	حَفْلة
long period of time [20]	(n., m.)	حِقَق / أحْقاب	ج	حِقْبة
to realize, to fulfill, to make something come true [2]	(v.)	تَحْقيق	(يُحَقِّق)	حَقَّق
fact, reality [15]	(n., f.)	حَقائِق	ج	حَقيقة
real [12]	(adj.)			حَقيقيّ
to scratch, to scrape, to rub [19]	(v.)	حَكّ	(يَحُكُّ)	حَكَّ
to tell, to recount, to narrate [8]	(v.)	حَكي	(يَحكي)	حَكى
story, tale, narrative [9]	(n., f.)	حِكايات	ج	حِكاية
to rule, to sentence [9]	(v.)	حُكْم	(يَحْكُمُ)	حَكَم
storyteller [9]	(n., m.)	حَكَواتِيّون/ حَكَواتِيّة	ج	حَكَواتيّ
to befall, to descend upon, to afflict [15]	(v.)	حَلّ	(يَحُلُّ)	حَلّ
barber, hairdresser [14]	(n., m.)	حَلاّقون	ج	حَلاّق
to milk [10]	(v.)	حَلْب	(يَحْلِبُ / يَحْلُبُ)	حَلَبَ
area; (dance) floor [7]	(n., f.)	حَلَبات	ج	حَلْبة
episode (of a series), link [5]	(n., f.)	حَلَقات	ج	حَلْقة
to dream [13]	(v.)	حُلْم	(يَحْلُمُ)	حَلَمَ
chivalry [19]	(n., m.)			حِلْم
sweet, beautiful [13]	(n., m.)			حُلوٌ
ornament, jewelry [9]	(n., m.)	حُليّ	ج	حَلي
donkey [19]	(n., m.)	حَمير	ج	حِمار

enthusiasm, ardor, zeal, fervor [14]	(n., f.)			حَماسة
pigeon, dove [9]	(n., f.)	حَمامات/ حَمام	ج	حَمامَة
to protect [1]	(v.)	حِماية	(يَحْمي)	حَمى
to praise, to laud, to commend, to extol [14]	(v.)	حَمْد	(يَحْمَدُ)	حَمِدَ
campaign, attack, offensive [16]	(n., f.)	حَمَلات	ج	حَمْلة
throat [20]	(n., f.)	حَناجِر	ج	حَنْجَرة
to be furious, to be full of rage [12]	(v.)	حَنَق	(يَحنَقُ)	حَنِقَ
dialogue, conversation [15]	(n., m.)	حِوارات	ج	حِوار
around [9]	(adv.)			حَوْل
life [9]	(n., f.)	حَيَوات	ج	حَياة
weaving [20]	(n., f.)			حِياكة
confusion, perplexity [15]	(n., f.)			حَيْرة

خ

outside [7]	(act. p.)			خارِج
special, private [9]	(adj.)			خاصّ
to address, to deliver a sermon [5]	(v.)	مُخاطَبة	(يُخاطِبُ)	خاطَبَ
mind [20]	(act. p.)	خَواطِر	ج	خاطِر
to fear, to dread, to be afraid / scared [12]	(v.)	خَوْف	(يَخافُ)	خافَ
dim [7]	(act. p.)			خافِت

to mix with, to associate with [19]	(v.)	مُخالَطة	(يُخالِطُ)	خالَطَ
to contradict, to disagree with [19]	(v.)	مُخالَفة	(يُخالِفُ)	خالَفَ
to hide, to conceal [20]	(v.)	خَبْء	(يَخْبَأُ)	خَبَأَ
to stamp, to seal [9]	(v.)	خَتْم	(يَخْتِمُ)	خَتَمَ
to thicken; to coagulate [3]	(v.)	خُثور	(يَخْثُرُ)	خَثَرَ
to be ashamed, embarrassed [12]	(v.)	خَجَل	(يَخجَلُ)	خَجِلَ
cheek [12]	(n., m.)	خُدود	ج	خَدّ
to anesthetize, to numb [11]	(v.)	تَخدير	(يُخَدِّرُ)	خَدَّرَ
deception, cheating [19]	(n., f.)	خُدَع	ج	خُدعة
service [1]	(n., f.)	خَدَمات	ج	خِدمة
fictitious, legendary [20]	(adj.)			خُرافيّ
to scratch [20]	(v.)	خَرْبَشة	(يُخَرْبِشُ)	خَرْبَشَ
to pierce [7]	(v.)	خَرْق	(يَخْرِقُ)	خَرَق
reservoir, tank, dam [14]	(n., m.)	خَزّانات	ج	خَزّان
pottery, porcelain, ceramics [17]	(n., m.)			خَزَف
wood [2]	(n., m.)	أخْشاب	ج	خَشَب
wooden, of wood [9]	(adj.)			خَشَبِيّ
to specify, allocate, designate [1]	(v.)	تَخْصيص	(يُخَصِّص)	خَصَّصَ
specifically [8]	(adv.)			خِصّيصاً
penmanship, calligraphy, handwriting, line [1]	(n., m.)	خُطوط	ج	خَطّ

engagement, betrothal, courtship [13]	(n., f.)			خِطْبة
danger, peril, hazard, risk [14]	(n., m.)	أخْطار	ج	خَطَر
suitor, fiancé [13]	(n., m.)	خُطَباء	ج	خَطيب
fiancée [13]	(n., f.)	خَطيبات	ج	خَطيبة
difference, disparity, incongruence [18]	(n., m.)	خِلافات	ج	خِلاف
during [13]	(adv.)		خِلالَ	خِلالَ
stealthily, unnoticeably [20]	(n., f.)			خُلْسَةً
to mix, to confuse [3]	(v.)	خَلْط	(يَخْلِطُ)	خَلَطَ
mixture [3]	(n., f.)	خَلّطات	ج	خَلْطة
to take off, to undress [9]	(v.)	خَلْع	(يَخْلَعُ)	خَلَعَ
to create [15]	(v.)	خَلْق	(يَخْلُقُ)	خَلَقَ
moral constitution, moral character [19]	(n., m.)	أخْلاق	ج	خُلُق
cellular [1]	(adj.)			خَلَويّ
tavern, wine shop [15]	(n., f.)	خَمّارات	ج	خَمّارة
yeast, leaven [3]	(n., f.)	خَمائِر	ج	خَميرة
little finger [12]	(n., m.)	خَناصر	ج	خِنصر
shadow, reflection [9]	(n., m.)	أخِيلة	ج	خَيال
better than [19]	(n., m.)		خَيْر مِن	خَيْر مِن
elite, choice, pick [16]	(n., f.)			خَيْرة

د

inner, inside, interior [5]	(act. p.)			داخِل
to turn, to revolve [12]	(v.)	دَوَران	(يَدورُ)	دارَ
to humor, to indulge, to flatter, to hide [15]	(v.)	مُداراة	(يُداري)	دارى
supporter [16]	(act. p.)	داعِمون	ج	داعِم
to defend, to protect [16]	(v.)	دِفاع / مُدافَعة (عن)	(يُدافِعُ)	دافَعَ
to last, to continue, to persist [18]	(v.)	دَوام	(يَدومُ)	دامَ
circle [3]	(n., f.)	دَوائِر	ج	دائِرة
concern, business, relevance [15]	(n., m.)			دَخْل
entering [7]	(n., m.)			دُخول
to smoke [1]	(v.)	تَدْخين	(يُدَخِّن)	دَخَّن
to know, to have knowledge, to be aware of [15]	(v.)	دِراية	(يَدْري)	دَرى
to chat (colloquial) [5]	(v.)	دَرْدَشة	(يُدَرْدِشُ)	دَرْدَشَ
to teach [2]	(v.)	تَدْريس	(يُدَرِّس)	دَرَّس
coat of mail, armor, shield [9]	(n., m.)	دُروع	ج	دِرْع
to invite [7]	(v.)	دَعْوة	(يَدعو)	دَعا
advertisement [1]	(n., f.)	دِعايات	ج	دِعاية
invitation [12]	(n., f.)	دَعَوات	ج	دَعْوة
tambourine [2]	(n., m.)	دُفوف	ج	دَفّ

to push [1]	(v.)	دَفْع	(يَدْفَع)	دَفَعَ
group, class, set [16]	(n., f.)	دُفُعات	ج	دُفْعة
to bury, to conceal [18]	(v.)	دَفْن	(يَدْفِنُ)	دَفَنَ
to knock, to bang [8]	(v.)	دَقٌّ	(يَدِقُّ)	دَقَّ
precise, accurate [8]	(adj.)			دَقيق
doctor, physician (loan word used in colloquial speech) [8]	(n., m.)	دكاتِرة	ج	دُكتور
to show, to indicate, to point out [9]	(v.)	دَلالة	(يَدُلُّ)	دَلَّ
to pamper, to dote on [20]	(v.)	تَدْليل	(يُدَلِّلُ)	دَلَّلَ
blood [11]	(n., m.)	دِماء	ج	دم
doll, dummy [9]	(n., f.)	دُمىً	ج	دُمْية
world, worldly existence [15]	(n., f.)			دُنْيا
paint [2]	(n., m.)			دِهان
astonishment, amazement, surprise [14]	(v. n.)			دَهْشة
to daub, to butter, to paint [3]	(v.)	دَهْن	(يَدْهُنُ)	دَهَنَ
fat, grease [16]	(n., m.)	دُهون	ج	دُهْن
medicine [13]	(n., m.)	أدْوِية	ج	دَواء
role, part [16]	(n., m.)	أدْوار	ج	دَوْر
country, state [5]	(n., f.)	دُوَل	ج	دَوْلة
to record, to write down [20]	(v.)	تَدْوين	(يُدَوِّنُ)	دَوَّنَ
religion [15]	(n., m.)	أدْيان	ج	دين

ديوان	ج	دَواوين	(n., m.)	governmental office, chancellery [17]
ذَخيرة	ج	ذَخائِر	(n., f.)	supply, hoard, provisions, ammunition [14]

ذ

ذُرة			(n., f.)	corn [7]
ذِراع	ج	أذْرُع	(n., f.)	arm [12]
ذَقْن	ج	ذُقون	(n., m.)	chin [12]
ذَكاء			(n., m.)	intelligence, acumen [10]
ذِكْر			(n., m.)	mentioning, citing [15]
ذَكَر	ج	ذُكور	(n., m.)	male [16]
ذَهَب			(n., m.)	gold [17]
ذِهْن	ج	أذْهان	(n., m.)	mind, intellect [17]
ذَوْق	ج	أذْواق	(n., m.)	taste, liking, inclination [15]

ر

رأى	(يَرى)	رؤية	(v.)	to see [7]
رَأْيٌ	د	آراء	(n., m.)	opinion, point of view [13]
راتِب	ج	رَواتِب	(n., m.)	salary [5]
رائِع			(adj.)	wonderful [12]
راجَعَ	(يُراجِعُ)	مُراجَعة	(v.)	to review, to go over [17]
راحة			(n., f.)	rest [8]

راحِل	ج	راحِلون	(act. p.)	the late, the deceased [16]
راسِب			(n., m.)	deposit, sediment, residue [15]
راسَل	(يُراسِل)	مُراسَلة	(v.)	to correspond [2]
راضٍ	ج	رُضاة	(n., m.)	satisfied, content, pleased [14]
راعَ	(يَروعُ)	رَوْع	(v.)	to frighten, to scare, to alarm [14]
راقٍ	ج	راقون	(n., m.)	high-class, upper-class, refined [6]
راقَبَ	(يُراقِبُ)	مُراقَبة	(v.)	to observe, to watch [7]
رُبّ			(prep.)	many a . . . [19]
رَبِحَ	(يَربَحُ)	رِبْح	(v.)	to win [8]
رَبَطَ	(يَرْبِطُ)	رَبْط	(v.)	to tie, to bind, to link [14]
رِحاب			(n., m.)	courtyard [20]
رَحَّبَ	(يُرَحِّبُ)	تَرحيب	(v.)	to welcome [4]
رَحِم	ج	أرْحام	(n., f.)	womb [20]
رُخام			(n., m.)	marble [17]
رَخيص			(adj.)	cheap, inexpensive [10]
رَذاذ			(n., m.)	drizzle [19]
رَزَقَ	(يَرْزُقُ)	رِزْق	(v.)	to bestow by God, to bestow sustenance/daily bread by God [16]
رَشَّ	(يَرُشُّ)	رَشّ	(v.)	to spray, to sprinkle [20]
رَشَحَ	(يَرْشَحُ)	رَشْح	(v.)	to exude, to ooze, to seep, to leak [19]
رَشَّحَ	(يُرَشِّحُ)	تَرْشيح	(v.)	to nominate, to run (candidate) [16]

رَضِيَ	(يَرْضى)	رِضىً (عن)	(v.)	to be satisfied, to consent, to agree [18]
رَضيع	ج	رُضَّع	(n., m.)	infant, newborn [16]
رَغْمَ	(بالرَغْمِ مِن)		(prep.)	in spite of [15]
بِرِفْق			(phrase)	gently [20]
رَفَعَ	(يَرفَعُ)	رَفْع	(v.)	to pick up, to raise, to lift [12]
رَقَص	(يَرقُص)	رَقْص	(v.)	to dance [7]
رَقيقة	ج	رَقائق	(n., f.)	flake, thin layer [7]
رَقيم	ج	رُقُم	(n., m.)	inscription, tablet [9]
رَكَضَ	(يَرْكُضُ)	رَكْض	(v.)	to run, to race [13]
رَغْبة	ج	رَغَبات	(n,, f.)	desire [10]
رَماديّ			(adj.)	ash colored [10]
رُمّان			(n., m.)	pomegranate [20]
رَمْضاء			(n., f.)	scorching heat (archaic usage) [19]
رَمى	(يَرْمي)	رَمْي	(v.)	to throw, to shoot [19]
رَواج			(n., m.)	popularity, currency, marketability [16]
رِوايّة	ج	رِوايات	(n., f.)	novel [2]
رِواق	ج	أرْوِقة	(n., m.)	colonnade, portico [17]
روح	ج	أرْواح	(n., f.)	spirit, soul, essence [14]
رَوَّضَ	(يُرَوِّضُ)	تَرْويض	(v.)	to tame, to housebreak [15]
رَوْعة			(n., f.)	beauty, charm, splendor, fear, alarm [17]
رومانيٌّ			(adj.)	roman [6]

ز

زادَ	(يَزيدُ)	زِيادة	(v.)	to increase [12]
زامِر	ج	زامِرون	(act. p.)	piper, player of a wind instrument [19]
زائر	ج	زُوّار	(act. p.)	visitor [5]
زَبون	ج	زَبائن	(n., m.)	customer, client [5]
زُجاج			(n., m.)	glass [12]
زُجاجة	ج	زُجاجات	(n., f.)	bottle, flask, vial [15]
زِرّ	ج	أزْرار	(n., m.)	button, push button [12]
زَرَد	ج	زُرود	(n., m.)	chain mail [9]
زَرَد الحديد			(n., m.)	chain mail [9]
زَعِلَ	(يَزْعَلُ)	زَعَل (مِن)	(v.)	to be annoyed, to be upset (with) [15]
زَمَن	ج	أزْمُن / أزْمان	(n., m.)	time, period, duration to time [6]
زهو			(n.m.)	arrogance [20]
زِيّ	ج	أزْياء	(n., m.)	clothing, apparel, uniform [1]
زِيادة	ج	زِيادات	(n., f.)	increase, increment, addition [16]
زَيْت	ج	زُيوت	(n., m.)	oil [14]

س

سابِق			(act. p.)	former, previous [5]
سارَ	(يَسيرُ)	سَيْر / مَسير	(v.)	to move along, to walk, to operate [18]
ساعٍ (الساعي)	ج	سُعاة	(n., m.)	mail carrier, janitor [8]
ساق	ج	سيقان	(n., f.)	let, thigh [12]
سالَ	(يَسيلُ)	سَيَلان	(v.)	to flow, to stream, to run [11]
سأَلَ	(يَسألُ)	سُؤال	(v.)	to ask [3]
سامَح	(يُسامِحُ)	مُسامَحة	(v.)	to forgive [7]
ساهَمَ	(يُساهِمُ)	مُساهَمة	(v.)	to contribute, to take part [16]
سائح	ج	سُيّاح / سائحون	(act. p.)	tourist [5]
سَبَقَ	(يَسبِقُ)	سَبْق	(v.)	to precede, to arrive before [19]
سِتارة	ج	سَتائِر	(n., f.)	drape, curtain [12]
سَجَّلَ	(يُسَجِّلُ)	تَسجيل	(v.)	to write down, to register [12]
سَحَبَ	(يَسْحَب)	سَحْب	(v.)	to pull [1]
سُخرية		سُخرية	(n., f.)	ridicule, scorn, derision, mockery [15]
سِرّ	ج	أَسْرار	(n., m.)	secret, mystery [14]
سَرَحَ	(يَسْرَحُ)	سُروح	(v.)	to be lost in thought, to daydream [15]
سَرَقَ	(يَسرِقُ)	سَرِقة	(v.)	to steal [11]
سُرْعة	ج	سُرْعات/ سُرُعات	(n., f.)	speed; velocity [3]

English	Part of speech	Plural / verbal noun	ج / present tense	Arabic
no sooner than, at which point [16]	(n. w/verbal meaning)			سُرْعانَ ما
Syriac, member of the Syrian church [9]	(adj.)			سِريانيّ
fast, quick [3]	(adj.)			سَريع
to burglarize, to break into [11]	(v.)	سَطْوٌ	(يُسْطو)	سَطا
embassy [6]	(n., f.)	سِفارات	ج	سِفارة
foot (of a mountain) [6]	(n., m.)	سُفوحٌ	ج	سَفْحٌ
quince (tree whose fruit resembles pears) [20]	(n., m.)			سَفَرْجَل
price [1]	(n., m.)	أَسْعار	ج	سِعْر
to give s.o. a drink [20]	(v.)	سَقي	(يَسْقي)	سَقى
to be silent, to be quiet [19]	(v.)	سَكوت	(يَسْكُتُ)	سَكَتَ
knife [3]	(n., f.)	سَكاكين	ج	سِكّين
tuberculosis [16]	(n., m.)			سُلّ
to plunder [20]	(v.)	سَلْب	(يَسْلُبُ)	سَلَبَ
to focus, to put in power [11]	(v.)	تَسْليط	(يُسَلِّطُ)	سَلَّطَ
to behave, to act [19]	(v.)	سُلوك	(يَسْلُكُ)	سَلَكَ
poison [18]	(n., m.)	سُموم	ج	سُمّ
speaker (i.e., radio/stereo speaker) [11]	(n., f.)	سَمّاعات	ج	سَمّاعة
to allow, to permit [5]	(v.)	سَماح	(يَسْمَحُ)	سَمَحَ
reputation, standing, renown [19]	(n., f.)			سُمْعة
semolina [3]	(n., m.)			سَميد

easy, plain [1]	(n., m.)			سَهْل
easiness, facility [1]	(n., f.)			سُهولة
except [18]	(part.)			سِوى
wall, fence [17]	(n., m.)	أَسْوار	ج	سور
chapter in the Qur'an [15]	(n., f.)	سُوَر	ج	سورة
executioner [20]	(n., m.)	سيّافون	ج	سيّاف
biography, history [9]	(n., m.)	سِيَر	ج	سيرة
flood, torrent [19]	(n., m.)	سُيول	ج	سَيْل
old name for Sri Lanka [1]	(name)			سيلان

ش

young man; youth [7]	(n., m.)	شَباب	ج	شابّ
to become gray-haired [19]	(v.)	شَيْب	(يَشيبُ)	شابَ
to resemble [19]	(v.)	مُشابَهة	(يُشابِهُ)	شابَهَ
moustache [12]	(n., m.)	شَوارِب	ج	شارِب
to participate [5]	(v.)	مُشارَكة	(يُشارِكُ)	شارَكَ
screen [1]	(n., f.)	شاشات	ج	شاشَة
vacant, empty, unoccupied [9]	(act. p.)			شاغِر
to grow up, to be a youth [19]	(v.)	شَباب	(يَشِبُّ)	شَبّ
to get full, to sate [14]	(v.)	شَبَع	(يَشْبَعُ)	شَبِعَ

lion cub [19]	(n., m.)	أشْبال	ج	شِبْل
comparison, simile [19]	(v.)	تَشبيه	(يُشَبِّهُ)	شَبَّهَ
to curse, to swear, to call names [12]	(v.)	شَتْم	(يَشتُمُ)	شَتَمَ
bravery, courage, boldness, valor [14]	(n., f.)			شَجاعة
to support, cheer [1]	(v.)	تَشْجيع	(يُشَجِّع)	شَجَّعَ
cargo, shipment, load [8]	(n., f.)	شِحْنات	ج	شِحْنة
to pull tight, to tie, to tighten [2]	(n., f.)	شَدَّات	ج	شَدَّة
strength, intensity [8]	(n., f)			شِدّة
intense, powerful [12]	(adj.)	أشِدّاء	ج	شَديد
drinking [7]	(n., m.)			شُرْب
vicious, fierce [12]	(adj.)	شَرِسون	ج	شَرِس
to begin, to start, to commence [12]	(v.)	شُروع	(يَشْرَعُ)	شَرَعَ
canonical law of Islam [18]	(n., m.)			شَرْع
similar to, like [19]	(n., m.)			شَرْوى
people, nation [6]	(n., m.)	شُعوب	ج	شَعْب
popular, of the people [9]	(adj.)			شَعْبيّ
to feel, to have a feeling [12]	(v.)	شُعور	(يَشعُرُ)	شَعَرَ
hair [12]	(n., m.)	أشْعار	ج	شَعْر
poetry [2]	(n., m.)	أشْعار	ج	شِعْر
lip [1]	(n., f.)	شِفاه	ج	شَفَة

شَفى	(يَشْفي)	شِفاء	(v.)	to heal, to cure [15]
شِفاء			(n., m.)	cure, healing, recovery [3]
شَقيّ			(n., m.)	scoundrel, rascal [15]
شَكْل	ج	أشْكال	(n., m.)	form, shape [14]
شَمِلَ	(يَشْمَل)	شَمْل	(v.)	to contain, comprise [1]
شَمَلَ	(يَشْمُل)	شُمول	(v.)	to contain, comprise [1]
شُموخ			(n., m.)	haughty [20]
شَهِدَ	(يَشْهَدُ)	شَهادة	(v.)	to witness [16]
شَوق	ج	أشواق	(n.m.)	longing, yearning, desire [4]
شَيْخ	ج	شُيوخ	(n., m.)	an elderly person, chief, senator, religious person [10]

ص

صاحِب	ج	أصْحاب	(act. p)	owner, proprietor, friend, companion [8]
صاخِب			(act. p.)	noisy, loud [7]
صادَفَ	(يُصادِفُ)	مُصادَفة	(v.)	to come across, to meet by chance [12]
صالِح			(act. p.)	suitable, fit, appropriate [1]
صَبَّ	(يَصُبُّ)	صَبّ	(v.)	to pour, to fill [3]
صَبَرَ	(يَصبِرُ)	صَبر	(v.)	to be patient, forbearing [4]
صَبر			(n., m.)	patience, forbearance, tolerance [15]
صَبِيّ	ج	صِبْية / صِبْيان	(n., m.)	boy [5]

صَحْن	ج	صُحون	(n., m.)	plate [3]
صَحيفة	ج	صُحُف	(n., f.)	newspaper [1]
صُداع			(n., m.)	headache [8]
صَدْر	ج	صُدور	(n., m.)	chest, breast, bosom [14]
صَدَّرَ	(يُصَدِّرُ)	تَصْدير	(v.)	to export [14]
صَدَف	ج	أَصْداف	(n., m.)	mother of pearl, sea shell [20]
صَدَّقَ	(يُصَدِّقُ)	تَصْديق	(v.)	to believe [18]
صِدْق			(n., m.)	truth, truthfulness, sincerity [15]
صُدْفة	ج	صُدَف	(n., f.)	chance, happenstance [11]
صِراع	ج	صِراعات	(n., m.)	fight, struggle [18]
صَرَفَ	(يَصْرِفُ)	صَرْف (على)	(v.)	to spend, to expend [13]
صَعْب			(adj.)	difficult, hard [3]
صَعِدَ	(يَصعَدُ)	صُعود	(v.)	to climb up [4]
صُعوبة	ج	صُعوبات	(n., f.)	difficulty [3]
صَفْصافة			(n., f.)	willow tree [20]
صَلَّح	(يُصَلِّح)	تَصْليح	(v.)	to repair [2]
صَليب	ج	صُلْبان	(n., m.)	sign of the cross, cross [16]
صَمَتَ	(يَصْمُتُ)	صَمْت	(v.)	to be silent, to stop talking, to shut up [15]
صَمَّمَ	(يُصَمِّم)	تَصْميم	(v.)	to design, decide, be determined [1]
صَنْج	ج	صُنوج	(n., f.)	brass disc, cymbals [2]

صِنْف	ج	أَصْناف	(n., m.)	category, sort, type, kind [16]

ض

ضَرَبَ	(يَضْرِبُ)	ضَرْب	(v.)	to hit, to strike, to beat [10]
ضَجِرَ	(يَضْجَرُ)	ضَجَر	(v.)	to be dissatisfied, to be bored, to be annoyed [15]
ضَجيج			(n., m.)	noise, clamor [19]
ضَخْم	ج	ضِخام	(adj.)	huge, great [12]
ضَرَبَ	(يَضْرِبُ)	ضَرْب (إلى)	(v.)	to shade (into a color) [17]
ضَرْبٌ إلى الحُمْرة				a shade of red [17]
ضَروريّ			(adj.)	essential, necessary [15]
ضَعُفَ	(يَضْعُفُ)	ضَعْف	(v.)	to weaken, to lose strength [16]
ضَفيرة	ج	ضَفائِر	(n., f.)	braid, pigtail, tress, lace [20]
ضَغَطَ	(يَضغَطُ)	ضَغْط	(v.)	to press, to push, to pressure [12]
ضَمَّ	(يَضُمُّ)	ضَمّ	(v.)	to join, to gather, to combine [11]
ضَوْء	ج	أَضْواء	(n., m.)	a light [7]
ضَيْف	ج	ضُيوف	(n., m.)	guest, visitor [13]

ط

طاغٍ	ج	طُغاة	(n., m.)	prevailing, oppressive person [15]
طافَ	(يَطوفُ)	طَوْف	(v.)	to wander, to circle around [20]
طالَعَ	(يُطالِع)	مُطالَعة	(v.)	to read, browse [1]

faction, sect [17]	(n., f.)	طَوائِف	ج	طائِفة
to cook [3]	(v.)	طَبْخ	(يَطْبُخُ)	طَبَخَ
dish, plate [3]	(n., m.)	أطْباق	ج	طَبَق
to grind, to pulverize [3]	(v.)	طَحْن	(يَطْحَنُ)	طَحَنَ
to be moved (mostly with joy) [19]	(v.)	طَرَب	(يَطْرَبُ)	طَرِبَ
extremity, edge, limb [11]	(n., m.)	أطْراف	ج	طَرَف
uncommon, funny, novel [8]	(adj.)			طَريف
way, road [1]	(n., m.)	طُرُق أو طُرُقات	ج	طَريق
method, way, manner [3]	(n., f.)	طرائق	ج	طَريقة
fold, conviction [19]	(n., f.)	طَوايا	ج	طَويّة
throughout, during, all through [16]	(n., f.)			طيلةَ / طَوالَ

ظ

fingernail, toenail, claw [19]	(n., m.)	أظْفار / أظافِر	ج	ظِفْر/ ظُفُر
shadow, shade [9]	(n., m.)	ظِلال	ج	ظِلّ
to do injustice, to do wrong, to act tyrannically [19]	(v.)	ظُلم	(يَظلِمُ)	ظَلَمَ
saucepan, skillet [8]	(n., f.)	طَناجِر	ج	طَنْجَرة
to cook [13]	(v.)	طَهْو / طَهْي	(يَطْهو)	طَها
apparent, visible, obvious [15]	(adj.)			ظاهِر
back [5]	(n., m.)	ظُهور	ج	ظَهْر

ع

to chide, to scold mildly [8]	(v.)	مُعاتَبة	(يُعاتِبُ)	عاتَبَ
to oppose, to resist, to object [16]	(v.)	مُعارَضة	(يُعارِضُ)	عارَضَ
to live [4]	(v.)	عَيش	يَعيشُ	عاشَ
to associate with, to mix with [19]	(v.)	مُعاشَرة	(يُعاشِرُ)	عاشَرَ
lover [20]	(act. p.)	عاشِقون	ج	عاشق
perfumed; nice [7]	(act. p.)			عاطِر
emotion, passion [16]	(n., f.)	عَواطِف	ج	عاطِفة
to treat, to remedy, to cure, to medicate [16]	(v.)	مُعالَجة	(يُعالِجُ)	عالَجَ
to treat s.o. [7]	(v.)	مُعامَلة	(يُعامِلُ)	عامَلَ
tantamount to, equivalent to [15]	(n., f.)			عبا ر ة (عَن)
to worship [15]	(v.)	عِبادة	(يَعْبُدُ)	عَبَدَ
to cross, carry across, traverse [4]	(v.)	عُبور	(يَعبُرُ)	عَبَرَ
to linger on (a scent) [20]	(v.)	عَبْق	(يَعْبَقُ)	عَبِقَ
scent, fragrance [20]				عَبير
doorstep, threshold [12]	(n., f.)	عَتَبات	ج	عَتَبة
Ottoman [9]	(adj.)			عُثْمانيّ
wheel [14]	(n., f.)	عَجَلات	ج	عَجَلة
dough [7]	(adj.)			عَجين

meter, counter [12]	(n., m.)	عَدّادات	ج	عَدّاد
nonexistence, nothingness, absence, lack [16]	(n., m.)			عَدَم
non-, un-, in-, dis-[7]	(part.)			عَدَم
enemy, foe [17]	(n., m.)	أعْداء	ج	عَدوّ
number of, large quantity [18]	(n, m.)		(مِن)	عَديد
excuse [7]	(n., m.)	أعْذار	ج	عُذْر
wedding, marriage [9]	(n., m.)	أعْراس	ج	عُرْس
to cover (as a vine does a trellis) [20]	(v.)	تَعْريش	(يُعَرِّشُ)	عرّش
bride [9]	(n., f.)	عَرائِس	ج	عَروس
groom [9]	(n., m.)	عُرُس / عِرْسان	ج	عَروس
groom [9]	(n., m.)	عُرُس / عِرْسان	ج	--
to show, to display [5]	(v.)	عَرْض	(يَعْرِضُ)	عَرَضَ
breadth, width [17]	(n., m.)	عُروض	ج	عَرْض
to perspire, to sweat [12]	(v.)	عَرَق	(يَعرَقُ)	عَرِقَ
licorice root [5]	(n., m.)	(عِرْق سوس)		عِرْقسوس
Arabism, to have the Arabic character [20]	(n., f.)			عُروبة
doll [20]	(n., f.)	عَرائِس (السكر)	ج	عَروسة
trellis [20]	(n., f.)			عَريشة
wide [4]	(adj.)			عَريض
to play an instrument [2]	(v.)	عَزْف (على)	(يَعْزِف)	عَزَف

military, soldier [17]	(adj.)			عَسْكَريّ
League (of Nations) [16]	(n., f.)			عُصْبة (الأمَم)
midafternoon [12]	(n., m.)	أعْصار	ج	عَصر
period, era [1]	(n., m.)	عُصور	ج	عَصْر
modern [1]	(adj.)			عَصْريّ
to storm, to blow violently [17]	(v.)	عَصْف	(يَعصِفُ)	عَصَفَ
to bite [20]	(v.)	عَضّ	(يَعَضُّ)	عَضَّ
member [16]	(n., m.)	أعْضاء	ج	عُضْو
perfume, fragrance [1]	(n., m.)	عُطور	ج	عِطْر
giving, gift, grant, donation [16]	(n., m.)			عَطاء
to forgive, to excuse [18]	(v.)	عَفْو (عن)	(يَعْفو)	عَفا
end, issue, effect, outcome, consequence [14]	(n., f.)	ج عَواقِب		عُقْبى / عاقِبة
arch, vault [17]	(n., m.)	عُقود	ج	عَقْد
to be reasonable, to comprehend [8]	(v.)	عَقْل	(يَعقِلُ)	عَقَلَ
reason, rationality [18]	(n., m.)			عَقْل
article of faith, tenet, dogma, ideology [18]	(n., f.)	عَقائِد	ج	عَقيدة
treatment, therapy [2]	(n., m.)	عِلاجات	ج	عِلاج
grade, mark [2]	(n,, f.)	عَلامات	ج	عَلامة
box, case, carton [12]	(n., f.)	عُلَب	ج	عُلبة
to hang, to suspend, to attach [12]	(v.)	تَعليق	(يُعَلِّقُ)	عَلَّقَ

metrics, prosody [20]	(*iḍāfa*)			عِلْمُ العَروض
building, architecture [17]	(n., f.)	عَمارات		عَمارة
construction, development [6]	(n., m.)			عُمْرانٌ
depth [15]	(n., m.)	أعْماق	ج	عُمْق
operation, procedure, process [11]	(n., f.)	عَمَليّات	ج	عَمَليّة
pole, post [11]	(n., m.)	أعْمِدة/ عَواميد	ج	عَمود
deep [3]	(adj.)			عَميق
nexk [12]	(n., m.)	أعْناق	ج	عُنُق
violent [18]	(adj.)			عَنيف
knowledge, treaty, decree [14]	(n., m.)	عُهود	ج	عَهْد
lute [2]	(n., m.)	أعْواد	ج	عود
to compensate, to make up for [16]	(v.)	تَعْويض	(يُعَوِّضُ)	عَوَّضَ
spring (of water) [1]	(n., m.)	عُيون	ج	عَيْن
to appoint [18]	(v.)	تعيين	(يُعَيِّنُ)	عَيَّنَ

غ

to be absent [8]	(v.)	غِياب	(يَغيبُ)	غابَ
to dive [6]	(v.)	غَوْص	(يَغوصُ)	غاصَ
obscure, vague, unclear [15]	(act. p.)			غامِض
to become [20]	(v.)	غَدوة	(يَغْدو)	غَدا

nourishment, nutrient [16]	(n., m.)	أغْذية	ج	غِذاء
strange, stranger [13]	(adj.)	غُرَباء	ج	غَريب
abundant, copious [19]	(adj.)			غَزير
to get angry, to be furious [12]	(v.)	غضَب	(يَغضَبُ)	غَضِبَ
to cover, to wrap, to conceal [17]	(v.)	تَغطية	(يُغَطِّي)	غَطَّى
to boil [3]	(v.)	غَلْيٌ / غَلَيان	(يَغلي)	غَلى
to flood, to inundate, to fill [13]	(v.)		(يَغْمُرُ)	غَمَرَ
to lavish (upon) [20]	(v.)	غُمورة (بـِ)	(يَغْمُرُ)	غَمُرَ
name of fertile oasis in southern Damascus [20]	(n., f.)			الغوطة
abundant rain [19]	(n., m.)	غُيوث	ج	غَيْث
to change, to alter, to modify [14]	(v.)	تَغْيير	(يُغيِّرُ)	غَيَّرَ

ف

then, so, therefore, thus [7]	(part.)			فَـ
to boil, simmer, bubble [3]	(v.)	فَوَران	(يَفورُ)	فارَ
empty [4]	(act. p.)			فارِغ
difference, distinction, disparity [11]	(act. p.)	فَوارِق	ج	فارِق
past; last [7]	(act. p.)			فائِت
to open [1]	(v.)	فَتْح	(يَفْتَح)	فَتَحَ
to conquer [17]	(v.)	فَتْح (فَتَحَ بَلَداً)	(يَفْتَحُ)	فَتَحَ

period, interval of time [16]	(n., f.)	فَتَرات	ج	فَتْرة
suddenly [8]	(adv.)			فَجْأةً
to examine, to test [8]	(v.)	فَحْص	(يَفحَصُ)	فَحَصَ
earthenware, clay [2]	(n., m.)			فَخّار
magnificent, splendid, stately [6]	(adj.)			فَخْم
stallion, strong man, luminary [20]	(n., m.)	فُحول(ة)	ج	فَحْل
to flee, to run away [17]	(v.)	فِرار	(يَفِرُّ)	فَرَّ
to be happy, rejoice [4]	(v.)	فَرَح	(يَفرَحُ)	فَرِحَ
chick [8]	(n., f.)	فِراخ	ج	فَرْخ
individual, member [17]	(n., m.)	أفْراد	ج	فَرْد
paradise [17]	(n., m.)	فَراديس	ج	فِرْدَوْس
horse, mare [17]	(n., m.)	أفْراس	ج	فَرَس
difference, distinction [15]	(n., m.)	فُروق	ج	فَرْق
band, group [7]	(n., f.)	فِرَق	ج	فِرْقة
oven [3]	(n., m.)	أفْران	ج	فُرْن
pistachio (peanuts) [7]	(n., m.)	(فُسْتُق سودانيّ)		فُسْتُق
recess, intermission, picnic (Egypt) [15]	(n., f.)	فُسَح	ج	فُسْحة
to explain, to expound, to explicate [18]	(v.)	تَفْسير	(يُفَسِّرُ)	فَسَّرَ
mosaic [20]	(n., m.)			فُسَيْفُساء
classroom (Egypt) [15]	(n., m.)	فُصول	ج	فَصْل

genus [20]	(n., m.)	فَصائِل	ج	فصيل
to settle, to resolve [14]	(v.)	فَضّ	(يَفُضُّ)	فَضَّ
silver [6]	(n., f.)			فِضّة
to prefer, to favor [15]	(v.)	تَفْضيل	(يُفَضِّلُ)	فَضَّلَ
scandal [2]	(n., f.)	فَضائح	ج	فَضيحَة
to lose [17]	(v.)	فُقْدان	(يَفقِدُ)	فَقَدَ
poverty, need, destitution [16]	(n., m.)			فَقْر
understanding, jurisprudence [18]	(n., m.)			فِقْه
humor, joke, fun [14]	(n., f.)	فُكاهات	ج	فُكاهة
to think (about) [14]	(v.)	تَفْكير (في)	(يُفَكِّرُ)	فَكَّرَ
thinking, thought [18]	(n., m.)	أفْكار	ج	فِكْر
jasmine [20]	(n., m.)			فُلّ
to dent, to blunt [19]	(v.)	فَلّ	(يَفُلُّ)	فَلَّ
to cultivate, to till [20]	(v.)	فَلْح	(يَفْلَحُ)	فَلَحَ
astronomy [18]	(n., m.)			فَلَك
film, movie [2]	(n., m.)	أفْلام	ج	فِلم
art, type, kind, variety [11]	(n., m.)	فُنون / أفْنان	ج	فَنّ
to perish [19]	(v.)	فَناء	(يَفْنى)	فَنِيَ
artist [11]	(adj.)	فَنّانون	ج	فَنّان
courtyard [9]	(n., m.)	أفْنية	ج	فِناء

ق

to drive, to pilot [6]	(v.)	قيادة	(يَقودُ)	قادَ
capable, competent, powerful, able [16]	(act. p.)	قادِرون	ج	قادِر
coming, next, following [15]	(act. p.)	قادِمون	ج	قادِم
to interview, to meet [5]	(v.)	مُقابَلة	(يُقابِلُ)	قابَلَ
reader [2]	(act. p.)	قُرّاء	ج	قارِئ
to compare, to contrast [13]	(v.)	مُقارَنة	(يُقارِنُ)	قارَنَ
far, distant [13]	(n.)	قُصْوى (.f)	أقْصى (.m)	قاصٍ
deadly, lethal, fatal (knockout blow) [14]	(adj.)	(الضَربة القاضية)		قاضٍ
to break off a relationship, to interrupt [12]	(v.)	مُقاطَعة	(يُقاطِعُ)	قاطَعَ
large room, hall [1]	(n., f.)	قاعات	ج	قاعة
to rise, to get up, to stand up [14]	(v.)	قِيام	(يَقومُ)	قامَ
dome [17]	(n., f.)	قِباب / قُبَب	ج	قُبّة
to accept, to consent [19]	(v.)	قَبول	(يَقْبَلُ)	قَبِلَ
kiss [7]	(n., f.)	قُبُلات	ج	قُبْلة
ugly, unsightly, repulsive [15]	(adj.)			قَبيح
to kill, to murder [8]	(v.)	قَتْل	(يَقتُلُ)	قَتَلَ
power, faculty, strength [15]	(n., f.)	قُدُرات	ج	قُدْرة
foot [9]	(n., f.)	أقْدام	ج	قَدَم

dirty, filthy [8]	(n., m.)			قَذِر
to throw, to cast [17]	(v.)	قَذْف	(يَقذِفُ)	قَذَفَ
to decide [12]	(v.)	تَقرير	(يُقَرِّرُ)	قَرَّرَ
disc, tablet [11]	(n., m.)	أقْراص	ج	قُرْص
to knock, to rap [12]	(v.)	قَرْع	(يَقرَعُ)	قَرَعَ
century; horn [17]	(n., m.)	قُرون	ج	قَرْن
peel, rind, skin, shuck, crust [3]	(n., m.)	قُشور	ج	قِشْر
to cut, to narrate [14]	(v.)	قَصّ	(يَقُصُّ)	قَصَّ
story [9]	(n., f.)	قِصَص	ج	قِصّة
palace, mansion, castle [6]	(n., m.)	قُصورٌ	ج	قَصْرٌ
poem, ode [17]	(n., f.)	قَصائِد	ج	قَصيدة
to spend (time), to pass (time) [12]	(v.)	قَضاء	(يَقضي)	قَضى
issue, cause, affair [16]	(n., f.)	قَضايا	ج	قَضيّة
cat [2]	(n., f.)	قِطَط	ج	قِطّة
to frown, to scowl [15]	(v.)	تَقْطيب	(يُقَطِّبُ)	قَطَّبَ
syrup [3]	(n., m.)			قَطْر
drip, drop [19]	(n., m.)			قَطْر
drop (of s.th.) [11]	(n., f.)	قَطَرات	ج	قَطْرة
to cut up, cut into pieces [3]	(v.)	تَقْطيع	(يُقَطِّعُ)	قَطَّعَ
to jump, to leap [19]	(v.)	قَفْز	(يَقفِزُ)	قَفَزَ

قَلْب	ج	قُلوب	(n., m.)	heart [2]
قَلعة	ج	قِلاع	(n., f.)	fortress, castle [17]
قَلِقٌ			(n., m.)	worried, uneasy, apprehensive [8]
قِمَّةٌ	ج	قِمَم	(n., f.)	summit, peak [6]
قَمْح			(n., m.)	wheat [9]
قَناعة	ج	قَناعات	(n., f.)	satisfaction, contentment, conviction [19]
قَوْس	ج	أقْواس (قوس النَصْر)	(n., m.)	bow, arch (triumphal arch) [10]
قَوَّمَ	(يُقَوِّمُ)	تَقويم	(v.)	to evaluate, to assess, to rectify [19]
قَوْم	ج	أقْوام	(n., m.)	people, nation [19]
قَوْميّ			(adj.)	national [11]

ك

كاتَب	(يُكاتِب)	مُكاتَبة	(v.)	to correspond with [2]
كادَ	(يَكادُ)		(v.)	almost, on the verge of [7]
كافٍ			(adj.)	adequate, enough [14]
كَأنَّ			(conj.)	as if, as though [19]
كُبْرى	ج	كُبْرَيات	(n., f.)	biggest, greatest, eldest [13]
كَتِف	ج	أكْتاف	(n., f.)	shoulder [12]
كُحول	(الكُحول)		(n., m.)	alcohol [7]
كَدْح			(v.)	toil, labor, drudgery [20]

كَرِهَ	كُرْه / كَراهة / كَراهية		(v.)	to hate, to detest, to loathe [18]
كَرْم	كُروم	ج	(n., m.)	vineyard [20]
كْرواسّان			(n., m.)	croissant [9]
كَريم	كُرماء / كِرام	ج	(adj.)	generous, honorable [5]
كسا	كِسوة	(يَكْسو)	(v.)	to clothe, to cover [20]
كَفّ	كُفوف / أكُفّ	ج	(n., m.)	palm (of a hand) [12]
كَفَرَ	كَفْر / كُفْر	(يَكْفُرُ)	(v.)	to be irreligious, not to believe in God [15]
كَفى	كِفاية	(يَكْفي)	(v.)	to be sufficient, to be enough [3]
كَلاّ			(negative particle)	not at all, by no means [15]
كَلام	(عِلم الكَلام)		(n., m.)	scholastic theology [18]
كَلْب	كِلاب	ج	(n., m.)	dog [2]
كِلْس			(n., m.)	lime, limestone [17]
كَلَّفَ	تَكْليف/ تكلِفة	(يُكَلِّفُ)	(v.)	to cost [9]
كَما			(part)	as, like [7]
كَمّاشة	كَمّاشات	ج	(n., f.)	pliers [2]
كَمين	كَمائِن	ج	(n., f.)	ambush [20]
كَنْز	كُنوز	ج	(n., m.)	treasure [19]
كَنَف	أكْناف	ج	(n., m.)	side, shadow, shelter [17]
كوتشينة			(n., f.)	card game in Egypt [2]

ل

لاجِئ	ج	لاجِئون	(act. p.)	refugee [6]
لاحَظَ	(يُلاحِظُ)	مُلاحَظَة	(v.)	to notice, to take note [12]
لافِتة	ج	لافِتات	(n., f.)	sign, billboard [1]
لاقَ	(يَليقُ)	لَيْق (بِـ)	(v.)	to be suitable (for) [20]
لاقى	(يُلاقي)	مُلاقاة	(v.)	to meet, to encounter [16]
لامَ	(يَلومُ)	لَوْم	(v.)	to blame, to reproach, to admonish [19]
لاءَمَ	(يُلائِم)	مُلاءَمة	(v.)	to be suitable, appropriate [1]
لَبَّى	(يُلَبِّي)	تَلْبية	(v.)	to respond to, to comply [16]
لَبِثَ	(يَلْبَثُ)	لَبْث	(v.)	to linger, to remain [15]
لَحَظَ	(يَلْحَظُ)	لَحْظ	(v.)	to notice, to look, to observe [15]
لَحْظة	ج	لَحَظات	(n., f.)	moment, instant [5]
لَحِقَ	(يَلحَقُ)	لَحاق	(v.)	to catch up, to keep close [8]
لَحَّنَ	(يُلَحِّنُ)	تَلحين	(v.)	to compose, to set to music [17]
لَخَّصَ	(يُلَخِّصُ)	تَلْخيص	(v.)	to summarize, to abridge [18]
لَدى			(prep.)	at, by (= عِنْدَ) [2]
لِسان	ج	ألسِنة/ ألسُن	(n., m.)	tongue, language [8]
لِصّ	ج	لُصوص	(n., m.)	theif, robber, burglar [11]
لَطيف	ج	لُطفاء	(adj.)	gentle, kind, friendly [9]

لَعَنَ	(يَلعَنُ)	لَعْن	(v.)	to curse, to damn [12]
لَعْنة	ج	لَعَنات	(n., f.)	curse [12]
لَعين	ج	مَلاعين	(adj.)	cursed, damned, detested, evil [12]
لَمْحة	ج	لَمَحات	(n., f.)	glimpse, brief insight [17]
لَوْز			(n., m.)	almond [3]
لَوزة	ج	لَوْزات (اللَوزَتان)	(n., f.)	tonsils [11]
لِيزَر			(n., m.)	laser [11]
لَيْلكة			(n., f.)	lilac [20]
لَيْمون			(n., m.)	lemon [3]

م

ماجِسْتير			(n., m.)	master's degree [2]
مادّة	ج	مَوادّ	(n., f.)	material, substance, ingredient [3]
ماعِز	ج	مَواعِز	(act. p.)	goat [2]
مال	ج	أمْوال	(n., m.)	money, wealth [13]
ماما			(n., f.)	mama (mommy) [15]
مانِع	ج	مَوانِع	(act. p.)	objection, obstacle, obstruction [5]
مائِدة	ج	مَوائِد	(act. p.)	table [7]
مَبروك			(pass. p.)	congratulations [4]
مَبْلَغ	ج	مَبالَغ	(n., m.)	amount of money [11]

built, constructed [6]	(pass. p.)			مَبْنِيٌّ
moving, movable, mobile [14]	(n., m.)			مُتَحَرِّك
backward, retarded, falling behind [16]	(act. p.)	مُتَخَلِّفون	ج	مُتَخَلِّف
meter (measurement of length) [4]	(n., m.)	أمتار	ج	مِتر
broken, out of order [11]	(act. p.)			مُتَعَطِّل
average, medium, intermediate [11]	(act. p.)			مُتَوَسِّط
proverb [19]	(n., m.)	أمْثال	ج	مَثَل
similar, like, equal, analogous [14]	(n., m.)	أمْثال	ج	مِثْل
to represent, to exemplify, to act [9]	(v.)	تَمْثيل	(يُمَثِّلُ)	مَثَّلَ
chilled food products; ice cream [5]	(act. p.)	مُثَلَّجات	ج	مُثَلَّج
abode, dwelling [20]	(n., m.)	مَثاوٍ	ج	مُثوى
like, similar, equal [15]	(n., m.)	مُثُل	ج	مَثيل
field, area of specialization [5]	(n., m.)	مَجالات	ج	مَجال
adjacent, neighboring [5]	(act. p.)			مُجاوِر
society, community [16]	(pass. p.)	مُجْتَمَعات	ج	مُجْتَمَع
council, assembly [6]	(n., m.)	مَجالِسُ	ج	مَجْلِسٌ
group; set [11]	(pass. p.)	مَجموعات	ج	مَجموعة
responder [12]	(n., m.)	مُجيبون	ج	مُجيب
needy, poor, destitute, wanting [16]	(pass. p.)	مُحْتاجون	ج	مُحْتاج
imminent, encircling, surrounding [17]	(act. p.)			مُحْدِق

engine, motor [12]	(n., m.)	مُحَرِّكات	ج	مُحَرِّك
crop, yield [20]	(pass. p.)			مَحْصول
motivator, stimulator, incentive [16]	(act. p.)	مُحَفِّزون	ج	مُحَفِّز
toasted [7]	(pass. p.)			مُحَمَّص
axis, axle, pivot [14]	(n., m.)	مَحاوِر	ج	مِحْوَر
contradictory, conflicting, divergent [18]	(act. p.)	مُخالِفون	ج	مُخالِف
summed up, abbreviated, summarized [19]	(pass. p.)			مُختَصر
bed chamber [20]	(n., m.)	مَخادِع	ج	مَخدَع
frightening, intimidating [12]	(adj.)			مُخيف
camp [6]	(n., m.)	مُخَيَّماتٌ	ج	مُخَيَّم
imagination, fantasy [20]	(n., f.)	مُخَيِّلات	ج	مُخَيِّلة
to stretch (out), to reach, to extend [12]	(v.)	مَدّ	(يَمُدُّ)	مَدَّ
extent, range, scope [15]	(n., m.)			مَدى
entrance, foyer, introduction [8]	(n., m.)	مَداخِل	ج	مَدخَل
driven forward, propelled, motivated [16]	(pass. p.)			مَدْفوع
tear duct [20]	(n., m.)	مَدامِع	ج	مَدْمَع
doctrine, creed, movement, trend [18]	(n., m.)	مَذاهِب		مَذْهَب
to pass through/by [1]	(v.)	مُرور	(يَمُرُّ)	مَرَّ
correspondent, reporter [5]	(act. p.)	مُراسِلون	ج	مُراسِل
supervisor, observer [13]	(act. p.)	مُراقِبون	ج	مُراقِب

tied, bound, fastened [12]	(pass. p.)			مَربوط
height (e.g., the Golan heights), hill [2]	(pass. p.)	مُرْتَفَعات	ج	مُرْتَفَع
boiler, cauldron [14]	(n., m.)	مَراجِل	ج	مِرْجَل
to rejoice, to be merry [13]	(v.)	مَرَح	(يَمْرَحُ)	مَرِحَ
stage; phase [11]	(n., f.)	مَراحِل	ج	مَرْحَلة
nominated; candidate [16]	(pass. p.)			مُرَشَّح
to be ill, to get sick [15]	(v.)	مَرَض	(يَمْرَضُ)	مَرِضَ
to nurse, to tend [16]	(v.)	تَمْريض	(يُمَرِّضُ)	مَرَّضَ
attached, enclosed [17]	(pass. p.)			مُرفَق
center [9]	(n., m.)	مَراكِز	ج	مَركَز
marble [17]	(n., m.)			مَرْمَر
traffic [11]	(n., m.)			مُرور
comfortable (to give comfort) [5]	(act. p.)			مُريح
to joke [7]	(v.)	مَزْح	(يَمزَحُ)	مَزَح
decorated [17]	(pass. p.)			مُزَخْرَف
double, dual [2]	(act. p.)			مُزْدَوِج
chronic, enduring [17]	(act. p.)			مُزمِن
touched (with insanity, madness, mania) [14]	(n., m.)		(مِن) (الجنون)	مَسّ
help, assistance, aid [2]	(n., f.)	مُساعَدات	ج	مُساعَدَة
distance [4]	(n., f.)	مَسافات	ج	مَسافة

مَسامّ	ج	مَسامّات	(n., m.)	pores [20]
مُسْتَجِدّ	ج	مُسْتَجِدّون، مُسْتَجِدّات	(act. p.)	new, recent [11]
مُستَجير	ج	مُسْتَجيرون	(act. p.)	seeker of refuge or asylum [19]
مُسْتَدير			(adj.)	round, circular [14]
مُسْتَشار	ج	مُسْتَشارون	(pass. p.)	consultant, counsel, adviser [19]
مُسْتَشفى	ج	مُستَشفَيات	(n., m.)	hospital [11]
مَسْتَطلِعاً			(act. p.)	inquiring [15]
مُسْتَقِلّ			(act. p.)	independent [17]
مُسْتَمِع			(act. p.)	listener [19]
مُسْتَوى	ج	مُسْتَوَيات	(n., m.)	level, standard [15]
مَسَحَ	(يَمسَحُ)	مَسْح	(v.)	to wipe off, to erase, to clean [8]
مَسْحوق	ج	مَساحيق	(pass. p.)	powder [1]
مُسدَل			(pass. p.)	drawn (a curtain) [12]
مَسْروق			(pass. p.)	stolen [11]
مَسْقيّ			(adj.)	irrigated, supplied with water [9]
مِسَلّة	ج	مِسَلاّت	(n., f.)	obelisk [20]
مَسْموع			(pass. p.)	audible, able to be heard [7]
مُسِنّ	ج	مُسِنّون	(act. p.)	elderly, old [13]
مَشْتَل	ج	مَشاتِل	(n., m.)	nursery, arboretum [20]
مُشَجِّع	ج	مُشَجِّعون	(act. p.)	fan [1]

a play (theatrical) [2]	(n., f.)	مَسْرَحِيّات	ج	مَسْرَحِيَّة
compassionate [15]	(n., m.)			مُشْفِق
inhabited [6]	(pass. p.)			مَسْكون
common, mutual [2]	(pass. p.)			مُشْتَرَك
baffled, confused, perplexed [17]	(n., m.)	مَشْدوهون	ج	مَشْدوه
bar [7]	(n., m.)	مَشارِب	ج	مَشْرَب
drink, refreshments [7]	(pass. p.)	مَشْروبات	ج	مَشْروب
problem [2]	(act. p.)	مُشْكِلات / مَشاكِل	ج	مُشْكِلة
placenta [20]	(n., f.)	مَشايم	ج	مَشيمة
expenditure, allowance [13]	(pass. p.)	مَصاريف	ج	مَصْروف
worshiper [1]	(act. p.)	مُصَلّون	ج	مُصَلٍّ
classified, sorted [19]	(pass. p.)			مُصَنَّف
misfortune, calamity, disaster [19]	(act. p.)	مَصائِب	ج	مُصيبة
to pass (time), to elapse [7]	(v.)	مُضي	(يَمضي)	مَضى
strait, narrow pass [10]	(n., m.)	مَضائِق	ج	مَضيق
hammer [2]	(n., f.)	مَطارِق	ج	مِطْرَقة
inlaid (with) [20]	(pass. p.)		بِـ	مُطَعَّم
turned off, extinguished [12]	(pass. p.)			مُطفَأ
contemporary [14]	(act. p.)	مُعاصِرون	ج	مُعاصِر

مُعامَلة	ج	مُعامَلات	(n., f.)	treatment, social intercourse [19]
مَعْرِض	ج	مَعارِض	(n., m.)	exhibition, fair, show [5]
مَعْرِفة	ج	مَعارِف	(n., f.)	knowledge [11]
مَعْرَكة	ج	مَعارِك	(n., f.)	battle [17]
مَعْروض			(pass. p.)	shown, displayed [14]
مَعْلومة	ج	مَعْلومات	(pass. p.)	bit of information [2]
مَعْمَل	ج	مَعامِل	(n., m.)	factory, plant [13]
مَعْهَد	ج	مَعاهِد	(n., m.)	institution, institute, academy [5]
مُعَيَّن	ج	مُعَيَّنات	(pass. p.)	diamond (shape) [3]
مُغْتَبِط	ج	مُغتَبِطون	(adj.)	glad, delighted
مُغْلَق			(pass. p.)	closed [1]
مُفاجِئ			(adj.)	sudden, unexpected, surprising [13]
مَفتوح			(pass. p.)	open [1]
مَفْرَش	ج	مَفارِش	(n., m.)	bedspread, bed cover, tablecloth [15]
مَفْقود			(pass. p.)	lost [17]
مِفَكّ	ج	مِفَكّات	(n., m.)	screwdriver [2]
مُفَكِّر	ج	مُفَكِّرون	(act. p.)	thinker [18]
مُقاتِل	ج	مُقاتِلون	(act. p.)	warrior, fighter, combatant [17]
مَقال	ج	مَقالات	(n., m.)	article, essay, way of speaking [19]

essay, article, editorial [8]	(n., f.)	مَقالات	ج	مَقالة
standing, rank, position, prestige [19]	(n., m.)	مَقامات	ج	مَقام
next; coming [7]	(act. p.)			مُقْبِل
measure, quantity, amount [3]	(n., m.)	مَقادير	ج	مِقْدار
power, strength, capacity [19]	(n., f.)	مَقدِرات	ج	مَقدِرة
close companion, favorite [18]	(pass. p.)	مُقَرَّبون	ج	مُقَرَّب
intended [19]	(pass. p.)			مَقصود
seat [14]	(n., m.)	مَقاعِد	ج	مَقْعَد
components [20]	(n., m.)	مُقَوِّمات	ج	مُقَوِّم
café [9]	(n., m.)	مَقاهٍ/ المَقاهي	ج	مَقْهى
(telephone) call, conversation, talk [1]	(n., f.)	مُكالَمات	ج	مُكالَمة
written [7]	(pass. p.)			مَكْتوب
uncovered, bare, exposed [14]	(pass. p.)			مَكْشوف
to enable, to make possible [11]	(v.)	تَمكين	(يُمَكِّنُ)	مَكَّنَ
to fill, to fill up [12]	(v.)	مَلْء	(يملأُ)	مَلأَ
suitable [18]	(act. p.)			مُلائِم
to own, to possess [19]	(v.)	مُلْك / مَلْك / مِلْك	(يَمْلِكُ)	مَلَكَ
queen [10]	(n., f.)	مَلِكات	ج	مَلِكة
a long period of time [15]	(n., m.)			مَلِيّ

enjoyable, pleasant, interesting [5]	(adj.)			مُمْتع
kingdom [6]	(n., f.)	مَمالِكُ	ج	مَمْلَكَةٌ
cursed, damned, evil, wicked [14]	(pass. p.)	مَلاعين	ج	مَلْعون
place of entertainment [7]	(n., m.)	مَلاهٍ	ج	مَلْهى
full [5]	(adj.)			مَمْلوء
possible [5]	(adj.)			مُمْكِن
suitable, appropriate [3]	(act. p.)			مُناسِب
occasion, opportunity [19]	(n., f.)	مُناسَبات	ج	مُناسَبة
discussion [15]	(n., f.)	مُناقَشات	ج	مُناقَشة
team [1]	(pass. p.)	مُنْتَخَبات	ج	مُنْتَخَب
park, recreation ground [13]	(n., m.)	مَنازه	ج	مُتَنَزَّه
victor, conqueror, victorious [16]	(act. p.)	مُنْتَصِرون	ج	مُنْتَصِر
middle, mid [9]	(pass. p.)			مُنْتَصَف
the extreme, the utmost [12]	(n., m.)			مُنتَهى
status, rank, position [18]	(n., f.)			مَنزِلة
cheerful, in high spirits [14]	(adj.)		(الصَدْر)	مُنْشَرِح
area, region, zone [6]	(n., f.)	مَناطِق	ج	مِنْطَقةٌ
to prohibit, prevent [1]	(v.)	مَنْع – مَمْنوع	(يَمْنَع)	مَنَعَ
saw [2]	(n., m.)	مَناشير	ج	مِنْشار

slope, incline, descent (of river) [17]	(pass. p.)	مُنحَدَرات	ج	مُنْحَدَر
unlucky, unfortunate, ill-fated [12]	(pass. p.)	مَناحيس	ج	مَنحوس
logic [18]	(n., m.)			مَنْطِق
organization [16]	(pass. p)	مُنَظَّمات	ج	مُنَظَّمة
reflected [17]	(act. p.)			مُنْعَكِس
alone, solitary, isolated [16]	(act. p.)	مُنْفَرِدون	ج	مُنْفَرِد
s.o. venting [12]	(act. p.)			مُنَفِّس
festival, fair [11]	(n., m.)	مِهْرَجانات	ج	مِهْرَجان
lately [13]	(adv.)			مُؤَخَّراً
well-behaved, well-mannered, polite, courteous [15]	(pass. p.)	مُؤَدَّبون	ج	مُؤَدَّب
author, writer [17]	(n., m.)	مُؤَلِّفون	ج	مُؤَلِّف
straight razor, razor blade [14]	(n., m.)	أمْواس	ج	موسى
music [2]	(n., f.)			موسيقا
fashion (Italian moda) [15]	(n., f.)	موضات	ج	موضة
subject, topic, theme, item [15]	(n., m.)	مَواضيع	ج	مَوْضوع
employee, civil servant [3]	(pass. p.)	مَوَظَّفون	ج	مُوَظَّف
master, lord, chief [19]	(n., m.)	مَوالٍ	ج	مَوْلى
talent [20]	(n., m.)	مَواهِب	ج	مَوْهِبة
minaret [20]	(n., f.)	مآذِن	ج	مِئذَنة

to distinguish [19]	(v.)	تَمْييز	(يُمَيِّزُ)	مَيَّزَ
distinguishing feature [20]	(n., f.)	ميزات	ج	ميزة
budget [11]	(n., f.)	ميزانيّات	ج	ميزانيّة

ن

to call, to cry out, to shout [5]	(v.)	مُناداة	(يُنادي)	نادى
fire, heat [3]	(n., f.)	نيران	ج	نار
guard, keeper, warden [20]	(n., m.)	نَواطير	ج	ناطور
fountain [17]	(n., f.)	نَوافير / نافورات	ج	نافورة
she-camel [19]	(n., f.)	نوق / ناقات	ج	ناقة
to obtain, to get, to win [15]	(v.)	نَوْل	(يَنالُ)	نال
lute [2]	(n., m.)	نايات	ج	ناي
news [11]	(n., m.)	أنباء	ج	نَبَأ
to bark [12]	(v.)	نُباح	(يَنبَحُ)	نَبَحَ
spring, water source [10]	(n., m.)	يَنابيع	ج	نَبْع
prophet [10]	(n., m.)	أنبِياء	ج	نَبيّ
noble, highborn, magnanimous [19]	(n., m.)	نُبَلاء	ج	نَبيل
to pluck out [20]	(v.)	نَتْف	يَنْتِفُ	نَتَفَ
result, outcome [12]	(n., f.)	نَتائج	ج	نَتيجة

to scatter, to sprinkle [20]	(v.)	نَثْر / نِثار	(يَنْثُرُ)	نَثَرَ
to survive [17]	(v.)	نَجاة	(يَنْجو)	نَجا
carpentry [2]	(n., f.)			نِجارة
to succeed, to pass, to be successful [11]	(v.)	نَجاح	(يَنجَحُ)	نَجَحَ
star [8]	(n., m.)	نُجوم	ج	نَجْم
brass [2]	(n., m.)			نُحاس
about, approximately, toward [4]	(adv.)			نَحوَ
palm, date palm [10]	(n., m.)			نَخيل
companion, confidant [19]	(n., m.)	نُدَماء	ج	نَديم
dispute, controversy [14]	(n., m.)	نِزاعات	ج	نِزاع
picnic, excursion, stroll, promenade [19]	(n., f.)	نُزهات	ج	نُزهة
to lower [1]	(v.)	تَنْزيل	(يُنَزِّل)	نَزَّلَ
relationship [5]	(n., f.)	نِسَب	ج	نِسبة
concerning, with regard to [5]	(prep. ph.)			بالنِسبة لِـ
activity, vigor, liveliness [16]	(n., m.)	أَنْشِطة	ج	نَشاط
to break out (war / rebellion) [17]	(v.)	نُشوب (الحَرْب/ الثَوْرة)	(يَنشَبُ)	نَشِبَ
to spread, to publish [11]	(v.)	نَشر	(يَنشُرُ)	نَشَرَ
to pick up [20]	(v.)	نَشْل	(يَنْشُلُ)	نَشَلَ
passage, text [2]	(n., m.)	نُصوص	ج	نَصّ
share, portion, cut [16]	(n., m.)	نُصُب/ أنصِبة	ج	نَصيب

نَصيحة	ج	نَصائح		(n., f.)	advice, counsel [16]
نَضِجَ	(يَنْضَجُ)	نَضْج / نُضْج		(v.)	to become ripe, mature, well-cooked [3]
نَضَح	(يَنْضَحُ)	نَضْح		(v.)	to exude, to ooze, to seep, to leak [19]
نَظَرَ	(يَنْظُر)	نَظَر		(v.)	to look at, regard, see, observe [1]
نَظَريّة	ج	نَظَريّات		(n., f.)	theory [18]
نَظَم	(يَنْظِم)	نَظْم		(v.)	to write or compose poetry [2]
نَظَّمَ	(يُنَظِّمُ)	تَنظيم		(v.)	to organize, to put in order [11]
نُعمى				(n., m.)	happiness [20]
نِعْمة	ج	نِعَم		(n., f.)	easy life, blessing [8]
نَغَم	ج	أنْغام		(n., m.)	note, tune, melody [7]
نَفَخ	(يَنْفُخ)	نَفْخ		(v.)	to blow, to inflate [2]
نَفِدَ	(يَنْفَدُ)	نَفاد		(v.)	to be used up, to be exhausted [15]
نَفَّذَ	(يُنَفِّذُ)	تَنْفيذ		(v.)	to execute, to carry out, to implement [19]
نَفْس	ج	أنْفُس / نُفوس		(n., f.)	soul, spirit, psyche, mind [14]
نَفَّسَ	(يُنَفِّسُ)	تَنفيس		(v.)	to vent (frustrations) [12]
نَفَعَ	(يَنفَعُ)	نَفْع		(v.)	to be useful, to benefit [11]
نَقْد	ج	نُقود		(n., m.)	money, currency [8]
نُقْطة	ج	نُقَط / نِقاط		(n., f.)	point, drop, period [16]
نَقير				(n., m.)	tiny spot on a date pit [19]
نَقَّلَ	(يُنَقِّلُ)	تَنْقيل		(v.)	to keep moving [15]

joke, anecdote [8]	(n., f.)	نُكَت/ نِكات	ج	نُكتة
to forbid, to prohibit, to prevent [19]	(v.)	نَهي	(يَنْهى)	نَهى
final [1]	(adj.)			نِهائيّ
to reproach, to scold, to chide [15]	(v.)	نَهْر	(يَنْهَرُ)	نَهَرَ
river [20]	(n.)	أَنْهُر	ج	نَهْر
to intend, to determine [2]	(v.)	نِيَّة	(يَنْوي)	نَوى
date pit, nucleus, kernel [19]	(n., f.)	نَوَيات	ج	نَواة
light (not dark) [12]	(n., m.)	أنوار	ج	نور
sea gull [20]	(n., m.)	نَوارِس	ج	نَوْرَس
loom [20]	(n., m.)	أَنْوال	ج	نَوْل
parliamentary, representative [16]	(adj.)			نِيابيّ
medal [20]	(n., m.)	نياشين	ج	نيشان
neon [7]	(n., m.)			نِيون

هـ

there it is, there you are, here! [1]	(voc. part.)			ها
notions, misgivings [20]	(n., m.)	هَواجِس	ج	هاجِس
to attack, to assail [18]	(v.)	مُهاجَمة	(يُهاجِمُ)	هاجَمَ
Hashemite (ruling family in Jordan) [6]	(adj.)			هاشِمِيٌّ
to descend, to land, to drop [9]	(v.)	هُبوط	(يَهْبُط/ يَهبِطُ)	هَبَطَ

هَتَفَ	(يَهْتِفُ)	هُتاف	(v.)	to shout, to cry, to yell, to exclaim [15]
هَدَأَ	(يَهْدَأ)	هُدوء	(v.)	to be quiet, be calm [1]
هَدَّدَ	(يُهَدِّدُ)	تَهديد	(v.)	to threaten [12]
هَدَف	ج	أهْداف	(n., m.)	target, aim, goal [16]
هُدْنة	ج	هُدُنات	(n., f.)	quietness, peace, truce, armistice [15]
هَرَبَ	(يَهْرُبُ)	هُروب	(v.)	to escape, to flee [19]
هُرِعَ	(يُهْرَعُ)	هَرَع	(v.)	to hurry, to hasten, to rush [11]
هَريسة			(n., f.)	dessert made from semolina [3]
هَزَمَ	(يَهْزِمُ)	هَزْم	(v.)	to neutralize, to defeat [20]
هَزيمة	ج	هَزائِم	(n., f.)	defeat, rout [16]
هَضْبة	ج	هِضاب / هَضَبات	(n., f.)	hill [17]
هكَذا (هاكَذا)			(dem.)	like this, so, thus [5]
هَلْوَسَة	ج	هَلْوَسات	(n., f.)	hallucination, vision [20]
هَناء			(n., m.)	happiness, good health, well being [3]
هِواية	ج	هِوايات	(n., f.)	hobby [2]

و

واجَهَ	(يُواجِهُ)	مُواجَهة	(v.)	to face, to encounter, to oppose, to confront [16]
واجِهة	ج	واجِهات	(n., f.)	store window, façade [13]
وافَقَ	(يُوافِقُ)	مُوافَقة	(v.)	to agree, to consent [13]

located, existing [6]	(act. p.)			واقِع
ruler, governor [9]	(n., m.)	وُلاة	ج	والٍ (الوالي)
string [2]	(n., m.)	أوْتار	ج	وَتَر
loneliness, being alone [12]	(n., f.)			وَحدة
to like, to want [13]	(v.)	وُدّ	(يَوَدُّ)	وَدَّ
to occur, to appear, to be found [19]	(v.)	وُرود	(يَرِدُ)	وَرَدَ
to get s.o. in trouble [8]	(v.)	تَوريط	(يُوَرِّطُ)	وَرَّط
playing cards [2]	(n.)			وَرَق اللَعِب
(foreign) ministry; state department (US) [2]	(n., f.)	وِزارات	ج	وِزارة (الخارجية)
to distribute, to dispense; to disburse [16]	(v.)	تَوْزيع	(يُوَزِّعُ)	وَزَّعَ
to weigh [8]	(v.)	وَزْن	(يَزِنُ)	وَزَنَ
waist, middle, surroundings [5]	(n., m.)	أوْساط	ج	وَسَط
to describe [19]	(v.)	وَصْف	(يَصِفُ)	وَصَفَ
national [9]	(adj.)		وَطَنيّ	وَطَنيّ
function, task, duty [1]	(n., f.)	وَظائِف	ج	وَظيفة
vessel, container [3]	(n., m.)	أوْعِية	ج	وِعاء
to promise [4]	(v.)	وَعْد	(يَعِدُ)	وَعَدَ
death [5]	(n., f.)	وَفَيات	ج	وَفاة
harmony, concord, conformity [18]	(n., m.)			وِفاق
to stop, halt [1]	(v.)	وُقوف	(يَقِف)	وَقَفَ

fuel [12]	(n., m.)			وَقود
agency (news) [11]	(n., f.)	وَكالات	ج	وَكالة
to wail, to howl, to lament [14]	(v.)	وَلْوَلة	(يُوَلْوِلُ)	وَلْوَلَ
fancy, imagination, misconception [20]	(n., m.)	أوْهام	ج	وَهَم

ي

lottery [13]	(n., m.)	وُدّ		يانَصيب
manual, done by hand [2]	(adj.)			يَدَويّ

أقوالُ العرب وأمْثالُهم

أدّى لـِ / إلى (١٩)	to lead to
إذ إنّ (١٦)	for, since (think of it as an elegant form of لأنّ)
أرَتْني النُجوم في الظُهْر (١٤)	x caused me to see stars at noon
اِسْمَحْ لي . . . (٥)	May I . . .; Allow me to . . .
إلى جانب + اسم (١٦)	in addition to or besides
إلاّ أنّ (١٦)	but, however (think of it as an elegant form of لكِنّ)
ألَيْسَ كَذلِك (٤)	isn't that right?
الله يُبارِك فيكَ (٤)	response to مَبروك – *God bless you*
الله يَقْطَعُك (١٥)	May God take you; curses
بِتَهْذيب (١٤)	politely
باحْتِرام (١٤)	respectfully
باحتِشام (١٤)	modestly
باخْتِصار (١٤)	in short, briefly
باعتدال (١٤)	moderately
بالأخصّ (٢٠)	in particular
بالتَدريج / تَدريجيّاً (١٧)	gradually

بالمُناسَبة (١٢)	by the way
بِرُعونة (١٤)	recklessly
بِسُرعة (١٤)	quickly
بِشَراسة (١٢)	viciously
بِعِبارةٍ أخرى (١٩)	in other words
بِكُلِّ سُرور (٥)	with pleasure
بانتِظام (١٤)	regularly
بَدَلاً مِن (١٣)	instead of
بطبيعة الحال (٢٠)	by the very nature of the case, as is only natural
بلا حَسَبٍ ولا نَسَبٍ (٢٠)	not to be of noble descent
بِما أنّ . . . فَـ (١٦)	because; due to the fact that
بِما في ذلِكَ (١٦)	including; to include
بيني وبَيْنَ نَفْسي (١٣)	between me and myself
تَحتَ أمْرِكَ. (٥)	at your service
تُضْفي + مفعول به + على (١٧)	imparting s.th. on
جَديرٌ بالذِكْر / والجَديرِ بالذِكْرِ (١٥)	it is worth mentioning
جَميع أنْحاء + مَكان (١٦)	throughout the land/country/world

(لم) يُحالِفني النَجاح / الحَظّ (١٦)	Lady Luck was (not) with me
حَلَّ مَحَلَّ (٢٠)	to take the place of
خيرُها بِغَيرِها (١٢)	better luck next time; how about a raincheck
سُرعانَ ما (١٦)	no sooner than; before long
سَقَطَ أمامَ (١٧)	to fall before (at the hands of)
على صِلةٍ بـِ (١٨)	in touch with
في أوائل/ أواسِط/ أواخِر + تَوقيت (٥)	at the beginning/middle/end of; the beginning/ middle/final stages of
في ما يَتَعَلَّقُ بـِ (١٨)	concerning, regarding
في يَوْمٍ مِنَ الأيّام (١٣)	one day
كافة أنْحاء + مكان (١٦)	throughout the land/country/world
كانَ ومازالَ (٢٠)	it was and continues to be
كَما أنَّ (١٦)	just as; in addition
كَونُك + خَبَر مَنصوب (١٥)	because so and so is; due to the fact that; because
لابُدَّ مِن (١١)	it is necessary
لا دَخْلَ لِـ . . . في (١٥)	s.th. has nothing to do with the topic at hand
لا مَثيلَ لَه (١٥)	unrivaled; incomparable
لا مِن مُجيب (١٢)	there was no answer

لَبَّى حاجة (١٦)	to fulfill the need
لِحُسْنِ الحَظ (١٢)	fortunately
ما دامَ طَويلاً / لَمْ يَدُمْ طَويلاً (١٨)	did not last long
ما لَبِثَ أنْ (١٥)	it wasn't long before; no sooner did . . . than
مَبروك! (٤)	congratulations
مَحْروم مِن (٢٠)	to be deprived of
مِن خِلالِ (١٨)	via, by way of, through, from
نَتيجَةَ + مُضاف إليه (١٦)	as a result of . . .
نسبةً لـ / بالنِسْبَةِ لِـ (١٨)	with regards to, in respect to
نَفادُ الصَبْرِ (١٩)	losing patience
الواحِدَةُ تِلْوَ الأُخْرى (١٧)	one after another
(وَ)الحَقيقة أنَّ (١٦)	really, actually
وَمِنْ ثَمَّة (٢٠)	hence
هَل عِندَكَ مانِع أنْ . . . (٥)	do you have any objection to . . .

فِهْرِس

ن

ه

و

ي

English Index فِرْهِرِس إنجليزيّ

A

C

D

U

V

Y

Illustration Credits

audio icon by Clker-Free-Vector-Images/Pixabay.com/ CC0 Public Domain

video icon by Frag from KDE-look.org/Wikimedia Commons/GNU LGPLv3

banners (only the first occurrence is listed):

(tiles/light star) pg. 3 pxhere/CC0 Public Domain; (orange honeycomb) pgs. 4–5 (and as background 12) pxhere/CC0 Public Domain; (neon green & brown star) pgs. 6–7 New Line/Shutterstock; (orange & green/crooked star) pgs. 8–9 MCAD Library/Flickr/CC BY 2.0; (green floral/orange star) pgs. 10–11 Kutlayev Dmitry/Shutterstock; (orange flower) pgs. 12–13 Paul Thompson/Flickr/CC BY-SA 2.0; (purple flower) pgs. 14–15 Paul Thompson/Flickr/CC BY-SA 2.0; (elegant H blue) pgs. 16–17 Azat1976/Shutterstock; (green Moroccan tiles) pgs. 18–19 Mikołaj Pasiński/Flickr/CC BY 2.0; (blue with white star) pgs. 20–21 Azat1976/Shutterstock; (blue modeled) pgs. 24–25 Paul Thompson/Flickr/CC BY-SA 2.0; (blue pattern) pg. 29 Marchenko Oleksandr/Shutterstock; (aqua bottle) pgs. 30–31 pxhere/CC0 Public Domain; (Hafiz tomb blue) pgs. 32–33 Pentocelo/Wikimedia Commons/CC BY 3.0; (green tile pattern) pgs. 42–43 pxhere/CC0; (blue floral or tinted green) pgs. 46–47 Azat1976/Shutterstock; (red/gold/Moroccan detail) pgs. 52-53 Benjamin Esham/Flickr/CC BY-SA 2.0; (white star down) pgs. 57 Mikołaj Pasiński/Flickr/CC BY 2.0; (green/blue pinwheel) pgs. 80–81 Azat1976/Shutterstock; (blue checkers) pgs. 101 New Line/Shutterstock; corner tile pg. 101 Paul Thompson/Flickr/CC BYSA 2.0; (red and purple pattern/Wazir Khan Mosque) pgs. 104–5 Atif Gulzar/Wikimedia Commons/CC BY-SA 3.0; (blue floral, altered to green) pg. 159 © Azat1976/Shutterstock; corner tile (altered to green) pg. 159 Xavier Allard/Flickr/CC BY 2.0; (red-blue-gold maze) pg. 225 Owen Jones, Grammar of Ornament, plate XLII (Moresque ornament from the Alhambra)/Flickr/CC BY 2.0; (cream phoenix) pg. 241 Chris/Flickr/CC BY-SA 2.0; (book design/blue) pgs. 318–19 Walters Art Museum Illuminated Manuscripts/Flickr/Public Domain; (brown and white woven screen) pg. 365 Design/Flickr/CC BY-ND 2.0; (light orange and blue) pg. 413 pxhere/CC0 Public Domain; (ivory-green-blue lace) pg. 449 pxhere/CC0 Public Domain

illustrations:

Marrakech to Casablanca on the road 2 Andrew Nash/Flickr/CC-BY-SA 2.0; Ouled Yaneg 2 Visem/Wikimedia Commons/CC-BY-SA-3.0; Marrakech to Casablanca 4 Andrew Nash/Flickr/ CC-BY-SA-2.0; Arabic perfume 4 pexels/CC0 Public Domain; doorway in Ben Youssef Madrasa, Marrakech 4 Ian Alexander/Wikimedia Commons/CC-BY-SA-4.0; Royal Palace door in Fez, Morocco 4 Beatriz Posada/Wikimedia Commons/CC-BY-SA 3.0; stop sign 4 pxhere/CC0 Public Domain; friends relaxing by the Tigris 4 Omar Chatriwala of Al Jazeera English/Flickr/CC-BY-SA 2.0; Zamalek fans 4 Saliflee100 Wikimedia Commons/CC-BY-SA 4.0; phone conversation 4 pexels/CC0 Public Domain; tomb of Tutankhamun sign 5 © Chris Brown/Flickr; street sign on house 5 pexels/CC0 Public Domain; Marrakech road signs 6 Jean & Nathalie/Flickr/CC-BY-2.0; stop if you're tired sign 6 Habib Kaki/panoramio /Wikimedia Commons/CC-BY-3.0; do not lean out of vehicle sign 6 Habib Kaki/ panoramio/Wikimedia Commons/CC-BY-3.0; cell phone prohibited sign 6 Habib Kaki/ panoramio/Wikimedia Commons/CC-BY-3.0e; closed for prayer 6 © مكتب كاريكا وعزام - خدمات اعلانية متكاملة; open sign 6 © مكتب كاريكا وعزام - خدمات اعلانية متكاملة; green "push" sign 6 © محمد الرطيل; chalkboard sign 7 pixabay/CC0 Public Domain; mosque scene 7 Nik Wheeler/Saudi Aramco World/SAWDIA; potable water sign 7 public domain pictures/CC0 Public Domain; Ceylon tea 7 © alahmadi-store.com; perfume 8 pixabay/CC0 Public Domain; lipstick 8 pixabay/CC0 Public Domain; makeup kit 8 pexels/CC0 Public Domain; Samsung Galaxy S6 edge+ 8 Kārlis Dambrāns/Flickr/CC-BY-2.0; Citizen watch 8 pxhere/CC0 Public Domain; fashion magazine cover 9 © Mahdi_Bourni; old paper (background) 10 pixabay/CC0 Public Domain; old paper (background) 10 pixabay/CC0 Public Domain; restaurant sign 22 Peter Harrigan/Saudi Aramco World/SAWDIA; 26 لوحة الحارة العمانية Rashid Al Maqbali/Wikimedia Commons/CC-BY-4.0; Enrique Simonet, Smoking Shisha at the Teashop, 1892, oil on panel 27 Public Domain-US; friendship 28 Helena Lopes/pexels/CC0 Public Domain; Jumana 30 Heitor Verdi/pexels/CC0 Public Domain; Ziad 30 Simon Robben/pexels/CC0 Public Domain; Lana 31 Katrina Thomas and Robert Azzi/Saudi Aramco World/SAWDIA; Fadi 31 Torsten Kjellstrand/ Saudi Aramco World/SAWDIA; watercolor paper (background) 32–33 pexels/CC0 Public Domain; map of Yemen 32 Saudi Aramco World/SAWDIA; Great Pyrenees sheepdog guarding flock

32 Don DeBold/Flickr/CC BY 2.0; cat 33 monicore/pexels/CC0 Public Domain; Marcel Khalife 35 عمرو بن كلثوم/Wikimedia Commons/CC-BY-SA-3.0; nay players 35 Michael T. Luongo/Wikimedia Commons/PD-US; bendirs from Tunisia 35 TAKOUTI/Wikimedia Commons/CC BY-SA 4.0; tabla band 35 Yasseralgho/Wikimedia Commons/CC BY-SA 4.0; flute 35 Yasseralghol/Wikimedia Commons/CC-BY-SA-4.0; pliers 36 Raysonho @ Open Grid Scheduler/Grid Engine/Wikimedia Commons/CC0 Public Domain; hammer 36 pxhere/CC0 Public Domain; saw 36 Simon A. Eugster/Wikimedia Commons/CC BY-SA 3.0; screwdriver 36 pxhere/CC0 Public Domain; nails 36 pxhere/CC0 Public Domain; cards 36 pexels/CC0 Public Domain; kitten 38 pexels/CC0 Public Domain; clownfish in the Andaman coral reef 38 Ritiks/Wikimedia Commons/CC BY-SA 3.0; hammer 38 pxhere/CC0 Public Domain; doumbek 38 greensheepred/Wikimedia Commons/CC BY-SA 2.0; man hammering 39 pxhere/CC0 Public Domain; Habitat for Humanity, 2011 39 National Leasing/Wikimedia Commons/CC BY 3.0; potter 39 pxhere/CC0 Public Domain; vet 39 Staff Sgt. E'Lysia A. Wray/ACCAFMIL/PD-US; musical instruments 49 Peter Keen/Saudi Aramco World/SAWDIA; musical notation 49 Thorne Anderson/Saudi Aramco World/SAWDIA; rabab 49 Thorne Anderson/Saudi Aramco World/SAWDIA; lute 50 Chad Evans Wyatt/Saudi Aramco World/SAWDIA; artisan crafting instrument 55 Chad Evans Wyatt/Saudi Aramco World/SAWDIA; food preparation 56 pexels/CC0 Public Domain; Um Walid 58 Terrence Holden, U.S. Army Garrison Japan Public Affairs/PD-US; harissa slice, aniseed sesame cookie, cheese and jam roll 58 Alpha/Flickr/CC BY-SA 2.0; butter 58 Renée Comet (National Cancer Institute)/Wikimedia Commons/PD-US; Haile Selassie silver plate 58 Charles J. Sharp/Wikimedia Commons/CC BY-SA 4.0; semolina in Nablus, West Bank 59 Guillaume Paumier/Wikimedia Commons/CC BY 3.0; coconut palm 59 pxhere/CC0 Public Domain; glass 59 pxhere/CC0 Public Domain; Georges Briard cookware 59 vintage19_something/Flickr/CC BY-ND 2.0; place setting 60 rawpixel/CC0 Public Domain; condiments 63 Brynn Bruijn/Saudi Aramco World/SAWDIA; Moroccan food 75 Brynn Bruijn/Saudi Aramco World/SAWDIA; sundial compass 76 pexels/CC0 Public Domain; note on notebook paper 78 pixabay/CC0 Public Domain; paper 79 pexels/CC0 Public Domain; aerial view of Martyr Square, Damascus 80 Apple TM + Google TM map of Damascus; talking on phone 80 pexels/CC0 Public Domain; traffic sign, Qatar 80 Martin Belam/Wikimedia Commons/CC BY-SA

2.0; compass 82 Robert Azzi/Saudi Aramco World/SAWDIA; Ramadan bazaar at Geylang Serai 86 Khairul Nizam/Flickr/CC BY 2.0; Damascus street 87 Kay Brennan/Saudi Aramco World/ SAWDIA; aerial map of Salihiya Street 96 Imagery © 2019 CNES/Airbus, Maxar Technologies, map data © 2019; lamp 99 Kay Brennan/Saudi Aramco World/SAWDIA; reporter 100 Wellphoto/ Shutterstock; Damascus International Fair 103 © 2019 Japan Times, www.japantimes.co.jp/ news/2017/08/21/business/rocket-fire-kills-six-entrance-damascus-trade-fair-opened-great-fan-fare/#.XRazduhKiUk; map of Lebanon 103 NordNordWest/Wikimedia Commons/CC BY-SA 3.0; Arab family 104 ESB Professional/Shutterstock; reporter 104 Glovatskiy/Shutterstock; Lebanese flag 104 railway fx/Shutterstock; Arab woman 105 michaeljung/Shutterstock; Arab woman 105 MJTH/Shutterstock; Arab woman 105 GaudiLab/Shutterstock; liquorice vendor 106 Dr. Mahdi Alosh; tourist 106 Jose AS Reyes/Shutterstock; "Interior of a house, Damascus, Holy Land," 1890s (background) 108 Photoglob Zürich, reprinted by Detroit Publishing Co./Library of Congress Prints and Photographs Division, Washington, D.C. LC-DIG-ppmsca-02674 PD-Switzerland; Faris al-Khoury 126 Syrianhistory.com/Wikimedia Commons/PD-US; tanjir (background) 129 pxhere/CC0 Public Domain; illuminated manuscript of the Qur'an, probably from Turkey 131 Doris Duke Foundation for Islamic Art 10.16, Hiart/Wikimedia Commons/CC0 1.0 Public Domain; Petra at night, Jordan 132 Sylvain L/Wikimedia Commons/CC BY 2.0; diving 134 pexels/CC0 Public Domain; driver 134 pxhere/CC0 Public Domain; telemark skiing, Pyrenees 134 timuzapata/Wikimedia Commons/CC BY-SA 2.0 FR; mountain peak 134 Rdevany/Wikimedia Commons/CC BY-SA 3.0 (cropped); castle 134 pxhere/CC0 Public Domain; rock climbing 134 Riccardo Bresciani/pexels/CC0 Public Domain; Ahmed Taleb 135 Adoo94 Wikimedia Commons/CC BY-SA 4.0; Kia Frontier 2.5d crew cab 2013 135 order_242 Wikimedia Commons/CC BY-SA 2.0; Amman, Roman amphitheater 135 jcookfisher/Wikimedia Commons/CC BY 2.0; Amman 136 Ali Nasser Arwant/pexels/CC0 Public Domain; Amman night 136 Freedom's Falcon/ Wikimedia Commons/CC0 Public Domain; Abdoun Bridge, Amman 136 GhaythFuad/Wikimedia Commons/CC BY-SA 4.0; Ahmed Taleb (cropped) 137 Adoo94 Wikimedia Commons/CC BY-SA 4.0; Temple of Baal-Shamin (destroyed in 2015), Palmyra 138 Bernard Gagnon/Wikimedia Commons/CC BY-SA 3.0; map of Jordan 140 © sfari.com; theater, Amman ancient Roman citadel

141 Lars Curfs (Grashoofd)/Wikimedia Commons/CC BY-SA 3.0; mosaic, Sapsaphas site, Madaba map mosaic 141 Disdero/Wikimedia Commons/CC BY-SA 2.5; the Treasury at Petra, Jordan 141 Devidchocron/Wikimedia Commons/CC BY-SA 4.0; Agaba by night 142 Martin Nikolaj Christensen/Wikimedia Commons/CC BY 2.0; Temple of Bel (destroyed in 2015), Palmyra 154 Bernard Gagnon/Wikimedia Commons/CC BY-SA 3.0; Palmyra, Syria 157 Anas Al Rifai/Wikimedia Commons/CC BY-SA 3.0; nightclub 158 pxhere/CC0 Public Domain; Crave at Epic nightclub 161 Tony Webster/Wikimedia Commons/CC BY 2.0; dance floor 161 pxhere/CC0 Public Domain; bowl of peanuts 162 jules, stonesoup/Wikimedia Commons/CC BY 2.0; friends at bar 162 Helena Lopes/pexels/CC0 Public Domain; paper 163 pexels/CC0 Public Domain; Lindaraja window, Palace of the Lions, the Alhambra, Granada, Spain (background) 164 Leronich/Wikimedia Commons/CC-BY-SA-3.0; carpet art 171 photo Garo/Saudi Aramco World/SAWDIA; Alcázar de los Reyes Cristianos, Córdoba (background) 173 لا روسا/Wikimedia Commons/CC BY-SA 3.0; man drawing 175 Robert Azzi/Saudi Aramco World/SAWDIA; children smiling 176 Samer Abdul/pexels/CC0 Public Domain; laughing face 179 Stefan Stefancik/pexels/CC0 Public Domain; relationship 179 Josep Dillaway Sawyer and William Elliot Griffis/pxhere/CC0 Public Domain; doctor and patient 179 omar alnahi/pixnio/CC0 Public Domain; burglar 180 pixabay/CC0 Public Domain; sign 180 pixabay/CC0 Public Domain; man waiting 180 pxhere/CC0 Public Domain; two men talking 181 goodfreephotos/CC0 Public Domain; male turkey mating dance 181 Peter van der Sluijs/Wikimedia Commons/CC BY-SA 3.0 GFDL; illustration from History of the Pilgrims and Puritans, TheirAncestry and Descendants (1922) 182 New York Public Library/Wikimedia Commons/US – PD; chick 182 pixnio/CC0 Public Domain; roast turkey 182 Paul Townsend/Flickr/CC BY-SA 2.0; sad man 182 pexels/CC0 Public Domain; mosque in Umm al-Fahm (background) 184 Moataz1997 Wikimedia Commons/CC BY-SA 4.0; arches 187 pxhere/CC0 Public Domain; Arabic architecture, the Alhambra, Granada, Spain 193 pxhere/CC0 Public Domain; interior of colonnade, the Alhambra 197 pxhere/CC0 Public Domain; Damascus, Syria 198 kinan alsakka/pexels/CC0 Public Domain; map of Middle East 201 Wikimedia Commons/PD-US-NASA; Syrian visa 202 © 2004–2010 Craig Heimburger, Travelvice; Old Damascus, Canal Road 202 عمر الحافظ./Wikimedia Commons/CC BY-SA 4.0;

Damascus, Umayyad Mosque 203 Arian Zwegers/Wikimedia Commons/CC BY 2.0; Damascus panorama 203 علي الصمادي.i/Wikimedia Commons/CC BY-SA 3.0; The Hall of Crafts at Salamak in Al Azm Palace 203 Mohammad Aljandali/Wikimedia Commons/CC BY-SA 4.0; Syrian lira 204 Wikimedia Commons/PD; cuneiform 204 C. Frank Framspott/iStockphoto; Ghada al-Samman 204 Alex Richter-Boix/Wikimedia Commons/CC BY-SA 3.0; Al-Buzuriyah suq (background) 206 Hani Zaitoun/Wikimedia Commons/CC BY-SA 3.0; café, Cairo 213 Lorraine Chittock/Saudi Aramco World/SAWDIA; Fishawi café sign 213 Lorraine Chittock/Saudi Aramco World/SAWDIA; storyteller 213 George Baramki Azar/Saudi Aramco World/SAWDIA; storyteller's book 213 George Baramki Azar/Saudi Aramco World/SAWDIA; shadow puppet artists 214 John Feeney/Saudi Aramco World/SAWDIA; shadow puppets 214 John Feeney/Saudi Aramco World/SAWDIA; master puppeteer 214 John Feeney/Saudi Aramco World/SAWDIA; café 215 Dr. Mahdi Alosh; women at café 215 Dr. Mahdi Alosh; Café Alnofra 215 Sheam k/Wikimedia Commons/CC BY-SA 3.0; Antarah ibn Shaddad on horseback 217 in Encyclopedia of Arabic Literature, Julie Scott Meisami and Paul Starkey (London and New York: Routledge, 1998)/ Wikimedia Commons/PD-US; Abu Zayd al-Hilali 218 Horemachet (Moscow)/Wikimedia Commons/Public Domain; Zahir Babers 218 Ahmed Lotfy/جميع الحقوق محفوظة © مكتبتنا; Prince Antar 223 George Baramki Azar/Saudi Aramco World/SAWDIA; Temple of Baal-Shamin (destroyed in 2015), Palmyra 224 Gianfranco Gazzetti/Gruppo Archeologico Romano/Wikimedia Commons/ CC BY-SA 4.0; Temple of Baal-Shamin (destroyed in 2015), Palmyra 226 3rik Albers/Wikimedia Commons/CC BY-SA 3.0; Palmyra, colonnaded axis 227 Arian Zwegers/Wikimedia Commons/ CC BY 2.0; Herbert Gustave Schmalz, Queen Zenobia›s Last Look upon Palmyra (1888) 227 Wikimedia Commons/PD; coin, Zenobia, obverse 227 Classical Numismatic Group/Wikimedia Commons/CC BY-SA 2.5 GFDL; Diocletian's camp and Qasr Ibn Maʿan 228 Ulrich Waack/ Wikimedia Commons/CC BY-SA 3.0 DE/GFDL; T. E. Lawrence 228 Lowell Thomas/Wikimedia Commons/PD; Aleppo Citadel, Syria 228 yeowatzup/Wikimedia Commons/CC BY 2.0; covered suq of Aleppo 229 Spetsnaz1945 Wikimedia Commons/CC BY-SA 2.0; Khan al-Shouneh 229 Preacher lad/Wikimedia Commons/CC BY-SA 3.0; spices at Suq al-Attarine, Aleppo 229 yeowatzup/Wikimedia Commons/CC BY 2.0; Umayyad mosque in Aleppo at night 230 مجد محبّك/

Wikimedia Commons/CC BY-SA 3.0; Palmyra at night 232 Sheam K/Wikimedia Commons/CC BY-SA 3.0; Old Aleppo 233 Majd Mohabek/Wikimedia Commons/CC BY 2.0; Palmyra 237 Bernard Gagnon/Wikimedia Commons/CC BY-SA 3.0, 2.5; market in Aleppo 239 Katrina Thomas/Saudi Aramco World/SAWDIA; Arabic newspaper 240 Divya Thakur/Flickr CC BY-SA 2.0; schoolchildren, "The Sahrawi refugees: A forgotten crisis in the Algerian desert" 243 European Commission DG ECHO/Wikimedia Commons/CC BY-SA 2.0; medical exam 244 U.S. Air Force photo/Staff Sgt. Renae Kleckner; ambulance, Tunisia 244 Habib M'henni/Wikimedia Commons/CC BY-SA 3.0; car accident 244 © Anthony Quintano; jewelry 245 pics_pd/CC0 Public Domain; thief 245 TheDigitalWay/CC0 Public Domain; Cairo International Book Fair (2009) 245 Mohd Tarmizi/Wikimedia Commons/CC BY 2.0; calligraphy 246 Wikimedia Commons/PD-US; Dabke, traditional Palestinian dance 246 Sarah Canbel/Wikimedia Commons/CC BY SA 4.0; wooden characters 247 علاء/Wikimedia Commons/CC BY-SA 4.0; Arch of Hadrian, Jerash, Jordan (background) 249 Azurfrog/Wikimedia Commons/CC BY-SA 3.0; Hippodrome, Jerash, Jordan 254 Diego Delso/Wikimedia Commons/CC-BY-SA 3.0; cat in tree 256 pxhere/CC0 Public Domain; brass hand, Iran (1880–1925) 260 Wellcome Images/Wikimedia Commons/CC BY 4.0; Damascus Environmental Park and Damascus Citadel 262 Khaled Ajlani/Wikimedia Commons/CC BY-SA 3.0; agricultural tractor in the territory of the village of Bardala, the West Bank 263 Hijazilanai/Wikimedia Commons/CC BY-SA 4.0; farm, Mahardah district, Syria 263 Abdalla Dabdoub/Wikimedia/CC BY-SA 3.0; mad dog 264 U.S. Air Force/photo Josh Plueger/postwork by Dove/PD-US; doorbell 264 joostbabtiste/pixabay/CC0 Public Domain; paper 264 exoboy/iStockphoto; Ziz fuel station 265 Minale Tattersfield,/Flickr/CC BY 2.0; paper 265 exoboy/iStockphoto; interior of a house, Damascus, Holy Land, 1890s 286 Photoglob Zürich/Detroit Publishing Co. Collection at the Library of Congress Prints and Photographs Division, Washington, D.C. LC-DIG-ppmsca-02674 PD/CC BY 2.0; girl's face 291 pxhere/CC0 Public Domain; man walking 291 pxhere/CC0 Public Domain; winning lottery 292 Ashtproductions/Shutterstock; shepherd 294 kailash kumar/pexels/CC0 Public Domain; bus rider 295 Refat/Shutterstock; dreaming 295 Refat/Shutterstock; shopping 296 Refat/Shutterstock; jewelry 296 pics_pd/CC0 Public Domain; Jounieh, Lebanon 308 Paul Saad/Wikimedia Commons/CC BY-SA

4.0; bazaar in Damascus 311 pxhere/CC0 Public Domain; Abd al-Qader al-Mazini 312 PD-US; Mustafa Lutfi al-Manfaluti 312 courtesy of zafhan7.blogspo.com; sunrise in Iraq 314 Ahmedraad/ Wikimedia Commons/CC BY-SA 4.0; oil jacks 315 pxhere/CC0 Public Domain; map of Iraq 315 © Dick Doughty/Saudi Aramco World/SAWDIA; temperature gauge 316 pxhere/CC0 Public Domain; 1929 Ford model A 316 AlfvanBeem/Wikimedia Commons/CC0 1.0; barber 318 pxhere/CC0 Public Domain; Fritz Neumann, Battle of Liao Yang (1904–1914) 319 Anne S. K. Brown Military Collection/PD-US; J. Martin Miller, "The Czar Reviewing His Troops," engraving 319 Wikimedia/CC0 Public Domain; sunrise from Jabal Musa, Egypt 322 Tareq Hussien/Wikimedia Commons/CC BY-SA 4.0; Rhummel Gorges, sunset (background) 322 Louadfel/Wikimedia Commons/CC BY-SA 4.0; opera house, Damanhour, Egypt 337 Mohammed Moussa/Wikimedia Commons/CC BY-SA 3.0; international writer Naguib Mahfouz 338 Essam Azouz/Wikimedia Commons/CC BY-SA 4.0; portrait of Naguib Mahfouz 341 © Lauren Uram/Saudi Aramco World/ SAWDIA; father and daughter 342 Africa Studio/Shutterstock; young girls reading, government primary school in Amman, Jordan 342 Tanya Habjouqa, UNESCO/Wikimedia Commons/CC BY-SA 3.0 IGO; the Dome of the Rock 342 pxhere/CC0 Public Domain; church and mosque 343 pxhere/CC0 Public Domain; view of mosque from church 343 pxhere/CC0 Public Domain; interior, Hagia Sophia, Istanbul 344 Altay Ozcan/Wikimedia Commons/CC BY-SA 3.0; the Qur'an 344 Dick Doughty/Saudi Aramco World/SAWDIA; child's drawing of mosque 345 Saudi Aramco/Sawdia; Mount Hira 345 Norman MacDonald/Saudi Aramco World/SAWDIA; calligraphy 346 Aftab Ahmad/Saudi Aramco World/SAWDIA; sculpture of Crucifixion 346 pxhere/CC0 Public Domain; decoration (inscribed column) in Generalife Palace in the Alhambra 347 ولاء/ Wikimedia Commons/CC BY-SA 3.0; heaven 347 phtorxp/pixabay/CC0 Public Domain; pathway 348 BrianJClark/pixabay/CC0 Public Domain; the Dome of the Rock, Al-Aqsa Mosque (background) 351 pxhere/CC0 Public Domain; panorama of Jerusalem from the Mount of Olives 356 Bienchido/Wikimedia Commons/CC BY-SA 3.0; mosque in skyline 363 Kevin Bubriski/Saudi Aramco World/SAWDIA; Loris Mahir working 364 Joseph Zeitoun; Loris Mahir portrait 367 Dr. Mahdi Alosh; Loris Mahir's family 368 Dr. Mahdi Alosh; Loris Mahir graduating 368 Joseph Zeitoun; Loris playing piano 369/Dr. Mahdi Alosh; street in Damascus 371 (background) pxhere/

CC0 Public Domain; map of Ottoman Empire 373 CC0 Public Domain; Krak des Chevaliers, NW Syria 381 James Gordon/Wikimedia Commons/CC BY-SA 2.0; Alcázar of Seville 386 Michal Osmenda/Wikimedia Commons/CC BY SA 2.0; map of Spain and North Africa 389 Saudi Aramco World/SAWDIA; statue of Ibn Muawiyah 389 © Noel Walley/CC0 SA 3.0/Encyclopædia Britannica; interior, cathedral-mosque, Córdoba, Spain 390 Jerzy Kociatkiewicz/Wikimedia Commons/CC BY-SA 2.0; hill of the Alhambra above Granada, Spain 390 Jebulon/Wikimedia Commons/CC0 1.0; dawn, Palace of Charles V, the Alhambra, Granada, Spain 392 Jebulon/Wikimedia Commons/CC0 1.0; Court of the Lions, the Alhambra 392 pxhere/CC0 Public Domain; Fountain of the Lions, Nasrid Palaces, the Alhambra 393 Shesmax/Wikimedia Commons/CC BY-SA 3.0 ES; night view of the Alhambra from Mirador de San Nicolas 393 Amjad Sheikh/Wikimedia Commons/CC BY SA 4.0; Court of the Lions, the Alhambra 393 Tuxyso/Wikimedia Commons/CC BY-SA 3.0; the Alhambra from the Paseo de los Tristes (background) 396 Pablo Amaya Barbosa/Wikimedia Commons/CC BY-SA 2.0; the scholar Averroes, detail, Andrea di Bonaiuto, The Triumph of St. Thomas Aquinas fresco, church of Santa Maria Novella, Florence (1366–67) 412 Wikimedia Commons/Public Domain; statue of Averroes, Córdoba, Spain 415 Saleemzohaib/Wikimedia Commons/CC BY 3.0; Averroes, detail, Raphael, The School of Athens, Vatican (1509) 416 Wikimedia Commons/Public Domain; Averroes, Commentary on Aristotle's De Anima, manuscript 416 Wikimedia/Public Domain; Benozzo Gozzoli, Triumph of Saint Thomas Aquinas over Averroes, Louvre, Paris (detail, 1471) 417 The York Project/Wikimedia/Public Domain; Kuffi Qur'an, manuscript 417 A. Gude/Wikimedia Commons/CC BY-SA 2.0; Venanci Vallmitjana, sculpture of Averroes at the University of Barcelona 418 Herodotptlomeu/Wikimedia Commons/CC BY-SA 3.0 ES; statue of Averroes, Córdoba 419 Pablo/Flickr/CC BY-SA 2.0; man 424 Susan T. Rivers/Saudi Aramco World/SAWDIA; Viktor Mikhailovich Vasnetsov, The Flying Carpet (1880), Nizhny Novgorod State Art Museum 428 Wikimedia Commons/PD-US; Kalila wa Dimna, manuscript 436 Wikimedia Commons/PD-US; Gustave Boulanger, A Tale of 1001 Nights, oil (1873) 437 Wikimedia Commons/PD-US; Djanet, Tadrart, Algeria 447 Hamdanmourad/Wikimedia Commons/CC BY-SA 3.0; Mahmoud Darwish 448 All Rights Reserved to Wafa © 2019; Nizar Qabani 448 © 2018

Platinum Book House; pen and paper 451 pxhere/CC0 Public Domain; Mahmoud Darwish 451 Darwish Foundation; poet reading 452 Norman MacDonald/Saudi Aramco World/SAWDIA; tent 458 Burnett H. Moody/Saudi Aramco World/SAWDIA; picture of Nizar Qabani 459 © Dick Doughty/Saudi Aramco World/SAWDIA; book 459 Dick Doughty/Saudi Aramco World/SAW-DIA; poem written by Nizar Qabani 465–69 © 2000–2020, Jelsoft Enterprises Ltd.; poetry 479 Lorraine Chittock/Saudi Aramco World/SAWDIA